Kerstin Bronner
Grenzenlos normal?

Kerstin Bronner (Dr. rer. soc.) lehrt und forscht am Fachbereich Soziale Arbeit der FHS St. Gallen, Schweiz. Ihre Arbeitsschwerpunkte sind Gender und Heteronormativität, Intersektionalität, soziale Ungleichheit, Biografieforschung, Professionalisierung sowie Alltag und Übergänge.

KERSTIN BRONNER

Grenzenlos normal?

Aushandlungen von Gender aus handlungspraktischer
und biografischer Perspektive

[transcript]

Die vorliegende Publikation wurde 2009 unter dem Titel »Grenzenlos normal? Möglichkeiten biografischer Gestaltung und Aushandlung von Gender in Fastnachtsvereinen« an der Universität Tübingen als Dissertation eingereicht.

Das Buch wurde mit Mitteln der Hans-Böckler-Stiftung gefördert.

Bibliografische Information der Deutschen Nationalbibliothek
Die Deutsche Nationalbibliothek verzeichnet diese Publikation in der Deutschen Nationalbibliografie; detaillierte bibliografische Daten sind im Internet über http://dnb.d-nb.de abrufbar.

Umschlagkonzept: Kordula Röckenhaus, Bielefeld
Lektorat & Satz: Kerstin Bronner
Druck: Majuskel Medienproduktion GmbH, Wetzlar
ISBN 978-3-8376-1643-9

Gedruckt auf alterungsbeständigem Papier mit chlorfrei gebleichtem Zellstoff.

Besuchen Sie uns im Internet: *http://www.transcript-verlag.de*

Bitte fordern Sie unser Gesamtverzeichnis und andere Broschüren an unter: *info@transcript-verlag.de*

Danke ...

... zu sagen, ist mir an dieser Stelle ein besonderes Anliegen. Denn ohne vielfältige fachliche und persönliche Unterstützung zahlreicher Menschen wäre dieses Dissertationsprojekt nicht durchführbar gewesen.

Prof. Siegfried Müller und Prof. Gottfried Korff danke ich für den Mut und das Vertrauen, ein etwas exotischeres Forschungsthema zu unterstützen. Ebenso geht dieser Dank an Prof. Barbara Stauber, die mit Begeisterung und großer Unterstützung vor Ort mitten im Prozess in das Projekt eingestiegen ist und es bis zum Schluss begleitet hat. Ihr Doktorand_innenkolloquium war zudem ein wichtiger Ort für inhaltliche Fragen, Anregungen und fruchtbare Weiterentwicklungen.

Ein wesentlicher Dank richtet sich an die Interviewpartner_innen, deren ‚Fastnachtsgeschichten‘ einen wesentlichen Beitrag dieser Untersuchung bilden. Sie haben erheblich dazu beigetragen, dass die Arbeit für mich bis zum Schluss ein lebendiger Prozess blieb. Angela Rein und Christine Riegel danke ich für ihr närrisches Eintauchen ins Feld als außenstehende Feldforscherinnen.

Das Wiedereinstiegsstipendium im Rahmen des Hochschul- und Wissenschaftsprogramms des Landes Baden-Württemberg machte das Dissertationsprojekt überhaupt erst vorstellbar. Ohne das Promotionsstipendium der Hans Böckler Stiftung hätte es allerdings nicht in dieser Form verwirklicht werden können. Dies liegt natürlich zum großen Teil an der finanziellen Absicherung, aber auch an den Möglichkeiten für fachliche und persönliche Weiterbildung, die das Programm der Stiftung bietet, sowie an den Vernetzungsmöglichkeiten. Hier geht mein Dank zuallererst an meine interdisziplinäre Mikro-AG, Tino Plümecke, Astrid Henning und Insa Breyer. Während der gesamten Zeit war die Mikro-AG ein wichtiger Ort für inhaltliche Rückmeldungen, Selbstvergewisserungen und gegenseitiges Coaching. Und Vieles mehr! Prof. Ingrid Miethe danke ich ganz herzlich für ihre unterstützende Beratung als Vertrauensdozentin der Böckler-Stiftung. Mein Forschungsaufenthalt am Department of Feminist Studies der University of Santa Barbara, California, machte die Fastnacht zwischen San Francisco und Los Angeles bekannt. Vor allem Prof. Leila Rupp hatte durch ihre große Neugier, ihre Begeisterung für das Thema sowie viele fachliche Diskussionen wesentlichen Anteil an der Vertiefung meines Forschungsblicks. Mein Dank richtet sich weiter an das ‚Center for Research on Women and Social Justice' für die Möglichkeit, im Rahmen der ‚Conversations for Change' meine Forschung präsentieren zu können. Dem Graduate Student Colloquium des ‚Resource Center for Sexual & Gender Diversity' danke ich für die Diskussion meines empirischen Materials. Phoebe sei an dieser Stelle für ihre Geduld während der vielen Arbeitstreffen gedankt, und Lou Anne Lockwood und Lois Kroc für das nötige Rahmenprogramm. Dr. Peter Tokofsky möchte ich dafür danken, mich in L.A. zu empfangen um einmal mehr über die südwestdeutsche Fastnacht aus US-amerikanischer Sicht zu diskutieren.

Viele Freund_innen haben mich und diese Arbeit auf ganz unterschiedliche Weise begleitet. Sie wissen um meine hohe Wertschätzung für all diese Prozesse. Ich danke den Korrekturleserinnen Christine Besenfelder, Edda Rosenfeld, Niki Krug, Cora Mühlhausen, Angela Rein, Mirjana Zipperle, Ruth Schmidt, Elke Steinbacher, Anke Eyrich, Elisabeth Yupanqui, Friederike Kuschnitzki, meinen Eltern sowie Magdalene Schmid. Außerdem ein großes Dankeschön an Christine Riegel, Eberhard Bolay und Sabine Schneider für allzeit offene Ohren und wertvolle Ratschläge zum richtigen Zeitpunkt. Edda Rosenfeld danke ich für die Erkenntnis, dass eine gute Flasche Wein zum richtigen Zeitpunkt große Wirkungen erzielen kann – z.B. eben *das* Thema für ein Dissertationsprojekt zu finden!

Schließlich danke ich den Menschen, die mir während der ganzen Zeit so viel Liebe entgegengebracht haben – meiner Familie. Niki hat die persönlichen Höhen und Tiefen eines Dissertationsprozesses stets bedingungslos ausgehalten, aufgefangen und ausgeglichen. Meine Nichten und Neffen sorgten durch viele Besuche für die nötige Abwechslung, und meine Schwestern für Unterstützung in allen Lebenslagen. Ganz besonders danke ich meinen Eltern. Für euer Vertrauen und eure Geduld, eure materielle und emotionale Großzügigkeit, und für eure Liebe.

Inhalt

Einleitung

"„Aus diesem Mehr an Freiheit
werden nicht gleich
Wüstlinge und Nymphomaninnen geboren;
eher kann man sagen,
dass eine Möglichkeit unverkrampften Kommunizierens
hergestellt wird, die sonst durch
Konventionen und Ängste verstellt ist.
Dies gilt nicht nur, aber natürlich vor allem
zwischen den Geschlechtern." (Bausinger 1987b: 17)

In diesem Zitat Hermann Bausingers deutet sich bereits an, womit sich diese Arbeit auseinandersetzen will. Fastnacht verspricht ein „Mehr an Freiheit" bzgl. alltäglicher Konventionen und Kommunikationen, und dieses „Mehr" betrifft zu großen Teilen auch genderbezogene Alltäglichkeiten. Fastnacht wirbt mit Propagierungen wie ‚Ausseralltäglichkeit', ‚Narrenfreiheit' und ‚Verkehrte Welt', die eine Lockerung von sozialen Werten und Normen nach sich ziehen, sowie eine Öffnung von Verhaltenskodi. „Nicht mehr nur der einzelne Narr, die ganze Fasnet definiert sich über den Kontrast: sie bildet eine Gegenwelt zum sonstigen Alltag, sie erlaubt den Ausbruch aus den gängigen Konventionen", stellt Bausinger fest (1987b: 15). Wenn Fastnacht einen Ausbruch aus gängigen Konventionen erlaubt so stellt sich die Frage, ob, und wenn ja, auf welche Art und Weise, aus gängigen Genderkonventionen ausgebrochen werden kann. Denn Gender stellt eines der maßgeblichsten Organisationsprinzipien sozialer Wirklichkeit dar (vgl. Gildemeister 2004), eine der fundamentalen Differenzordnungen (vgl. Mecheril 2008), und strukturiert als eine soziale Ungleichheitskategorie alltägliches Denken und Handeln sowie soziale Interaktionen (vgl. Ridgeway/ Correll 2004).

Während der Fastnacht bietet sich nun ein Rahmen, innerhalb dessen die Teilnehmenden Genderkonventionen spielerisch gestalten können, sie in Szene setzen und ausprobieren können. Dies hängt mit einer spezifischen Art und Weise der Thematisierung von Gender während Fastnacht zusammen. So wird in vielfacher Hinsicht auf kulturelle Genderbilder Bezug genommen, sie werden öffentlich dargestellt, auf- bzw. vorgeführt. In Tanzdarbietungen und Bühnenprogramm wird z.B. ‚Männlich- bzw. Weiblichkeit', verbunden mit Körperlichkeit, offen zur Schau gestellt und inszeniert.

In Reden und Liedtexten sind Frauen und Männer auf verbaler Ebene Thema, und schließlich bieten Kostümierung, Rollen- oder Statuswechsel Möglichkeiten eines spielerischen Umgangs mit Genderkonstruktionen. Hierin unterscheidet sich Fastnacht als eines der größten Ereignisse, vor allem in ländlichen Regionen, deutlich von anderen Festen. Fastnacht*vereine* sind dabei für eine Untersuchung von Genderphänomenen besonders interessant. Denn das Vereinsleben gestaltet sich durch den Fastnachtsbezug anders als in Fußball-, Musik-, Turnvereinen o.ä. Die Fokussierung auf Engagierte in Vereinen mit Fastnachtsbezug ermöglicht daher eine Verknüpfung der Fragen, wie kulturelle Genderbilder auf handlungspraktischer *und* biografischer Ebene verhandelt werden. Eine solche Verknüpfung wird möglich, da vor allem in ländlichen Regionen Fastnacht in gewisser Weise zum Alltag vieler Individuen gehört. Dies hängt wesentlich damit zusammen, dass rund um das Phänomen Fastnacht eine rege Vereinskultur besteht, mit der weit mehr als einwöchiges Feiern, Trinken und Flirten einhergeht. Fastnacht im Alltag meint folglich nicht, dass im Alltag regelmäßig Fastnacht gefeiert wird, sondern dass sich das ganzjährige Vereinsleben aufgrund der Fastnachtsbezogenheit auf spezifische Art und Weise gestaltet. Die Hauptaktivität der Fastnachtsgruppen und -vereine liegt zwar in der durchschnittlich 8-10wöchigen Fastnachtszeit, doch setzt sich die Vereinsaktivität in Form von Proben, Ausflügen, einzelnen Auftritten u.v.m. nach der Fastnachtsaison fort.

Dieser Untersuchung liegen also zwei miteinander zusammenhängende Fragen zugrunde: zum einen geht es um die Frage nach Möglichkeiten für Thematisierungen und Verhandlungen gesellschaftlicher Genderzuschreibungen im Rahmen von Fastnacht. Zum anderen wird der Frage nachgegangen, welches Gewicht kulturellen Genderannahmen (vgl. Ridgeway/ Correll 2004) in biografischen Prozessen zukommt, und welche Relationen sich zu anderen sozialen Ungleichheitskategorien wie z.B. Alter, Sexualität, Bildung usw. zeigen. Es geht folglich gleichermaßen um *konkrete Prozesse* von „doing gender" und „doing difference" (vgl. West/ Fenstermaker 1995 und Fenstermaker/ West 2002) wie um *lebensgeschichtliche* Dimensionen von Gender, also darum, wie Gender Biografien strukturiert und zugleich in ihnen hervorgebracht wird. Mit Dausien (vgl. 1999) frage ich danach, wie sich konkrete situationsgebundene Interaktionspraktiken zu dauerhafteren Strukturen verfestigen. Diese Frage kann, so Dausien weiter, „nach zwei Seiten hin formuliert werden: Erstens als Frage, wie das ‚kulturelle System der Zweigeschlechtlichkeit' (Hagemann-White 1984) durch die Alltagspraxis der Gesellschaftsmitglieder zur Institution geworden ist und aufrechterhalten wird; und zweitens als die Frage, wie sich in dieser Praxis zugleich Subjektstrukturen oder besser: biografische Prozessstrukturen herausbilden, die, wenn auch nicht ‚geschlechtsspezifisch' im Sinne einer dualistischen Codierung, so doch an die soziale Positionierung im Geschlechtersystem ‚gebunden' sind." (Ebd.: 238)

Mit dieser Forschungsperspektive knüpft die Arbeit vor allem an Gender-, Fastnachts- und Vereinsforschungen an und kann bisherige Perspektiven erweitern. So ergänzen empirische Belege über Verhandlungen von Gender und weiteren sozialen Differenzlinien auf handlungspraktischer und biografischer Ebene bisherige Forschungen der Gender- und Queerwissenschaften (z.B. Budde/ Willems 2009, Degele/ Winker 2008, Lutz 2007). Durch die konsequente Verknüpfung von Alltag und Fastnacht kann ein Desiderat bisheriger Fastnachtsforschung aufgearbeitet werden. Die Geschichte der Fastnacht, ihre aktuellen Erscheinungsformen, die Art und Weise der Brauchausübung in einzelnen Fastnachtsorten, Aneignung und (Um-)Deutung der Brauchentstehung usw. wurden innerhalb der Fastnachtsforschung ausgiebig diskutiert (z.B. Illien/ Jeggle 1978, Schwedt/ Schwedt/ Blümcke 1984, Tübinger Vereinigung für Volkskunde e.V. 1989, Schicht 2002b). Die Bedeutung von Fastnacht *für das einzelne Individuum,* sowie Einflüsse auf *biografische Prozesse* wurden bisher jedoch noch nicht erforscht. Hinsichtlich der Frage nach *informellen Lernprozessen* im Vereinsengagement standen bisher Vereinsmitglieder in verantwortungsvollen Positionen im Zentrum des Interesses (z.B. Hansen 2008, Oshege 2002, Rauschenbach/ Düx/ Sass 2006), d.h. Kompetenzentwicklungen wurden vorwiegend mit der Ausübung verantwortungsvoller Positionen und Tätigkeiten verbunden. Die vorliegende Arbeit fragt nach informellen Lernprozessen, die im Vereinsengagement selbst liegen, vor dem Hintergrund der kulturellen und bildungsbezogenen Infrastruktur ländlicher Regionen.

In dieser Arbeit wird es darum gehen, anhand von Interaktionen in Fastnachtszusammenhängen Thematisierungen von Gender, sowie Reproduktionen und Experimente *in sozialen Praxen direkt* aufzuspüren. Weiter wird am Beispiel von Vereinsengagierten in einer ländlichen Region danach gefragt, inwiefern Gender als ungleichheitsstrukturierende Differenzlinie in der biografischen Arbeit der Individuen von Bedeutung ist, und welche weiteren Differenzlinien sich als relevant erweisen. Schließlich stehen ebenso die Fragen im Mittelpunkt, welche Relevanz dem Vereinsengagement hinsichtlich biografischer Prozesse zukommt, welche Kompetenzen dort erworben werden können, und welche Opportunitäten und Begrenzungen sich für in ländlichen Regionen lebende Individuen aus der Fastnachtsbezogenheit des Vereinslebens ergeben.

Im ersten Teil der Arbeit wird zunächst umfassend in die Fragestellung eingeführt. Hierfür wird in *Kapitel 1* der theoretische Analyserahmen für die Untersuchung abgesteckt: die theoretischen Erörterungen, wie sich auf gesellschaftlicher und (alltags-)praktischer Ebene Genderkonstruktionen (re)produzieren (*Kapitel 1.1*), bilden sozusagen die Folie, auf der das empirische Material gelesen wird. Es wird aufgezeigt, wie Gender und Heteronormativität soziale Beziehungskontexte färben und zugleich in ihnen hervorgebracht werden. Daran anschließend wird das dieser Untersuchung zugrunde liegende Modell alltäglicher Biografiearbeit dargestellt *(Kapitel 1.2)*. Anhand biografietheoretischer Konzepte erfolgt eine Abgrenzung zum Identitätskonzept, wodurch

Biografie als dialektischer Prozess einer subjektiven Aneignung von Gesell-schaft und gesellschaftlicher Konstitution von Subjektivität verständlich wird. Vor diesem Hintergrund wird das von Keupp u.a. (2006) entwickelte analyti-sche Modell alltäglicher biografischer Arbeit vorgestellt und dessen Nutzen für die empirische Analyse dieser Arbeit expliziert.

Um die Einführung in die Fragestellung zu vervollständigen, gibt *Kapi-tel 2* einen Überblick über den aktuellen Stand innerhalb der Fastnachtsfor-schung (*Kapitel 2.1*), über Forschungen zu ländlichen Regionen (*Kapitel 2.2*), sowie über Zusammenhänge von Vereinsengagement und informellem Lernen (*Kapitel 2.3*). Auf dieser Grundlage können dann in *Kapitel 2.4* die konkreten Forschungsfragen ausdifferenziert werden.

In *Kapitel 3* wird das methodische Vorgehen der Untersuchung erläutert. Die Erörterung von Möglichkeiten und Grenzen einer Forschung innerhalb eines kulturellen Systems der Zweigeschlechtlichkeit bilden den Ausgangs-punkt. Anschließend erfolgt die Erläuterung der gegenstandsadäquaten Me-thodenwahl von themenzentrierten narrativen Interviews und ethnografischen Beobachtungen. Schließlich werden Untersuchungsort, Untersuchungsgrup-pen, der Feldzugang sowie das Vorgehen bei der Datenanalyse dargestellt.

Im zweiten Teil der Arbeit kommen vor dem Hintergrund der theoreti-schen Debatten aus Teil 1 die Individuen selbst zu Wort. Anhand von drei ausführlichen Fallanalysen, in die die Interviews wie auch die teilnehmen-den Beobachtungen und das Kontextwissen einfließen, werden die Bedeu-tung des Engagements im Fastnachtsverein für die Biografie aufgezeigt so-wie Genderthematisierungen herausgearbeitet (*Kapitel 4*). Daran anschlie-ßend erfolgt in *Kapitel 5* die Ergebnisdiskussion auf Grundlage der in Kapi-tel 2.4 formulierten Forschungsfragen. In diese Ergebnisdiskussion fließen auch die übrigen Interviews ein und die Analysen der ethnografischen Be-obachtungen.

Als Abschluss der Arbeit wird in *Kapitel 6* eine Reflexion über Passung von Fragestellung und methodischem Vorgehen unternommen. Sie wird vor allem die Herausforderungen und methodologischen Konsequenzen einer Forschung über soziale Ungleichheitsprozesse aufzeigen, Potentiale einer intersektionellen Forschungsperspektive beleuchten und offene Forschungs-fragen formulieren. Und schließlich werden aus den Untersuchungsergeb-nissen ableitbare pädagogische Konsequenzen für eine Vereins- und Bil-dungsarbeit dargestellt.

Vor dem Hintergrund, dass nicht alle Lesenden mit der Fastnacht vertraut sind, werden fastnachtsspezifische Hintergründe und Begriffe, die im Mate-rial auftauchen, im Glossar erklärt. Verwendete Schreibweisen und Begriff-lichkeiten werden in Kapitel 1.1 erläutert. Fotos zur Veranschaulichung fin-den sich im Anhang. Über verschiedene Internetseiten von Fastnachtszünf-ten und Narrenvereinigungen können Bilder unterschiedlichster Fastnachts-figuren eingesehen werden (z.B. www.fasnacht.net oder www.narren-forum.de).

1. Theoretische Grundlagen

Mit der Frage nach Möglichkeiten biografischer Gestaltungen sowie der Bedeutung von Gender als sozialer Ungleichheitskategorie, kristallisieren sich gleichermaßen Biografie- und Gendertheorien als notwendiger Analyserahmen dieser Untersuchung heraus. Mit Mecheril gehe ich davon aus, dass innerhalb der zahlreichen Differenzordnungen Gender denjenigen zuzuordnen ist, die aufgrund der „sozialen, politischen und individuellen Bedeutung als fundamental bezeichnet werden können" (Mecheril 2008: o.S.[1]). Im ersten Teil dieses Theoriekapitels wird daher die Relevanz von Gender als soziale Ungleichheitskategorie in sozialen Kontexten diskutiert und differenziert. Dabei wird es auch um die Frage von Relationen zu und Wechselwirkungen mit anderen Kategorien gehen. Ausgangspunkt bildet eine ausführliche Skizzierung von Gender als institutionalisiertes System sozialer Praktiken. Es wird aufzuzeigen sein, inwiefern Gender soziale Beziehungskontexte ‚einfärbt' und auch beeinflusst, um vor diesem Hintergrund anschließend biografietheoretische Überlegungen zu diskutieren sowie das Modell alltäglicher Biografiearbeit und dessen Nutzen für diese Untersuchung zu explizieren. Insgesamt wird dadurch der theoretische Analyserahmen für die Interpretationen des empirischen Materials aufgespannt.

1.1 GESELLSCHAFTLICHE GENDERKONSTRUKTIONEN

Innerhalb der internationalen Gender- und Queerstudies existieren zahlreiche Veröffentlichungen, in denen Geschlecht als ein ständig vollzogener Herstellungsprozess statt eines Merkmals oder der Eigenschaft einer Person beschrieben wird[2]. Allerdings ist dies „eine Perspektive, die dem Alltags-

---

1 Mecheril bezeichnet neben Gender auch race und class als fundamentale Differenzordnungen (2008: o.S.). Ich werde auf die Diskussion um die Frage, welche Kategorie(n) ‚wichtiger' oder ‚wirksamer' sind, unter dem Stichwort ‚Intersektionalität' in diesem Kapitel eingehen.

2 Vgl. exemplarisch Butler 1991, Hagemann-White 1993 bzw. 1994, Gildemeister/ Wetterer 1992, West/ Fenstermaker 1995 und Fenstermaker/ West 2002, Gilde-

wissen kompetenter Mitglieder unserer Gesellschaft diametral entgegengesetzt ist", so Wetterer (2004: 122), die eine alltägliche Theorie der Zweigeschlechtlichkeit folgendermaßen beschreibt[3]:

„Dass es zwei und nur zwei Geschlechter gibt; dass jeder Mensch entweder das eine oder das andere Geschlecht hat; dass die Geschlechtszugehörigkeit von Geburt an feststeht und sich weder verändert noch verschwindet; dass sie anhand der Genitalien zweifelsfrei erkannt werden kann und deshalb ein natürlicher, biologisch eindeutig bestimmbarer Tatbestand ist, auf den wir keinen Einfluss haben." (Ebd.)[4]

In diesem Kapitel wird auf theoretisch-analytischer Ebene dargelegt, wie eine solche ‚Alltagstheorie' entstehen und aufrechterhalten werden kann. Im Mittelpunkt stehen dabei vor allem Wechselwirkungen zwischen institutionalisierten Ordnungsstrukturen und individuellem Verhalten. Es soll aufgezeigt werden, welche Auswirkungen diese ‚zweigeschlechtliche Alltagstheorie' auf Handeln, Denken und (Selbst-)Bewertungen von Individuen hat. Für eine Forschung wie die hier vorliegende, scheinen solcherart grundlegende theoretische Ausführungen über Herstellungsprozesse und Wirkungsweisen sozial konstruierter Geschlechterbinarität aus mehreren Gründen notwendig: Im Forschungskontext selbst sollen fortlaufende Prozesse der Herstellung bzw. Reproduktion gesellschaftlich konstruierter Zweigeschlechtlichkeit aufgespürt werden[5], zugleich begegnet ein_e Forscher_in dabei stets einem Alltagswissen so genannter ‚natürlicher' Zweigeschlechtlichkeit. Um im empirischen Teil dieser Arbeit entdecken und verstehen zu können, wann und warum sich Individuen gemäß sozialer Zuschreibungen verhalten[6], wo sie temporär mit ihnen experimentieren und wann sie sie überschreiten, ist es wichtig, diese sozialen Konstruktionsprozesse und deren „hochgradig selbstverständlich" (Gildemeister 2004: 132) erscheinenden Ergebnisse erkennen, sowie eine Verbindung zwischen individuellem Verhalten und sozialen Strukturen herstellen zu können.

In Anlehnung an das Konzept des ‚doing difference' (vgl. West/ Fenstermaker 1995) und damit zusammenhängender weiterentwickelter Ansätze werde ich im Folgenden das dieser Arbeit zugrunde liegende Modell einer

---

meister 2004, Hark 2004, Ridgeway/ Correll 2004. Ein guter Überblick über die Entwicklungslinien innerhalb der Frauen- und Geschlechterforschung im deutschsprachigen Raum findet sich bei Villa 2004: 141 sowie Degele 2008: 27ff. u. 57ff.

3   Mit Bezug auf Hagemann-White 1984.

4   Vgl. ausführlich Wetterer 2003.

5   Ebenso wird nach Widerständigem und Überschreitendem dieser sozialen Ordnung gefragt.

6   Diese Zuschreibungen können das Geschlecht einer Person betreffen, aber auch, wie im Folgenden aufgezeigt werden wird, weitere gesellschaftliche Normierungen wie bspw. Statusgruppe, Alter, sexuelle Orientierung.

fortlaufenden Herstellung der Kategorie Gender innerhalb sozialer Beziehungskontexte vorstellen, sowie das ‚Verhältnis‘ von Gender zu anderen sozialen Ungleichheitskategorien beleuchten. Dieses Modell bildet das theoretische Gerüst für die Analysen des empirischen Materials in Kapitel 4 und 5. Ich berufe mich dabei hauptsächlich auf West/ Fenstermaker 1995 sowie auf ihre ‚Antwort‘ auf Kritik an ihrem Analysemodell 2002 (Fenstermaker/ West 2002). Ihre Abhandlungen stellen eine Weiterentwicklung des ‚doing gender‘-Ansatzes dar und lieferten einen wesentlichen Anstoß für die Debatten über unterschiedliche Ungleichheitskategorien. Weiter beziehe ich mich auf Ridgeway/ Correll 2004, da die Autor_innen ebenfalls in einer Weiterentwicklung des ‚doing gender‘-Ansatzes die Relevanz sozialer Beziehungskontexte beleuchten sowie die Relation der Kategorie Gender zu anderen Ungleichheitskategorien diskutieren. Für die deutsche Genderforschung beziehe ich vor allem Wetterer, Gildemeister und Hark (alle 2004) ein.

Zuvor sollen einige begriffliche Besonderheiten geklärt werden.

Begriffsklärungen

Auch als Forscherin und Mitglied einer Gesellschaft, in der eine „alltägliche Theorie der Zweigeschlechtlichkeit“ (Wetterer 2004: 122) existiert, bin ich eingebunden in die vorherrschende binär ‚gegenderte‘ Gesellschaftsordnung (vgl. Behnke/ Meuser 1999). Die damit verbundenen Auswirkungen auf den Forschungs- und Analyseprozess werden bei der Darstellung der methodischen Herangehensweise in Kapitel 3 ausführlich diskutiert. An dieser Stelle möchte ich verdeutlichen, dass ich durch die Verwendung bzw. Vermeidung bestimmter Begriffe versuche, mich eines binären Sprachgebrauchs so weit wie möglich zu entziehen, wenngleich mir bewusst ist, dass dies nicht vollständig möglich sein wird. Das folgende Zitat von Gildemeister beschreibt, weshalb sich Forschende eines Denkens in Zweigeschlechtlichkeit letztlich nicht entziehen können:

„Die soziale Wirklichkeit ist zweigeschlechtlich strukturiert, die Differenz immer schon in die soziale Welt eingeschrieben und unsere Wahrnehmung darauf ausgerichtet, in jeder Situation Frauen und Männer zu unterscheiden. Im jeweiligen Untersuchungsfeld sind Forscher (_innen, K.B.) und Beforschte als Männer und Frauen erkennbar und als solche in den forschungsbezogenen Interpretationen und Auswertungen präsent. Damit besteht für Analysen des ‚doing gender‘ immer das Problem und die Herausforderung, die eigenen, oft nicht bewussten alltagsweltlichen Annahmen über ‚Unterschiede‘ der Geschlechter zu kontrollieren und zu reflektieren.“ (Gildemeister 2004: 136)

Dem ist hinzufügen, dass dies neben der reflexiven Ebene auch die sprachliche betrifft insofern, als Sprache oft wenige Möglichkeiten bietet, über einen zweigeschlechtlichen Sprachgebrauch hinauszugehen. Da Sprache Wirklichkeit abbildet und auf unser Denken einwirkt (vgl. Pusch 1996) er-

scheint es wichtig, in einer Forschungsarbeit über sozial konstruierte Zweigeschlechtlichkeit sprachlich so weit wie möglich zu versuchen, diesbezügliche Grenzen zu verlassen oder zumindest zu verdeutlichen. Folgende
Schreibweisen und Begriffe werden daher angewandt, um sowohl meine
gegenderten Wahrnehmungen zu reflektieren (wie von Gildemeister im obigen Zitat gefordert), als auch begriffspolitisch zweigeschlechtliche Grenzen
zu verdeutlichen bzw. zu überschreiten:

(1) Durch die Verwendung des Unterstrichs „_" werden in Anlehnung
an Herrmann (2003) Existenzen sichtbar gemacht, die im kulturellen System
der Zweigeschlechtlichkeit keinen (begrifflich) markierten Platz haben, wie
z.B. Intersexuelle oder Transgender-Personen. Die mit diesem Unterstrich
markierte Leerstelle verdeutlicht das gesellschaftliche Ordnungsschema der
Zweigeschlechtlichkeit und überschreitet es zugleich[7].

(2) Soweit als möglich (d.h. soweit eine ‚Eindeutschung' nicht die Le-
serlichkeit mindert) werde ich versuchen, den deutschen Begriff ‚Geschlecht' durch den englischen ‚Gender' zu ersetzen. Während ‚Geschlecht'
ausschließlich auf Natur, auf sogenannte natürliche Geschlechtsmerkmale
festlegt, lässt ‚Gender' mehr Raum für soziale und kulturelle Aspekte der
Zweigeschlechterordnung. Im Englischen wird seit den 1960er Jahren zwischen ‚sex' (biologisches Geschlecht) und ‚gender' (soziales Geschlecht)
unterschieden, im Deutschen fehlt ein adäquater Begriff für diese wichtige
Unterscheidung[8].

(3) Daran anschließend spreche ich von Genderforschung, Genderwissenschaften oder von Gender- und Queerforschung anstatt von ‚Frauen- und
Geschlechterforschung'. Diese Begriffsverwendung ermöglicht einerseits
abermals das sprachliche Verlassen sozial konstruierter Zweigeschlechtlichkeit, das der Bezeichnung ‚Frauen und Geschlechter' innewohnt. Zudem
erweitern Gender- und vor allem Queerforschung mit ihren Analysen über
Heteronormativität als wichtiges (Ordnungs-)Prinzip der Zweigeschlechtlichkeit (vgl. bspw. Hark 2004) die Analyseebenen der Frauen- und Geschlechterforschung. Auch wird durch die Bezeichnung Genderwissenschaf-

---

7 „Der _ markiert einen Platz, den unsere Sprache nicht zulässt. Er repräsentiert all
diejenigen, die entweder von einer zweigeschlechtlichen Ordnung ausgeschlossen werden oder aber nicht Teil von ihr sein wollen. Mit Hilfe des _ sollen all jene Subjekte wieder in die Sprache eingeschrieben werden, die gewaltsam von ihr
verleugnet werden." (Hermann 2005: 64, FN 19)

8 Allerdings wird innerhalb der Gender Studies seit Ende der 1980er Jahre kritisch
darauf hingewiesen, dass auch die Bestimmung von sex ein sozialer Vorgang ist,
der zwischen zwei (und nur zwei) Geschlechtern unterscheidet bzw. diese anhand
äußerer Genitalien definiert (vgl. Hagemann-White, Carol 1988: Wir werden
nicht zweigeschlechtlich geboren… In: Dies./ Rerrich, Maria S. (Hg.): Frauen-
MännerBilder. Männer und Männlichkeit in der feministischen Diskussion. Bielefeld: 224-235).

ten deutlich, dass unter diesem Oberbegriff verschiedenste Denk-, For-
schungs- und Analyserichtungen versammelt sind.

(4) Schließlich werden einige Begriffe in Anführungszeichen gesetzt, so
bspw. ‚Weiblichkeit' oder ‚männlich', um auch dadurch die soziale Dimension dieser Begrifflichkeiten zu verdeutlichen. Ich bin mir der kategorialen
Dimension dieser Begriffe bewusst, in gewisser Weise lässt mir die Sprache
jedoch keine Wahl[9]. Zudem benutze ich damit Begriffe des alltäglichen
Sprachgebrauchs, die zur Identifikation von Personen(-gruppen) dienen
(vgl. Rupp/ Taylor 2003: 5).

1.1.1 Gender und Heteronormativität
als institutionalisierte(s) System(e) sozialer Praktiken

Ridgeway und Correll fassen im folgenden Zitat zusammen, inwiefern sich
die theoretischen Konzeptualisierungen innerhalb der Genderwissenschaften
seit dem Erscheinen des Konzepts eines „doing gender" (West/ Zimmerman
1987) weiterentwickelt haben:

„One of the important achievements in gender knowledge in the past decade is the
revolution in our theoretical conceptualization of what gender is as a social phenom-
enon. There is increasing consensus among gender scholars that gender is not primar-
ily an identity or role that is taught in childhood and enacted in family relations. In-
stead, gender is an institutionalized system of social practices for constituting people
as two significantly different categories, men and women, and organizing social relations of inequality on the basis of that difference." (Ridgeway/ Correll 2004: 510)

Die Autorinnen heben hervor, was Wetterer als „Verschiebung der zentralen
Forschungsfrage" innerhalb der Genderforschung bezeichnet (vgl. 2004:
123): Die analytische Fassung von Gender als ein gesellschaftlich erzeugtes
und in sozialen Interaktionen immer wieder neu formiertes Phänomen anstatt einer (fixen) Identität oder Rolle richtet den Blick auf soziale Prozesse
der Geschlechter*unterscheidungen*, statt nach Geschlechts*unterschieden* zu
fragen (vgl. Gildemeister 2004: 132)[10]. Gender als ein institutionalisiertes
System sozialer Praktiken, als Organisationsprinzip binärer (und einander

---

9   Es sei denn, ich würde mich für Formulierungen entscheiden wie etwa „sozial als
    Angehörige einer als männlich bezeichneten Gruppe". Hierunter würde jedoch
    die Lesbarkeit erheblich leiden.

10 Dies ist – bei allen Kontroversen um das Konzept des doing gender sowie um
    das als Weiterentwicklung konzipierte doing difference (Fenstermaker/ West
    1995 und 2002, s.u.) – das Verdienst dieses aus der interaktionstheoretischen So-
    ziologie entstammenden Konzepts für die Genderwissenschaften: – die Über-
    windung der abermals dualisierenden Sozialisationstheorien der späten 1970er
    und 1980er Jahre (vgl. bspw. Scheu 1977; Bilden 1980; Beck-Gernsheim 1980).
    Für einen ausführlichen Überblick empfehle ich Degele 2008.

ausschließender) Kategorien und sozialer Ungleichheit zieht die Fragen nach sich, *wie* und *wo* diese Praktiken vollzogen werden, woraus Akteur_innen ihre Handlungskompetenzen schöpfen, und wie sich individuelle bzw. gemeinsame soziale Praktiken und institutionalisierte Ungleichheitsprinzipien wechselseitig beeinflussen[11]. Die Konzepte des „doing gender" (West/ Zimmerman 1987) bzw. „doing difference" (West/ Fenstermaker 1995) gaben auf diese Fragen erste Antworten, indem sie den analytischen Blick auf soziale Praktiken richteten, und damit eben jene o.g. Wechselwirkungen zwischen Individuen und Institutionen fokussierten. Ridgeway/ Correll spezifizieren diesen Analyserahmen, wenn sie soziale Beziehungskontexte und sich dort manifestierende hegemoniale kulturelle Genderannahmen genauer untersuchen, um zu erklären, wie Gender-Ungleichheiten durch alltägliche soziale Beziehungen reproduziert werden. Ihr Ansatz wird im Folgenden genauer ausgeführt.

Das Einwirken kultureller Annahmen auf individuelle Handlungs- und Denkweisen[12]

Als wesentliche Faktoren für eine Aufrechterhaltung aber auch für Veränderungen des institutionalisierten Gendersystems benennen Ridgeway und Correll hegemoniale kulturelle Annahmen über Gender und deren Auswirkungen auf soziale Beziehungskontexte (vgl. 2004: 511). Unter kulturellen Genderannahmen verstehen sie dabei die Existenz weit verbreiteter Vorstellungen über die Unterschiedlichkeit von Männern und Frauen[13], deren Hegemonialität aus der Institutionalisierung in Normen und Strukturen des öffentlichen Settings (z.B. Medien, Regierungspolitik) sowie in etablierten privaten Institutionen wie der Kernfamilie resultiert (ebd.: 517)[14].

---

11 Natürlich stellt Gender nicht das einzige Organisationsprinzip sozialer Ungleichheit dar, bzw. kann die Wirksamkeit von Gender je nach Kontext variieren. Siehe hierzu – sowie zur kontroversen Diskussion um das Verhältnis von Gender zu anderen Kategorien sozialer Ungleichheit – die Ausführungen über Intersektionalität in diesem Kapitel.

12 Ich beziehe mich auf sogenannte ‚westliche' Gesellschaftssysteme, die empirischen Daten entstammen Untersuchungen der US-amerikanischen sowie der deutschen Genderforschung.

13 In ihrem Artikel beziehen sich Ridgeway/ Correll auf empirische Belege für die Gesellschaft der USA, ähnliche Ergebnisse liegen ebenfalls über des deutschsprachigen Raums vor (vgl. bspw. Gildemeister 2004: 136ff.).

14 Zu Recht drücken die Autorinnen ihre Verwunderung über die selbstverständliche Wirksamkeit dieser hegemonialen kulturellen Genderannahmen aus, könne doch nie jemand mit konkreten Personen interagieren, die ‚nur' Frau oder Mann sind in dem Sinne, dass sie unbeeinflusst wären von einer Vielzahl anderer Attribute wie bspw. Ethnizität oder Bildungsgrad (vgl. ebd.: 513). Wetterer drückt dies ähnlich aus wenn sie schreibt, dass „es überhaupt keine ‚natürliche', von der

Innerhalb der Queer Theorie werden die Wirkungen von Normen in Alltagspraxen weitergehend erklärt, indem in diese hegemonialen kulturellen Genderannahmen die Norm der heterosexuellen Orientierung einbezogen wird:

„Die theoretisch entscheidende Leistung von Queer Theorie ist es, Heterosexualität analytisch als ein Machtregime rekonstruiert zu haben, [...] das [...] nicht allein Subjektivitäten, Beziehungsweisen und Begehrensformen organisiert, vielmehr strukturiert es auch gesellschaftliche Institutionen, wie Recht, Ehe, Familie und Verwandtschaft oder wohlfahrtsstaatliche Systeme; es ist eingeschrieben in (alltags-)kulturelle Praxen, wie Fotos in der Brieftasche tragen, Familienpackungen einkaufen, Gäste empfangen, Weihnachten feiern, eine Waschmaschine kaufen, ein Formular ausfüllen oder Diät halten, und es organisiert schließlich ökonomische Verhältnisse, etwa in der geschlechtlichen Arbeitsteilung." (Hark 2004: 106)

Queer Theorie analysiert Heterosexualität als Machtsystem, indem sie „Ansätze oder Modelle [beschreibt], die Brüche im angeblich stabilen Verhältnis zwischen chromosomalem, gelebten Geschlecht (*gender*) und sexuellem Begehren hervorheben. Im Kampf gegen diese Vorstellung von Stabilität – die vorgibt, Heterosexualität sei ihre Ursache, während sie tatsächlich ihre Wirkung ist – lenkt queer den Blick dahin, wo biologisches Geschlecht (*sex*), soziales Geschlecht (*gender*) und Begehren nicht zusammenpassen" (Jagose 2001: 15, Herv.i.O.). Die Auslegung von Heterosexualität als ein System der Macht geht zurück auf Judith Butler, die den Begriff der „kulturellen Matrix" einführte:

„Die heterosexuelle Fixierung des Begehrens erfordert und instituiert die Produktion von diskreten, asymmetrischen Gegensätzen zwischen ‚weiblich' und ‚männlich', die als expressive Attribute des biologischen ‚Männchen' (*male*) und ‚Weibchen' (*female*) verstanden werden. Die kulturelle Matrix, durch die die geschlechtlich bestimmte Identität (*gender identity*) intelligibel wird, schließt die ‚Existenz' bestimmter ‚Identitäten' aus, nämlich genau jene, in denen sich die Geschlechtsidentität (*gender*) nicht vom anatomischen Geschlecht (*sex*) herleitet und in denen die Praktiken des Begehrens weder aus dem Geschlecht noch aus der Geschlechtsidentität ‚folgen'." (Butler 1991: 38f., Herv.i.O.)

Queer Theorie untersucht und expliziert folglich, wie Heterosexualität als Hetero*normativität* eingewoben ist „in die soziale Textur unserer Gesellschaft, in Biografien [...], in Geschlechterkonzeptionen und in kulturelle Vorstellungen von Körper, Familie, Individualität, Nation, in die Trennung von privat/ öffentlich, ohne selbst als soziale Textur [...] sichtbar zu werden" (Hark 2005: 294). Damit wird ein erweiterter Analyserahmen für die

Dimension des Sozialen freie Wahrnehmung und Betrachtung des Körpers geben kann" (2004: 122).

Selbstverständlichkeit und Unsichtbarkeit der Reproduktion binärer Genderdifferenzen bereitgestellt.

Dieses Eingeschriebensein von Heteronormativität in alltägliche soziale Praktiken kann die von Ridgeway und Correll angeführte Hegemonialität kultureller Genderannahmen expliziter beleuchten. Die Autorinnen beschreiben die hegemonialen Genderannahmen als annähernd allgemeingültig bzw. Konsens, da fast alle Gesellschaftsmitglieder sie kennen und davon ausgehen, dass die meisten Anderen sie ebenfalls kennen (vgl. Ridgeway/ Correll 2004: 513). *Interaktionskontexte* bestehen daher aus gegenderten Erwartungen und Bewertungen bzgl. des Gegenübers, was als „implizite Regeln des Genderspiels im öffentlichen Kontext" (ebd., Übersetzung K. B.) bezeichnet wird:

„Therefore, as individuals enter public settings that require them to define themselves in relation to others, their default expectation is that others will treat them according to hegemonic gender beliefs. In this way, these hegemonic beliefs act as the implicit rules of the gender game in public contexts." (Ridgeway/ Correll 2004: 513)

In Anlehnung an die Ausführungen der Queertheorie ist hinzuzufügen, dass mit Heteronormativität als einem „Herrschaftsverhältnis, das auf hierarchischen Geschlechterbeziehungen sowie der unhinterfragten Annahme natürlicher Heterosexualität und Zweigeschlechtlichkeit basiert" (Degele/ Winker 2008: 205), in diese genderbezogenen Erwartungen heterosexuelle Orientierung als ,normal', nicht-heterosexuelle als ,abweichend' eingeschrieben wird.

So wird deutlich, wie kulturell als ,natürlich' definierte Zweigeschlechtlichkeit und Heterosexualität in Interaktionskontexte einfließen. Fenstermaker und West beschreiben diese Vorgänge in ihrem Konzept des doing difference als ,accountability'[15] (2002: 212ff.):

„Thus, accountability presents to each of us the ever-present possibility of consequential evaluation with respect to our ,essential nature'. Accordingly, we align our beliefs, our behaviour, and ourselves to the possibility of that evaluation." (Ebd.: 213)[16]

Sie argumentieren, die bestimmenden Bedeutungen unterschiedlicher (Bewertungs-)Kategorien würden von historisch spezifischen institutionellen

---

15 Accountability wird ins Deutsche mit Begriffen wie Haftung, Verantwortlichkeit oder Rechenschaft übersetzt (vgl. www.dict.leo.org). Diese Übersetzungen scheinen nicht zu fassen, was die Autorinnen unter ,accountability' verstehen, daher wird im Folgenden der englische Originalbegriff verwendet.

16 Die Autorinnen beziehen sich dabei auf Heritage (1984: Garfinkel and ethnomethodology. Cambridge) sowie auf Schwalbe (2000: Charting Futures for Sociology: Inequality Mechanics, Intersections, and Global Change – The Elements of Inequality, Contemporary Sociology 29: 775-781).

und kollektiven Kontexten abgeleitet, durch die normative Ordnungen ihre Macht und Bedeutung erlangten, sowie ihre als natürlich erscheinende Zuweisung materieller und symbolischer Ressourcen ableiteten. In der Folge beschreiben die Autorinnen ‚accountability' als treibende Kraft bei der Hervorbringung von Differenzen: die Merkmale der normativen Ordnung bilden dabei die (symbolischen) Inhalte, soziale Interaktionen das Medium, und schließlich sind Machtausübung und verschiedene Äußerlichkeiten sozialer Ungleichheit das Ergebnis (vgl. ebd.). Ihr Augenmerk richten Fenstermaker und West dabei v.a. auf die Kategorien Gender, Ethnizität und Klasse, da diese i.e. die „allgegenwärtige Manifestation sozialer Ungleichheit, Repression und Dominanz in westlichen Gesellschaften produzieren" (Fenstermaker/ West 2002: 205, Übers. K.B.) und daher als wesentliche Kategorien sozialer Ungleichheit erachtet werden[17].

An dieser Stelle scheint es mir wichtig, auf die kontroversen Debatten um Kategorien sozialer Ungleichheit innerhalb der deutschen Genderwissenschaften einzugehen. Ich werde einige wesentliche Argumente der Intersektionalitätsdebatte aufzeigen, um daran anschließend darzulegen, wie in der vorliegenden Forschungsarbeit der Schwerpunkt zunächst auf *eine* Ungleichheitskategorie (Gender) gelegt wird, wobei der Forschungsblick zugleich stets offen ist für Entdeckungen von und Zusammenhänge mit weiteren sozialen Kategorien. Es wird deutlich werden, dass dies für eine Analyse sozialer Interaktionen sowie biografischer Prozesse äußerst fruchtbar ist.

1.1.2 Exkurs: Intersektionalität – zur Frage nach der Erforschung sozialer Ungleichheitskategorien

Seit einigen Jahren wird das Thema der Intersektionalität im erweiterten amerikanischen Verständnis verstärkt in der deutschsprachigen Genderforschung aufgenommen (vgl. Knapp 2005: 71)[18]. Anfänglich überwiegend innerhalb der Migrations- und Queerforschung diskutiert, wird Intersektionalität mittlerweile innerhalb der Genderwissenschaften immer breiter disputiert, ist allerdings weit davon entfernt, zu einem konsensfähigen Analy-

---

17 Inzwischen merkt Fenstermaker allerdings an, sie würde Alter und Sexualität als weitere Ungleichheitskategorien hinzufügen, wobei für das theoretische Konzept des ‚accountability' ‚gender', ‚race' und ‚class' am wichtigsten seien (mündliche Mitteilung, Juni 2008).

18 Eine Einführung in die Entwicklungsgeschichte der Intersektionalitätsdebatten in den USA und in Deutschland wird hier nicht vorgenommen. Hierzu empfehle ich Davis 2008, Walgenbach u.a. 2007, Knapp 2005. Knapp zeigt darüber hinaus Einschränkungen bzgl. einer Vergleichbarkeit verschiedener Ungleichheitskategorien in den USA und in Deutschland auf, die aus der Verschiedenheit der Gesellschaftssysteme resultieren.

semodell ‚der' Gender- oder gar Sozialwissenschaften zu werden[19]. Dies hängt wesentlich mit ungeklärten Fragen hinsichtlich der forschungsbezogenen Anwendung und Umsetzung des Konzepts zusammen, sowie mit Debatten über die Kernkategorien feministischer Forschung ‚gender', ‚race' und ‚class' (vgl. Davis 2008).

Knapp fasst die Inhalte hinter dem Begriff Intersektionalität wie folgt zusammen:

„Während *intersectionality* im politiknahen Bereich einen analytischen Fokus bezeichnet, der auf Formen multipler Diskriminierung und Benachteiligung zielt, steht der Begriff im wissenschaftlichen Kontext für eine weitergehende Programmatik. In diesem Horizont geht es darum, die Erforschung großrahmiger gesellschaftlicher Herrschaftsverhältnisse, historische und kontextspezifische Machtstrukturen, institutionelle Arrangements und Formen der *gouvernance* auf einer Meso-Ebene zu verbinden mit der Analyse von Interaktionen zwischen Individuen und Gruppen sowie individuellen Erfahrungen, einschließlich die damit verbundenen symbolischen Prozesse der Repräsentation, Legitimation und Sinngebung." (Knapp 2005: 71, Herv.i.O.)

Dieses Zitat verdeutlicht die Komplexität des Konzepts und veranschaulicht, was eine intersektionell angelegte Analyse alles mit einbeziehen sollte. Dies weist bereits darauf hin, wie schwierig die Berücksichtigung all dieser Analyseebenen innerhalb einer *empirischen* Forschung ist. Die Debatten um Intersektionalität, Diversität oder Interdependenz(en) sind daher kontrovers und vielfältig und beziehen ihre Schwerpunkte nicht selten aus den Forschungsinhalten der einzelnen Autor_innen, bzw. beschränken sich zum Teil auf Kritik an vorliegenden Forschungsarbeiten (vgl. für letzteres Walgenbach u.a. 2007)[20]. Hier soll nicht im Einzelnen auf die verschiedenen Diskussionslinien eingegangen werden, vielmehr wird die *Nutzbarkeit* der ver-

---

19 Riegel konstatiert mit Bezug auf Degele/ Winker, das Konzept entwickle sich derzeit zu einem neuen Paradigma innerhalb der Geschlechterforschung (2009: 1). Allerdings trifft dies m.E. nicht auf alle Bereiche der Genderforschung zu. So findet sich bspw. in der Neuauflage des von Becker/ Kortendieck herausgegebenen „Handbuch Frauen- und Geschlechterforschung" (2008) kein Beitrag, der explizit auf das Thema Intersektionalität eingeht. Ein Artikel über ‚diversity' erwähnt das Konzept (ebd.: Bruchhagen/Koall: 933), in drei anderen wird in einem Satz (ebd.: Dackweiler: 518) bzw. in je einem Abschnitt darauf eingegangen (ebd.: Räthel: 281 sowie Lutz: 571). Dies weist m.E. darauf hin, dass die Debatte längst nicht in allen Bereichen der Genderwissenschaften angelangt ist.

20 Knapp weist zudem darauf hin, dass es „in der deutschsprachigen Diskussion über Klasse/Geschlecht oder Sex/Gender-System […] immer um Überschneidungen [ging], wenngleich der Begriff der Intersektionalität nicht verwendet wurde" (Knapp 2005: 71, FN 4).

schiedenen Anregungen für eine empirische Forschungsarbeit herausgearbeitet.

Intersektionalität in der empirischen Forschung

Die Debatten um den Intersektionalitätsansatz verdeutlichen vor allem die Schwierigkeit, spezifische soziale Ungleichheitskategorien zu priorisieren oder eine Berücksichtigung ‚aller' zu fordern. Während einige Autor_innen in Anlehnung an den einstigen ‚Kern' der Frauenforschung ‚gender', ‚race' und ‚class' als die wichtigsten Kategorien sozialer Ungleichheit nennen (vgl. Klinger 2003, Knapp 2005), erweitern andere um Sexualität und Nationalität (vgl. Lutz/ Davis 2005), oder es wird bei der Kritik an ‚unvollständigen' Aufzählungen belassen, ohne selbst zu erklären, wann bzw. wie ‚Vollständigkeit' definiert wird (vgl. Walgenbach u.a. 2007). Davis merkt zurecht an, die Offenheit und Grenzenlosigkeit hinsichtlich forschungsanalytisch einzubeziehender Kategorien lasse das Konzept unklar erscheinen: „The infinite regress built into the concept – which categories to use and when to stop – makes it vague, yet also allows endless constellations of intersecting lines of difference to be explored." (2008: 77). Allerdings sieht Davis gerade in dieser Offenheit auch die Stärke einer intersektionellen Analyse:

> „With each new intersection, new connections emerge and previously hidden exclusions come to light. The feminist scholar merely needs to ‚ask (an)other question' and her research will take on a new and often surprising turn. [...] Intersectionality offers endless opportunities for interrogating one's own blind spots and transforming them into analytic resources for further critical analysis." (Davis 2008: 77)

Für Davis ist ein intersektioneller Analyseblick folglich hilfreich, um als Forscher_in eigene blinde Flecken zu entdecken, also bisher nicht mitgedachte soziale Kategorien. Auf dieses selbstreflexive Potential des Intersektionalitätsansatzes werde ich am Ende dieses Abschnitts zurückkommen.

Auch Riegel wendet die Debatten um Intersektionalität konstruktiv, indem sie von einer „konsequente[n] Weiterentwicklung der Diskussion um zentrale Bezugsgrößen oder Kernkategorien der Genderforschung" (2009: 2) spricht, sowie vom „Verlassen der einseitigen Perspektive auf nur eine Kategorie bzw. des Streits um die Frage von Haupt- und Nebenwiderspruch, der die deutschsprachige Diskussion geprägt hat" (ebd.). Das Potential einer intersektionell angelegten Forschungsanalyse wird deutlicher, lenkt man den Blick darauf, wie im Intersektionalitätsansatz soziale Kategorien und Differenzlinien analytisch gefasst werden. So geht der Ansatz davon aus, dass „soziale Kategorien *erstens* sozial konstruiert und somit historisch entstandene und auch veränderbare Kategorien sind, dass diese *zweitens* jeweils mit anderen Kategorien interagieren und *drittens* dieses Zusammenspiel eng mit Verhältnissen sozialer Ungleichheit verbunden ist" (ebd.: 3, Herv.i.O.). Riegel führt weiter aus, die Wechselwirkung mehrerer Differenzlinien zeige sich in verschiedenen Bereichen menschlichen Lebens, „in individuellen Lebenslagen und -gestaltungsformen, subjektiven Verortungen, im sozialen Zusammenleben, in sozialen Praxen und institutionellen Settings sowie in gesellschaftlichen Strukturen" (ebd.). In Anlehnung an die o.g. Konzepte des doing difference und doing gender ist anzufügen, dass auch diese von Riegel beschriebenen verschiedenen Bereiche menschlichen Lebens miteinander verschränkt sind und sich wechselseitig beeinflussen. Gesellschaftliche Strukturen und institutionelle Settings wirken bspw. auf individuelle Lebenslagen ein, subjektive Verortungen beeinflussen soziale Praxen und umgekehrt, ebenso formen soziale Praxen gesellschaftliche Strukturen usw. Ein intersektioneller Analyseblick kann dazu beitragen, diese Verschränkungen zu fassen und somit die komplexen Wirkungsweisen sozialer Differenzlinien zu beschreiben. Soziale Kategorien werden dabei nicht als neutrale und machtfreie Differenzierungsmerkmale betrachtet, vielmehr kommen in ihnen Dominanz- und Herrschaftsverhältnisse zum Ausdruck, die in sozialen Praxen alltäglich hergestellt werden. Für die Lebenslagen von Individuen und deren Handlungsmöglichkeiten werden diese strukturell und sozial wirksam (vgl. Riegel 2009: 3f.). Dieses Erfassen der Komplexität sozialer Realität fasst Riegel als Potential einer intersektionellen Perspektive wie folgt zusammen:

„Die intersektionelle Perspektive ermöglicht es also, der Komplexität sozialer Realität Rechnung zu tragen und äußerst differenziert sowohl soziale Positionierungen und Handlungsmöglichkeiten von Individuen als auch gesellschaftliche und soziale Verhältnisse und darin liegende Hierarchien und Ungleichheiten als interdependente soziale Phänomene zu analysieren." (Riegel 2009: 4)

Die Betrachtung von Intersektionalität als Analyseinstrument und zugleich als „Identitätstheorie" , wie bspw. von Lutz und Davis gefordert (vgl. 2005: 231)[21], kann m.E. die Stärke eines intersektionellen Blicks für die Forschungspraxis verdeutlichen: die Autor_innen führen aus, abhängig von sozialen Situationen der Handelnden und Sprechenden träten einige Differenzlinien in den Vordergrund, andere würden vernachlässigt (ebd.). Es könne also nicht davon ausgegangen werden, dass der analytische Horizont der Forscher_innen ‚alle' relevanten Kategorien von vornherein erfasse und somit verschiedene Ungleichheitsfaktoren deduktiv ans Material herangetragen werden könnten. Vielmehr erfordere eine Erforschung von Herstellungsprozessen sozialer Ungleichheit während des gesamten Forschungsprozesses Offenheit bzgl. aus dem Material sprechender Kategorien, die sich überlappen könnten und je nach Kontext im Vorder- oder Hintergrund wirk-

---

21 Dass hier der Identitätsbegriff verwendet wird, ist vermutlich der Übersetzung geschuldet. Ich vermute stark, die Autorinnen gehen nicht von Identität im Sinne eines festen Kerns aus, sondern vom Zusammenwirken verschiedener Teile einer Biografie. Vgl. zu dieser Diskussion ausführlich Kapitel 1.2.

ten bzw. mehr oder weniger relevant sein könnten. Es gehe nicht darum, ‚alle' Ungleichheitskategorien im *Vorfeld* zu benennen, sondern während des Forschungsprozesses offen zu sein für *diverse* und *intersektionell* wirksame Ungleichheitskategorien (ganz zu schweigen von der m.E. unlösbaren Frage, was ‚alle' wären).

Für die hier vorliegende Forschung bedeutet das ganz konkret, dass der Schwerpunkt auf die Ungleichheitskategorie Gender gelegt wird, ohne diese als ausschließlich zu betrachten[22]. Vor dem Hintergrund des Wissens um die Existenz multipler Kategorien sozialer Ungleichheit werden Aussagen und Interaktionen in dem Kontext analysiert, in dem sie vollzogen werden (vgl. Lutz/ Davis 2005: 233 und 241). Dadurch kann, in Zusammenhang mit der o.g. Offenheit bzgl. weiterer Ungleichheitskategorien, deutlich werden, wann Gender als *bestimmender* Faktor wirkt, wann andere Faktoren sich damit *verschränken*, und schließlich wann Gender in den *Hintergrund* tritt, da andere Ungleichheitskategorien eine wesentlich bedeutendere Rolle spielen. Trotz einer Fokussierung auf Gender bleibt der Analyseblick offen für zugleich wirksame, einander beeinflussende Kategorien, da davon ausgegangen wird, dass die unterschiedlichen Ungleichheitskategorien lediglich analytisch zu trennen sind[23]. Dieses Vorgehen, nicht „im Ausschlussverfahren den Blick auf die Vielfalt von vorne herein zu beschränken, sondern vielmehr empirisch herauszuarbeiten, welche Differenzlinien (wie) sozial wirksam sind" (Riegel 2009: 8f.), entspricht dem Anspruch einer intersektionellen Forschungsperspektive. Oder, um es mit Degele und Winker auszudrücken: „Letztlich ist es doch der empirische Gegenstand, der über die Wichtigkeit und Ungleichheitskategorien entscheidet und nicht ein vorab festgelegtes theoretisches Design" (Degele/ Winker 2008: 195)[24].

Im empirischen Teil dieser Arbeit wird deutlich werden, dass Regionalität insofern eine Rolle spielt, als ein Geborensein im Untersuchungsort

---

22 Wie noch aufgezeigt werden wird, ist Gender die in Interaktionsprozessen als erste wirksame soziale Kategorisierung (s. nächster Abschnitt). Daher scheint für die Erforschung biografischer Prozesse eine Fokussierung auf Gender sinnvoll, ohne dabei andere Kategorien außen vor zu lassen. Zudem ist ein Anliegen dieser Untersuchung, empirische Belege für doing gender-Prozesse zu liefern.

23 Dem Konzept bzw. Begriff der Intersektionalität wird oft vorgeworfen, aufgrund der Affinität zu (Straßen-)Kreuzungen werde suggeriert, verschiedene Ungleichheitskategorien existierten quasi separat, kollidierten an einem Punkt (bspw. an dem ein_e Forscher_in die Untersuchung ansetzt), um danach erneut separate Wege fort zu führen. Ein m.E. berechtigter Vorwurf, der evtl. verdeutlicht, dass innerhalb der Intersektionalitätsdebatten unterschiedliche Auffassungen über die Wirkungsweisen verschiedener Ungleichheitskategorien existieren.

24 Die Autor_innen führen zudem aus, eine prinzipielle Offenheit von Kategorien auf der Identitätsebene ermögliche ein konstruktives Umgehen mit der Reifikation als einem zentralen Problem der Gender- und Queerstudies (Degele/ Winker 2008: 201).

einen wesentlichen Faktor für den Zugang zum Fastnachtsverein darstellt. Zugleich kann Fastnacht jedoch für Zugezogene eine integrative Wirkung haben. Der Untersuchungsort setzt sich zudem weitestgehend aus Angehörigen einer weißen Mittelschicht zusammen, Ethnizität wird bspw. dann relevant, wenn dort lebende Türk_innen wenig in Fastnachtszusammenhänge involviert sind. Ebenso spielt ,Klasse' z.b. dann eine Rolle, wenn der Zugang zum Fastnachtsverein an den nötigen finanziellen Mitteln scheitert. Zugleich ist ,Klasse' der gesamten Forschungsarbeit inhärent, da Vereine als informelle Bildungsorte mehr soziale Schichten einbeziehen bzw. einen niederschwelligeren Zugang ermöglichen als Orte mit formalen Bildungsstrukturen. Weiter kann ,Alter' in- oder exkludierend wirken bzgl. des Zugangs zu einzelnen Gruppen usw.

Diese Aufzählung könnte weitergeführt werden, würde jedoch an keinem Punkt ,vollständig'. Vielmehr wird deutlich, dass jede Kategorie für sich eine eigene Forschungsarbeit füllen könnte. Es gilt daher, wie bereits ausgeführt, den Analyseprozess mit hoher Sensibilität bzgl. vielschichtiger und wechselseitig vorder- und hintergründig sowie situativ wirksamer Ungleichheitskategorien durchzuführen. Dies verweist auf die weiter oben angesprochenen selbstreflexiven Aspekte des Intersektionalitätsansatzes während des gesamten Forschungsprozesses, und somit auch auf die Möglichkeit, blinde Flecken der Forschenden selbst entdecken zu können. Das folgende Zitat von Davis spitzt dies anschaulich zu:

„Intersectionality initiates a process of discovery, altering us to the fact that the world around us is always more complicated and contradictory than we ever could have anticipated. It compels us to grapple with this complexity in our scholarship […], to engage critically with (our, K.B.) own assumptions in the interests of reflexive, critical, and accountable feminist inquiry." (Davis 2008: 79)

Es wurde klar, inwiefern Differenzierungslinien und soziale Ungleichheit(skategorie)en auf komplexe Art und Weise in sozialen Beziehungskontexten hergestellt und reproduziert werden. Hinsichtlich der Analyse von doing gender-Prozessen sowie der Erforschung weiterer sozialer Praxen der Unterscheidung im empirischen Teil dieser Untersuchung werden diese im Folgenden näher beleuchtet.

1.1.3 Kulturelle Gender- und Heteronormativitätsannahmen in sozialen Beziehungskontexten

Soziale Beziehungskontexte werden hier in Anlehnung an Fenstermaker/ West und Ridgeway/ Correll definiert als Situationen, in denen Individuen sich selbst als in Beziehung zu anderen definieren (vgl. Ridgeway/ Correll 2004: 512; Fenstermaker/ West 2002: 209). Dies umfasst ebenso alltägliche zwischenmenschliche Interaktionen des persönlichen Kontakts wie Interaktionen ‚auf dem Papier', im Internet oder mit sich selbst (ebd.)[25]. Die Verbindung zwischen sozialen Beziehungskontexten und kulturellen Genderannahmen bildet der Vorgang der sexuellen Kategorisierung („sex categorization", Ridgeway/ Correll 2004: 514f.). Damit ist die Einordnung von Individuen in Frauen und Männer gemeint, die in persönlichen und imaginären Kommunikationen vorgenommen wird, und zwar ohne das Sichtbarsein ‚biologischer Geschlechtsmerkmale', anhand derer unsere Gesellschaft Individuen als entweder ‚männlich' oder ‚weiblich' kategorisiert[26]. Konkret bedeutet dies, obwohl hegemoniale Genderannahmen auf „biologischen Geschlechtsmerkmalen" beruhen, erfolgt, sobald sich Individuen als in Beziehung zu anderen definieren, eine automatische und unbewusste Gender-Einordnung am jeweils anderen Geschlecht, und zwar aufgrund gesellschaftlich als ‚männlich' und ‚weiblich' definierter Attribute wie bspw. Stimme/ Tonfall, Kleidung, Verhalten, Frisur, sexuelle Orientierung. Prozesse der sexuellen Kategorisierung werden, wie bereits ausgeführt, durch die Queer Theorie um die Dimension der (Hetero-)Sexualität erweitert. Im Anschluss an Butlers Ausführungen über die „kulturelle Matrix" (s.o.) gelingt es, Sexualität als eine Kategorie der Macht zu analysieren, die als regulative Praxis und gesellschaftliches Ordnungsprinzip Individuen an der sozialen Peripherie oder im Zentrum positioniert (vgl. Hark 2005: 288). Wenn Gender, Identität und Sexualität analytisch als Einheit gefasst werden, die durch die heterosexuelle Matrix organisiert wird, so wird in sozialen Beziehungskontexten auch Heteronormativität zum vorrangig wirksamen Organisations- bzw. Klassifikationsprinzip. Als logische Schlussfolgerung von queerer Theorie ist in ‚sex categorization' somit nicht nur Zweigeschlechtlichkeit eingelagert, sondern auch Heteronormativität, denn „die performative Wiederholung normativer Geschlechtsidentitäten naturalisiert Heterosexualität" (Jagose 2001: 110).

Hirschauer spricht zwar nicht von sozialer Kategorisierung, beschreibt den Zusammenhang von Gender und Interaktionsprozessen jedoch ähnlich. Er führt aus, im Unterschied zu anderen sozialen Kategorien sei Gender durch eine kulturell garantierte Sichtbarkeit bestimmt, die durch eine habitualisierte Praxis von Individuen in andauernden Aufführungen konstituiert werde. Er schreibt:

25 Diese Auffassung sozialer Beziehungskontexte weist eine klare Referenz zu den Ausführungen biografischer Prozesse in Kapitel 1.2 auf: Keupp u.a. (2006) erklären den Zusammenhang zwischen gesellschaftlichen Normierungen und individuellen Wertvorstellungen ähnlich wenn sie aufzeigen, wie Individuen soziale Erwartungen mit sich selbst verhandeln.

26 Da aufgrund dieser ‚biologischen Geschlechtsmerkmale' Menschen in zwei unterschiedliche und sich gegenseitig ausschließende Kategorien eingeteilt werden, stellt diese Kategorisierung wiederum einen sozialen Zuordnungsprozess dar. Vgl. hierzu ausführlich Butler 1991, die mit dieser Kritik den Anstoß für kontroverse Debatten innerhalb der Genderforschung gab.

„Diese (Geschlechtszugehörigkeit, K.B.) wird nicht einfach durch eine ‚sich selbst zeigende' Konstitution der Körper, sondern durch eine kontinuierliche Darstellungspraxis gewährleistet, die weitgehend außerhalb der Disposition von Interaktionsteilnehmern liegt: Zum einen ist sie habitualisiert, zum anderen ist die Nachfrage nach der allgegenwärtigen Publizität der Geschlechtszugehörigkeit nicht nur eine Sache individueller Betrachter. Der ‚Wille zum Wissen' ist vielmehr in einer ganzen Infrastruktur institutionalisiert." (Hirschauer 2001: 214)

Hirschauer betont ähnlich wie Ridgeway und Correll, Interaktionsprozessen seien sowohl ‚Aufführungen' von Gender, also auch gegenderte Erwartungen an die Interaktionspartner_innen implizit. Dies verweist wiederum auf Butler, die versucht, gegenderte Praktiken mit dem Konzept der Performativität zu erklären. Butler skizziert eine Verbindung zwischen Normen, Zwang, Macht und der ständigen Wiederholung von Gender:

„Performativität [kann] nicht […] außerhalb einer geregelten und restringierten Wiederholung von Normen [verstanden werden]. Und diese Wiederholung wird nicht *von* einem Subjekt performativ ausgeführt; diese Wiederholung ist das, was ein Subjekt ermöglicht […] Diese Wiederholung impliziert, dass die ‚performative Ausführung' keine ‚vereinzelte Handlung' oder ein vereinzeltes Vorkommnis ist, sondern eine ritualisierte Produktion, ein Ritual, das unter Zwang und durch Zwang wiederholt wird, unter der Macht und durch die Macht des Verbots und des Tabus bei Androhung der Ächtung und gar des Todes, die die Form der Produktion kontrollieren und erzwingen, die sie aber nicht […] im voraus vollständig determinieren können." (Butler 1995: 133)

Die (zwanghafte, genormte und mit Macht verbundene) Wiederholung von Gender ist für Butler folglich nicht etwas, das ein Subjekt tut, sondern sie versteht darunter Prozesse, die das Subjekt konstituieren.

Um auf den Prozess der ‚sex categorization' zurückzukommen, so beschreibt Lorber diesen als einen höchst unbewusst ablaufenden, der daher erst irritiert, wenn seine Selbstverständlichkeit brüchig wird:

„Als Bestandteil des täglichen Lebens ist uns Gender so vertraut, dass unsere Erwartungen, wie Frauen und Männer sich verhalten sollten, gewöhnlich sehr bewusst durchbrochen werden müssen, damit wir überhaupt merken, wie Gender produziert wird. Genderzeichen und -signale sind so allgegenwärtig, dass wir sie gewöhnlich gar nicht bemerken – es sei denn, sie fehlen oder sind zweideutig. Dann ist es uns unbehaglich, bis es gelingt, die anderen Personen einem Gender-Status zuzuordnen; gelingt es nicht, sind wir sozial desorientiert." (Lorber 1999: 56)

Nun ist ‚sex categorization', dies belegen Forschungen der Kognitionspsychologie (vgl. Ridgeway/ Correll 2004: 514), die *erste* Kategorisierung, die in Interaktionen vorgenommen wird. D.h. weitere wie Alter, Ethnizität, Beruf u.v.m. sind nachrangig und mit der sexuellen Kategorisierung verschachtelt (vgl. ebd.). Gender und Heteronormativität[27] werden dadurch nicht zur hauptsächlichen oder mächtigsten Determinante kategorialer Prozesse, sondern zum Organisations- bzw. Klassifikationsprinzip, welches *als erstes wirksam* ist. So konstatiert auch Hirschauer, ein „geschlechtliches Inkognito" sei in fast allen Interaktionen unter Anwesenden intolerabel, da wir einem „Ausweiszwang" unterlägen (vgl. Hirschauer 2001: 215). Indem eine Person sich selbst in Beziehung zu (realen oder imaginierten) anderen setzt, gelangen soziale Kategorisierungen zudem durch soziale Beziehungskontexte in jede Aktivität und jedes Gebiet des Lebens und machen Gender und Heteronormativität zu einer beharrlich vorhandenen sozialen Differenz (Ridgeway/ Correll 2004: 522).

1.1.4 Das Potential einer Analyse sozialer Beziehungskontexte

Wenn nun hegemoniale Genderannahmen und Heteronormativität Prozessen der ‚sex categorization' implizit sind, so werden sie in Definitionsprozessen des ‚Sich-selbst-in-Beziehung-zu-anderen-Setzens' (s.o.) hervorgerufen. Eine Analyse sozialer Beziehungskontexte kann somit eruieren, inwiefern gegenderte und heteronormative Erwartungen und Bewertungen an das Gegenüber transportiert werden, wie sich folglich in ihnen ‚Regeln des Genderspiels' (und des ‚Heterospiels', K.B.) (vgl. Ridgeway/ Correll 2004: 513) auf Verhalten und Beurteilungen der Individuen auswirken[28].

---

27 Ich werde im Folgenden in Anlehnung an die Ausführungen der Queer Theorie stets Heteronormativität hinzufügen, um die Verwobenheit des Systems der Zweigeschlechtlichkeit mit der heterosexuellen Norm deutlich hervorzuheben.

28 Die Autor_innen betonen, ihre Fokussierung sozialer Beziehungskontexte bedeute nicht, dass diese die einzigen Komponenten des Gendersystems seien. Dieses werde vielmehr erschaffen und aufrechterhalten durch multiple, komplementäre Prozesse, die auf unterschiedlichen Analyseebenen erfasst werden müssen (vgl. 2004: 512). Fenstermaker und West merken an, ihre Fokussierung auf Interaktionen bedeute nicht eine Vernachlässigung oder Verneinung von Strukturen der Ungleichheit und deren Auswirkungen (vgl. 2002: 101). Diese ‚Rechtfertigungen' bzgl. der Konzentration auf die Analyse sozialer Interaktionsprozesse sind wahrscheinlich den langjährigen Diskussionen nach dem Erscheinen des ersten „doing difference" 1995 geschuldet. In den US-amerikanischen und auch in den deutschen Genderwissenschaften wurde und wird Fenstermaker und West vorgeworfen, die Bedeutung von Ungleichheitsstrukturen herunterzuspielen. Die Autor_innen werden jedoch nicht müde zu erklären, inwiefern beides miteinander zusammenhängt und sich wechselseitig aufrechterhält (vgl. 2002). M.E. gleichen diese Diskussionen der Frage nach der Henne und dem Ei und entsprechend halte ich es für die Analyse der Reproduktion von Prozessen und Strukturen sozialer Ungleichheit unproduktiv, Diskussionen darüber zu führen was wichtiger

Fenstermaker/ West beschreiben Ähnliches, wenn sie darstellen, in Interaktionen würden normative Konzepte bzgl. angebrachten Verhaltens für Mitglieder bestimmter ‚Ungleichheitskategorien' gemanagt (vgl. 2002: 212). Gender/ Heteronormativität ist dabei *ein* normatives Konzept unter mehreren und als solches oft im Hintergrund wirksam, während andere institutionelle und kulturelle Kategorien oder Differenzlinien (z.B. berufliche Position, Alter, sexuelle Orientierung) meist mehr im Vordergrund wirken. Dies betonen auch Ridgeway und Correll:

„These institutional and culturally more specific roles and identities [...] are usually in the foreground of individuals' contextual definitions of who self and other are and what that implies in terms of behavior, while gender is almost a *background identity* in social relational contexts. It operates as an implicit, cultural/ cognitive presence that colors people's activitities in varying degrees but that is rarely the ostensible focus of what is going on in the situation." (Ridgeway/ Correll 2004: 516, Herv.i.O.)

Hirschauer führt aus, die Omnipräsenz und prinzipielle Relevanz der Geschlechterdifferenzierung bedeute nicht, dass diese sich in jeder Situation vollziehe (vgl. 2001: 215). Auch er verweist auf die Wirksamkeit von Gender im Hintergrund, da es sich aufgrund seiner visuellen Omnipräsenz „immer nur ‚im Halbschlaf' befindet" und „gewissermaßen keine ‚natürliche Latenz' wie andere Kategorien [hat]" (ebd.: 218, FN 14).

Hier wird abermals deutlich, inwiefern Gender/ Heteronormativität, wenngleich oftmals nicht als zentralstes Klassifikationsprinzip wirksam, stets ein Aspekt sozialer Beziehungskontexte ist. Gender/ Heteronormativität färbt folglich durch seine implizite kulturelle und kognitive Existenz die Aktivität von Personen in unterschiedlichen Graden in Überschneidungen mit anderen Bewertungs-, Einordnungs- bzw. Ungleichheitskategorien[29].

Das folgende Zitat von Knapp und Klinger fasst die Wirkung von Gender nochmals zusammen und erklärt, warum sich eine analytische Perspektive nicht auf Gender allein beschränken kann, zugleich ohne Genderbezug jedoch ‚unvollständig' bliebe[30]:

---

ist bzw. was zuerst ‚existierte'. Diese Frage lässt sich nicht beantworten, vielmehr muss im Analyseprozess stets beides aufeinander bezogen werden.

29 Anschaulich zeigen dies Degele/ Winker (2008) in ihrer Untersuchung über Erwerbslose auf. Um die Konstruktionen von Differenzkategorien empirisch zu analysieren, wurde eine intersektionelle Herangehensweise entwickelt und erprobt.

30 Die Autor_innen beziehen sich in ihren Ausführungen nicht auf Heteronormativität, daher wird an dieser Stelle auch von mir lediglich Gender genannt.

„Die Frage, was die sozialen Positionierungen und Lebensbedingungen von Frauen und Männern[31] bestimmt, ist nicht zu beantworten, wenn man sich analytisch auf den Einzugsbereich der Kategorie Geschlecht beschränkt [...]. Tatsächlich stellen Geschlechterverhältnisse eine eigenständige Konfiguration sozialer, kultureller und psychischer Differenzierungen dar, die in ihren Vermittlungen durch andere Formen von Teilung nicht aufgeht. Deshalb gilt auch, dass die Frage, welche Faktoren die Lebensbedingungen und sozialen Positionierungen von Menschen bestimmen, nicht beantwortet werden kann, ohne Rekurs auf Geschlecht." (Klinger/ Knapp 2008: 7)

Die Analyse sozialer Beziehungskontexte und Interaktionen kann demnach aufzeigen, (1) inwiefern individuelles Handeln an normativen bzw. institutionellen Ordnungsstrukturen ausgerichtet ist und zugleich an deren Manifestation bzw. Veränderung mitwirkt, (2) wie hegemoniale kulturelle Genderannahmen sowie Heteronormativität als eine Art ‚Hintergrundgerüst' wirken und zugleich weitere Kategorien handlungsleitend(er) sind, und schließlich kann (3) analysiert werden, wie individuelles Verhalten und soziale bzw. institutionelle Ungleichheitsstrukturen als Bestimmungsfaktoren einzelner Bewertungskategorien zusammenhängen.

Für die hier vorliegende Forschung bedeutet ein solch analytischer Blick, dass individuelles Verhalten bzw. spezifische Wertvorstellungen mit normativen (Gender-)Ordnungen verbunden werden, wodurch sich Zusammenhänge zwischen institutionalisierten Ungleichheitsstrukturen und biografischen Prozessen erklären lassen. Der analytische Blick bleibt dabei stets offen für kulturelle Anforderungen, die die einzelnen biografischen Konstruktionen beeinflussen, und die Gender und Heteronormativität zwar implizit, jedoch nicht hauptsächlich, enthalten.

Nun könnte aufgrund der bisherigen Ausführungen der Eindruck entstehen, das kulturelle System der Zweigeschlechtlichkeit und Heteronormativität wirke per se einengend, erzeuge zwanghaft spezifisches Verhalten und Denken von Individuen, bzw. diese hätten keine Optionen für alternative Denk- und Handlungsweisen. Dass dem *nicht* so ist, fungiert in der vorliegenden Studie als Grundthese. Daher werden abschließend Fragen nach Möglichkeiten des Widerstands gegen, Überschreitens von oder Experimentierens mit kulturellen hegemonialen Annahmen über Gender und Heterosexualität diskutiert.

1.1.5 Möglichkeiten des Widerstands und der Veränderung

Die Frage nach Veränderbarkeit kultureller Genderannahmen sowie nach Möglichkeiten des Widerstands scheint aufgrund des Blickwinkels der hier vorliegenden Forschungsarbeit von Interesse. Denn die Erforschung von

---

31 Es ist einigermaßen verwunderlich, dass die Autor_innen hier von „Frauen und Männern" anstatt von Individuen sprechen, unterstützt eine solche Wortwahl doch die soziale Konstruktion von Zweigeschlechtlichkeit.

Genderüberschreitungen (im empirischen Material) legt die Frage nach hierfür existenten Motiven nahe, sowie nach Auswirkungen eines Verhaltens, das kulturelle Annahmen über Gender und Heteronormativität provoziert oder überschreitet, bzw. nach Reaktionen darauf.

Auf theoretischer Ebene gehen diesen Aspekten eine Reihe von Gender-Analysen nach (z.B. Butler 1991, Fenstermaker/ West 2002, Rupp/ Taylor 2003, Ridgeway/ Correll 2004, Villa 2004). Während Fenstermaker/ West eher vage bleiben (vgl. 2002), legen Ridgeway/ Correll den Fokus vor allem auf die Schwierigkeiten möglichen Widerstands, da i.E. aufgrund der impliziten und selbstverständlichen Wirksamkeit kultureller Genderannahmen widerständiges Handeln zum einen oftmals bedeute, gegen gesellschaftliche Erwartungen und damit gegen normativen Druck zu handeln (vgl. 2004). Zum anderen könne oppositionelles Verhalten, aufgrund der Institutionalisiertheit hegemonialer Gendervorstellungen, realen sozialen Schaden nach sich ziehen (ebd.: 519). Die Autor_innen folgern daher, viele Individuen würden sich gelegentlich auf verschiedene Weise widersetzen, meist jedoch unwissentlich bzw. unbeabsichtigt dem Druck normativer Gendererwartungen nachgeben. Rupp und Taylor erörtern diese Frage am Ende ihrer empirischen Untersuchung über Drag Queens, wenn sie fragen, ob das Leben und die Shows der Darsteller_innen als sozialer Protest einzustufen sind (vgl. Rupp/ Taylor 2003: 212ff.). Interessant an ihrem Analyseblick ist v.a. die Erörterung der Reaktionen des Publikums. Diese machen quasi a posteriori deutlich, dass ein spezifisches Verhalten oder eine bestimmte Showsequenz eine Überschreitung normativer Genderordnungen bedeutet(e).

Der Frage nach bewusster bzw. intendierter Widersetzung hinsichtlich eines als ‚natürlich‘ konzipierten Systems der Heterosexualität und Zweigeschlechtlichkeit wird innerhalb der Queerforschung nachgegangen. Prinzipiell kann mit Butler konstatiert werden, dass „die parodistische Vervielfältigung der Identitäten der hegemonialen Kultur ihren Anspruch auf naturalisierte oder wesenhafte geschlechtlich bestimmte Identitäten [nimmt]“, da sie „als Imitation, die die Bedeutung des Originals verschieben, […] den Mythos der Ursprünglichkeit selbst [imitieren]“ (1991: 203). Butler hinterfragt zwar die politische Wirkung dieser Parodie, dennoch betont sie, jede Art der Karikatur von ‚Natürlichkeit‘ *könne* subversiv sein. Zu denken ist hierbei z.B. an Drag Queens oder Drag Kings, an Travestie, an queere Lebensentwürfe jenseits eindeutiger sexueller Normen usw. (vgl. Villa 2004: 148).

Während sich die Abhandlungen der genannten Autor_innen auf bewusstes oppositionelles Verhalten beziehen, gilt es hinsichtlich der hier stattfindenden Erforschung genderüberschreitenden bzw. -experimentierenden Verhaltens an Fastnacht zu bedenken, dass die Teilnehmenden zwar innerhalb eines Rahmens handeln, der mehr ‚Genderspiele‘ als alltägliche Settings erlaubt. Dies bedeutet jedoch nicht, dass (temporäre) Genderüberschreitungen bewusst, etwa im Sinne einer politischen Praxis (vgl. Rupp/ Taylor 2003) erfolgen. Fastnachtsteilnehmende mögen einen Rahmen ausschöpfen, der ihnen grenzgängerisches und -überschreitendes Genderverhalten ermöglicht. Doch vollzieht sich dies, so meine These, meist unbewusst, temporär und spontan, folglich nicht als intentional widerständige politische Praxis gegen die normative Ordnung.

Festzuhalten gilt, dass die Frage nach widerständigem Handeln – ob dies nun bewusst oder unbewusst vollzogen wird – den analytischen Blick schärfen kann für Überschreitungen hegemonialer kultureller Annahmen über Gender und Heteronormativität im empirischen Material, die womöglich auf den ersten Blick gar nicht als solche erkennbar sind (z.B. weil sie nur einen kurzen Moment andauern). Der analytische Blick kann sich aber auch auf *Reaktionen* hinsichtlich möglicher Überschreitungen richten, die eine provokative oder irritierende Wirkung haben, und damit die Überschreitung an sich, erst offensichtlich machen.

1.1.6 Resümee: Gender und Heteronormativität in alltäglichen Praxen

Es konnte deutlich gemacht werden, inwiefern Gender und Heteronormativität als ‚kulturelle Annahmen' in alltäglichen Praxen wirksam sind und zugleich wiederum in ihnen hervorgebracht werden. Vor allem der Bezug auf Intersektionalitätsdebatten zeigte, wie hochgradig selbstverständlich Gender und Heteronormativität in sozialen Interaktionen und Beziehungskontexten wirken, ohne dabei (stets bzw. überwiegend) bestimmend oder handlungsleitend zu sein. Als soziale Differenzlinien strukturieren sie Denk- und Handlungsmuster auf eine grundlegende Art und Weise, zugleich stehen sie immer in Relation zu weiteren Differenzlinien. Je nach Kontext verschieben sich diese Relationen und lassen momentane, temporäre Anordnungen erkennen. Für einen analytischen Blick auf soziale Wirklichkeit bedeutet dies, trotz einer Fokussierung auf spezifische Differenzlinien stets offen zu sein für potentielle weitere, womöglich bisher nicht als relevant erachtete, oder nicht gedachte Differenzlinien. Nicht zuletzt verweist dies auch auf den Aspekt der Kontextualität.

Deutlich wurde schließlich, dass Individuen gegenüber den Wirkungsweisen kultureller Annahmen über Gender und Heteronormativität handlungsfähig sind und durchaus Möglichkeiten des Durchbrechens und der Veränderbarkeit bestehen.

Vor diesem Hintergrund ergibt sich die Notwendigkeit eines hochsensiblen und womöglich auch experimentellen Blicks auf das empirische Material dieser Untersuchung. Wurden die Wirkungsweisen von Gender und Heteronormativität als hochgradig selbstverständlich beschrieben, so ist davon auszugehen, dass sie nicht unbedingt offensichtlich im Material aufspürbar sein werden, und dass sie den Interviewten nicht ohne weiteres analytisch zugänglich sind. Doch dies wird sich im empirischen Teil dieser Arbeit zeigen.

Um den theoretischen Analyserahmen der Untersuchung zu vervollständigen, wird im nächsten Kapitel dargelegt, wie Prozesse alltäglicher Biografiearbeit auf theoretischer Ebene gefasst werden. Die bisher erörterten Wirkungsweisen von Gender und Heteronormativität als Strukturmerkmale sozialer Wirklichkeit bilden dabei die Folie, auf der die folgenden Ausführungen zu lesen sind.

1.2 BIOGRAFIETHEORETISCHE GRUNDLAGEN

Im vorgehenden Kapitel wurde mit der Herleitung von Gender und Heteronormativität als institutionalisierte Systeme sozialer Praktiken ein Strang des theoretischen Analyserahmens dieser Untersuchung aufgezeigt. Die im Folgenden dargestellten theoretischen Konzepte über Biografie und biografische Arbeit bilden den zweiten Theoriestrang für die Erörterung biografischer Gestaltungsmöglichkeiten und Genderaushandlungen in Fastnachtsvereinen.

Zunächst werden die Begriffe Identität und Biografie aus sozialwissenschaftlicher Sicht beleuchtet sowie die wechselseitige Verschränkung von gesellschaftlichen und sozialen Voraussetzungen und subjektivem Denken und Handeln diskutiert. Während dieser Zusammenhang im vorhergehenden Kapitel mit Blick auf soziale Ungleichheitskategorien (vor allem Gender und Heteronormativität) aufgezeigt wurde, wird er nun um die biografieanalytische Sicht erweitert. Vor diesem Hintergrund kann anschließend dargestellt werden, welches Verständnis über alltägliche Biografiearbeit dieser Arbeit zugrunde liegt.

1.2.1 Zum Begriff und Konzept der Identität

Innerhalb der sozialwissenschaftlichen Forschung wird die inflationäre und alltagssprachliche Verwendung des Begriffs Identität von verschiedenen Seiten kritisch angemerkt und analysiert (vgl. ausführlich Jungwirth 2007). Problematisiert wird dabei u.a. eine Lesart von Identität als etwas Statisches, Unbewegliches, Endliches oder einen stabilen Kern Umfassendes[32]. Kritik richtet sich auch an einen Identitätsbegriff, der eine Unterwerfung unter gesellschaftliche Normalitätsvorgaben impliziert[33]. Insgesamt verdeutlichen die diversen und kontroversen Diskussionen um Begriff und Konzept der Identität die Schwierigkeit einer begrifflichen Fassung dessen, was eine Person ,ausmacht', was sie ,ist'. Dies zu beschreiben verlangt, höchst komplexe Prozesse in Worte zu fassen und begrifflich darzustellen. Mit einer Fixierung von Prozesshaftigkeit ist jedoch die Gefahr verbunden, diese als sta-

---

32 So bspw. im Identitätsmodell von Erikson, der den Identitätsbildungsprozess nach der Jugendphase als abgeschlossen betrachtet (vgl. 1965 bzw. 1988).

33 An dieser Stelle ist insbesondere die feministische Kritik an einem an der ,männlichen' Normalbiografie angelehnten Identitätsbegriff hervorzuheben (vgl. exemplarisch Bilden 1997).

tisch oder auch normierend erscheinen zu lassen. In der sozialwissenschaftlichen Literatur wird auf unterschiedliche Weise versucht, dieser Schwierigkeit Ausdruck zu verleihen. Anstelle von Identität wird bspw. von „Subjekt-
sein", von einem „dynamischen System vielfältiger Teil-Selbste" (vgl. Bilden 1997) gesprochen, von „subjektiver Verortung" (vgl. Riegel 2004),
„subjektiver Befindlichkeit" (Holzkamp 1983) oder von „Patchwork-Identi-
täten" (vgl. Keupp u.a. 2006). Gemeinsam ist allen Alternativbegriffen die
Kritik an einer Vorstellung eines stabilen inneren Kerns einer Person sowie
einer Abschließbarkeit von Identitätsentwicklungen, die Betonung der Aspekte der Prozesshaftigkeit und aktiver subjektiver Leistungen sowie einer
gegenseitigen Bedingtheit von Individuum und Gesellschaft.

An dieser Stelle sollen weder die historische Entwicklung des Identitätsbegriffs nachgezeichnet, noch verschiedene sozialwissenschaftliche Identi-
tätskonzepte analysiert werden. Vielmehr wird dargelegt, welches Verständnis über die komplexen Entwicklungsprozesse von Individuen dieser
Arbeit zugrunde liegt. Vor dem Hintergrund der kontroversen Debatten um
den Identitätsbegriff wird hierfür zunächst Biografie als alternativer Arbeits-
begriff eingeführt. Daran anschließend wird – trotz berechtigter Kritik an
diversen Aspekten (s.u.) – das Modell einer „alltäglichen Identitätsarbeit"
von Keupp u.a. (vgl. 2006) und dessen Nutzen für diese Untersuchung erläutert.

Biografie- statt Identitätstheorien

Im Folgenden werde ich den Begriff der Identität aufgrund seiner immanenten Missverständlichkeit sowie seiner derzeitigen inflationären Verwendung
in Politik, Alltag und Medien nicht verwenden. Trotz der aufgezeigten
Schwierigkeit einer begrifflichen Fassung der Komplexität individueller
Entwicklungsprozesse erweist sich für die vorliegende Untersuchung das
analytisches Modell und damit auch der Begriff der Biografie als brauchbar.
Durch die Definition von Biografie als „Folie, [...] auf der sich die komplexe Wechselwirkung zwischen biografischen Prozessen und der Konstitution
von sozialer Wirklichkeit abbildet" (Glinka 2001: 208), wird die gegenseitige Bedingtheit von Individuum und Gesellschaft hervorgehoben. In Biografiekonzepten erscheinen soziale und gesellschaftliche Voraussetzungen
nicht als einseitig auf die Subjekte einwirkend, vielmehr geraten die selbst-
tätigen, aktiven Aspekte der Individuen, also auch deren Mitwirkung an sozialen und gesellschaftlichen Strukturen, gleichermaßen in den Blick. Fischer-Rosenthal sieht die Überholtheit des Identitätsbegriffs zudem in Zusammenhang mit veränderten Gesellschaftsstrukturen. Er führt aus, inwiefern „das Obsoletwerden des Identitätsbegriffes zusammenhängt mit Entwicklungen der Sozialstruktur in modernen Gesellschaften, die ein anderes
Selbst-Erleben in der Gesellschaft und mithin eine andere Semantik der
Selbstbeschreibung erfordern und bereits hervorgebracht haben" (Fischer-
Rosenthal 2000: 231). Noch vor einigen Jahrzehnten zeichneten Sozialstrukturen ‚Identitätsverläufe' klarer vor, waren diese weniger individuell gestalt-

bar als heute. Aus den damit zusammenhängenden Veränderungen von Selbst-Erleben und -Beschreibungen ergeben sich, so Fischer-Rosenthal weiter, nicht nur auf begrifflicher, sondern auch auf forschungsmethodologischer Seite Modifikationen. Als Begriff und methodologisches Konzept eignet sich seines Erachtens „Biografie" (vgl. ebd.: 245ff). Mit dem folgenden Zitat von Dausien wird m.E. deutlich, worin das Potential des Biografiekonzepts liegt und weshalb es den von Fischer-Rosenthal als überholt beschriebenen Identitätsbegriff überschreitet:

„Biografie [ist] selbst ein Produkt sozialer Konstruktionsprozesse, ein ‚sozialer Tatbestand' in modernen Gesellschaften, der in unterschiedlichen kulturellen und sozialen Kontexten historisch differenziert ist. Genauso wenig, wie man ein Geschlecht einfach ‚hat', ‚hat' man eine Biografie. Eine Biografie wird vielmehr hergestellt, durch abstrakte und konkrete gesellschaftliche Vorbilder; durch Erwartungen aus dem sozialen Nahbereich und institutionalisierte Erwartungsfahrpläne, die sozial und kulturell erheblich variieren; durch strukturelle ‚Weichenstellungen', die sich als konkrete materielle, rechtliche und soziale Restriktionen des individuellen Handlungsspielraums rekonstruieren lassen; schließlich durch die reflexive Leistung der Subjekte selbst, ohne deren biografische Arbeit weder soziales Handeln denkbar wäre, noch soziale Strukturen reproduziert werden könnten." (Dausien 1999: 238)

Dausien hebt die komplexen strukturellen Faktoren hervor, die bei Entwicklungsprozessen von Biografien mitwirken und deren Verläufe folglich beeinflussen. Indem sie ebenso darstellt, dass die Subjekte durch ihr Handeln soziale Strukturen hervorbringen, also an deren Ausgestaltung mitwirken, verdeutlicht Dausien die gegenseitige Verschränkung von sozialen Strukturen und individuellem Handeln. In Biografien zeigen sich folglich *zugleich* strukturelle, soziale und institutionalisierte Prozesse und Konstitutionen, *sowie* individuelle Gestaltungs- und Verarbeitungsstrategien. Damit rücken Prozesshaftigkeit, Dynamiken und fortlaufende Aushandlungen biografischer Verläufe in den Blick und nicht zuletzt die Denk- und Handlungsweisen der Individuen selbst. Die Notwendigkeit der Differenzierung zwischen *Biografie* und *biografischen Verläufen* verdeutlicht Stauber. Für sie ist Biografie der „Reim, den sich das einzelne Subjekt auf seinen oder ihren biographischen Verlauf macht" (Stauber 2007: 4). Biografie kann somit komplexe Prozesse, oder auch „biografische Arbeit", wie es Dausien im obigen Zitat nennt, analytisch und methodologisch fassen.

Die Stärke des theoretischen Konzepts der Biografie liegt folglich darin, wie die Verschränkung von objektiver und subjektiver Wirklichkeit verdeutlicht, und zugleich ein Denken in Dualismen ausgeschlossen wird. Dies gelingt im Biografiekonzept, indem Gesellschaft und Individuum immer *zusammen* gedacht werden. Mit Blick auf das nachfolgend dargestellte Modell alltäglicher Biografiearbeit ist dies von Bedeutung, da Keupp u.a. oft von einer Aushandlung zwischen „innerer und äußerer Welt" sprechen, ohne zu explizieren, wie der Zusammenhang der beiden Ebenen analytisch verstanden wird (vgl. 2006). Es ist mir daher wichtig zu betonen, dass ich das theoretische Konstrukt der Biografie zugrunde lege, wenn im Folgenden von „innen-außen" oder „Individuum-Gesellschaft" die Rede ist. Demnach gibt es keine Ebene ‚zwischen' Innen und Außen, Individuum und Gesellschaft, denn „Gesellschaft steht dem Individuum nicht gegenüber, sondern ist in einem dialektischen Prozess stets beides zugleich: objektive und subjektive Wirklichkeit" (Dausien 1999: 236). Biografieforschung legt den Blick konsequent auf diese dialektischen Zusammenhänge subjektiver und gesellschaftlicher Ebenen, bezieht sich im analytischen Denken stets auf beides. Damit ist Biografieforschung „konzeptionell nicht auf den einfachen Nachvollzug subjektiver Sinnkonstruktionen beschränkt", sondern „beschreibt und untersucht [...] eine elementare Schnittstelle gesellschaftlicher Prozesse" (Gildemeister/ Robert 2008: 22).

Aus dargelegten Gründen werde ich im Folgenden statt von Identität(sarbeit) von Biografie bzw. biografischer Arbeit, Verläufen und Prozessen sprechen[34]. Damit soll die Vorstellung von beweglichen und in sich vielfältigen Subjekten verdeutlicht werden, die in ihrer biografischen Arbeit gesellschaftliche Strukturen verhandeln, (re-)produzieren und verändern, und die sich in einem fortlaufenden Entwicklungsprozess befinden.

1.2.2 Modell alltäglicher biografischer Arbeit

Keupp u.a. (vgl. 2006) entwerfen ein analytisches Modell eines Herstellungsprozesses biografischer Arbeit[35], das sich für die Untersuchung von Möglichkeiten biografischer Gestaltung in Zusammenhang mit Vereinsengagement aus mehreren Gründen eignet. So erhält in diesem Modell die Diskussion von Alltäglichkeit und (die auch in Biografiekonzepten hervorgehobene) Prozesshaftigkeit biografischer Arbeit eine hohe Bedeutung. Ebenso wird die komplexe Verwobenheit von individuellem Handeln und Denken und gesellschaftlichen Strukturen unter verschiedenen Gesichtspunkten beleuchtet. Schließlich lassen sich aufgrund der im Modell ausführlich dargestellten Zusammenhänge zwischen biografischer Arbeit und Relevanzbereichen wie soziale Netzwerke direkte Bezüge zur Forschungsfrage dieser Arbeit herstellen. Im Folgenden wird daher das Modell von Keupp u.a. hauptsächlich mit dem Fokus auf diese Aspekte diskutiert. Vorab sei angemerkt, dass die Autor_innen auf Gender, Heteronormativität sowie wei-

---

34 Dabei ist zu beachten, dass ich in Bezug auf Keupp Identität durch Biografie ersetze, in Zitaten allerdings der im Original verwendete Identitätsbegriff stehen bleibt. Auch Keupp problematisiert im Übrigen an anderer Stelle die Uneindeutigkeit bzw. Missverständlichkeit des Begriffs der Identität (vgl. 2001).

35 Die Entwicklung des Modells geht zurück auf eine Längsschnittstudie, bei der zwischen 1989-1991 insgesamt 152 Interviews in drei Phasen durchgeführt wurden. Während der ersten Interviewphase waren die Interviewten 17 bis 20 Jahre alt, am Ende 21 bis 24 Jahre.

tere soziale Ungleichheitskategorien lediglich am Rande eingehen, im vor-
hergehenden Kapitel allerdings deutlich wurde, inwiefern diese sozialem
Handeln und damit biografischen Prozessen immanent sind. Ich werde am
Ende dieses Kapitels darauf zurückkommen.

Grundannahmen des Modells der alltäglichen Biografiearbeit

Keupp u.a. fassen Biografie als einen alltäglichen Prozess, als permanente
Arbeit an der Frage wer „ich bin" und „wer ich im Verhältnis zur Gesellschaft bin" (2006: 7), als Entwurf und Konstruierung der eigenen Positionierung in der Gesellschaft. Biografie hat dabei „von allem Anfang an Arbeits-
charakter, lebt von einem Subjekt, das sich aktiv um sein Selbst- und Welt-
verhältnis zu kümmern hat. Es entwirft und konstruiert sich seine Selbstverortung, und es bedarf der Zustimmung der anderen zu seinen Entwürfen und
Konstruktionen" (ebd.: 27). Für die vorliegende Untersuchung sind vor allem vier Aspekte dieses Modells alltäglicher biografischer Arbeit zentral[36]:

Erstens geht es in biografischen Verläufen permanent um das Entwickeln von Vorstellungen über das eigene Selbst, d.h. um ein Entwerfen und
Verwirklichen unterschiedlicher *biografischer Projekte*.

Dies verweist bereits auf den *zweiten* zentralen Punkt, der aus zwei miteinander zusammenhängenden Aspekten besteht, nämlich der *Alltäglichkeit*
biografischer *Arbeit*: in ihrem alltäglichen Handeln wirken bzw. arbeiten die
Subjekte an der Umsetzung ihrer Biografieprojekte, wobei der Begriff der
Arbeit die Prozesshaftigkeit und Lebenslänglichkeit von Biografie verdeutlicht. Es wird davon ausgegangen, dass biografische Arbeit niemals zu Ende
sein kann, dass es nicht darum geht, ein Projekt zu verwirklichen und damit
Biografiearbeit abschließen oder als ‚vollständig' betrachten zu können.
Vielmehr werden mehrere Projekte zugleich verfolgt, die durchaus unter-
schiedlich oder widersprüchlich sein können:

„Die Vorstellung von Identität als einer fortschreitenden und abschließbaren Kapital-
bildung wird zunehmend abgelöst von der Idee, dass es bei Identität um einen ‚Pro-
jektentwurf des eigenen Lebens' (Fend 1991: 21) geht oder um die Abfolge von Projekten, wahrscheinlich sogar um die gleichzeitige Verfolgung unterschiedlicher und
teilweise widersprüchlicher Projekte, die in ihrer Multiplizität in ganz neuer Weise
die Frage nach Kohärenz und Dauerhaftigkeit bedeutsamer Orientierungen des eigenen Lebens stellen." (Keupp u.a. 2006: 30)

Die Individuen verfügen folglich über „multiple Identitäten" (ebd.: 224), die
nicht alle zu jeder Zeit und in jeder Situation aktiviert werden, und die immer wieder wechselnde Zu-, Unter-, bzw. Überordnungen herausbilden, also
nicht zusammenhangslos nebeneinander stehen. Dabei wird nie gleichwertig

---

36 Diese zentralen Aspekte hängen in biografischen Verläufen alle miteinander zusammen und bedingen sich wechselseitig, auch wenn sie im Folgenden nacheinander dargestellt werden.

an allen Teilen der Biografie gearbeitet, sondern selektiv an zeitlich dominierenden, für bestimmte Lebensphasen relevanteren. Wesentlicher Bestandteil biografischer Arbeit ist daher eine permanente Verknüpfungsarbeit der unterschiedlichen Projekte oder auch Teil-Selbste, also die Frage nach Kohärenz[37].

Dritter wesentlicher Aspekt des Modells von Keupp u.a. ist die *Interaktion zwischen innerer und äußerer Welt*, womit die Verwobenheit von individuellen, subjektiven Bedürfnissen, Denk- und Handlungsweisen sowie gesellschaftlichen Realitäten und auch Determinationen beschrieben wird. Dabei geht es um ein Aushandeln von „inneren Bedürfnissen" und „äußeren Bedingungen", wobei lediglich „situativ stimmige Passungen" hergestellt werden können (vgl. Keupp u.a. 2006: 60). Gerade der Begriff der Passung wird bisweilen kritisiert, indem Keupp u.a. vorgeworfen wird, es gehe um eine *An*passung des Individuums an gesellschaftliche Strukturen, um ein Verinnerlichen vorherrschender Normen (vgl. bspw. Jungwirth 2007). Die Kritik richtet sich auch auf den anklingenden Dualismus von „Innen" und „Außen" (vgl. Dausien 2004: 315), den das Biografiekonzept ja gerade überwinden will (s.o.). Tatsächlich ist die analytische Auffassung von „Innen und Außen" im Modell von Keupp u.a. uneindeutig. An manchen Stellen klingt ein Dualismus an, andernorts wird die enge Verwobenheit von subjektiver und objektiver Wirklichkeit betont. Keupp u.a. führen aus, der Begriff „Passung" beschreibe keinen spannungsfreien Balancezustand, sondern die Dynamik der permanenten Aushandlung von Differenzen mit dem Ziel, eine Form zu finden, die dem Subjekt das Gefühl eines „konfliktorientierten Spannungszustands" (2006: 197) gibt, der ein subjektiv definiertes Maß an Ambiguität und Herausgefordertsein bietet. An anderer Stelle wird diese Passung als ein Gefühl der Authentizität bezeichnet (vgl. ebd.: 263ff.). Insgesamt lässt sich m.E. trotz partieller Uneindeutigkeiten nicht erkennen, dass das Modell von Keupp u.a. von Individuum und Gesellschaft als getrennten Sphären ausgeht. Wenngleich die Erläuterungen teilweise leider unpräzise bleiben, kann konstatiert werden, dass eine analytische Auffassung gegenseitiger Verwobenheit von Individuum und Gesellschaft zugrunde liegt, die einen Bezug zu biografietheoretischen Konzepten aufweist.

Dies wird nicht zuletzt deutlich, indem Keupp u.a. aufzeigen, wie sich biografische Projekte entlang individueller Bedürfnislagen und Ressourcen entwickeln, und *zugleich* entlang biografischer Perspektiven, die wesentlich geprägt sind durch Gesellschaft und soziale Netzwerke. Die Wahl der jewei-

---

37 Im Modell von Keupp u.a. ist die Frage nach der Herstellung von Kohärenz eine der zentralen. Da sich das methodische Vorgehen dieser Arbeit nicht auf Biografien in ihrer Gesamtgestalt bezieht, sondern mit dem Fokus auf Vereins- und Fastnachtsengagement auf bestimmte biografische Teile, werde ich andere zentrale Aspekte des Modells alltäglicher Biografiearbeit herausgreifen und auf den der Kohärenz nicht näher eingehen. Vgl. hierzu Keupp u.a. 2006: 56ff.; 66f.; 243ff.

ligen Perspektiven wird dabei als abhängig von folgenden gesellschaftlichen bzw. sozialen Komponenten beschrieben (vgl. 2006: 222f.):

- vom historisch bedingten Differenzierungsgrad der Lebenswelt(en)[38]
- von der jeweiligen Lebensphase bzw. vom bisherigen Verlauf der Biografie (z.B. für bestimmte Lebensphasen typische Rollen und Institutionen)
- vom Anmutungscharakter der sozialen, gesellschaftlichen Umgebung wie bspw. Freund_innen, Region, Medien
- von der subjektiven Entscheidung, welche Perspektiven vom Subjekt zugelassen werden bzw. unter welchen es sich bewerten lassen will[39].

Indem Keupp u.a. die Konstruktion biografischer Projekte entlang von biografischen Perspektiven ansiedeln, die von derartigen gesellschaftlichen und sozialen Gegebenheiten beeinflusst werden, verdeutlichen sie die enge Verwobenheit von Individuellem und Gesellschaftlichem in der biografischen Arbeit. Der selbsttätige Anteil der Subjekte, ihre aktiven Gestaltungsmöglichkeiten in sozialen Netzwerken, das Mitwirken an sozialen Strukturen insgesamt wird von den Autor_innen nicht angeführt. Dennoch wird offensichtlich, dass biografische Projekte nicht unabhängig von gesellschaftlichen Gegebenheiten konzipiert, geschweige denn verwirklicht werden können, sondern sich in ständigen Aushandlungsprozessen damit befinden.

Schließlich ist für die vorliegende Untersuchung als *vierter* zentraler Aspekt des Modells alltäglicher Biografiearbeit die besondere Bedeutung von *Anerkennung* für individuelle biografische Projekte relevant. Aufgrund aktueller Anforderungen an biografische Prozesse in einer spätmodernen Gesellschaft wird der Verhandlung von Anerkennung ein veränderter Stellenwert zugeschrieben. Die Autor_innen stellen „der heutigen Identitätsbildung eine gesellschaftliche Zeit gegenüber, in der Identität und damit auch Anerkennung deshalb kein Problem war, weil eine auf gesellschaftlichen Kategorien beruhende Identität von niemandem angezweifelt wurde. Solange Milieu, Klasse und Status dem Subjekt vorgaben, wer es zu sein habe, genoss Identität eine selbstverständliche Anerkennung" (Keupp u.a. 2006: 252). Heute jedoch muss Anerkennung mehr denn je im Austausch mit anderen gewonnen bzw. erarbeitet werden[40].

---

38 Für die meisten Individuen gilt laut Keupp u.a. heute eine lebensweltliche Dreiteilung in Arbeit, Familie und Freizeit mit oftmals weitgehend eigenständigen Lebensbereichen, aus denen sich wiederum zumeist eigene biografische Perspektiven ergeben (vgl. 2006: 223).

39 M.E. müssen diese auf biografische Arbeit einwirkenden sozialen Komponenten zumindest ergänzt werden um ethnische Zugehörigkeit, ökonomische und soziale Ressourcen, sexuelle Orientierung sowie Gender und Heteronormativität, da diese einen entscheidenden Einfluss auf die Wahl biografischer Perspektiven haben. Vgl. dazu die Ausführungen zu Intersektionalität in Kapitel 1.1.

40 Damit schließt sich unmittelbar die Frage nach individuellen Ressourcen zur Erschließung von Relevanzbereichen an, die Anerkennung vermitteln können, so-

Der Zusammenhang zwischen Anerkennung, Zugehörigkeit und sozialen Netzwerken ist für die Erforschung von Möglichkeiten biografischer Gestaltung in Fastnachtsvereinen von besonderem Interesse. Daher wird im Folgenden ausführlicher auf die Bedeutung von Anerkennung für gelingende biografische Arbeit eingegangen.

Anerkennung als eine Grundprämisse biografischer Arbeit

Der Wunsch nach Anerkennung ist im Modell von Keupp u.a. zentraler Inhalt biografischer Arbeit:

„Im Mittelpunkt steht mit dem Wunsch nach Eigenständigkeit immer auch ein Thema, um das es in der Identitätsarbeit im besonderen geht: Wie erreiche ich mit dem, was ich tue und wie ich mich darstelle, Anerkennung von signifikant Anderen?" (Keupp u.a. 2006: 252)

Mit Bezug auf die von Honneth (1994) entwickelten drei Muster der Anerkennungsformen[41], definieren Keupp u.a. folgende drei Dimensionen als wesentliche Elemente für die Entwicklung eines Gefühls der Anerkennung: *erstens* die Aufmerksamkeit von anderen in Form eines (prinzipiellen) Wahrgenommenwerdens; *zweitens* die positive Bewertung durch andere, d.h. positive Rückmeldungen hinsichtlich eigener Gedanken, Gefühle, Äußerungen oder Handlungen; und schließlich *drittens* die individuelle Selbstanerkennung, eine von Urteilen anderer mehr oder weniger (un)abhängige eigene positive Selbstbewertung (vgl. Keupp u.a. 2006: 256). Ein Gefühl der Anerkennung können Subjekte dann entwickeln, wenn subjektive Selbstthematisierungen entlang dieser drei Dimensionen bewertet werden. Das bedeutet, sowohl ohne Selbstanerkennung als auch ohne positive Rückmeldungen bzw. Aufmerksamkeit von signifikant anderen bleibt das Gefühl der Anerkennung unvollständig und damit Zweifel hinterlassend. Das Gefühl der Anerkennung – ob vollständig oder nicht – bildet sich nun „als generalisierte verdichtete Erfahrung im Identitätsgefühl eines Subjekts ab" (ebd.). Sowohl für die Entwicklung des Gefühls der Anerkennung, als auch der Ab-

---

wie nach Konsequenzen im Falle einer Nicht-Anerkennung. Diese Fragen bleiben bei Keupp u.a. leider unbeantwortet. Es wird lediglich allgemein darauf verwiesen, dass ein Vorhandensein reichhaltiger Ressourcen nicht gleichbedeutend sei mit einfacherer oder gelingenderer biografischer Arbeit und umgekehrt (Keupp u.a. 2006: 198), sondern dass es vielmehr um die individuelle Fähigkeit gehe, Ressourcen wahrzunehmen, zu erschließen und zu nutzen. Bzgl. möglicher Formen und Folgen von Missachtung sei auf Honneth verwiesen (1994: 212ff.), der diese Aspekte ausführlich diskutiert.

41 Da Honneth im Folgenden nicht ausführlich verhandelt wird, sollen an dieser Stelle die von ihm entwickelten Anerkennungsformen angeführt werden. Es sind dies (1) Primärbeziehungen, (2) Rechtsverhältnisse und (3) die Wertgemeinschaft (vgl. vertiefend Honneth 1994: 148ff.).

speicherung der Erfahrungen als biografisches Gefühl werden die wichtigsten Impulse aus realisierten biografischen Projekten erfahren.

Honneths Ausführungen über die Entwicklung einer moralischen Urteilsfähigkeit bei G.H. Mead, können im Hinblick auf Anerkennungserfahrungen die komplexen Zusammenhänge von Individuum und Gesellschaft verdeutlichen. Honneth zeigt auf, inwiefern Interaktionspartner_innen, ob fiktiv oder real anwesend, moralische Werte und normative Erwartungshaltungen verkörpern und in der Folge als moralische Instanz auf Individuen einwirken (vgl. Honneth 1994: 123ff.). Da Anerkennung innerhalb biografischer Entwicklungen einen hohen Stellenwert einnimmt, lernen die Subjekte im Laufe ihrer Sozialisation, die normativen Erwartungen einer immer größer werdenden Anzahl von Interaktionspartner_innen soweit zu verallgemeinern, dass sie zu einer Vorstellung sozialer Handlungsnormen gelangen. Somit entsteht laut Honneth die abstrakte Fähigkeit, an normativ geltenden Interaktionen der Umwelt teilnehmen zu können und anscheinend legitime Erwartungen ebenso gegenüber anderen erfüllen zu müssen, wie an andere herantragen zu dürfen (vgl. ebd.: 125). Honneth folgert nun, „wenn das Subjekt dadurch, dass es die sozialen Handlungsnormen des ,generalisierten Anderen' zu übernehmen lernt, zur Identität eines sozial akzeptierten Mitglieds seines Gemeinwesens gelangen soll, dann ist es sinnvoll, für dieses intersubjektive Verhältnis den Begriff der ,Anerkennung' zu verwenden" (Honneth 1994: 126). Damit macht er deutlich, dass die Entwicklung von Anerkennung(sgefühlen) in hohem Maße mit gesellschaftlichen Werten und Normen zusammenhängt.

Im Modell alltäglicher Biografiearbeit wird Anerkennung nun als das wichtigste Ziel biografischer Arbeit benannt (vgl. Keupp u.a. 2006: 261)[42], womit die Verwobenheit von Individuellem und Sozialem innerhalb alltäglicher Biografiearbeit nochmals verdeutlicht wird (ebd.: 263): für die Entwicklung eines positiven biografischen Gefühls müssen die Subjekte Erfahrungen machen, die die Entwicklung eines möglichst vollständigen Anerkennungsgefühls unterstützen. Hierfür ist soziale Wertschätzung unabdingbar. Für deren Erhalt wiederum beschreiben Keupp u.a. soziale Netzwerke als elementar. Dies ist für die vorliegende Untersuchung von besonderem Interesse, da mit dem Fokus auf Fastnachtsvereine soziale Netzwerke im Mittelpunkt des Forschungsinteresses stehen. Bevor ich den von Keupp u.a. aufgezeigten Zusammenhang von sozialen Netzwerken und dem Erhalt von Anerkennung näher ausführe, erfolgt ein Exkurs auf gesellschaftliche Veränderungen der letzten drei Jahrzehnte und daraus resultierenden Folgen

---

42 Als Ziele biografischer Arbeit, unter denen Anerkennung das wichtigste darstellt, nennen Keupp u.a.: soziale Ziele (Anerkennung, Integration/ Zugehörigkeit), kognitive (Entschiedenheit, Autonomie), emotionale (Selbstachtung, Selbstwirksamkeit) und produktorientierte Ziele (Originalität, Selbstobjektivierung). Die Ziele stehen dabei in einem engen Wechsel- und Spannungsverhältnis zueinander (vgl. Keupp u.a. 2006:261ff.).

für biografische Prozesse. Dies wird verdeutlichen, warum soziale Netzwerke an Relevanz für biografische Arbeit zunehmen.

Exkurs: Gesellschaftliche Veränderungen und ihre Folgen für biografische Prozesse

Als Hintergrund des Modells biografischer Arbeit zeigen Keupp u.a. mit Bezug auf Beck (1986 und 1999) gesellschaftliche Veränderungen der Modernisierung auf, als deren Folge sie Biografiearbeit in fortgeschrittenen Industrieländern heute spezifischen Anforderungen gegenüber sehen. Aktuelle gesellschaftliche Veränderungsdynamiken, so die These, lassen Basisprämissen der industriellen Moderne fragwürdig, und folgende im Individuum verselbstverständlichte Grundannahmen brüchig werden:

„1. Die ‚Vollbeschäftigungs-Gesellschaft‘ und ihre Annahme, dass Erwerbsarbeit den für alle Gesellschaftsmitglieder zentralen Prozess gesellschaftlicher Zugehörigkeit und Identität begründet.

2. Die Annahme einer immer weiter perfektionierbaren Rationalität und Kontrollierbarkeit gesellschaftlicher Abläufe. [...]

3. Das Denken in Kategorien der territorial definierten Nationalstaatsgesellschaft. [...]

4. Die Annahme einer industriellen Reichtumsdynamik durch die Unterwerfung und Ausbeutung der Natur.

5. Kollektive Identitäten und Lebensmuster sicherten die soziale Verortung und Zugehörigkeit in erster Linie durch den Rückgriff auf ständische Muster.

6. Der Grundriss der Moderne baut auf einer Halbierung auf: die geschlechtsspezifische Arbeitsteilung verschafft Männern den privilegierten Zugang zu Macht und Arbeit." (Keupp u.a. 2006: 44f., in Anlehnung an Beck 1999)

Die Durchlässigkeit dieser bisher als selbstverständlich verinnerlichten Grundprämissen zieht aktuell für die Subjekte Umbruchserfahrungen nach sich, die nicht nur Ende oder Verlust bedeuten, sondern ebenso (bzw. vor allem) Potentiale neuer und produktiver Formen der Lebensgestaltung und -bewältigung enthalten (vgl. ebd.: 46ff.). Für biografische Prozesse bedeutet dies veränderte Anforderungen, aus denen Unsicherheiten, aber auch neue Optionen und Handlungsspielräume resultieren. Im Folgenden werden sieben dieser Umbruchserfahrungen dargestellt, da sie im Zusammenhang mit der Fragestellung dieser Untersuchung stehen. Dabei werden Auswirkungen auf biografische Prozesse kurz umrissen, in denen sich Erfahrungen der Verunsicherung wie auch neue Optionsräume spiegeln (vgl. im Folgenden Keupp u.a. 2006: 46ff.):

(1) *Gefühle der Entbettung*: Während es gesellschaftliche Phasen gibt, die biografische Prozesse einbetten in stabile kulturelle Rahmen verlässlicher Traditionen, die Sicherheit, Klarheit sowie hohe soziale Kontrolle vermitteln, zeichnet die gegenwärtige Phase gesellschaftlicher Modernisierung eine „selbstbestimmte Politik der Lebensführung" (ebd.: 47). Die Suche

nach Optionen und Lösungswegen ist weniger eingebunden in kulturelle Rahmen und Vorgaben, was gleichsam weniger Orientierung wie weniger Begrenzung bedeutet.

(2) *Entgrenzungen individueller und kollektiver Lebensmuster*: Biografische Entwürfe und Orientierungen sind nicht mehr klar vorgezeichnet und allgemeingültig. So haben sich bspw. früher eher geteilte Vorstellungen über Erziehung, Sexualität, Gender- oder Generationenbeziehungen entselbstverständlicht. Auch dies zieht gleichermaßen mehr Selbstverantwortung wie multiplere Optionen nach sich.

(3) *Erwerbsarbeit wird als Basis von Biografie brüchig*: aufgrund des Zerfalls der Verlässlichkeit identitätsstiftender (Voll-)Erwerbsarbeit werden andere soziale Stützsysteme und Biografieangebote wichtig. Eine stabile soziale Vorortung kann dabei Brüche in der Erwerbsbiografie womöglich auffangen, zugleich sind dafür individuelle und soziale Ressourcen erforderlich[43].

(4) *Pluralisierung von Lebensformen* und Milieus: biografiebezogene Selbstverständlichkeiten und klare Verlaufsvorgaben nehmen ab, während sich Lebensformen und Optionen ausdifferenzieren, und in der Folge Auswahloptionen zunehmen. In alltäglicher biografischer Arbeit kann nicht nur unter einer Fülle von Alternativen ausgewählt werden, sondern es muss. Biografiearbeit verstanden als die Verwirklichung unterschiedlicher Projekte bedeutet, mehr und selbstverantwortlicher Entscheidungen zu treffen und gleichermaßen zwischen verschiedenen Optionen auswählen zu können und zu müssen.

(5) *Veränderung der Genderrollen*: die gesellschaftlich gesteuerte Trennung von Privatheit und Öffentlichkeit und damit einhergehende scheinbar selbstverständliche alltägliche (Gender-)Ordnungen werden immer wieder politisch diskutiert. In ihrer genderbezogenen biografischen Verortung sehen sich die Subjekte einerseits tief sitzenden traditionellen, schwer überwindbaren Geschlechtsrollenbildern gegenüber, andererseits „eröffnen sich offene Horizonte der Konstruktion neuer und weniger starrer Identitäten" (ebd.: 51).

(6) *Veränderung des Verhältnisses der Einzelnen zur Gemeinschaft*: Individualisierung verstanden als Freisetzung aus Traditionen und Bindungen mit hoher Steuerungskraft, bedeutet mehr selbstverantwortliche Gestaltung von Gemeinschaftserfahrungen und -verortungen.

(7) *Individualisierte Formen der Sinnsuche*: traditionelle Instanzen der Sinnvermittlung verlieren an Bedeutung, wodurch individualisierte Formen der Sinnsuche nach bzw. Entscheidungen für Sinnstiftendes immer wichtiger werden. Auch hier wird deutlich, inwiefern dies gleichermaßen eine Er-

---

43 Zudem ist anzumerken, dass politisch nach wie vor das Konstrukt der Vollerwerbsarbeit aufrechterhalten wird, wodurch Brüche in der Erwerbsbiografie als individuelles Unvermögen oder Scheitern erscheinen.

weiterung von Optionen wie das Vorhandensein spezifischer Ressourcen bedeutet.

Diese Umbruchserfahrungen werden von Keupp u.a. als verallgemeinerbare Grunderfahrungen von Subjekten in fortgeschrittenen Industrieländern dargestellt. Sie haben zur Folge, dass Subjekte immer mehr zu selbstverantwortlichen Inszenierer_innen und Realisierer_innen ihrer Biografien werden. In ihrer biografischen Arbeit inmitten dieser gesellschaftlichen Veränderungen sehen sich Subjekte vermehrt Ambivalenzen gegenüber, die individuell verhandelt werden *müssen* und *können*. Diese Ambivalenzen bestehen in der Gleichzeitigkeit wachsender Freisetzungen aus normierenden und begrenzenden Strukturen einerseits, einer zunehmenden Notwendigkeit und neu entstehenden Norm der Selbstgestaltung andererseits, derer man sich schwerlich entziehen kann, und die den Zugang zu materiellen, sozialen und psychischen Ressourcen erfordert. Anders ausgedrückt individualisieren sich mit den *Optionen* aktueller Biografiearbeit auch die *Risiken* und *Unsicherheiten* (vgl. ebd.: 74), und letztlich auch Formen des Scheiterns – bspw. dann, wenn individuelle und/oder sozial verfügbare Ressourcen der Norm der Selbstgestaltung widersprechen[44].

Insgesamt kann als eine Gemeinsamkeit der dargestellten gesellschaftlichen Veränderungen und Umbruchserfahrungen der letzten Jahrzehnte die Abnahme relativ klarer biografischer Vorgaben bzw. Orientierungen konstatiert werden. Daraus folgt eine zunehmende Selbstverantwortung der Subjekte für ihre biografische Arbeit und sozialen Verortungen.

Nach dieser kurzen Ausführung gesellschaftlicher Veränderungen der letzten Jahrzehnte kann nun die wachsende Relevanz sozialer Netzwerke für den Erhalt von Anerkennung genauer erörtert werden.

Anerkennung und soziale Netzwerke

Das im vorigen Abschnitt beschriebene Brüchigwerden relativ selbstverständlicher biografischer Orientierungsrahmen bedeutet auch eine Veränderung hinsichtlich der Möglichkeiten, Anerkennung zu erhalten. „In dem Maße nämlich, wie sich Lebenslaufmuster entstandardisieren, verstärkt sich die Aufgabe, in dieser Dimension für Integration zu sorgen, die zuvor institutionell gewährleistet wurden", konstatieren Gildemeister und Robert (2008: 22). Keupp u.a. sprechen von einer „individualisierten Anerkennungsklaviatur" (2006: 260) und beschreiben damit gesellschaftliche Ent-

---

44 Innerhalb der Genderforschung wird zur Ent-Individualisierung genderbezogener Strukturen mit dem Analyseinstrument des Verdeckungszusammenhangs gearbeitet. Dieses analytische Instrumentarium öffnet u.a. den Blick für Mechanismen, die strukturelle Probleme und damit einhergehende biografische Ambivalenzen und Widersprüche verdecken, und sie als individuelle (im Sinne frei entschiedener und selbstverantworteter) Formen der Lebensgestaltung, des Gelingens und Scheiterns erscheinen lassen. Vgl. vertiefend Tübinger Institut für frauenpolitische Sozialforschung e.V. 1998, Stauber 1996.

wicklungen spätmoderner Gesellschaften, die das Fehlen normativer Vorgaben und Vermittlungsrahmen für Anerkennung und sozialen Status nach sich ziehen[45]. Sie schreiben:

„Denn die Anerkennung, die durch Zugehörigkeit erwächst, ist nicht mehr so einfach zu bekommen [...] Identität, so die ins Positive gewendete These, ist ein Konstruktionsprozess geworden, der sich in der dialogischen Erfahrung in *sozialen Netzwerken* vollzieht. In ihnen wird um die soziale Anerkennung gerungen. Hier ist die Bezugsebene für den kommunikativen Abgleich von Selbst- und Fremdwahrnehmung, der eine Identitätsbasis ist. Identität erwächst [...] aus der dialogischen Welt-Erfahrung der einzelnen in ihren Lebenswelten." (Keupp u.a. 2006: 99, Herv. K.B.)

Das Zitat verdeutlicht, dass immer weniger auf ehemals eher selbstverständlicher geteilte Werte wie Weltanschauungen, ideologische und moralische Normenaspekte o.ä. zurückgegriffen werden kann. In der Folge sind Subjekte für den Erhalt von Anerkennung heute mehr und mehr auf Netzwerke und einzelne auszuhandelnde Beziehungen mit jeweils unterschiedlichen Anerkennungskulturen angewiesen. Dies erfordert einerseits mehr individuelle beziehungsorientierte Aushandlungskompetenzen, eröffnet andererseits aber auch größere Spielräume für eigene biografische Entwürfe als in einer Zeit, in der biografische Verläufe und damit einhergehende Anerkennung und Nicht-Anerkennung klarer vorgezeichnet waren. Keupp u.a. bemerken in diesem Zusammenhang zu recht, dass „die Auflösung traditioneller Ligaturen [...] nicht nur zu einem Verlust von sozialer Einbindung und Verhaltenssicherheit [führt], sondern [...] auch Zwänge durch soziale Kontrolle und Normierung [reduziert]" (2006: 153). Beides, die Reduzierung von Zwängen wie die Zunahme von Wahlfreiheit, bedeutet mehr individuelle Verantwortung für die eigene soziale Integration.

Im Folgenden werde ich ausführen, dass soziale Netzwerke in mehrerer Hinsicht Räume darstellen, in denen Individuen an ihrer sozialen Integration und in der Folge am Erwerb von Anerkennung arbeiten.

Soziale Netzwerke als Optionsraum und soziale Relevanzstruktur

Soziale Netzwerke dienen als Möglichkeitsraum und soziale Relevanzstruktur hinsichtlich biografischer Optionen. So bieten sich dem Individuum in Form der im sozialen Netzwerk versammelten Personen zunächst eine Vielzahl biografischer Entwürfe und Projekte, d.h. eine Fülle unterschiedlicher visionärer, gelungener sowie gescheiterter Biografieprojekte (vgl. Keupp u.a. 2006: 154 u. 202). Eigene biografische Konzepte können dadurch be-

---

45 Als ehemals normative Vorgaben und Vermittlungsrahmen für Anerkennung beschreiben die Autor_innen v.a. explizite und implizite Normen, Kulte, Rituale, Sitten und Gebräuche einzelner gesellschaftlicher Gruppen, in denen man aufwuchs.

einflusst werden, sie können mit signifikant Anderen im sozialen Netz aus-
gehandelt werden bzw. überhaupt erst entstehen, z.b. indem biografische
Projekte kennen gelernt werden, die für sich selbst bisher noch nicht ange-
dacht waren. Innerhalb solcher Aushandlungsprozesse können soziale
Netzwerke als eine Art Filter- bzw. Selektionsrahmen wirken, indem bio-
grafisch relevante Lebensformen, Produkte, Informationen u.v.m. diskutiert
und bewertet werden. Vor allem wenn aus einer Vielfalt von Informationen
und Möglichkeiten ausgewählt werden *muss*, konstatieren Keupp u.a. eine
Zunahme der Relevanz sozialer Netzwerke als Filter- bzw. Bewertungsrah-
men, innerhalb dessen die ‚Angebotsvielfalt' durch Ausschlusskriterien auf
ein verkraftbares Maß reduziert wird (vgl. ebd.).

Hier stellt sich m.E. die Frage, inwieweit diese ‚Ausschlusskriterien' gesellschaftliche Normalitätserwartungen implizit mitverhandeln, d.h. inwiefern Subjekte diese Selektionsrahmen als ent- oder belastend erfahren, da sie
Anerkennung für eigene biografische Visionen oder Entwürfe versprechen
oder nicht. Mit Bezug auf Honneth konnte bereits deutlich gemacht werden,
wie Individuen im Laufe ihres Lebens allmählich lernen, normative Erwartungen zu verallgemeinern, um so zu einer Vorstellung sozialer Handlungsnormen zu gelangen. Keupp u.a. schreiben sozialen Netzwerken sowohl
emanzipatorische als auch behindernde Wirkungen zu. Interessanterweise
wird gerade für die Vermittlung genderbezogener Rollenbilder konstatiert,
soziale Netzwerke würden wesentlich zur Aufrechterhaltung einer traditionellen Rollenverteilung zwischen Männern und Frauen beitragen (Keupp
u.a. 2006: 187). Dies erscheint mir aufgrund der ausbleibenden Ausdifferenzierung, *welche* sozialen Netzwerke *inwiefern* traditionelle Genderbilder
festschreiben, und welch andere Ungleichheitskategorien verhandelt werden, eine etwas pauschale Aussage. Zumindest für Fastnachtsvereine wird
dies im empirischen Teil dieser Arbeit zu erörtern sein.

Soziale Netzwerke als Ressourcenfundus

Soziale Netzwerke können die für biografische Prozesse relevanten materiellen, emotionalen und sozialen Ressourcen zur Verfügung stellen und
einen Austausch derselben in Form sozialer Kontakte, Informationen, praktischer und materieller Hilfen sowie emotionaler Unterstützung ermöglichen
(ebd.: 186)[46]. Weiter können soziale Netzwerke in Zeiten größerer Belastung oder in Orientierungskrisen, bspw. wenn sich Prozesse biografischer
Arbeit durch emotionale Spannungen oder äußere Veränderungen kritisch
gestalten, als Bewältigungsressource in Form von Rückhalt und emotionaler
Stütze fungieren. Den Erhalt von Anerkennung erachte ich gerade in solchen Krisenzeiten von nicht zu unterschätzender Bedeutung. Ebenso wie
soziale Netzwerke hier unterstützend wirken können, besteht allerdings auch

---

46 Zur Relevanz dieser Ressourcen für biografische Prozesse vgl. ausführlich
Keupp u.a. 2006: 198ff. mit Bezug auf Bourdieu 1983.

durch einen Entzug von Anerkennung die Gefahr einer gegenteiligen Wirkung (vgl. ebd.: 153 u. 203).

Gestaltung sozialer Netzwerke

Aufgrund des Bedürfnisses nach einem authentischen biografischen Gefühl (s.o.) arrangieren sich Subjekte in ihren sozialen Netzwerken so, dass sie darin viel Einbindung, Anerkennung und Unterstützung erfahren können. D.h. Beziehungen, Unter-, Über- bzw. Einordnungen werden so gestaltet, gepflegt oder abgebrochen, dass möglichst viel Anerkennung durch sie erfahren werden kann. Möglich ist hier sowohl das Entwickeln und Einüben neuer kultureller Praktiken und Werte durch die Auseinandersetzung mit signifikant Anderen, als auch eine Veränderung des sozialen Umfelds (z.B. um anderswo Anerkennung für biografische Entwürfe zu finden), oder auch die Aufgabe eines spezifischen biografischen Projekts (vgl. ebd.: 169ff.).

Insgesamt verdeutlichen die Ausführungen über die Relevanz von Anerkennung in biografischer Arbeit, dass der Erhalt von Anerkennung an Selbstverständlichkeit verliert und sich mehr in die individuelle Verantwortung der Einzelnen verlagert, während er noch vor einigen Jahrzehnten durch die Erfüllung gesellschaftlich vorgesehener Normalbiografien relativ gesichert werden konnte. Vor allem die Darstellung gesellschaftlicher Veränderungsprozesse in der spätmodernen Arbeitsgesellschaft und daraus resultierender Anforderungen an biografische Prozesse machte dies deutlich. Weiter wurde aufgezeigt, inwiefern Anerkennung ein wesentliches Ziel biografischer Arbeit darstellt und soziale Netzwerke als Orte der Aushandlung von Anerkennung mehr und mehr an Bedeutung gewinnen, was für die Fragestellung dieser Untersuchung von hohem Interesse ist, stellen doch gerade in ländlichen Regionen Vereine eine wesentliche Form sozialer Netzwerke dar.

Aushandlungsprozesse von Anerkennung sowie die Einbindung in soziale Netzwerke erfordern von Individuen u.a. soziale Kompetenzen wie Kommunikation und Selbstdarstellung. Ich werde daher im Folgenden auf die Ausführungen von Keupp u.a. (2006) bzgl. biografischer Arbeit und Selbstnarrationen eingehen, da diese als ein wesentliches kommunikatives Mittel zur Selbstdarstellung dienen.

Biografische Arbeit als Selbstnarration

Neben dem Aspekt der Anerkennung kommen (Selbst-)Narrationen im Modell alltäglicher Biografiearbeit eine hohe Bedeutung zu. Aufgrund der bisherigen Ausführungen ist dabei zum einen die hohe Affinität zwischen den Aspekten der Anerkennung, (Selbst-)Narrationen, sowie der Verwobenheit von Individuum und Gesellschaft interessant. Vor allem jedoch sind die aufgezeigten Zusammenhänge zwischen Selbsterzählungen und der Konstruktion sozialer Wirklichkeit mit Blick auf die Interviewauswertungen im empirischen Teil dieser Arbeit aufschlussreich.

Keupp u.a. führen aus, biografische Arbeit sei stets auch Narrationsarbeit, und „Identitätsbildung [werde] wesentlich mit dem Mittel der Selbstnarration erreicht" (2006: 208f.). Selbsterzählungen stellen somit ein zentrales Medium biografischer Arbeit dar. Wie im Folgenden deutlich werden wird, existiert eine hohe Wechselwirkung zwischen dem Einwirken sozialer Kontexte auf Form und Inhalt von Selbstnarrationen einerseits, der Gestaltung sozialer Wirklichkeit durch Selbsterzählungen andererseits. Anerkennung nimmt innerhalb dieses Wechselverhältnisses wiederum eine zentrale Rolle ein.

(Selbst-)Narration und Anerkennung

Mit Bezug auf die Narrative Psychologie (z.B. Mancuso 1986) gehen Keupp u.a. davon aus, dass das ganze Leben, subjektive Beziehung zur Welt, alltägliche Interaktionen sowie die Organisation von Erlebtem als Narrationen gestaltet werden. Narrationen werden beschrieben als ein „grundlegender Modus der sozialen Konstruktion von Wirklichkeit" (Keupp u.a. 2006: 208), indem durch sie vergangene Ereignisse sozial sichtbar und Erwartungen an künftige Ereignisse begründet werden. Durch Selbstnarrationen drücken Subjekte ihre Sicht auf die Welt sowie Bewertungen von Erlebtem aus, wodurch sie sich selbst sichtbar und verstehbar machen, sich „für sich selbst und für andere eine Gestalt [geben, K.B.]" (ebd.). Selbstnarrationen sind zu verstehen als ständiger Prozess, als permanente Konstruktionsarbeit an eigenen Selbstgeschichten, die hauptsächlich von sozialem Aushandeln geprägt ist. Folglich bleiben Selbstnarrationen nicht stabil, sondern bilden und verändern sich in sozialen Aushandlungsprozessen (vgl. ebd.: 207f.).

Hier wird der Zusammenhang zum Aspekt der Anerkennung sowie zur gegenseitigen Verschränkung von Individuum und Gesellschaft deutlich: soziale Aushandlungsprozesse sind eingebettet in gesellschaftliche Mikro- und Makroerzählungen und darin verhandelte Anerkennungskulturen. Dies wurde oben mit Bezug auf Honneth bereits ausgeführt. In sozialen Aushandlungsprozessen entstehende und sich verändernde Erzählungen über sich selbst zielen, so Keupp u.a., auf Anerkennung signifikant anderer und vollziehen sich folglich nicht unabhängig von gesellschaftlichen Metaerzählungen:

„Das Erreichen von Anerkennung ist jedoch nicht nur an die im Dialog ersichtliche Faktenlage gebunden. Ob Anerkennung erzielt wird, hängt auch davon ab, ob die in den sozialen Milieus, Subkulturen und Generationen jeweils gültigen Konstruktionsregeln und Plausibilitätsvorstellungen für die Selbstpräsentationen eingehalten werden." (Keupp u.a. 2006: 270)

Gesellschaftlich bzw. lebensweltlich als plausibel geltende, akzeptierte Entscheidungsbegründungen beeinflussen somit die Gestaltung von Selbstnarrationen (ebenso wie das Entwerfen biografischer Projekte, s.o.), da sie in

der Regel anerkennungsversprechender sind als quer zu diesen Normalitätsvorstellungen konstruierte biografische Entwürfe. In Selbstnarrationen werden demzufolge auch „fertige Muster, Identitätshülsen zum Thema, was ein
rechter (Ehe-)Mann, eine kreative, erfolgreiche junge Frau, ein Yuppieh, ein
Individualist oder eine gute Mutter und so weiter heute ist" (ebd.). Ein Zurückgreifen auf lebensweltlich bzw. gesellschaftlich akzeptierte Biografien,
die „mit dem Etikett sozialer Anerkennung" (ebd., zit. nach Baumann 1995)
versehen sind, verringert das Risiko einer Nicht-Anerkennung bzw. die
„Ungewissheit hinsichtlich der Lebensfähigkeit der selbstkonstruierten Identität und die Qual der Suche nach Bestätigung" (Keupp u.a. 2006: 270.).
Somit bleibt trotz geöffneter biografischer Optionen sowie der Zunahme an
Wahlfreiheit (s.o.) fraglich bzw. individuell sehr unterschiedlich, wie viel
Spielraum Subjekte hinsichtlich nonkonformer Biografieentwürfe für sich
ausmachen, wollen sie für ihre biografische Arbeit Anerkennung erfahren.

Selbstnarration als Aushandlungsprozesse

Es wurde deutlich, dass Selbstnarrationen permanenten sozialen Bewertungen unterliegen, innerhalb derer Subjekte für sich individuell unterschiedliche Spielräume ausmachen. Aufgrund der bisherigen Ausführungen kann
davon ausgegangen werden, dass sich Individuen unterschiedlich stark an
gesellschaftliche bzw. lebensweltliche Normierungen gebunden bzw. von
ihnen begrenzt fühlen. Dies scheint wesentlich mit den individuellen sozialen Netzwerken und den darin verankerten Anerkennungskulturen zusammen zu hängen. Keupp u.a. verweisen in diesem Zusammenhang auf zwei
weitere Aushandlungsdimensionen. So machen sie zum einen deutlich, inwiefern Selbstnarrationen auch dann sozialen Bewertungen unterliegen,
wenn sie nicht ausgesprochen, sondern mit sich selbst verhandelt werden
(ebd.: 104f.). Selbstnarrationen werden demzufolge nicht nur gegenüber
Anderen erzählt, sondern auch sich selbst. Auch diese Aushandlungsprozesse finden nicht im luftleeren Raum statt, sondern vollziehen sich im Zusammenhang der vom Subjekt verhandelten sozialen Strukturen und Normierungen[47]. Zum anderen sind die Ereignisse der Selbstnarrationen verwoben mit Handlungen anderer, wodurch zu ihrer Fortschreibung „handlungsstützende Rollenbesetzungen" (ebd.: 213f.) benötigt werden. Denn Selbstnarrationen können nur dann erfolgreich aufrechterhalten und fortgeschrie-
ben werden, wenn „die handlungsstützenden Rollenträger(_innen, K.B.) bereit sind, die Darstellungen der Vergangenheit, Gegenwart und Zukunft mit
zu tragen" (ebd.: 213). Hierfür bedarf es komplexer Aushandlungsprozesse
zwischen den Beteiligten, innerhalb derer die einzelnen Akteur_innen ihre
Rollen immer wieder wechseln, da sie sowohl stützende Rollenträger_innen

---

47 Ähnlich wurde dies in Kapitel 1.1 mit Blick auf Verhandlungen kultureller Gen-
    derannahmen beschrieben, sowie innerhalb dieses Kapitels mit Bezug auf Hon-
    neth, der in diesem Zusammenhang von fiktiven Interaktionspartner_innen
    spricht (s.o.).

für ihre eigenen Narrationen benötigen, wie auch von anderen als solche gebraucht werden. Ein ‚Abtrünnigwerden' eine_r Teilnehmer_in kann dabei ein ganzes System interdependenter Konstruktionen bedrohen[48].

Selbstnarration und Macht

Ebenso wie Selbstnarrationen von gesellschaftlichen Normalitätsvorstellungen beeinflusst werden (s.o.) und diese verhandeln, sind sie eingewoben in soziale Machtstrukturen:

„Indem sie (die Selbstnarrationen, K.B.) sich auf das gesellschaftlich verfügbare Formenpotential stützen, schreiben sich die darin eingewobenen Machtbeziehungen auch ein in die Ausgestaltung individueller Erzählungen." (Keupp u.a. 2006: 214)

Vor dem Hintergrund des bisher dargestellten Zusammenhangs von individuellem Handeln und gesellschaftlichen Strukturen innerhalb biografischer Arbeit ist davon auszugehen, dass soziale Machtverhältnisse auf die Gestaltung von Selbstnarrationen einwirken, in ihnen implizit mitverhandelt, und schließlich durch sie hervorgebracht werden. Anders ausgedrückt sind gesellschaftliche Machtverhältnisse in den „je aktuellen Fundus von Selbstnarrationen eingewoben" (ebd.), drücken sich folglich in ihnen aus und werden durch sie (weiter)geformt. In Kapitel 1.1 wurde ausgeführt, inwiefern kulturelle Gender- und Heteronormativitätsannahmen nicht unabhängig von gesellschaftlichen Machtverhältnissen betrachtet werden können, sondern durch solche geschaffen und aufrechterhalten werden, folglich zu deren Festschreibung dienen. Somit lässt sich eine hohe Affinität zwischen Selbstnarrationen, kulturellen Gender- und Heteronormativitätsannahmen und sozialen Machtverhältnissen feststellen: Gender/Heteronormativität ist eingeschrieben in Selbsterzählungen, wirkt (als ein Wirkungsfaktor unter mehreren, aber als ein wesentlicher, vgl. Kapitel 1.1) auf deren Ausformungen (inter- wie autokommunikativ) ein, und wird in Selbsterzählungen abermals hervorgebracht und ausgeformt. Damit können Selbsnarrationen auch als Prozesse des doing gender und doing difference betrachtet werden[49]. Ebenso wie soziale Machtbeziehungen auf die Ausgestaltung von Selbstnarrationen einwirken, kann m.E. durch Selbsterzählungen Macht ausgeübt werden, indem sich bspw. (un)bewusst gesellschaftlicher Metaerzählungen bedient wird, in denen sich soziale Ungleichheitsverhältnisse manifestieren. Keupp

---

48 Keupp u.a. weisen darauf hin, dass in Interviewsituationen bisweilen handlungsstützende Rollenträger_innen in imaginärer Form mit am Tisch sitzen, Geschichten in solchen Fällen demnach nicht (nur) der Interviewerin, sondern auch imaginären Anderen erzählt werden.

49 In den Interviews (als eine Form von Selbstnarrationen) im empirischen Teil dieser Arbeit sind demzufolge gesellschaftliche Gender- und Machtkonstruktionen ebenso auffindbar/ identifizierbar wie doing gender-Mechanismen der Interviewpartner_innen selbst.

u.a. sprechen in diesem Zusammenhang von der Konstruktion „dienstbarer Anderer" (2006: 98f.)[50]. Diese werden zur Stabilisierung der eigenen Biografie so konstruiert, dass eigene Privilegien, Freiheiten und Machtbefugnisse gesichert werden können. Die Ausführungen von Keupp u.a. beziehen sich auf gesellschaftliche Statusgruppen, die sich durch solche Erzählungen ihren Machterhalt sichern (z.B. Menschen mit heller Hautfarbe, Männer). Auf der Ebene des einzelnen Individuums, dessen Selbstnarrationen bzw. dialogischen Aushandlungsprozessen mit anderen, kann daraus geschlossen werden, dass solche gesellschaftlichen ‚Meta-Macht-Erzählungen' hier hineinreichen. Das bedeutet, Selbsterzählungen können sich zur Selbststabilisierung und -anerkennung bewusst und unbewusst der Konstruktion „dienstbarer Anderer"[51] bedienen, die auf der Ebene gesellschaftlicher Metaerzählungen mit weniger Macht ausgestattet sind als die Erzählenden selbst.

Die folgende Beschreibung Mecherils darüber, wie sich soziale Differenzordnungen konstituieren und fortschreiben, kann deren Wirksamkeit (auch auf der sprachlichen Ebene) zusammenfassend verdeutlichen:

„Solche fundamentalen Differenzordnungen können wir als (immer gegebene) Hintergrunderwartungen verstehen, die auch dann bedeutsam sind und strukturierend wirken, wenn sie nicht explizites Thema sozialer Situationen sind [...]. Differenzordnungen vermitteln zudem ein Verständnis der sozialen Welt, in dem sich die je eigene Stellung in ihr darstellt. Differenzordnungen sind Ordnungen hegemonialer Differenz; in ihnen wird folgenreich unterschieden, in ihnen lernt man sich kennen, in ihnen bilden sich Routinen des Körpers, der Sprache, des Denkens aus, die den eigenen Platz in einer sicher nicht starren, aber gut gesicherten Reihe von hierarchisch gegliederten Positionen wiedergeben." (Mecheril 2008: o.S.)

Selbstnarrationen und Interviewauswertung

In den vorangegangenen Ausführungen wurden die komplexen Zusammenhänge zwischen biografischer Arbeit, gesellschaftlichen Strukturen und biografischen Selbstnarrationen aufgezeigt. Hinsichtlich der Interviewauswertungen im empirischen Teil dieser Untersuchung bedeutet dies, im Interview selbst (als Selbstnarration der Interviewten) werden sowohl soziale Kontexte der Interviewten *abgebildet*, als auch *konstruiert*. In den Erzählungen werden demnach dörfliche Strukturen sowie konkrete lebensweltliche Bedingungen der Interviewpartner_innen sichtbar, zugleich werden subjektive soziale Wirklichkeiten geschaffen, indem sich die Interviewten durch ihre Ge-

---

50 Dieser Begriff ist angelehnt an Sampson 1993 (vgl. Sampson, E.E. 1993: Celebrating the other. A dialogic account of human nature. Boulder).

51 In den Selbsterzählungen des empirischen Teils dieser Untersuchung müssen demnach solche Mechanismen auffindbar sein. Hinsichtlich der zugrunde liegenden Fragestellung ist dabei nach gender- sowie lebensweltbezogenen Aspekten der unterschiedlichen Machtkonstruktionen zu fragen (d.h. gesamtgesellschaftliche und lokalspezifische „Meta-Macht-Erzählungen").

schichten sozial positionieren, bzw. ihre biografischen Erzählungen so gestalten, dass sie ihnen sozial akzeptabel erscheinen. Durch den genderbezogenen Blickwinkel dieser Arbeit kann somit in den Geschichten entdeckt
werden, wie gesellschaftliche Genderkonstruktionen (sowie im Sinne eines
intersektionellen Blicks weitere Differenzlinien) auf das Leben der Interviewten einwirken, wie diese verhandelt und reproduziert werden, und wie
sich in der konkreten Lebenswelt Prozesse von doing difference vollziehen.
Ebenso können Kritik an gesellschaftlichen Normierungen, Experimente
damit, Infragestellungen u.v.m. aufgespürt werden.

1.2.3 Zusammenfassende Überlegungen: Verhandlungen sozialer Differenzlinien in alltäglicher Biografiearbeit

Zwei Aspekte ziehen sich wie ein roter Faden durch das erörterte Modell
alltäglicher biografischer Arbeit: die Aushandlung von Anerkennung sowie
die Verwobenheit von Individuum und Gesellschaft. Die Definition von Anerkennung als Grundprämisse, als wichtigstes Ziel biografischer Arbeit, sowie die Ausdifferenzierung des Anerkennungsgefühls mit Bezug auf Honneth verdeutlichten dabei den komplexen Zusammenhang von subjektiver
und objektiver Wirklichkeit. Wie aus den vorangegangenen Ausführungen
hervorging, kann Anerkennung nicht unabhängig von signifikant Anderen
verhandelt werden, von sozialen Bewertungsstandards, gesellschaftlichen
Anforderungen und Normierungen, sowie der Reflexion derselben. Folglich
kommen Subjekte nicht umhin, in ihren biografischen Prozessen soziale
Wirklichkeit zu ‚bearbeiten‘. Anders ausgedrückt gestaltet biografische
Arbeit soziale Wirklichkeit, bzw. *ist* sie soziale Wirklichkeit, indem Individuen anpassend, widerständig, verändernd, kritisch usw. agieren.

Vor dem Hintergrund der Ausführungen über kulturelle Genderannahmen, Heteronormativität und weitere soziale Differenzlinien in Kapitel 1.1
kann konstatiert werden, dass soziale Differenzlinien biografischen Prozessen und somit Prozessen der Verhandlung von Anerkennung immanent sind.
Mecheril spricht von einer sozialisierenden Wirkung grundlegender Differenzordnungen, weil diese „Selbstverständnisse praktisch, kognitiv-explizit,
aber in erster Linie auch sinnlich-leiblich vermitteln, in denen sich soziale
Positionen und Lagerungen spiegeln" (2008: o.S.).

Umso mehr verwundert, dass diese Aspekte im Modell von Keupp u.a.
außen vor bleiben und die Abhandlungen über subjektive Aushandlungsprozesse von Anerkennung nicht mit sozialen Differenzlinien in Zusammenhang gebracht werden. In Kapitel 1.1 wurde aufgezeigt, dass kulturelle
Genderannahmen, Heteronormativität und weitere soziale Kategorisierungen durch soziale Beziehungskontexte in jede Aktivität und jedes Gebiet des
Lebens hineinreichen, und wie implizit sie in Interaktionsprozessen wirken.
Im Hinblick auf biografische Prozesse bedeutet dies, diverse soziale Differenzlinien werden in der biografischen Arbeit verhandelt, hervorgebracht,
gefestigt oder modifiziert, wobei unterschiedliche Differenzlinien je nach

Lebensphase, Kontext o.ä. vorder- oder hintergründig wirksam sind. Schließlich können sich soziale Differenzlinien als ermöglichend oder begrenzend für das Entwerfen und Verwirklichen biografischer Projekte, sowie für biografische Arbeit insgesamt erweisen. Das Modell alltäglicher biografischer Arbeit beschreibt soziale Zuschreibungen als Realität menschlichen Lebens und betont stets den Zusammenhang zwischen gesellschaftlichen und sozialen Gegebenheiten und der Entwicklung biografischer Perspektiven. Folglich sind Kategorien sozialer Ungleichheit und Differenzlinien in einem analytischen Modell über biografische Prozesse stets mitzudenken.

Insgesamt wurde das Potential des Modells alltäglicher Biografiearbeit für diese Untersuchung deutlich, was vor allem mit den Rekursen auf die Bedeutung von sozialen Netzwerken und Anerkennung sowie der Prozesshaftigkeit und des Arbeitscharakters von biografischen Prozessen zusammenhängt. Biografietheoretische Überlegungen konnten dabei das Modell von Keupp u.a. an diversen Stellen ebenso notwendig ergänzen und theoretische Überlegungen vertiefen, wie die gendertheoretischen Ausführungen des vorhergehenden Kapitels.

Somit konnte in diesem Gesamtkapitel der theoretische Analyserahmen dieser Arbeit aufgezeigt werden. Er zeichnet sich insbesondere dadurch aus, dass Biografiearbeit und die Wirksamkeit von Gender und Heteronormativität stets miteinander in Zusammenhang gebracht wurden und dadurch deutlich gemacht werden konnte, wie komplex die diversen Prozesse, Mechanismen und Wirkungszusammenhänge zu begreifen sind.

2. Forschungsfeld und Fragestellung

In den beiden vorhergehenden Kapiteln wurden die Wirkungsweisen fundamentaler sozialer Differenzlinien aufgezeigt (Kapitel 1.1), sowie Prozesse alltäglicher Biografiearbeit dargestellt (Kapitel 1.2). Damit wurden die grundlegenden theoretischen Zugänge dieser Arbeit hergeleitet und diskutiert. Die Frage nach biografischen Gestaltungsmöglichkeiten in Fastnachtsvereinen betrifft darüber hinaus weitere Forschungsrichtungen, die im folgenden Kapitel näher beleuchtet werden.

Das zugrunde liegende Forschungsinteresse lenkt den Blick zunächst auf die bisherige Erforschung der schwäbisch-alemannischen Fastnacht im südwestdeutschen Raum. Daran schließt sich unmittelbar die Frage an, wie ländliche Regionen bisher erforscht wurden, und ob es Kriterien oder Aspekte gibt, die ländliche Regionen als solche kennzeichnen. Diese Diskussion mündet in Forschungen über Vereine als eine wichtige Form sozialer Netzwerke in ländlichen Regionen, und damit verbunden in die Frage, inwiefern sie Orte und Möglichkeiten informellen Lernens darstellen. Grundsätzlich soll dieses Kapitel einen Überblick über die genannten Forschungsgebiete geben und klären, was das Spezifische des Forschungsblicks der vorliegenden Untersuchung ausmacht.

2.1 FASTNACHT – ZUR WISSENSCHAFTLICHEN DISKUSSION EINES FACETTENREICHEN PHÄNOMENS

Fastnachtsforschung im Überblick darstellen zu wollen, stellt ein schwieriges Unterfangen dar. Denn *die* Fastnachtsforschung gibt es nicht, allenfalls verschiedene Formen wissenschaftlicher Auseinandersetzungen mit und Diskussionen über dieses Phänomen. Um das Spezifische des Forschungsblicks dieser Untersuchung zu verdeutlichen, sollen daher im Folgenden einzelne Stränge der wissenschaftlichen Auseinandersetzungen nachgezeichnet und damit unterschiedliche Forschungsblicke auf Fastnacht[52] dargelegt werden.

Als erster Strang oder auch Linie wissenschaftlicher Annäherungen an Fastnacht ist die Kontinuitätstheorie zu nennen, die den Großteil der volkskundlichen Forschung noch in den 1950er Jahren dominierte (vgl. Mezger 1991: 10). Innerhalb der Kontinuitätstheorie wird Fastnacht als Winteraustreibungs- und Fruchtbarkeitskult interpretiert und vom germanischen Heidentum hergeleitet. Der Nationalsozialismus, so Bausinger, konnte an diese Theorien anknüpfen, zugleich schlossen sich diverse Fastnachtsinterpreten[53] dieser Lesart an und bauten sie weiter aus (vgl. 1999: 146). In diesem Zusammenhang sind die Namen Hermann Eris Busse, Eugen Fehrle und Johannes Künzig zu nennen, da deren Ausführungen maßgeblichen Einfluss auf Brauchdeutungen und -ausübungen innerhalb der südwestdeutschen Fastnachtslandschaft hatten. Teilweise wirken sie noch heute in Diskussionen über die Bedeutung sogenannter ‚alter‘, ‚langer‘ oder ‚ungebrochener‘ Fastnachtstraditionen fort (vgl. ebd.).

Einen weiteren Forschungsansatz stellen Forschungen über das späte Mittelalter dar. Im Gegensatz zur Kontinuitätstheorie lassen sich Erscheinungsformen und Entwicklungen von Fastnachtsausübungen aus dieser Zeit anhand von Quellenstudien belegen und Zusammenhänge zur kirchlichen Festlegung der Fastenzeit herleiten (vgl. exemplarisch Moser, H.[54] 1967 und 1982). Dem 1961 am Institut für empirische Kulturwissenschaft gegründeten Tübinger Arbeitskreis für Fastnachtsforschung war es daher ein maßgebliches Anliegen, historische Zusammenhänge zu erschließen und Spekulationen über Entstehungshintergründe (wie innerhalb der Kontinuitätstheorie vorgenommen) etwas entgegenzusetzen.

Mindestens genauso wichtig war dem Arbeitskreis allerdings, *gegenwärtige* Formen und Tendenzen der Fastnacht zu erforschen (vgl. Bausinger 1999: 146). Erste empirische Forschungen, und damit eine weitere Linie innerhalb der Fastnachtsforschungen, wurden durchgeführt und lieferten Er-

---

52 Aufgrund der geschichtlichen Entwicklung sind Fastnacht und Karneval als Begriffe und Erscheinungsformen nicht immer eindeutig voneinander zu unterscheiden. Tatsächlich bildeten sich Unterschiede erst im 19. und 20. Jahrhundert heraus (vgl. Korff 1997, Mezger 1991). Diese Entwicklung spielt für die vorliegende Untersuchung allerdings keine Rolle, daher werde ich zugunsten besserer Lesbarkeit im Folgenden überwiegend den Begriff Fastnacht verwenden.

53 Ich vermute, aufgrund des populärwissenschaftlichen Niveaus vieler Ausführungen der damaligen Zeit spricht Bausinger von Fastnachtsinterpreten anstatt von Fastnachtsforschern. Im Übrigen übernehme ich die von Bausinger verwendete ‚männliche‘ Schreibweise, da Fastnachtsforschung zum damaligen Zeitpunkt tatsächlich ausschließlich von Männern unternommen wurde.

54 Da zwei der Fastnachtsforscher denselben Nachnamen tragen aber recht gegensätzliche Forschungsmeinungen vertreten, wird im Gegensatz zur sonst üblichen Zitierweise dieser Arbeit der erste Buchstabe des Vornamens aufgeführt.

klärungsansätze für die einsetzende Fastnachtskonjunktur in den 1960er Jahren (vgl. Bausinger/ Schwedt/ Scharfe 1966). Im Mittelpunkt der Forschungen standen verschiedene Fastnachtsbräuche, Strukturen, Organisationsformen, Abläufe, sowie die Frage, wer eigentlich fastnachtsaktiv ist. Weitgehend unerforscht blieben in dieser Zeit zugrunde liegende Motive von fastnachtsbegeisterten und -engagierten Närr_innen.

In den 1970er und 1980er Jahren wurden unterschiedliche Forschungsblicke auf Fastnacht (und Karneval) geworfen. Grob zusammengefasst lassen sie sich einordnen[55] in Forschungen (und z.T. kontroverse Debatten) über die Entstehungsgeschichte(n) (Moser, H. 1972/73, Moser, D.-R. 1982, Bausinger 1983, Frieß-Reimann 1988), Bemalungen der Häser[56] (Schwedt/ Schwedt 1975), Maskenschnitzereien (Schwedt/ Schwedt/ Blümcke 1984), aktuelle Erscheinungsformen von Fastnacht (Mezger 1984) bzw. Karneval (Schwedt 1977), sowie Diskussionen über Möglichkeiten und Entwicklungen innerhalb der Fastnachtsforschung selbst (Tübinger Verein für Volkskunde e.V. 1980). Fastnacht wurde innerhalb der Wissenschaft also überwiegend durch das Beleuchten historischer Hintergründe zu verstehen versucht, sowie durch eine detaillierte Erforschung einzelner Elemente wie bestimmte Häsfiguren oder spezifische Brauchformen. Vor allem in und um den Tübinger Arbeitskreis für Fastnachtsforschung wurden auch fastnächtliche Strukturen und Hierarchien, subjektive Gründe für die Wahl eines bestimmte Häses, die Rolle der Anonymität, In- und Exklusionsaspekte u.ä. erforscht (z.B. Schwedt 1977, Jeggle 1984).

Ab den späten 1980er Jahren gab es auch andere Forschungsblicke auf Fastnacht, Gegenwartskulturen rückten in den Mittelpunkt, und der Blick richtete sich auf Fastnachtspraxen und -aktive fernab organisierter Zünfte. Korff und Merz schreiben im Vorwort des Begleitbands zur Ausstellung der Ergebnisse ihres Forschungsprojekts:

„Nicht, was bisher von der Fastnachtsforschung […] ausgeleuchtet wurde, ist Gegenstand der Ausstellung […], sondern die zur Gestalt gewordenen Phantasien, Imaginationen, Wunschbilder und Vorstellungen, die ästhetischen Kreativitätspotentiale der Fastnacht – eben die ‚wilden Masken‘". (Tübinger Vereinigung für Volkskunde e.V. 1989: Vorwort)

In den von Korff und Merz geleiteten Feldstudien rücken Geschichte sowie Fastnachtszünfte mit ihren Strukturen und Organisationsformen in den Hintergrund. Der Fokus richtet sich auf die Individuen selbst, indem Verkleidungen fernab der Zunfthäser dahingehend analysiert werden, welche Bedürfnisse, Intentionen, Motive und Deutungen in ihnen zum Ausdruck kommen (vgl. Korff 1989: 14). Die Forschenden begaben sich direkt ins Feld, mischten sich als Feldforschende unters Volk. Auch erste genderbezo-

---

55 Die folgenden Literaturangaben sind exemplarisch zu verstehen.
56 Zur Erklärung fastnachtsspezifischer Begriffe und Hintergründe vgl. Glossar.

gene Forschungsblicke entstammen diesem Forschungsprojekt (vgl. Gauge-le/ Gorgus 1989, Bartsch 1989). Das Verdienst dieser Forschung liegt in der Erweiterung der Perspektive über das Geschehen innerhalb organisierter Fastnachtszünfte hinaus, sowie darin, Fastnacht durch direkte Feldforschung anstatt anhand überwiegend schriftlicher Materialien zu analysieren. Aller-dings muss angemerkt werden, dass die Feldforschungsberichte dennoch von Forschungshaltungen gekennzeichnet sind, die Vorurteile und Unver-ständnis gegenüber einzelnen Fastnachtspraktiken erkennen lassen. So wer-den z.B. gerade die Interpretationen über Gender und Fastnacht alleine vor dem Hintergrund gesamtgesellschaftlicher, bipolare Zuweisungsmuster unternommen, anstatt sie in Zusammenhang zu fastnachtsbezogenen Kon-texten zu stellen. Die Forschenden haben sich offensichtlich direkt in das fastnächtliche Geschehen begeben, ohne dabei die Perspektive der Teilneh-menden einzunehmen.

Dies ist eine Kritik, die der US-amerikanische Kulturwissenschaftler Tokofsky an die deutsche Fastnachtsforschung allgemein richtet. Er er-forschte ab 1988 über einen Zeitraum von sechs Jahren selbst die Fastnacht in Elzach, z.T. als aktiver Narr. Vor diesem Hintergrund formuliert er For-derungen hinsichtlich eines Perspektivenwechsels innerhalb der deutschen Fastnachtsforschung:

„Erstens versuche ich das Fest aus der Perspektive der Teilnehmer(_innen, K.B.) zu verstehen [...] Zweitens betrachte ich [...] das Fest als ein Ganzes, statt einzelne Ele-mente isoliert zu deuten oder sogar auszuschließen. Drittens suche ich die Bedeutung der Bräuche nicht nur im Kontext des ganzen Festes, sondern vor allem auch im Kon-text des heutigen Elzacher Lebens." (Tokofsky 2002: 115)

Tokofskys Kritik richtet sich erstens auf die von der Wissenschaft an das Feld herangetragenen Ziele wie z.B. eine Suche nach symbolreichen, lokal-spezifischen Gegenständen, zweitens auf selektive Forschungsblicke wie eine Fokussierung einzelner Figuren oder Riten, und schließlich drittens da-rauf, dass Fastnacht isoliert, anstatt als Teil des sozialen Lebens des Ortes analysiert wird (vgl. ebd.: 110ff.). Zugespitzt formuliert Tokofsky, ihm gin-ge es „nicht darum, die heutige Erscheinungsform der Fasnet zu *beurteilen*, sondern sie zu *erklären*" (ebd.: 115, Herv. K.B.). Tokofsky hebt zwar ein-zelne Verdienste des Tübinger Arbeitskreises hinsichtlich einer Verände-rung der Forschungsperspektive in Richtung seiner Forderungen hervor, al-lerdings liegen seine zitierten Untersuchungen 20 oder mehr Jahre zurück (z.B. Dürkop 1977, Schwedt 1977, Jeggle 1984, Tübinger Vereinigung für Volkskunde e.V. 1989). Seines Erachtens fehlen „langfristige Interaktions-studien, die den Sinn von Fasnetsüberlieferungen in Verbindung mit dem Leben in einem Ort untersuchen" und danach fragen, wer in welcher Weise und aus welchen Gründen (nicht) an Fastnacht teilnimmt (ebd.: 116). To-kofsky richtet den Blick u.a. auf genderbezogene Aspekte der Fastnacht und stellt diese in Zusammenhang zu alltäglichen Genderstrukturen in Elzach (vgl. Tokofsky 1999b). Damit unterscheidet sich sein Blick auf Gender und Fastnacht deutlich von den anderen wenigen, die sich diesem Zusammenhang eher unter historischer Perspektive (vgl. Burckhardt-Seebass 1999) oder mit einem dualisierenden Blick (vgl. Falk 1986) näherten.

Nun ist anzumerken, dass es außer den von Tokofsky angeführten ‚Forschungsausnahmen' seit dem Erscheinen seines Artikels noch einige weitere Arbeiten gibt, die seinem geforderten Forschungsblick in Ansätzen entsprechen. Zu nennen sind Erk 2008, Dewald 2001 sowie Schicht 2002b. Allerdings liegt auch in diesen Arbeiten der Hauptfokus nicht auf dem von Tokofsky geforderten Erklären oder Verstehen der Fastnacht, ebenso wenig wird sie konsequent als Teil des sozialen Lebens des Ortes analysiert. Insgesamt kann konstatiert werden, dass in den Forschungen der letzten 10 Jahre historische Perspektiven auf Fastnacht (und Karneval) überwiegen. Wenngleich ein anhaltender oder steigender ‚Boom' der Fastnacht angemerkt und auch zu erklären versucht wird (hier v.a. Schicht 2002a)[57], so fehlen zugrunde liegende Erklärungsansätze im Sinne Tokofskys.

Die vorliegende Arbeit nimmt den von Tokofsky geforderten Perspektivenwechsel ein und geht durch die besondere Verknüpfung von Alltag und Fastnacht über seine Forderungen hinaus. Für ein Verstehen und Erklären von Fastnacht wird der Fokus auf fastnachtsbezogenes Vereinsengagement gelegt. Dies impliziert *erstens*, dass nicht Strukturen, Organisations- und Brauchformen von Fastnachtszünften im Zentrum des Interesses stehen, sondern Vereins- und Gruppenzusammenhänge, die nicht auf den ersten Blick mit organisierter Fastnacht in Verbindung gebracht werden. Ebenso impliziert dies ein Begreifen von Fastnacht über die kalendarisch festgeschriebene Zeit hinaus. Daraus folgt zugleich *zweitens*, dass Fastnacht als Teil des sozialen Lebens des Untersuchungsortes analysiert wird, indem das *ganzjährige* Vereinsleben und dessen Bedeutung für die Engagierten im Zentrum des Interesses stehen. *Drittens* werden durch die offene Fragestellung der themenzentrierten narrativen Interviews die Perspektiven der Teilnehmenden zum Ausgangspunkt genommen. Die Themen der Teilnehmenden können so relevant werden und sie bestimmen, was ‚fastnachtsrelevant' ist. (vgl. hierzu ausführlich die Darstellung der methodischen Herangehensweise in Kapitel 3). Während in den letzten Jahren der Fokus von Fastnachtsforschungen überwiegend auf historischen Aspekten lag (vgl. Harst 2006, Bachter 2005, Matheus 1999, Schwedt 1999) fragt die vorliegende Arbeit nach *gegenwärtigen* Bedeutungen von Fastnacht für die Subjekte selbst. Mit der Begrenzung des Forschungsrahmens auf die schwäbisch-

---

57 Im Zusammenhang mit dem konstatierten ‚Boom' der Fastnacht stellt sich u.a. die Frage, ob die Fastnacht als ‚Event' einzuordnen ist oder nicht (z.B. Dewald 2008). Ich werde diese Frage nicht verfolgen, da sie für die Fragestellung dieser Arbeit nicht von Bedeutung ist. Vertiefend empfehle ich Gebhardt/ Hitzler/ Pfadenhauer 2000, Pfadenhauer 2008, sowie Schulze 1992 und 1999. Ein expliziter Zusammenhang zwischen Fastnacht und Event findet sich bei Dewald 2008.

alemannische Fastnacht stellt sie zudem die Frage, ob und wenn ja welche (spezifische) Bedeutung diese Festform für in ländlichen Regionen lebende Individuen hat. Anders ausgedrückt ist dies die Frage nach spezifischen Ermöglichungsräumen in Zusammenhang mit fastnachtsbezogenem Vereinsengagement gerade für ländliche Regionen.

Im nächsten Abschnitt soll daher der Begriff der ‚ländlichen Region‘ näher beleuchtet und danach gefragt werden, inwiefern eine begriffliche Stadt-Land-Abgrenzung sinnvoll und aktuell ist.

2.2 LÄNDLICHE REGIONEN

Es bedarf „heute einiger Anstrengungen, zu definieren, was ‚ländliche Gesellschaft‘ ist" und „inwiefern [...] sich die ländliche von der städtischen Gesellschaft [unterscheidet]", konstatieren die Herausgeber_innen des „Handwörterbuch der ländlichen Gesellschaft in Deutschland" (Beetz/ Brauer/ Neu 2005: VII). Die Autor_innen distanzieren sich bewusst vom Begriff des ‚ländlichen Raums‘, da dieser ihrer Ansicht nach mehr territorial denn soziologisch ausgerichtet ist, und sprechen sich dafür aus, die spezifische Sozialstruktur der ländlichen Gesellschaft und deren vielfältigen Aspekte der Vergesellschaftung zu erforschen (ebd.: VIII). Damit verweisen sie auf mehrere Gesichtspunkte, die sich in diversen sozialwissenschaftlichen Abhandlungen und Forschungen über den ‚ländlichen Raum‘ der letzten Jahrzehnte finden. So erfolgen Versuche der Begriffseingrenzung erstens meist über Gegenüberstellungen oder bestenfalls Diskussionen von Stadt und Land, oftmals ist dabei zweitens die Rede von *dem* ländlichen Raum, *der* ländlichen Gesellschaft o.ä., und schließlich bleiben drittens Beschreibungen dessen, was darunter verstanden wird, oft vage. Schweppe konstatiert mit Blick auf soziologische Abhandlungen über den ‚ländlichen Raum‘ zusammenfassend ein Desiderat einer „Theorie des Landes", welche die Phänomene landspezifischer Lebens- und Sozialwelten ausbuchstabiert (vgl. Schweppe 2000: 68ff.)[58].

Tatsächlich gestaltet sich die Recherche nach Definitionen und Begriffseingrenzungen dessen, was unter ländlichen Räumen, Regionen oder Gesellschaften verstanden wird, äußerst schwierig. Der statistische Stadtbegriff orientiert sich bspw. an den Gemeindegrößen, sagt also lediglich etwas über Einwohner_innenzahlen von Klein-, Land- und Großstädten aus, hingegen nichts über städtische Funktionen, baulich-räumliche und kulturelle Aspekte oder Sozialstrukturen (vgl. Hannemann 2005: 105)[59].

---

58 Aktuell gibt das interdisziplinär angelegte „Handwörterbuch zur ländlichen Gesellschaft in Deutschland" (Beetz u.a. 2005) einen differenzierten Einblick in Debatten über Forschungsentwicklungen und aktuelle Themen ländlicher Regionen.

59 In Anlehnung an den aus dem Jahr 1870 stammenden statistischen Stadtbegriff werden Orte noch heute überwiegend eingeteilt in Landstädte mit 2000-5000,

Hahn weist mit Blick auf die Geschichte der soziologischen Stadt-Land-Debatte darauf hin, wie unklar, unbestimmt und dabei wertbesetzt die Begriffe ‚ländlich' und ‚städtisch' gebraucht werden (vgl. 2005: 233). Er diskutiert die Begriffe ‚Zwischenstadt' und ‚Rand' für die Untersuchung ländlicher Regionen, da v.a. unter ersterem praktizierte Lebensformen diskutiert und erkundet werden, bei denen „das Städtische und Ländliche in neuartiger Beziehung zueinander verstanden werden" (ebd.: 237). Dabei geht es allerdings mehr um präferierte Lebens- und Wohnorte ‚zwischen' Stadt und Land unter geografischer, sowie um ‚städtische' und ‚ländliche' Lebensstile in soziologischer Perspektive als um eine Untersuchung spezifischer Sozial- und Gesellschaftsstrukturen.

Innerhalb der Volkskunde wurden im letzten Drittel des 20. Jahrhunderts auf der Grundlage neu entwickelter Ansätze der Kultur- und Sozialanalyse verschiedene Forschungsarbeiten über Dörfer und ländliche Regionen durchgeführt (z.B. Illien/ Jeggle 1978, Greverus/ Kiesow/ Reuter 1982, Schilling/ Ploch 1995, Fliege 1998). Diese Arbeiten verfolgen einen ganzheitlichen Ansatz, der den Fokus auf kulturelle Praxen der Individuen und die sozialen Lebenswelten legt. Dorf- und Gemeindeforschung wurde mit dem Vorhaben unternommen, die Kultur aus einer Binnenperspektive der Bewohnenden zu verstehen (vgl. Jacobeit/ Scholze-Irrlitz 2005). Obgleich eine solche Perspektive tatsächlich eine Überwindung der Stadt-Land-Polarität möglich machte, kennzeichnet manche Untersuchung ein eher problematisierender als ressourcenorientierter Blick auf Dorf- und Gemeindestrukturen (z.B. Illien/ Jeggle 1978, Lehmann 1976).

Auch innerhalb sozialwissenschaftlicher Forschungen wird seit den späten 1980er Jahren immer wieder betont, dass eine hierarchisierte Stadt-Land-Polarität aufgrund gesellschaftlicher Wandlungsprozesse nicht mehr zeitgemäß ist (vgl. z.B. Böhnisch/ Funk 1989, Schweppe 2000, Faulde/ Hoyer/ Schäfer 2006), der Fokus sich daher auf die ländliche *Region* als Sozialraum mit *eigenen* Struktur- und Entwicklungsproblemen sowie eigenen Formen der Lebensbewältigung richten muss (z.B. Winter 1994; Böhnisch/ Funk/ Huber/ Stein 1991). Für die *Region* als räumliche Bezugsgröße, als sozialräumlichen Rahmen, spricht sich auch Stauber in ihrer Untersuchung über alleinerziehende Frauen aus:

„Für eine Untersuchung im ländlichen Raum empfiehlt sich diese Raumkategorie besonders deshalb, weil sie dem Modernisierungsgrad des Landes angemessen ist. Die Region ist inzwischen die reale lebensweltliche Bezugsgröße auf dem Land: so-

---

Kleinstädte mit 5000-20.000, Mittelstädte mit 20.000-100.000 und Großstädte mit über 100.000 Einwohnenden (vgl. Hannemann 2005: 105). Der Untersuchungsort dieser Studie, Fastnachtshausen (anonymisierter Ortsname), liegt nach dieser Definition mit seinen ca. 4.600 Einwohnenden an der Grenze zwischen Land- und Kleinstadt. Wie Hannemann richtig anmerkt, sagt diese Definition jedoch nichts über Sozialstrukturen des Orts und der Region aus.

ziale Kontakte, Freizeitaktivitäten, Schulbesuche, Ausbildungs- und Arbeitsverhält-
nisse, die gesamte soziokulturelle und sozioökonomische Verortung findet nicht
mehr nur im dörflichen Rahmen, sondern in der gesamten Region statt." (Stauber
1996: 32)

Damit knüpft Stauber an die o.g. landtheoretischen Untersuchungen der
1980er Jahre an, die „die wenig fruchtbaren Dualismen von urbaner Moder-
nität/ländlicher Traditionalität, urbanem Fortschritt/ländlicher Rückständig-
keit, urbaner Kultur/ländlicher Natur" (ebd.: 33) zu überwinden versuchen.
Doch gelingt es den mit einem solchen Verständnis ländlicher Regionen
entstandenen Forschungsarbeiten letztlich auch nicht konsequent, den hie-
rarchisierten Stadt-Land-Dualismus zu überwinden. Die Unfruchtbarkeit
einer solchen Perspektive auf ländliche Regionen wird zwar explizit betont,
allerdings werden die empirischen Befunde häufig wiederum über Vergleiche mit städtischen Räumen expliziert. ‚Traditionelle' Lebensweisen (verstanden als rückständige) und Sozialstrukturen werden spezifiziert (z.B.
Böhnisch/ Funk 1989, Funk 1993, Winter 1994), anstatt „sich auf die spezifischen Eigenmerkmale des ländlichen Raums" zu beziehen (Schweppe
2000: 62). Wenn im Landesjugendbericht des Landes Baden-Württemberg
aus dem Jahre 2004 festgestellt wird, dass die zentralen Ergebnisse der „mit
der Perspektive einer lebensweltorientierten und sozialräumlichen Landju-
gendforschung […] in Baden-Württemberg […] zu Beginn der 90er Jahre in
Zusammenarbeit mit dem Deutschen Jugendinstitut [durchgeführten] Untersuchungen […] noch heute gültig sind" (Sozialministerium Baden-
Württemberg 2004: 54), so liegt dies wohl daran, dass alternative Forschungsblicke seither tatsächlich rar sind. Unter alternativ verstehe ich in
diesem Zusammenhang Forschungsperspektiven, die nicht mit einem implizit problematisierenden Blick auf ländliche Lebenswelten und -weisen
schauen, sondern darin liegende Potentiale und Ressourcen offen legen. In
einem solchen Sinne stellt Hannemann (2005) vor dem Hintergrund einer
„Kultur der Marginalität" dar, inwiefern Kleinstädte seit Beginn der Indus-
trialisierung tendenziell von Marginalität betroffen sind und sich daher auf
„endogene Potentiale, d.h. auf die sozialen Bindungskräfte ihrer Bewohner
und kulturelle Eigenheiten" verlassen mussten (Hannemann 2005: 111).
Wie eine solche „Kultur der Marginalität" zur Bewältigung gesellschaftlichen Wandels und sozialer Krisen beiträgt, beschreibt sie wie folgt:

„Lokale Austauschbeziehungen, subsistenzwirtschaftliche Orientierungen und nach-
barschaftliche Unterstützungssysteme, familiäre Solidarität und vor allem Freundschaftsbeziehungen vergrößern die Lebensqualität […] Außerdem gewährleisten sie
einen gewissen Lebensstandard […], minimiert werden die Risiken der Anonymität
und Entfremdung in einer globalisierten Welt." (Hannemann 2005: 111)

Dieser Blick auf in Sozialstrukturen ländlicher Gesellschaften liegende
Potenziale bleibt dabei nicht ungebrochen. Aufgezeigt werden auch Aspekte

wie eine hohe soziale Kontrolle, das weitestgehende Fehlen von Nischen für Subkulturen, sowie v.a. die für Jugendliche bedeutsame Existenz eines schmalen Angebotsspektrums bestimmter Optionen und ein daraus resultierendes Angewiesensein auf Großstädte (ebd.). Insgesamt konstatiert die Autorin, aufgrund der „Kultur der Marginalität" würden Interaktionsformen und Institutionengefüge entwickelt, die „aus den begrenzten Ressourcen ein Maximum an kollektiver Lebensqualität herausholen" (ebd.: 112).

Es wird deutlich, inwiefern unter einer derartigen Forschungsperspektive auf Sozialstrukturen ländlicher Regionen darin liegende Potentiale ebenso in den Blick geraten wie Widersprüche und Begrenzungen. Diese Perspektive wird auch in der vorliegenden Untersuchung eingenommen. Ich stimme Faulde u.a. zu wenn diese schreiben, dass Stadt und Land nicht in einem hierarchischen Verhältnis zueinander betrachtet werden können, da beide geografisch, sozial und wirtschaftlich ineinander fließen, ohne ineinander aufzugehen und ohne klar abgrenzbar zu sein (vgl. 2006: 11). Ebenso wenig wie es *die* Stadt gibt, kann von *dem* ländlichen Raum bzw. *der* ländlichen Region gesprochen werden. Mit anderen Worten gehe ich davon aus, dass sich ländliche Regionen (ebenso wie städtische) äußert heterogen gestalten, sich aus vielen, zum Teil sich widersprechenden Räumen, Raumkonstruktionen und Sozialstrukturen zusammensetzen (vgl. ebd.: 15). Ich werde daher keine weiteren Versuche einer Begriffsbestimmung *der* ländlichen Region oder Gesellschaft vornehmen. Vielmehr werde ich den Untersuchungsort möglichst präzise beschreiben, v.a. hinsichtlich seiner Sozialstrukturen. Auf diese Weise soll versucht werden, diese für sich stehen zu lassen, anstatt sie anhand von Gegensätzen, Abgrenzungen oder ideologischen Bewertungen zu skizzieren.

Fastnachtshausen als Kleinstadt einer ländlichen Region

Fastnachtshausen, der Untersuchungsort dieser Studie, ist eine Klein- bzw. Landstadt (s.o.) mit ca. 4600 Einwohnenden im Süden Baden-Württembergs. Zusammen mit ihren neun Eingemeindungsorten zählt die Stadt 12.800 Einwohnende. Der Ausländer_innenanteil der Kerngemeinde liegt bei 9% (vgl. Kommunalstatistik Fastnachtshausen 2006). Die Stadt verfügt über eine Bahnstation für Regionalzüge, über die in 15 Minuten in den zwei nächst größeren Orten ICE-Anschlüsse erreicht werden können, ansonsten ist der öffentliche Nahverkehr schlecht ausgebaut. Die nächstgelegene Großstadt liegt 40km entfernt. Der eigene Autobahnanschluss bewirkte ein Wachstum der Industrie, was vermehrt Zugezogene in den Ort führt. Die Lage des Orts in einer wirtschaftlich starken Region führt zu einer relativ guten Arbeitsmarktsituation.

Die formalen Bildungsstrukturen Fastnachtshausens bestehen aus städtischen und konfessionellen Kindergärten, einer Grund-, Haupt-, Werkreal- und Realschule, einem allgemeinbildenden Gymnasium, einer kaufmännischen Schule sowie einer Volkshochschule.

Die Sozialstruktur weist einerseits verbindliche informelle Hilfe- und Unterstützungssysteme auf, andererseits besteht eine hohe soziale Kontrolle. ‚Ruferhalt und -schädigung' sind durchaus Themen, mit denen sich die Bewohner_innen auseinandersetzen, was nicht zuletzt damit zusammenhängt, dass sich (fast) alle schon recht lange kennen[60].

Lebensformen und -entwürfe finden sich vielfältige in Fastnachtshausen. Neben dem vorherrschenden Modell der heteronormativen Kleinfamilie gibt es heterosexuell und queer lebende Paare, Patchworkfamilien, Singles, Alleinerziehende, Geschiedene, Wiederverheiratete, unverheiratet Zusammenlebende usw.

Informelle Bildung und kulturelles Leben werden in Fastnachtshausen überwiegend von den Kirchengemeinden und örtlichen Vereinen getragen. Deren Mitglieder gestalten Theateraufführungen, Konzerte, Feste u.ä., oder sie organisieren Veranstaltungen mit auswärtigen Akteur_innen.

Damit leite ich zum nächsten Punkt über, der Frage nach dem Stellenwert von Vereinen als ein soziales Netzwerk in ländlichen Regionen sowie deren Bedeutung als informelle Bildungsorte.

2.3 VEREINE, INFORMELLES LERNEN UND KOMPETENZENTWICKLUNGEN

Für ländliche Regionen kann ein spezifischer Zusammenhang von Sozialstrukturen und Vereinen konstatiert werden, denn „es sind vor allem Vereine und Interessengruppen, die die Vielfalt des dörflichen Lebens prägen und wichtige Funktionen zum Erhalt und zur Stärkung dörflicher Strukturen übernehmen" (Rückert-John 2005: 25). Dieser Zusammenhang von Vereinen und örtlichen Strukturen lenkt im Zuge einer Erforschung ländlicher Gesellschaften den Blick zwangsläufig auf Vereine. Anders ausgedrückt kommt eine Forschung über Sozialstrukturen ländlicher Regionen um die Frage nach (subjektiven) Bedeutungen von Vereinen, Vereinsengagement und Vereinszugehörigkeit nicht umhin.

Während der letzten drei Jahrzehnte beleuchteten verschiedene sozialwissenschaftliche Forschungen die Bedeutung von Vereinen in ländlichen Regionen (z.B. Siewert 1978, Böhnisch/ Funk 1989, Stein 1992, Fliege 1998, Hainz 1999). V.a. Fliege (1998) arbeitet in seiner Untersuchung über bäuerliche Familien in Oberschwaben Aufgaben und Stellenwert von Vereinen im dörflichen Leben heraus. Demnach erweisen sich Vereine auf der individuellen Ebene für die Befriedigung von Freizeit-, Gesselligkeits-, und

---

60 Insofern stellt Fastnachtshausen eine von Schweppe als „spezifisch ländlich" bezeichnete Sozialwelt dar (vgl. 2000: 63ff). Schweppe beschreibt für deren Bewohner_innen eine Gleichzeitigkeit des Befindens in der modernisierten Welt der Bildung, des Berufs, der Medien usw. und in dörflich-kulturellen Strukturen wie Nachbarschaftsbeziehungen, Vereinsleben, Kontrollen und Hilfen.

Geborgenheitsbedürfnissen relevant, sowie v.a. als Sozialisationsinstanz für Kinder und Jugendliche. Auf der ortsbezogenen Ebene erfüllen Vereine sozialintegrative Funktionen, sie stellen Öffentlichkeit her, führen kulturpflegerische Aufgaben aus und sind Träger der Freizeitgestaltung (vgl. ebd.). Böhnisch und Funk (1989) untersuchen die Bedeutung von Vereinen für Jugendliche auch unter genderbezogener Perspektive. U.a. problematisieren sie eine an der gesamtgesellschaftlichen Arbeitsteilung orientierte Aufgabenverteilung in Vereinen. Sie beschreiben Vereine als Orte, an denen Jungen in die dörfliche ‚Männerwelt' aufgenommen werden und die für Mädchen Möglichkeiten bieten, aus der Familie heraus und in die Öffentlichkeit hinein zu gelangen. Ein ähnliches Bild zeichnet Stein (1992) für das ehrenamtliche Engagement Erwachsener in ländlichen Regionen. Seine Ausführungen werden dabei oft entlang eines binären Blicks auf die ‚fortschrittliche' Stadt und des ‚traditionellen' Landes vorgenommen und verbleiben hinsichtlich der Genderperspektive in einem biologistischen Begründungszusammenhang. Hainz (1999) expliziert eine Ausdifferenzierung der Vereinswelt, eine Veränderung ihrer Ziele und thematischen Vielfalt. Vor diesem Hintergrund führt er aus, inwiefern die Ortszentriertheit der Vereine abnimmt, das Vereinsleben weniger zur Abgrenzung des Ortes dient, als vielmehr zur Einbindung in überlokale Wertsysteme und Orientierungen.

Innerhalb der Vereinssoziologie ist das umfassendste Werk der letzten Jahre die Untersuchung über Integrationsleistungen von Sportvereinen von Baur und Braun (2003). Der Band beschäftigt sich unter verschiedenen Blickwinkeln mit der Bedeutung von Sportvereinen als freiwillige Vereinigungen im Dritten Sektor. Allerdings geht es nicht um Sportvereine in ländlichen Regionen, und nur ein Artikel beleuchtet die Relevanz von Gender und anderen sozialen Ungleichheitskategorien wie Alter und Bildung für soziale Schließungsprozesse (vgl. Nagel 2003).

Schließlich wird der Frage, inwiefern sich in Vereinen informelle Bildungsprozesse vollziehen und welche Kompetenzen erworben werden können, in verschiedenen Untersuchungen nachgegangen. Sozialpädagogische Arbeiten jüngster Zeit legen den Fokus allerdings auf Kinder und Jugendliche, zudem werden nicht allein Vereine, sondern freiwilliges Engagement bzw. außerschulische Bildungsorte untersucht, auch liegt der Fokus nicht auf ländlichen Regionen (z.B. Düx/ Prein/ Erich 2008, Faulde/ Hoyer/ Schäfer 2006, Rauschenbach/ Düx/ Sass 2006, Gille/ Sardei-Biermann/ Gaiser/ Rijke de 2006, BMFSFJ 2005). Diese Arbeiten liefern wichtige Ergebnisse für ein Sichtbarmachen der Leistungen außerschulischer Bildungsprozesse sowie offener und verbandlicher Jugendarbeit. Im Vereinsengagement liegende Möglichkeiten werden dabei lediglich in kürzeren Unterkapiteln erörtert.

Umfassende Studien über informelle Lernprozesse Erwachsener in Vereinen finden sich in der (Sport-)Soziologie. Die empirische Studie von Hansen (2008) zeigt, welch vielfältige Kompetenzen durch Vereinsengagement erworben werden und inwiefern sie außerhalb der Vereinsarbeit von Nutzen sind. Oshege (2002) erörtert vor dem Hintergrund der sozialen Kapitalsorten von Bourdieu, Coleman und Putnam die Frage, auf welche Art und Weise und was Erwachsene durch ihr Engagement in Vereinen lernen. Hansen und Oshege leiten ihre Ergebnisse dabei aus der Befragung von Funktionsträger_innen ab, d.h. sie sehen Lernprozesse und Kompetenzerwerb in engem Zusammenhang zu mehr oder weniger verantwortungsvollen Positionen oder Aufgaben. Genderaspekte werden lediglich bei Oshege kurz abgehandelt, indem geschlechtsspezifische Unterschiede im Freiwilligenengagement von Männern und Frauen aufgezeigt, aber nicht analysiert werden (vgl. ebd.: 130).

Die vorliegende Arbeit unterscheidet sich in Forschungsperspektive und methodischer Herangehensweise von bisherigen Forschungen über Vereine und die damit verbundenen informellen Lernprozessen bzw. Kompetenzentwicklungen. Indem sie vor dem Hintergrund der Infrastruktur ländlicher Regionen den Blick auf Zusammenhänge von Vereinsengagement und biografischen Prozessen legt, rücken nicht nur Lernprozesse und Kompetenzentwicklungen ins Zentrum, sondern im Engagement liegende Aspekte, die in einem umfassenderen Sinne mit biografischer Arbeit zusammenhängen. Dies sind z.B. Fragen nach Möglichkeiten der Selbsterfahrung und -erprobung, nach der Bedeutung von Vereinen als soziale Netzwerke und sich daraus ergebenden Opportunitäten für den Erhalt von Anerkennung, das Entwickeln von Ressourcen, oder den Rückgriff auf soziale Unterstützungssysteme. Daher stehen auch nicht Vereinsengagierte in verantwortungsvollen Positionen im Zentrum, sondern aktive Vereinsmitglieder allgemein. Aus dieser Verknüpfung von Vereinsengagement und biografischen Prozessen ergibt sich der genderbezogene Blick quasi von selbst. Denn gegenüber weiteren sozialen Ungleichheitskategorien wirkt Gender in sozialen Beziehungskontexten als vorrangiges Organisations- bzw. Klassifikationsprinzip, wird im alltäglichen Denken und Handeln permanent verhandelt und ist somit zentraler Hintergrund biografischer Arbeit (vgl. ausführlich Kapitel 1.1). Auf der methodologischen Ebene werden Lernprozesse nicht abgefragt, sondern aus biografischen Erzählungen über ganz unterschiedliche vereinsbezogene Erfahrungen herausgefiltert. Zugrunde liegt die Annahme, dass stattfindende Lernprozesse nicht (unbedingt) kognitiv zugänglich sind und daher über ein direktes Erfragen nur diejenigen Lernprozesse und entwickelten Kompetenzen erfasst werden können, die den Interviewten bewusst sind.

Nachdem nun mehrfach Begrifflichkeiten wie ,Informelles Lernen‘, ,Kompetenzen‘ und ,Informelle Bildungsprozesse‘ gefallen sind werde ich noch kurz darauf eingehen, wie diese in der Literatur verhandelt und in der vorliegenden Arbeit eingegrenzt werden.

Informelle Lernprozesse

Verschiedene Autor_innen konstatieren das Fehlen einheitlicher Definitionen informellen und formalen Lernens (z.B. Overwien 2005, Colley/ Hodkinson/ Malcolm 2002, Dohmen 2001). Overwien gibt in seinem Artikel einen detaillierten Einblick in die deutsche und internationale Forschungslandschaft zum informellen Lernen und merkt zusammenfassend an: „Eine differenziertere Arbeit an der Begrifflichkeit ist auch im Rahmen wissenschaftlicher Untersuchungen, in deren Mittelpunkt der Begriff steht, nicht selbstverständlich" (2005: 342)[61]. Ähnliches beschreiben Colley u.a. für Abhandlungen über formales, nonformales und informelles Lernen: „Many texts use one or more of the terms without any clear definition" (2002: o.S.[62]). Diese Unklarheit hängt in starkem Maße damit zusammen, dass sich die einzelnen Lernprozesse auf der praktischen Ebene nicht getrennt voneinander vollziehen, sondern sich stark vermischen. Colley u.a. konnten dies durch ihr Vorgehen, informelle Lern-Dimensionen in formalen Settings, formale in informellen Settings zu untersuchen, verdeutlichen. Lernprozesse hängen demnach hauptsächlich mit komplexen sozialen Praktiken der Lern-Settings zusammen, weshalb in fast allen Situationen, in denen Lernen stattfindet, Elemente beider Lernformen präsent sind (ebd.). Die Autor_innen sprechen sich gegen eine klare Abgrenzung und Bewertung der Lernformen aus, stattdessen plädieren sie für eine allgemeine Ausweitung der Perspektive auf Lernprozesse:

„Such an approach may help lifting our view of learning above and beyond the pedagogical on the one hand, and individual learning activity and motivation on the other." (Colley/ Hodkinson/ Malcolm 2002: o.S.)

Für die vorliegende Untersuchung sind die Unterschiede der Lernformen weniger relevant (s.u.). Von Bedeutung ist vielmehr das Plädoyer, welches Colley u.a. aus ihren Ergebnissen ableiten. Aufgrund der Durchmischung der verschiedenen Lernformen sprechen sie sich gegen eine Gewichtung einzelner Lernformen als besser, effektiver oder wertvoller aus (ebd.). Dies weist deutliche Bezüge zu sozialpädagogischen Forschungen jüngster Zeit auf, die für eine Öffnung des Bildungsbegriffs plädieren (z.B. Otto/ Rauschenbach 2004) oder sich gegen eine Funktionalisierung informeller Lernorte und -prozesse als eine Art ,Kitt' der Lücken im Bildungssystem aussprechen (z.B. Rauschenbach/ Düx/ Sass 2006).

Im Rahmen dieser Arbeit kann weder auf die Bewertung verschiedener Lernformen oder -orte eingegangen werden, noch auf aktuelle Bildungsde-

---

61 Ein ausführlicher Überblick über die deutsche und internationale Forschungslandschaft wird hier nicht vorgenommen, hierfür empfehle ich die angegebenen Autor_innen. Overwien (2005) gibt zudem einen guten Überblick über Abhandlung zum informellen Lernen in verschiedenen Disziplinen.

62 Die elektronische Fassung des Artikels enthält keine Seitenangaben, daher kann hier lediglich die Jahreszahl zitiert werden.

batten[63]. Vielmehr geht es um die Frage, welche *Lernprozesse* sich im *Vereinsengagement* vollziehen und inwiefern sie sich förderlich für *biografische Entwicklungen* erweisen.

Für diese Forschungsperspektive erweisen sich Begriffseingrenzungen über informelles Lernen als brauchbar, wie sie in der Erwachsenenbildung vorgenommen werden. Dohmen beschreibt informelles Lernen als sporadisch, zufällig, unzusammenhängend, auf die Lösung aktueller Einzelprobleme begrenzt und als unkritisch-unreflektiert (vgl. 2001: 9). Es stellt, so Dohmen weiter, ein von allen Menschen immer wieder in ihrem Lebensvollzug praktiziertes Ad hoc Lernen dar (ebd.). Wittwer und Kirchhof (2003) differenzieren nicht nur zwischen formellem und informellem Lernen, sondern auch innerhalb letzterem. Informelles Lernen hat demnach verschiedene Bedeutungsfacetten auf einem Kontinuum zwischen unbewusstem und intentionalem Lernen (vgl. ebd.: 15). Intentionales Lernen wird von den Autoren als bewusstes Lernen beschrieben, das von den Individuen organisiert, gesteuert und reflektiert wird. Unbewusstes Lernen wird auch als implizites Lernen, als Erfahrungslernen bezeichnet. Es handelt sich um unreflektierte Lernprozesse, die nicht intendiert sind, sozusagen um Lernen „en passant", das – wenn überhaupt – so erst mit zeitlicher Verzögerung und durch „Aha-Erlebnisse" bewusst gemacht werden kann (vgl. ebd.: 16). Prozesse informellen Lernens vollziehen sich im unmittelbaren Lebenszusammenhang der Individuen, sie entwickeln sich selbstständig und ungeregelt aus (Problem-)Situationen des praktischen Lebensprozesses und bleiben in Logik und Gestalt an den lebensweltlichen Sinnzusammenhang gebunden (vgl. ebd.: 218f.).

Dieses Verständnis informellen Lernens wird der vorliegenden Forschungsarbeit zugrunde gelegt. Denn die Fokussierung von Vereinsengagement lenkt die Forschungsperspektive unmittelbar in die Lebenswelt der Subjekte und orientiert sich an deren Sinnzusammenhängen. Lernprozesse so zu verstehen bedeutet, die handelnden Subjekte ebenso einzubeziehen wie die strukturellen Bedingungen. Das Vereinsleben stellt für die Individuen dieser Untersuchung einen wesentlichen Teil ihres Alltagslebens dar. Daher kann davon ausgegangen werden, dass sich Lernprozesse in Zusammenhang mit unmittelbaren, alltäglichen Vereinsangelegenheiten vollziehen und sich folglich im Sinne Wittwers und Kirchhofs (2003) ungeregelt situativ aus dem lebensweltlichen Sinnzusammenhang ergeben (s.o.).

Hinsichtlich des empirischen *Erfassens* informeller Lernprozesse weisen Rauschenbach u.a. darauf hin, diese seien nicht unmittelbar beobachtbar bzw. messbar, sondern allenfalls *Kompetenzen* als Wirkungen und Ergebnisse von Lernprozessen (vgl. 2006: 4). Kompetenzen erscheinen folglich als Ergebnisse von Lernprozessen. Düx u.a. definieren Kompetenzen als anwendbares und angewandtes Wissen und Können (vgl. 2008: 25). Indem sie

---

63 Fächerübergreifende Diskurse zu Bildungsbegriff und -debatte zeichnen ausführlich Düx u.a. 2008 nach.

auch hier als Ergebnisse von Lernprozessen skizziert werden, zeigen die Autor_innen auf, dass informelle Lernprozesse wiederum durch entwickelte Kompetenzen erfassbar werden.

Für Wittwer und Kirchhof ist Kompetenz ein Relationsbegriff zwischen handelnder Person und situationeller Umwelt (vgl. 2003: 222f.) Wie für das informelle Lernen werden also die *handelnden Subjekte* sowie die *unmittelbare Lebenswelt* zu entscheidenden Kategorien von Kompetenz. Diese Begriffsbestimmung ist hinsichtlich des Zusammenhangs von Vereinsengagement und biografischen Prozessen von hohem Interesse: Wittwer und Kirchhof führen aus, die Individuen suchten nicht einfach Wege zur Problemlösung, sondern eigneten sich zugleich mit der Wahl und probeweisen Anwendung von Lösungsstrategien Fähigkeiten an, die sie auf weitere Situationen übertragen und konstruktiv weiterentwickeln können (vgl. ebd.).

Nachdem nun vergangene und aktuelle Entwicklungen der Fastnachts-, Land- und Vereinsforschung aufgezeigt, und für diese Untersuchung relevante Forschungsergebnisse sowie -desiderate dargestellt wurden, lassen sich unter Einbezug der in Kapitel 1 entwickelten theoretischen Grundlagen die der Untersuchung zugrunde liegenden Forschungsfragen formulieren.

2.4 FORSCHUNGSFRAGEN DER UNTERSUCHUNG

Das Forschungsinteresse dieser Arbeit besteht darin, die Bedeutung von Vereinsengagement für biografische Prozesse von in ländlichen Regionen lebenden Individuen herauszuarbeiten. Von zentralem Interesse sind dabei Möglichkeiten und Formen der Verhandlung kultureller Annahmen über Gender und Heteronormativität, sowie durch das Engagement erwerbbare Kompetenzen. Diskutiert werden diese Fragen in Zusammenhang mit Lockerungen, Karikierungen oder Konterkarierungen von Normierungen, die sich während der außeralltäglicheren Fest- und Feierkultur der südwestdeutschen Fastnacht ergeben, sowie im darauf bezogenen ganzjährigen Vereinsleben.

Die Forschungsfragen lassen sich in folgende Teilfragen ausdifferenzieren, die der Untersuchung handlungsleitend zugrunde lagen:

Die Frage nach der Relevanz der Kategorie Gender und deren Verhältnis zu weiteren Kategorien:
Welche Thematisierungen gesellschaftlicher Genderzuschreibungen sind auffindbar? Dies ist auch die Frage nach Prozessen von doing gender, doing heteronormativity sowie nach Überschreitungen und Reproduktionen von gesellschaftlich erwartetem Genderverhalten.

Inwiefern ist die Kategorie Gender in der biografischen Arbeit von Gewicht und welche weiteren Kategorien erweisen sich als bedeutend?

In welcher Phase der Biografie wird Gender, werden andere soziale Kategorien verhandelt? In welchen Situationen und Lebensphasen tritt die Wirksamkeit spezifischer Kategorien in den Vorder- bzw. Hintergrund?

Welche Rolle spielt die Einbettung des Vereinslebens in den Fastnachtszusammenhang?
Welche subjektive Bedeutung hat der durch den Fastnachtsrahmen entstehende Experimentier- und Erfahrungsraum? Wie werden fastnachtsspezifische Erfahrungen mit alltäglichen sozialen und gesellschaftlichen Bedingtheiten verhandelt?

Wie wirkt sich die Integration von Fastnacht in die Lebenswelt auf die biografische Entwicklung aus? Inwiefern ergeben sich durch die Verbindung von Fastnacht und Vereinsarbeit Dimensionen von Gender- und Heteronormativitätsverhandlungen, die ohne diese Einbettung nicht möglich wären?

Die Frage nach der Bedeutung von Vereinen als Orte informellen Lernens in ländlichen Regionen für die Biografie:
Welche Kompetenzen entwickeln die Vereinsmitglieder durch ihr Engagement? Sind diese situations- und kontextübergreifend von Nutzen?

Inwiefern ermöglicht die Verbindung von Fastnacht und Vereinsarbeit Kompetenzentwicklungen, die ohne diese Einbettung nicht möglich wären? Welche biografischen Bedeutungen kommen diesen zu?

Wie verorten sich die Einzelnen im Spannungsfeld von sozialer Aufgehobenheit und normativen Erwartungen? Wieviel Raum gibt es für Widerständiges oder Gegenentwürfe?

Diese Fragen werden vor dem Hintergrund der in ländlichen Regionen existierenden Ausgeh-, Freizeit- und informellen Bildungsstrukturen bzw. -kulturen erörtert. Diese sind nicht statisch, vielmehr stehen sie in Zusammenhang mit gesellschaftlichen Veränderungsprozessen sowie mit Bedürfnissen und Ressourcen der in ihnen lebenden Menschen. Ebenso sind biografische Prozesse flüssig im Sinne von stets in Bewegung bzw. Bearbeitung. Das bedeutet, dass die subjektiven Relevanzen und biografischen Verortungen der engagierten Individuen situations- und kontextabhängig sind und sich im Laufe der biografischen Arbeit verändern (können).

In diesem Kapitel wurden nun insgesamt die theoretischen Grundlagen dieser Arbeit diskutiert, verschiedene Forschungshintergründe aufgezeigt sowie die Forschungsfragen dargelegt. Auf dieser Basis kann im nächsten Kapitel die Frage geklärt werden, welches methodische Vorgehen sich hierfür als angemessen erweist.

3. Forschungsansatz und methodische Herangehensweise

3.1 QUALITATIVE METHODEN UND GENDERFORSCHUNG

Als wesentliche Besonderheiten qualitativer Forschung formulieren Flick u.a. (2005) Offenheit gegenüber inneren Strukturen und Konstruktionsprozessen des Forschungsfeldes, den Blick auf subjektive Sichtweisen und Sinnkonstruktionen sowie eine gegenstandsbezogene Theoriebildung:

„Sie (die qualitative Forschung, K.B.) ist in ihren Zugangsweisen zu den untersuchten Phänomenen häufig offener und dadurch ‚näher dran' als andere Forschungsstrategien [...]. [Es] sind Forschungsstrategien gefragt, die zunächst genaue und dichte Beschreibungen liefern. Und die dabei die Sichtweisen der beteiligten Subjekte, die subjektiven und sozialen Konstruktionen ihrer Welt berücksichtigen. [...] Qualitative Forschung [kann offen sein] für das Neue im Untersuchten, das Unbekannte im scheinbar Bekannten. Damit können auch Wahrnehmungen von Fremdheit in der modernen Alltagswelt [...] beschrieben und in ihrer Bedeutung verortet werden. Gerade diese Offenheit für Erfahrungswelten, ihre innere Verfasstheit und ihre Konstruktionsprinzipien sind für die qualitative Forschung [...] zentraler Ausgangspunkt für gegenstandsbegründete Theoriebildung." (Flick/ Kardorff/ Steinke 2005: 17)

Indem qualitative Sozialforschung Daten wie Handlungsprozesse, Interaktionen und Aussagen in ihrem natürlichen Kontext erhebt und in einem Gesamtzusammenhang analysiert, werden Konstruktionsprozesse sozialer Wirklichkeit erforscht. Zu den Grundsätzen qualitativer Sozialforschung gehört das Erfassen des subjektiv gemeinten Sinns der Erforschten, ihrer Perspektiven auf und Interpretationen von sozialer Wirklichkeit. Es geht um die Rekonstruktion von Strukturen, die soziales Handeln von Individuen bestimmen und um den Rahmen kultureller Deutungsmuster, in dem subjektive Sinndeutungen stattfinden (vgl. Behnke/ Meuser 1999). Diese Forschungsgrundsätze beinhalten das Ernstnehmen der Perspektiven der Erforschten, Interesse an ihrer Lebenswelt und ihren individuellen Sinn- und

Deutungsmustern. Offenheit für Neues und Unbekanntes, für hinter scheinbar selbstverständlich Liegendem ist dabei eine wichtige Voraussetzung für
ein „Verstehen als Erkenntnisprinzip" (vgl. Flick u.a. 2005: 24).

Diese Kriterien sind aus mehreren Gründen Voraussetzung des Erkennt-
nisprozesses dieser Arbeit. Zunächst ist festzustellen, dass eine Erforschung
der Konstruktionsprozesse gesellschaftlicher Gender- und Heteronormativitätsannahmen sowie der Wirksamkeit weiterer Ungleichheitskategorien
nicht über standardisierte Verfahren quantitativer Methoden geschehen
kann. Denn doing difference-Prozesse vollziehen sich zumeist unbewusst
und recht selbstverständlich (vgl. Kapitel 1.1), und eigene Anteile an Konstruktionsprozessen sozialer Ungleichheit sind den Individuen oft nicht ohne
weiteres analytisch zugänglich. Die Ergründung derart subtiler Vorgänge
und tief verankerter Mechanismen erfordert ein methodisches Vorgehen,
welches Zugang zu impliziten Prozessen verschafft. Die Grundsätze qualitativer Forschung stellen hierfür eine essentielle Voraussetzung dar. Denn
durch das Verstehen subjektiver Sinnkonstruktionen sowie der Analyse innerer Verfasstheiten sozialer Wirklichkeit kann nachgezeichnet werden, wie
Subjekte mit gesellschaftlichen Gender- und Heteronormativitätszuschreibungen umgehen. Dadurch wird es wiederum möglich, implizit ablaufende
Prozesse zu erfassen, zu erklären und schließlich hinsichtlich ihres Einflusses auf biografische Verläufe zu deuten.

Grundsätze qualitativer Sozialforschung dieser Arbeit zugrunde zu legen,
leitet sich weiter aus der engen Verzahnung von qualitativer Forschung und
Genderforschung ab, sind die methodologischen Diskussionen der Genderforschung doch von jeher eng mit qualitativen Forschungsprämissen verwoben. In den Anfängen der Frauenforschung ging es um die Erforschung
‚weiblicher' Lebensläufe, ‚weibliche' Biografien sollten wahrgenommen
und öffentlich gemacht, Frauen in ihren Lebensrealitäten erfasst und dargestellt werden (vgl. Sturm 2004: 346). Qualitative Methoden eigneten sich
daher für die Frauenforschung insbesondere durch offene prozessorientierte
Erhebungsverfahren, in denen Frauen selbst zu Wort kamen und ernst genommen wurden, wodurch das Wechselverhältnis individueller Biografien
und gesellschaftlicher Strukturen erklärt werden konnte. Die qualitativen
Verfahren der Frauenforschung wurden im Laufe der 1980er Jahre stark
pragmatisiert und professionalisiert und hatten einen nicht unwesentlichen
Einfluss auf den Diskurs über methodische und methodologische Ansprüche
qualitativer Forschung (vgl. Dausien 2004). Die enge Verwobenheit von
qualitativer Forschung und Frauenforschung ist zum Großteil mit dem Erkenntnisinteresse und der parteilichen Forschungshaltung auf Seiten der
Frauenforschung zu begründen.

Mit zunehmender Infragestellung der Kategorie Geschlecht innerhalb
der Genderforschung in den 1990er Jahren und mit der Betrachtung von
Gender als einer *tragenden*, aber nicht mehr *einzigen* Dimension sozialer
Ungleichheit (vgl. Kapitel 1.1), veränderten sich die empirischen Vorge-

hensweisen innerhalb der Genderforschung. Es wurde zunehmend Kritik an Forschungshaltungen laut, die auf der Folie formulierter gesellschaftstheoretischer Konzepte patriarchaler Unterdrückungszusammenhänge bereits im Vorfeld feststellten, was die Forschung zutage fördern sollte: dass Frauen als Unterworfene leiden, dass Praktiken der Unterwerfung und Ansätze des Widerstands aufzuzeigen sind. Der Blick auf Anteile von Frauen selbst an bestehenden Ungleichheitsverhältnissen (vgl. Thürmer-Rohr 1990) sowie am kulturellen System der Zweigeschlechtlichkeit (vgl. Wetterer 2004) machte methodologische Verfahren notwendig, die Reproduktionsweisen von Zweigeschlechtlichkeit und Prozesse des doing gender nachzeichnen und erklären.

Da eine wesentliche Stärke qualitativer Forschung darin liegt, „anhand der Darstellungen der Erforschten rekonstruieren zu können, wie soziale Strukturen dadurch reproduziert werden, dass den Handelnden die Einsicht in die Mechanismen der Reproduktion und die eigenen Anteile daran verstellt ist" (Behnke/ Meuser 1999: 37) wird klar, dass für eine Forschung über Gender und weitere Kategorien sozialer Ungleichheit, wie sie hier praktiziert wird, sowie in einer Gesellschaft, in der Gender als generatives Muster zur Herstellung sozialer Ordnungen dient, qualitative Methoden unabdingbar sind. Um die Subjekte innerhalb ihrer sozialen und kulturellen Strukturen an den Ausgangspunkt des Erkenntnisinteresses zu stellen, um offen zu sein bzw. zu verstehen, wie sie mit gesellschaftlichen Gender- und Heteronormativitätsszuschreibungen umgehen und sie zugleich mit konstruieren, um schließlich einen Zusammenhang zu biografischen Prozessen herstellen zu können, sind Methoden erforderlich, die auf der Folie kultureller Gender- und Heteronormativitätskonstruktionen in die Lebenswelt der Erforschten führen und Zugang zu ihren Sinnstrukturen ermöglichen. Auf diese Weise können Interaktionen, Handlungsabläufe und subjektive Deutungsmuster dahingehend analysiert werden, inwieweit sie gerade durch die implizite Wirkung sozialer Zuschreibungen zur Aufrechterhaltung kultureller Differenzlinien beitragen.

Bevor im Folgenden dargestellt wird, weshalb hierfür die teilnehmende Beobachtung und der biografische Ansatz als besonders geeignet erscheinen, werden Möglichkeiten und Grenzen einer Forschung innerhalb eines kulturellen Systems der Zweigeschlechtlichkeit erörtert.

3.2 MÖGLICHKEITEN UND GRENZEN EINER FORSCHUNG INNERHALB EINES KULTURELLEN SYSTEMS DER ZWEIGESCHLECHTLICHKEIT[64]

In Kapitel 1.1 wurde erläutert, inwiefern Gender und Heteronormativität als generative Muster zur Herstellung sozialer Ordnung dienen. Dabei wurde u.a. deutlich, dass Gender/ Heteronormativität als etwas, das wir nicht „haben", sondern „tun" (vgl. Behnke/ Meuser 1999: 41) in interaktiven Prozessen des doing gender alltäglich hergestellt und aufrechterhalten wird.

Als Mitglied eines kulturellen Systems der Zweigeschlechtlichkeit bin ich als Forscherin folglich eingebunden in und verwoben mit Strukturen dieser sozialen Ordnung. „Geschlechterdifferenz, die gesellschaftliche Konstruktion von Weiblichkeit und Männlichkeit, ihre Komplementarität und Asymmetrie, durchdringt und bestimmt die individuelle Ebene von Wahrnehmung, Denken, Fühlen und Handeln, die sozialen Erfahrungen und Strukturen und die Symbolik unserer Kultur", schreibt Gahleitner (2004: 283). „Can we ever *not* do gender", fragen West und Zimmermann bereits 1987 und konstatieren, solange eine Gesellschaft in Frauen und Männer als Unterschiedliche unterteilt sei und entsprechende Zuordnungen vornehme, könne eine Mitwirkung bei der Konstruktion von Zweigeschlechtlichkeit weder ausgesetzt noch unterlassen werden. Als Forscherin bin ich Teil einer solchen Gesellschaft und kann mich folglich nicht außerhalb alltäglicher doing gender-Prozesse positionieren. Allerdings kann ich mein eigenes (genderbezogenes) Denken und Handeln reflektieren, querlesen und hinterfragen.

Welche methodischen Konsequenzen ergeben sich also für eine Forschung über Gender und Heteronormativität, die nicht wiederum ,alte' Stereotype reproduzieren bzw. reifizieren will (vgl. Gildemeister 2005: 221)?

Zunächst gilt es, sich die Wirkungen kultureller Annahmen über Gender und Heteronormativität auf der individuellen Ebene des Denkens, Fühlens, Handelns und der sozialen Wahrnehmung bewusst zu machen und anzuerkennen, dass es mir als Forscherin unmöglich ist, mich davon völlig frei zu machen. Durch meine eigene Verwicklung in die binäre Strukturiertheit der kulturellen Gender- und Heteronormativitätsordnung laufe ich Gefahr, sowohl vor dem Schritt ins Feld bereits Erwartungen und Hypothesen ans Material heranzutragen, als auch während des Forschungsprozesses doing gender-Mechanismen zu vollziehen, indem ich z.B. auf genderbezogene Muster im Material fokussiert bin. Hagemann-White (1993) und Gahleitner (2004) konstatieren, diese Prozesse seien nie gänzlich aufzuheben, könnten aber durch gezieltes Einsetzen bestimmter Methoden ein Stück weit durch-

---

64 An dieser Stelle sei nochmals darauf hingewiesen, dass in dieser Untersuchung der Fokus auf die soziale Ungleichheitskategorie Gender/ Heteronormativität gelegt wird, zugleich im Sinne einer intersektionell angelegten Analyse der Blick stets offen ist für weitere Differenzlinien (vgl. ausführlich Kapitel 1.1).

brochen werden. Für mein methodisches Vorgehen zog ich daher mehrere Konsequenzen, die im Folgenden erläutert werden.

Wechsel zwischen Innen- und Außenperspektive

Da ich mich sowohl während der teilnehmenden Beobachtungen als auch während der Interviews inmitten der Alltäglichkeit verschiedenster Prozesse von Genderkonstruktionen und -reproduktionen befinde, machte ich mir bewusst, dass ich während der Datensammlung in gewisser Weise Unterschiedlichkeiten zwischen Männern und Frauen bzgl. ihres Verhaltens voraussetze, und mit diesem Blick das Feld erkunde und Daten festhalte. Ich lies mich also während der Daten*erhebung* auf die Innenperspektive des Feldes mit allen immanenten Genderdualismen ein.

Bei der Daten*auswertung* war es mir zunächst wichtig, Frauen und Männer nicht als Blöcke zu betrachten, die miteinander verglichen werden (vgl. Gildemeister 2005: 221). Vielmehr lenkte ich meine analytische Aufmerksamkeit darauf, *wie* die Akteur_innen ihre Verschiedenheit darbieten, und vor allem in welchen situativen Zusammenhängen sich bestimmte Handlungen, Reaktionen u.a. zeigten. Auf diese Weise wollte ich meinen Blick für Verhaltensweisen öffnen, die theoretisch und empirisch beiden Geschlechtern möglich sind, gesellschaftlich allerdings einem zugeordnet werden. Durch dieses Vorgehen interpretierte ich zwar auch auf der Folie kultureller Zuschreibungen, gleichzeitig aber stellte ich einen Zusammenhang her zwischen individuellem Verhalten, kulturellem Kontext des Untersuchungsfeldes und gesellschaftlichen Genderannahmen. Hagemann-White schlägt diese analytische Betrachtungsweise vor, um genderbezogene Aspekte erkennen zu können als Mittel der Herstellung, Fortschreibung und persönlichen Darbietung von Genderpolarität (vgl. 1993: 74f.). In gewisser Weise versuchte ich dadurch, mein eigenes doing gender bzw. binäres Denken im Forschungsprozess zu ‚überlisten‘ und bestimmte auffindbare Verhaltensweisen mit situativen Kontexten und sozialen Zuschreibungen zu verbinden anstatt allein mit Genderzugehörigkeiten.

Entgenderung des Materials

Hagemann-White schlägt zur Konfrontation mit eigenen Irrtümern des Denkens in Zweigeschlechtlichkeit (vgl. 1994) ein mehrstufiges Verfahren vor, welches Gahleitner für die Auswertung des empirischen Materials im Rahmen ihrer Dissertation weiterentwickelte (vgl. 2004). In Anlehnung an das Vorgehen Gahleitners[65] entschied ich mich nach einer ersten Kategorisierung des Materials für den Zwischenschritt der Entgenderung[66]. Mit diesem

---

65 Während Gahleitner ihr Material nach Prinzipien der qualitativen Inhaltsanalyse von Mayring bearbeitete, entschied ich mich bei der Kategorienbildung für das Codierverfahren der Grounded Theory nach Corbin/ Glaser/ Strauss.

66 Hagemann-White bezeichnet den Vorgang der genderbezogenen Verfremdung als Desexualisierung. Vor dem Hintergrund der in den 1990er Jahren geführten Sex-

Schritt wird die bis dahin herausgearbeitete Genderbezogenheit des Materials systematisch in Zweifel gezogen, um zu verhindern, bestimmte Verhaltensweisen und Interaktionen allein auf das Gender der Akteur_innen *ansich*
zurückzuführen. Stattdessen wird mit Hilfe dieses Verfahrens der analytische Blick darauf gelenkt, inwiefern durch auffindbare genderbezogene
Muster die Zugehörigkeit zu einem Gender *symbolisiert* werden soll. Hagemann-White bezeichnet es als falsch, methodisch von einer Gleichsetzung
von ‚weiblich' gleich ‚allein bei Frauen vorkommend' auszugehen, da eine
solche Annahme auf einem unbewussten Biologismus beruhe. Der von ihr
entwickelte methodische Schritt der Verfremdung des Materials und die
damit einhergehende systematische Anzweiflung herausgearbeiteter genderbezogener Muster betrachtet statt dessen verschiedene auffindbare Muster
bei Männern und Frauen als symbolische Elemente in der alltäglichen Verständigung über kulturelle Genderannahmen:

„Tiefer verstanden leisten die Arbeiten […] eine notwendige Loslösung des […] mit
Geschlechtsbedeutung aufgeladenen Musters von der plumpen Kategorie der Geschlechtszugehörigkeit. Erst dadurch wird es möglich, das jeweils beschriebene Muster – die Form des Denkens, die moralische Stimme, die typische Verwendung von
Körpersprache u.a.m. – als symbolisches Element in der alltäglichen Verständigung
über das Geschlecht zu sehen und es empirisch zu identifizieren." (Hagemann-White
1994: 311)

Unterschiedliche Verhaltensweisen bei Männern und Frauen werden also
nicht als ‚männlich' bzw. ‚weiblich' im Sinne eines Biologismus interpretiert, sondern als Symbolisierung der Zugehörigkeit zu einem Gender. Die
Dekonstruktion der Zuordnung von sozialem Handeln zu biologisch definierten Personenkategorien ermöglicht folglich einen Blick, der spezifische
Handlungsweisen nicht mit Gender, sondern mit situativen Kontexten zu-
sammenführt.

Das Material wurde also genderindifferent verfremdet, d.h. Textstellen,
die auf die Geschlechtszugehörigkeit von Akteur_innen hinwiesen, wurden
‚neutralisiert'. Dieses so bearbeitete Material wurde von einem außenstehenden Forscher und einer außenstehenden Forscherin erneut genderbezogen kodiert[67]. So wurde es möglich, implizite genderbezogene Zuordnungen zu problematisieren und anschließend entsprechende Textstellen auf Zusammenhänge zwischen Gender und situativem Kontext hin zu reflektieren bzw. interpretieren. Dadurch wurde zweierlei erreicht: zum einen konnten eigene genderbezogene Denk- und Interpretationsmuster aufgedeckt werden, zum anderen

---

Gender-Debatte verwende ich stattdessen den Begriff ‚Entgenderung'. Er verdeutlicht m.E. die gesellschaftliche Dimension der Genderzugehörigkeit, während Desexualisierung mehr auf das sogenannte ‚biologische' Geschlecht verweist.
67 Hierbei handelt es sich um Angehörige der interdisziplinären Mikro-AG ‚Identität' der Hans-Böckler-Stiftung.

wurde die Komplexität von Genderzugehörigkeit – individuellem Verhalten – interaktiven und situationstypischen Praxen von doing gender aufspürbar[68].

Aufgrund des hohen zeitlichen und arbeitsorganisatorischen Aufwandes dieses Verfahrens wurde es exemplarisch an einem Beobachtungsprotokoll und einem Interview durchgeführt. Im weiteren Auswertungsprozess nutzte ich die daraus gewonnen Erkenntnisse selbstreflexiv, um meine analytische Aufmerksamkeit auf eben diese Zusammenhänge zu lenken.

Orte der Selbstreflexion und -vergewisserung

Im Wissen über die Unmöglichkeit, mich gänzlich frei machen zu können von einem binären Denken und Interpretieren in Zweigeschlechtlichkeit, um eigene genderbezogene Mechanismen aufdecken zu können sowie für die Herstellung der nötigen Sensibilität hinsichtlich weitere sozialer Differenzlinien, schuf ich mir mehrere Orte der Selbstreflexion und der Selbstvergewisserung.

Im Forschungstagebuch hielt ich während des gesamten Dissertationsverfahrens Gedanken, Hypothesen, Interpretationstendenzen, Gefühle u.v.m. fest. Während der Materialbearbeitung zog ich immer wieder entsprechende Aufschriebe heran und ließ einzelne Aspekte in die Interpretation einfließen bzw. nutzte sie, um vorläufige Interpretationen infrage zu stellen oder zu vertiefen.

Im Rahmen einer interdisziplinären Forschungssupervisionsgruppe hatte ich über einen Zeitraum von zwei Jahren die Möglichkeit, Material einzubringen und eigene Denkprozesse zu thematisieren. Unter supervisorischer Anleitung standen im Sinne des ethnopsychoanalytischen Ansatzes nach Devereux u.a. die Bearbeitung von Gegenübertragungsreaktionen und Irritationen während des Forschungsprozesses im Mittelpunkt. Es wurden Tagebuchaufzeichnungen bearbeitet und verborgene Prozesse entdeckt, die den Forschungsverlauf beeinflussen, oder eigene Blockaden thematisiert und in Zusammenhang mit dem Material gestellt (vgl. Wittel-Fischer 2001).

Innerhalb der Mikro-AG der Hans-Böckler-Stiftung wurde direkt am Material gearbeitet, verschiedene Theorien wurden diskutiert und schließ-

---

68 Laut Hagemann-White ist der Verfremdungseffekt für die Forscherin lehrreich, da sie Abschnitte aus ihrem Interview- bzw. Beobachtungskontext wieder erkennt, wodurch eine Reflexion über scheinbare Selbstverständlichkeiten in der Zuordnung erzwungen wird (vgl. 1994: 314). Für mich selbst war der Vorgang der Verfremdung, also der Prozess des Entgenderns meines Materials, ebenfalls sehr aufschlussreich. Manche Textpassagen waren fast nicht zu entgendern, da zum einem schlicht keine genderneutralen Bezeichnungen existieren (z.B. für „Vater" oder „Mutter"), zum anderen durch eine Neutralisierung der Inhalt z.T. verfälscht wurde, da die Sprache so umständlich und ungewohnt wurde, dass z.B. nicht mehr deutlich war, wer mit wem interagierte. Insgesamt erschien es mir mehrmals recht absurd, wodurch wiederum deutlich wurde, wie fest verankert Gender als Strukturkategorie im Denken und in der Sprache ist.

lich auf einer Metaebene unsere eigenen Denk- und Forschungsprozesse reflektiert. Die fremden Blicke auf mein Material waren u.a. durch die interdisziplinäre Zusammensetzung (Soziologie, Germanistik, Politik, Psychologie, Erziehungswissenschaft) der Arbeitsgruppe sehr aufschlussreich und weiterführend.

Schließlich brachte ich Teile des empirischen Materials in unterschiedlichen Workshops und Kolloquien[69] ein, um fremde Blicke auf das Material zu erhalten, going native Tendenzen wahrnehmen zu können und relevante soziale Kategorien entdecken zu können.

Einschränkende Abschlussbemerkungen

Abschließend sei darauf hingewiesen, mit welchen Schwierigkeiten sich eine Forschung über Gender und Heteronormativität sowie weiterer Kategorien sozialer Ungleichheit konfrontiert sieht, noch dazu mit dem Anspruch, doing difference-Prozesse der Forscherin selbst quer zu bürsten und zu hinterfragen. Hagemann-White weist auf die Grenzen hin, denen sich ein_e Forscher_in innerhalb einer Gesellschaft gegenüber sieht, in der Gender als generatives Muster zur Herstellung sozialer Ordnung dient (vgl. 1993). So kann ich weder als Forscherin die soziokulturelle Ordnung der Untersuchungsgruppe außer Kraft setzen, noch als Gesellschaftsmitglied jenseits kultureller Annahmen über Gender und Heteronormativität leben. Als Forscher_in bin ich, so Hagemann-White, in der Interaktion mit dem Feld an genderbezogenen Prozessen notwendig beteiligt (vgl. ebd.). Vor diesem Hintergrund sind die angeführten methodischen Konsequenzen als Kompromiss zu verstehen, mein binäres genderbezogenes Denken während des Forschungsprozesses regelmäßig reflektieren und querlesen zu können, sowie eine Offenheit für soziale Differenzlinien zu schaffen.

3.3 GEGENSTANDSADÄQUATE METHODENWAHL

Der Fokus dieser Arbeit richtet sich gleichermaßen auf Aktivitäten von Vereinen *an Fastnacht direkt*[70] wie auf das Vereinsleben *außerhalb der Fast-*

---

69 Konkret sind zu nennen: Die Vorstellung meines Materials als aktive Teilnehmerin am Methodenworkshop des ZBBS in Magdeburg 2007; die Bearbeitung unterschiedlicher Teile meiner Dissertation im Doktorand_innenkolloquium von Prof. Stauber und Prof. Müller (Erziehungswissenschaft) sowie im Institutskolloquium des Ludwig-Uhland-Instituts für Empirische Kulturwissenschaft in Tübingen; die Teilnahme am Promotionszirkel des Mathilde Planck Programms Baden-Württemberg von 2007-2009; die Vorstellung und Diskussion meiner Arbeit und empirischer Teile im Institutskolloquium des Department of Feminist Studies sowie im Verbund der Promovierenden der University of California, Santa Barbara.

70 Also auf Aspekte wie offizielle Auftritte, Kostüme, Habitus, gruppenspezifische Gesellungsformen, Ein- und Ausgrenzungskriterien etc.

nachtssaison. Es sollen (1) während der Fastnacht Prozesse von doing gender, doing heteronormativity sowie Überschreitungen und Reproduktionen gesellschaftlicher Annahmen über Gender und Heteronormativität aufgespürt werden, und (2) aufgrund der Integration von Fastnacht in die Lebenswelt Auswirkungen auf biografische Prozesse erörtert werden (vgl. hierzu die Forschungsfragen der Untersuchung in Kapitel 2.4).

Hintergrund der Forschungsfragen sind dabei stets gesellschaftliche Gender- und Heteronormativitätsannahmen, spezifische Gegebenheiten des ländlichen Raums, die lokalen Bezüge des Untersuchungskontextes, das konkrete (alltägliche) soziale Umfeld der Individuen, sowie deren jeweiliges Selbstverständnis. Der Blick richtet sich also gleichermaßen auf gesellschaftlich-soziale Voraussetzungen wie auf individuelle Handlungs- und Sinnstrukturen.

Diese Komplexität des Forschungsblicks macht einen komplexen methodischen Zugang erforderlich. Konkret erscheinen qualitative Ansätze innerhalb der Biografieforschung sowie ethnografische Forschungsmethoden als geeignete Instrumente. Im Folgenden wird dargestellt, inwiefern sich eine Methodenkombination aus teilnehmender Beobachtung, themenzentrierten narrativen Interviews und umfassendem Kontextwissen als sinnvoll und notwendig erweist, um im Sinne einer Daten- und Investigator-Triangulation (vgl. Flick. u.a. 2005, Denzin 1994) eine möglichst komplexe Erfassung der sozialen Phänomene anzustreben[71].

3.3.1 Biografieforschung

Die historischen Wurzeln der Biografieforschung liegen, ähnlich denen der Grounded Theory, in den soziologischen Ansätzen der Chicago School in den 1920er Jahren (vgl. Glinka 2001). In der deutschen Forschungslandschaft erfährt biografische Forschung seit den 1970er Jahren einen enormen Boom, der bis heute anhält. Anfänglich vor allem innerhalb der Soziologie aufgegriffen, um Antworten auf eine der Grundfragen der Soziologie, nämlich die des Verhältnisses von Individuum und Gesellschaft zu erhalten, haben sich innerhalb der letzten 30 Jahre in unterschiedlichen Gebieten der sozialwissenschaftlichen Forschung verschiedene Ansätze soziobiografischer Forschungsmethoden herausgebildet[72]. Dabei bezeichnet Biografieforschung keineswegs einen einheitlichen oder eindeutigen Forschungsansatz,

---

71 Flick weist ausdrücklich darauf hin, Triangulation in der qualitativen Forschung nicht als Strategie einzusetzen, um zu ‚objektiven' Wahrheiten zu gelangen, sondern um der Analyse mehr Breite und Tiefe zu verleihen (vgl. Flick u.a. 2005: 311).

72 So z.B. Oevermanns Konzept der objektiven Hermeneutik (1979), Schützes Konzept der phänomenologischen Narrationsanalyse (1983) oder die von Rosenthal in Anlehnung an Oevermann und Schütze entwickelte strukturanalytische Biografieforschung (1995).

ebenso wenig kann sie einer Disziplin alleine zugeordnet werden. Vielmehr ist „Biografieforschung [...] inter- und transdisziplinär, sie ist als solche in den Disziplinen in unterschiedlichem Ausmaß anerkannt und etabliert" (vgl. Dausien 2004: 314). Vor allem in der Soziologie (vgl. Apitzsch/ Jansen 2003) und in der Erziehungswissenschaft (vgl. Krüger/ Marotzki 1999) konnte sich innerhalb der deutschen Forschungslandschaft die Biografieforschung inzwischen fachlich verankern und institutionalisieren[73]. So schildert bspw. Jakob den Zusammenhang zwischen Erziehungswissenschaft und Biografieforschung als hoch, da pädagogisches Handeln immer auch einen biographischen Bezug hat, insofern Erziehung als eine Form biografischer Begleitung Biografien von Individuen strukturiert (vgl. Jakob 1997).

Fischer-Rosenthal und Rosenthal definieren Biografie als Selbstpräsentation und Selbstbeschreibung von Gesellschaftsmitgliedern:

„Sich selbst in eigener Veränderung und Entwicklung verstehen und darstellen zu können, von anderen im Lebenslauf beobachtet, beschrieben und fixiert zu werden, diese autonom-individuellen und heteronom-institutionellen Leistungen gehen in das Biographiekonzept ein und ersetzen vielfach ältere statische Zugehörigkeitsetiketten. Jenseits von Stand und Klasse gehört biographische Kompetenz zu den zentralen Orientierungs- und Interaktionsmitteln in einer Vielzahl von sozialen Situationen der Gegenwartsgesellschaften." (Fischer-Rosenthal/ Rosenthal 1997: 405)

Mit dem Begriff der „biografischen Kompetenz" weisen die Autor_innen auf die Notwendigkeit hin, als Teil der Gesellschaft den eigenen Lebenslauf ebenso mit sich selbst verhandeln bzw. vor sich selbst rechtfertigen zu können, wie ihn nach außen hin darstellen zu müssen und so der Beurteilung ausgesetzt zu sein. Damit wird der Zusammenhang zwischen individueller und gesellschaftlicher Ebene im Biografiekonzept deutlich: individuelle Biografie, biografische Entwürfe sind nie zufällige Leistungen, vielmehr sind sie sozial konstituiert, vollziehen sich in Interaktion mit anderen und orientieren sich an sozialen Vorgaben und gesellschaftlich normierten Zuweisungen. Biografieforschung interessiert sich dafür, wie sich Individuen in der Sozialwelt orientieren, wie sie soziale Vorgaben in ihrem Lebensprozess verarbeiten und in ihrer Biografie internalisieren. Sie fragt nach dem Einfluss sozialer Vorgaben der Gesellschaft auf die individuelle Biografie, also danach, wie Individuen die soziale Welt erfahren, und analysiert zugleich die Beteiligung der Akteur_innen an der Herstellung dieser sozialen Welt. Diese Auffassung einer komplexen Verschränkung von Individuum und Gesellschaft liegt den Analysen der Biografieforschung stets zugrunde (vgl. ausführlich Kapitel 1.2).

---

73 Auch in der Geschichts- und Kulturwissenschaft und in bestimmten Richtungen der Psychologie erfährt Biografieforschung wachsende Bedeutung bzw. Institutionalisierung (vgl. Krüger/ Marotzki 1999).

Innerhalb dem für diese Arbeit relevanten Forschungsbereich der Gen-
der- und Queerforschung haben biografische Methoden Tradition und spielen seit Beginn eine Rolle (vgl. Dausien 1994, 2001). So lieferten sie diffe-
renziertes Wissen über Lebensbedingungen und -erfahrungen von Frauen
und trugen bzw. tragen zu theoretischen Diskussionen über Genderunter-
scheidungen und biografische Prozesse bei (vgl. Dausien 2001). Im Hinblick auf die Fragestellung dieser Arbeit ist vor allem von Bedeutung, dass
biografische Forschungsansätze innerhalb der Genderforschung den Blick
weg lenkten von einer naturalistischen Vorstellung über ‚weibliche‘ und
‚männliche‘ Biografien hin zu einem Forschungsblick, der nach *Prozessen*
der Konstruktion von Gender im Medium der Biografie fragt. Biografische
Ansätze bieten hier eine Alternative zu denjenigen Methoden, die durch eine
Problem- bzw. Defizitfokussierung Frauen zu Opfern und Männer zu Tätern
gesellschaftlicher Verhältnisse stilisieren und auch reduzieren. Sie gehen
auch über Ansätze hinaus, die von einer sich wiederholenden Reproduktion
gesellschaftlicher Genderverhältnisse ausgehen und Frauen und Männer als
quasi ohnmächtig diesen Mechanismen und Strukturen gegenüber betrachten. Vielmehr geht es einer gendersensiblen Biografieforschung sozusagen
um das Auffinden genderbezogener Prozesse innerhalb der individuellen
Biografie: durch die Analyse der subjektiv erzählten Lebensgeschichte wird
deutlich, wie Gender und Heteronormativität auch im Modus biografischer
Erfahrungsverarbeitung und -rekonstruktion hergestellt, reproduziert und
verändert werden. In narrativen Selbstpräsentationen wird soziale Wirklichkeit durch die erzählende Person konstruiert und interpretiert. Für die Genderforschung ermöglicht diese Erforschung des Zusammenhangs zwischen
sozialen Strukturen und kollektiven Regelsystemen einerseits, und individu-
ell-biografischen Sinnkonstruktionen andererseits, laut Dausien, zweierlei:

> „Zum einen zeigt sich, dass und wie Biografien […] auf vielfältige Weise durch ge-
> sellschaftliche Genderverhältnisse ‚eingefärbt‘ sind; zweitens wird erkennbar, dass
> Biografie selbst ein Format und Modus der Genderkonstruktion ist. Die allgemeine
> These lautet, dass Biografie als eine Genderdifferenzen generierende soziale Struktur
> betrachtet werden kann, mit anderen Worten, dass Gender (auch) biografisch kons-
> truiert wird." (Dausien 2004: 319)

Methoden der Biografieforschung ermöglichen folglich das Aufspüren von
Einwirkungen kultureller Annahmen über Gender und Heteronormativität
auf individuelle Biografien, ebenso kann andererseits erforscht werden, wie
individuelle biografische Prozesse an der Konstruktion, Aufrechterhaltung
und/ oder Veränderung derselben mitwirken.

Dausien weist nun hinsichtlich der Analyse konkreter biografischer Verläufe zurecht darauf hin, dass es „keine trennscharfen ‚weiblichen‘ oder
‚männlichen‘ Erfahrungsinhalte gibt, sondern allenfalls typische Konstruk-
tionsweisen, die in bestimmten historisch-sozialen Kontexten nach Gender
differenziert werden können, aber auch mit anderen Strukturdimensionen

des sozialen Raumes zusammenhängen" (2001: 69). Genderbezogene Differenzierungen können ihr zufolge daher nicht vorab theoretisch (oder naturalistisch, s.o.) erfolgen, sondern sie müssen empirisch für jeden sozialkulturell-historischen Kontext rekonstruiert werden. In Kapitel 1.1 wurde zudem deutlich, dass individuelle Verhandlungen kultureller Gender- und Heteronormativitätsannahmen oft nur schwer direkt abfragbar sind, da sie sich meist unbewusst auf unterschiedlichen Ebenen vollziehen und einer individuell-reflexiven Ebene nur bedingt zugänglich sind. Erzählungen beziehen sich vielmehr auf konkrete Situationen und biografische Erlebnisse anstatt auf Gender per se (vgl. hierzu die Ausführungen zu den ethnografischen Beobachtungen unter Abschnitt 3.3.2).

Der Nutzen des biografischen Ansatzes für die Fragestellung dieser Arbeit liegt folglich darin, in den erzählten Lebensgeschichten entdecken zu können, inwiefern kulturelle Genderannahmen auf die individuellen Lebensgeschichten einwirken, d.h. wie die Erzählenden diese verhandeln und zugleich in ihren Erzählungen wiederum spezifische Genderannahmen konstruieren. Der biografische Ansatz betrachtet diese situativ stattfindenden genderbezogenen Prozesse innerhalb der Erzählungen dabei nicht isoliert, sondern stellt sie in einen Gesamtzusammenhang zur Lebensgeschichte der Individuen. Damit wird der Zusammenhang zwischen gesellschaftlicher und individueller Ebene nie außer Acht gelassen. Als Erhebungsmethode der Biografieforschung wurde in dieser Forschungsarbeit das themenzentrierte narrative Interview gewählt.

Das themenzentrierte narrative Interview

Beim themenzentrierten narrativen Interview handelt es sich um ein narratives Interview mit allen vier idealtypischen Teilen (Erzählaufforderung, Erzählung der Interviewten, erzählgenerierende Nachfragen, erzählexterne Nachfragen). Der Erzählstimulus ist jedoch nicht wie im narrativ-biografischen Interview auf die *gesamte* Lebensgeschichte, sondern nur auf *spezifische Aspekte* fokussiert.

Für diese Untersuchung bietet sich das themenzentrierte narrative Interview aus mehreren Gründen als Erhebungsmethode (neben der teilnehmenden Beobachtung und dem Einbezug des Kontextwissens) an. Themenzentrierte narrative Interviews lassen den Erzählenden aufgrund der sehr geringen Vorstrukturierung Raum zur Entfaltung ihrer eigenen Relevanzsysteme, zum Aufbau ihrer eigenen Logik sowie zur Herstellung von Zusammenhängen und Bewertungen von Ereignissen (vgl. Jakob 1997: 448). Durch den Erzählprozess werden die Interviewten immer wieder mit vergangenem Geschehen konfrontiert, d.h. sie befinden sich in einem ständigen Prozess des Konstruierens und Interpretierens sozialer Wirklichkeit. Dies ist für die Erforschung genderbezogener Aspekte von Vorteil, da diese, wie bereits erwähnt, nur schwer direkt abfragbar sind. Da davon ausgegangen wird, dass die soziale Wirklichkeit, auf welche die Erzählungen sich beziehen, von kulturellen Gender- und Heteronormativitätsannahmen ‚eingefärbt' ist (s.o.), wird Gender/ Heteronormativität in den Erzählungen immer wieder thematisiert werden, ohne dass dies von den Erzählenden intendiert sein oder von der Interviewerin abgefragt werden muss.

Das themenzentrierte narrative Interview eignet sich für die Bearbeitung der Fragestellung dieser Arbeit außerdem, da es den Interviewten trotz der Themenzentriertheit Raum lässt für die Entfaltung von Relevanzen jenseits des fokussierten Themas. Die Bedeutung der Vereinszugehörigkeit für die Einzelnen lässt sich mit dieser Methode in Zusammenhang bringen mit anderen Aspekten der Biografie, wie z.b. weiteren Relevanzbereichen, regionalen Verortungen, sozialen und familiären Zusammenhängen oder beruflichen bzw. gesellschaftlichen Perspektiven. Auf diese Weise werden individuelle Aspekte der Vereins- bzw. Fastnachtsaktivität eingebettet in einen umfassenderen Lebenszusammenhang analysierbar.

Resümierend wurde deutlich, dass sich der biografische Ansatz zur Erforschung des Einflusses von Vereinsengagement auf individuelle Biografieverläufe in besonderer Weise eignet. Die gesellschaftliche Vermitteltheit genderbezogener Aspekte der Biografie können dadurch ebenso deutlich gemacht werden wie die subjektive Mitwirkung der Individuen an der Konstruktion kultureller Gender- und Heteronormativitätsannahmen. Insbesondere durch das themenzentrierte narrative Interview wird immer wieder systematisch ein Bezug zwischen gesellschaftlicher und individueller Ebene geschaffen und den Relevanz-, Orientierungs- und Handlungsstrukturen der Individuen Bedeutung beigemessen.

Im Folgenden wird deutlich, wie durch Methoden der Ethnografie zudem das Erleben der kulturellen Praktiken aus der Perspektive der Erforschten ermöglicht sowie eine Überwindung sprachlicher Grenzen zugelassen wird.

3.3.2 Ethnografie

Teilnehmende Beobachtung und Kontextwissen

In der einschlägigen Forschungsliteratur wird dargestellt, wie mit der Methode der teilnehmenden Beobachtung Wissen und kulturelle Praxen, die diskursiv nicht verfügbar oder den Befragten nicht bewusst sind, zugänglich werden (vgl. bspw. Münst 2004, Lamnek 2005, Friebertshäuser 1997, Mayring 1996). Grenzen eines rein sprachlichen Feldzugangs können damit überschritten werden (vgl. Münst 2004: 334), das faktisch soziale Handeln kann unabhängig davon aufgezeichnet werden, ob die Erforschten bereit oder fähig sind zu antworten oder ihr Verhalten zu reflektieren. Da sich Konstruktionsprozesse kultureller Annahmen über Gender und Heteronormativität in Interaktionen und Handlungsabläufen höchst unbewusst und selbstverständlich vollziehen (vgl. Kapitel 1.1), erweist sich für dieses Forschungsprojekt die teilnehmende Beobachtung an Fastnachtsveranstaltungen als unerlässlich. Sie ermöglicht das Einnehmen einer Innenperspektive im

Forschungsfeld und somit ein Erleben und Teilnehmen an Interaktionen aus Sicht der Erforschten. Gerade in Kombination mit themenzentrierten narrativen Interviews (s.o.) lassen sich mit Hilfe teilnehmender Beobachtungen Handlungsstrukturen identifizieren und Zusammenhänge zwischen beobachteten sozialen Praktiken und kulturellen bzw. individuellen Selbstkonstruktionen analysieren.

Im Rahmen der teilnehmenden Beobachtung wird durch die Sozialisation der Forscherin in den Fastnachtskontext das doing gender aus Sicht der Teilnehmenden erfasst. Spezifische lokale Gegebenheiten sowie soziale Strukturen können erkannt und begriffen werden und somit als wichtige Interpretationsfolie der Analyse dienen (vgl. Tokofsky 2002). Innerhalb der lokalen Bezüge und des sozialen Umfelds der Fastnachtsteilnehmenden werden in einer sozialen Rolle mitten im Fastnachtskontext genderbezogene Thematisierungen, der spielerische Umgang mit kulturellen Gender- und Heteronormativitätsannahmen als Teil des Feldes erlebt und festgehalten. Es ist davon auszugehen, dass diese kulturellen Annahmen nicht jede_r Fastnachtsteilnehmer_in analytisch zugänglich sind, und dass Verhandlungen derselben und auch Reaktionen darauf nicht immer bewusst oder gezielt praktiziert werden. Ebenso werden nicht alle Gruppenregeln ausdrücklich formuliert oder gruppenspezifische Gesellungsformen niedergeschrieben, vielmehr existieren sie als eine Art Metaregel gültig im Raum schwebend. Teilnehmende Beobachtungen ermöglichen somit ein Erfassen dieser implizit existenten bzw. ablaufenden Aspekte. Verhaltensweisen, Einstellungen, gültige Normen und Werte der Fastnachtskultur, faktisch soziales Gender-Handeln werden als Fastnachtsteilnehmer_in selbst erlebt und beobachtet.

Während in den themenzentrierten narrativen Interviews die Interviewten alles aus ihrer subjektiven Sicht, und zudem innerhalb ihrer sprachlichen Möglichkeiten schildern, das Erzählte somit auf der Folie der je individuellen Norm- und Wertehaltungen, innerhalb der sprachlich gegebenen Grenzen, sowie vor dem Hintergrund der individuellen Biografie der Interviewten zu analysieren ist, stellen die Daten der teilnehmenden Beobachtungen ein wichtiges Instrument dar für eine Ergänzung und Hinterfragung der Interviewinterpretationen.

Neben den teilnehmenden Beobachtungen stellt der systematische Einbezug von Kontextwissen wie Forschungstagebuchaufzeichnungen, informelle Gespräche, Zeitungsberichte der örtlichen Presse etc. eine weitere Erhebungsmethode dar. Kontextwissen kann gleichermaßen der Vertiefung der Innensicht des Untersuchungszusammenhangs dienen, wie der Erweiterung der Interpretationen der Interviews und teilnehmenden Beobachtungen. Wie noch deutlich werden wird, ermöglicht die Anlage dieser Forschungsarbeit den Einbezug umfassenden, spezifischen Kontextwissens, wodurch die Interpretationen in spezifischer Weise vertieft werden können.

3.4 METHODISCHES VORGEHEN

3.4.1 Untersuchungsort

Für den empirischen Teil der Arbeit wurde eine Kleinstadt mit ca. 4600 Einwohnenden im Süden Deutschlands ausgewählt. Die soziale und kulturelle Struktur des Ortes wurde in Kapitel 2 ausführlich beschriebenen. Für die Forschungsfragen soll Folgendes zusammenfassend wiederholt werden: das lokale Geschehen ist überschaubar (‚man kennt sich‘), Jugend(sozial)arbeit und Erwachsenenbildung finden weitestgehend innerhalb der örtlichen Vereine und Kirchengemeinden statt, das kulturelle Leben wird maßgeblich durch ehrenamtliche Vereinsarbeit und das Engagement der Kirchengemeinden aufrechterhalten.

Der Untersuchungsort wurde ausgewählt, weil die örtliche Fastnachtszunft zum einen einige charakteristische Aspekte bzgl. relativ junger Zünfte in ländlichen Regionen aufweist[74]. Zum anderen eignet sich die Fastnachtslandschaft bzgl. des Genderblicks dieser Arbeit gut, da es sowohl genderhomogene Männer- und Frauengruppen bzw. -vereine gibt, als auch gendergemischte. Schließlich werden durch meine Verbindung mit dem Untersuchungsort und der Fastnachtszunft spezifische Analyseblicke möglich, die sich bei der Erforschung anderer Fastnachtszünfte nicht ohne weiteres bieten würden (vgl. 3.4.3, 3.4.4 und 3.4.5).

Bevor ich auf die Untersuchungsgruppe sowie den Zugang zum Feld eingehe, erfolgt ein Exkurs über Entstehungsgeschichte und aktuelle Erscheinungsformen der Fastnachtszunft des Untersuchungsorts. Dieser wird die Bedeutung der Fastnacht(szunft) für den Ort und die Individuen deutlich machen, die Rolle von Fastnachtsvereinen in südwestdeutschen Kleinstädten und Dörfern erhellen, und Zusammenhänge zwischen fastnachtsspezifischen und gesamtgesellschaftlichen Strukturen und Entwicklungen verdeutlichen[75].

---

74 Kennzeichen sind etwa das Entwerfen neuer Narrenkleider (Häsfiguren) gemäß örtlicher Traditionen (z.B. analog überlieferter Sagengestalten) oder Bezüge (z.B. zu früheren Handwerkstätigkeiten), die Gestaltung der Fastnacht im Spannungsfeld von Organisation und Spontaneität, sowie eine starke Betonung der Fastnachtsausübung als Brauchtumspflege.

75 Dabei ist die Entstehungsgeschichte v.a. für ‚fastnachtsferne‘ Leser_innen gedacht, die auf dieser Grundlage allgemeine Hintergründe der Fastnacht sowie einige Aspekte im empirischen Teil dieser Arbeit besser verstehen werden. Leser_innen, die mit Fastnachts(strukturen) relativ gut vertraut sind, können den historischen Teil überspringen.

Exkurs: Die Entstehungsgeschichte
der Fastnachtszunft Fastnachtshausen[76]

Erste Zeugnisse über Fastnachtsveranstaltungen in Fastnachtshausen stammen aus dem Jahr 1880. Einladungen von örtlichen Lokalen und Vereinen beschreiben unter den Begriffen Fastnacht, Karneval und Fasching das Abhalten von Fastnachtsveranstaltungen in Sälen und Lokalen, sowie von kleinen Gruppen und Einzelpersonen spärlich durchgeführte Straßenfastnacht. Laut Protokollen und Zeitungsberichten aus dieser Zeit ist Karneval bzw. Fastnacht „der Inbegriff aller Sehnsucht nach toller, ungebundener Lebensfreude, der Drang, einmal hinaus aus dem konventionellen Zwang der Gesellschaft in den Festtrubel" (Narrenzunft Fastnachtshausen e.V. 1987: 12). Erste Versuche, eine Fastnachtszunft in Anlehnung an schwäbisch-alemannische Vorbilder zu gründen gehen auf das Jahr 1937 zurück. In diesem Jahr wurden die ersten vier Narros sowie 12 Hexenkostüme angefertigt, die bis heute als Häsgruppen der Fastnachtszunft bestehen[77]. In den folgenden zwei Jahren sowie in den ersten Jahren nach dem Zweiten Weltkrieg wurden Umzüge und Hallenveranstaltungen durchgeführt, wobei Häser im schwäbisch-alemannischen Stil sowie Elemente des Karnevals wie bspw. ein Fastnachtsprinz oder prunkvolle Umzugswägen bis in die 1950er Jahre nebeneinander existierten. In den 1950er und 60er Jahren gab es Umzüge, Bälle und Veranstaltungen für Kinder, doch sahen sich die Fastnachtsaktiven auch Skepsis und Ablehnung gegenüber, da das Feiern der Fastnacht zur damaligen Zeit überwiegend in katholischen Ortschaften üblich war. Die Initiative für Fastnachtsveranstaltungen ging in dieser Zeit mehr von einem Kreis junger Menschen als von einem organisierten Verein aus.

1971 wurde mit der Neugründung der *Fastnachtszunft Fastnachtshausen e.V.* ein Neuanfang unternommen: ein Narrenrat wurde gewählt, neue Narros nach Vorlage der vier bestehenden gekauft, und es wurden erste Formen für eine organisierte Fastnacht entwickelt wie z.B. Fastnachtseröffnung, Umzug und Zunftball. Elemente des Karnevals verschwanden nun gänzlich, stattdessen wurde von „Brauchtum" und „Charakteristika der schwäbisch-alemannischen Fastnacht" gesprochen (vgl. ebd.: 61). Während der folgenden 10 Jahre wuchs die Fastnachtszunft an, es fanden Besuche bei und von anderen Narrenzünften statt, die lokalen Veranstaltungen erhielten eine feste Struktur. Trotz Gegenwind aus Teilen der Bevölkerung etablierte sich die Fastnacht[78], die damals eingeführten Veranstaltungen werden bis heute durchgeführt.

---

76 Ich beziehe mich im Folgenden auf die Festschrift der Narrenzunft Fastnachtshausen aus dem Jahr 1987, auf die Zunftchronik, sowie auf ein Gespräch mit Herrn L., der von den 1960er bis in die späten 1980er Jahre als Narrenrat und Vereinsvorstand maßgeblich an der Entwicklung der Fastnachtszunft beteiligt war.

77 Zur Erklärung fastnachtsspezifischer Begriffe und Hintergründe vgl. Glossar

78 Im Gespräch mit Herrn L. erinnert dieser sich hauptsächlich an Gegenwind von Seiten konservativer Teile der Bevölkerung, sowie an Aussagen darüber, dass in einer evangelischen Stadt keine Fastnacht abgehalten werden sollte.

In den 1980er Jahren wurden zwei weitere Häser entworfen, auf denen örtliche Bauten sowie Elemente, die an frühere lokale Gegebenheiten erinnern, abgebildet sind. Dies verweist auf den Versuch, Traditionen und Bräuche zu konstruieren, um den Angriffen älterer Fastnachtszünfte, die den jüngeren nicht selten mit Skepsis und Ablehnung gegenüber traten, etwas entgegensetzen zu können. 1982 trat die Zunft einem regionalen Narrenfreundschaftsring bei. In dieser Zeit nahm auch die Anzahl aktiver Närr*innen* zu. Der von mir interviewte Herr L. begründet die bis dahin praktizierte, von ihm als „ungeschriebene Gesetzmäßigkeit" bezeichnete Männerhomogenität der Hästragenden mit der bis in die 1970er Jahre allgemeinen gesellschaftlichen Stellung von Frauen. Auch Frauengestalten, wie z.B. die ‚Hexenmutter', wurden von Männern ausgefüllt. Dies änderte sich laut Herrn L. in den 1980er Jahren „einfach", indem sich Frauen einmischten und aktiv wurden. ‚Reste' dieses ungeschriebenen Gesetzes bestehen bis heute in der männerhomogenen Fastnachtshausener Hexengruppe (vgl. Beschreibung der Untersuchungsgruppe im nächsten Punkt dieses Kapitels), allerdings konnte von ihm nicht nachvollzogen werden, warum sich diese ungeschriebene Regel gerade in dieser Gruppe aufrecht erhielt[79]. Auch die Besetzung des Narrenrates spiegelte noch längere Zeit die Wirkmächtigkeit dieses „ungeschriebenen Gesetzes" sowie das gesamtgesellschaftliche Ungleichgewicht zwischen Männern und Frauen in öffentlichkeitswirksamen Positionen wieder. Erst in den 2000er Jahren wurde die erste Frau in das Gremium gewählt, seit 2008 ist sie Vorsitzende der ca. 1000 Mitglieder zählenden Zunft, außer ihr gibt es noch eine weitere Frau im Narrenrat.

Zusammenfassend lässt sich festhalten, dass die Fastnachtszunft Fastnachtshausen eine junge Zunft verkörpert, die sich nicht aus überlieferten Traditionen oder Bräuchen entwickelte, sondern aus Bedürfnissen von Individuen nach einer Art und Weise des Feierns, wie die Fastnacht sie verspricht. In ihrer Geschichte, v.a. in den Auf-und-Abs der 1950er bis 1980er Jahre, spiegeln sich allgemeine Entwicklungen innerhalb der Fastnachtslandschaft der Nachkriegszeit. In den Strukturierungen ab den 1970er Jahren zeigen sich Reaktionen auf Distanzierungen lange bestehender Zünfte gegenüber neu gegründeten. Folgende Passage aus der Festschrift zum 50jährigen Bestehen der Fastnachtszunft Fastnachtshausen verdeutlicht dies:

„Wohl konnte die Fastnachtshausener Fasnet nicht auf eine jahrhundertealte Tradition zurückblicken, auch konnte sie sich an Ausmaß und Bedeutung keineswegs mit ihren stolzen Schwestern, den Nachbarstädten X und Y vergleichen, aber das allein war kein stichhaltiger Grund, um sie bei uns abzulehnen, oder sie für überflüssig zu halten." (Narrenzunft Fastnachtshausen e.V. 1987: 39)

---

79 Zwar gibt es auch andernorts männerhomogene Hexengruppen, ebenso existieren jedoch auch frauenhomogene sowie überwiegend gemischtgeschlechtliche.

Aktuelle Vereins- und Fastnachtsgestaltung

Heute präsentiert sich die Zunft selbstbewusst sowie lokal und regional eta-bliert. Mit ca. 1000 Mitgliedern bildet sie im Ort den größten Verein, die Veranstaltungen während der Fastnacht sind neben einem mehrtägigen Sommerfest des örtlichen Musikvereins die größte und umfangreichste kulturelle Festivität des Ortes. Mitglieder der Fastnachtszunft studieren zudem alle zwei Jahre ein Theaterstück ein, das sie im Rahmen eines kleinen Festes im Sommer aufführen. Die steigende Mitgliederzahl und die Organisation des nunmehr relativ umfangreichen Fastnachtsfestes stellt die Verantwortlichen vor die Herausforderung, einen Rahmen für das Spannungsverhältnis von Spontaneität und Organisation zu schaffen. Den Bedürfnissen nach einem Zelebrieren von Ausgelassenheit und ‚Über-die-Stränge-schlagen‘ müssen Formen und auch Regeln gegeben werden, die nicht immer mit den Bedürfnissen der Närr_innen bzw. mit der propagierten ‚Narrenfreiheit‘ vereinbar sind. Auch muss die Festgestaltung immer wieder dem sich verändernden Zeitgeist angepasst werden. So entstanden in den letzten 15 Jahren bspw. zahlreiche neue Fastnachtszünfte in den umliegenden Gemeinden, die nun alle ihre eigenen Fastnachtsveranstaltungen durchführen. Dies führte zu einer nachlassenden Besucher_innenzahl der Bälle, was ein Überdenken von Anzahl und Form der bisherigen Abendveranstaltungen nach sich zog. Mit anderen Worten bedeutet die Organisation der Fastnacht gleichermaßen Vereinsführung und -pflege sowie Eventmanagement.

Im Folgenden werde ich kurz die einzelnen Häsgruppen der Fastnachtszunft Fastnachtshausen darstellen und anschließend einen Überblick über Form und Gestalt der Veranstaltungen während der Fastnachtssaison geben. Diese Ausführungen sind für das Verständnis vieler der im empirischen Teil dieser Arbeit angeführten Fastnachtsaspekte elementar, zudem verdeutlichen sie Gesichtspunkte wie Zugangskriterien, Pflichten, Opportunitäten u.a., die aus einer Mitgliedschaft im Fastnachtsverein resultieren können.

Erscheinungsbild der Fastnachtszunft Fastnachtshausen

Die Fastnachtszunft Fastnachtshausen ist ein eingetragener, gemeinnütziger Verein mit einem aus zwei Personen bestehenden Vorstand, der von den Vereinsmitgliedern gewählt wird. Zusammen mit weiteren vier bis elf Personen bildet dieser das geschäftsführende Gremium, den sogenannten Narrenrat. Der Erwerb eines Häs setzt die Mitgliedschaft in der Fastnachtszunft voraus, die Anschaffungskosten müssen allerdings selbst getragen werden. Konkret wird der Fastnachtszunft mitgeteilt, welches Häs man erwerben möchte (zur Beschreibung der einzelnen Häser s.u.), anschließend wird dieses nach den individuellen Maßen angefertigt und weiteres Zubehör wie Maske oder Glockenriemen in Auftrag gegeben (einzelne Teile können auch selbst angefertigt werden wie Bemalung oder Nähen).

Die Fastnachtszunft besteht aus mehreren, unterschiedlich aussehenden Häsgruppen: vier Einzelfiguren in Zunftbesitz, deren Hästräger_innen von der Zunft selbst ausgesucht werden, sowie vier größere Häsgruppen. Zudem trägt der Narrenrat an Fastnacht selbst ebenfalls ein Kostüm ohne Maske und bildet während der Umzüge eine eigene Gruppe.

Die größte Gruppe der Häser stellen die sogenannten Weißnärr_innen dar, die wiederum aus den zwei Untergruppen bestehen. Diese Gruppen sind alters- und gendergemischt und haben keine Zugangsbeschränkungen (abgesehen vom finanziellen Aspekt). Derzeit sind ca. 500 Menschen als Weißnärr_innen aktiv.

Die Hexengruppe bildet nach den beiden Weißnärr_innengruppen die drittgrößte Häsgruppe. Sie ist für Männer ab 18 Jahren offen, für die Aufnahme muss eine Bewerbungsprozedur durchlaufen werden[80]. In dieser Gruppe sind derzeit ca. 100 Männer aktiv.

Schließlich gibt es noch eine lokalspezifische Figur, die durch das Aufsagen des Stadtgeschehens eine Närr_innenzeitung ersetzt. Diese Gruppe bildet mit 10-15 Häsern die kleinste Häsgruppe.

Zugangskriterien für die einzelnen Häsgruppen sind nirgendwo schriftlich verankert. Weshalb die Hexengruppe weder Kinder noch Frauen aufnimmt, und aus welchem Grund das Aufnahmeverfahren eingeführt wurde, konnte weder von den Interviewpartnern der Hexengruppe, noch von Herrn L. zufriedenstellend nachvollzogen werden. In anderen Ortschaften finden sich teilweise auch männerhomogene Hexengruppen, ebenso jedoch auch frauenhomogene und gendergemischte, sowie solche, die auch für Kinder offen sind.

Struktur und Ablauf der Fastnachtsveranstaltungen

Die Fastnacht in Fastnachtshausen setzt sich aus lokalen und regionalen Veranstaltungen zusammen, wobei die lokalen Veranstaltungen fast ausnahmslos in der kalendarischen Fastnachtswoche stattfinden, die regionalen in der Zeit zwischen 6. Januar und Aschermittwoch. Die einzige verbindliche *regionale* Veranstaltung ist dabei das jährliche Treffen mit den Narrenzünften des Narrenfreundschaftsrings, welches jedes Jahr von einer anderen Mitgliedszunft ausgerichtet wird. Es besteht aus einer Abendveranstaltung, an der sich die einzelnen Zünfte präsentieren, Guggenmusiken spielen, Tanzgruppen auftreten, und ansonsten in einer Bar eine Art Disco veranstaltet wird[81], sowie aus einem zwei Tage später stattfindenden Umzug. Weitere regionale Veranstaltungen sind entweder ähnlich ablaufende Abendveranstaltungen, und/ oder sonntägliche Umzüge. Hierzu wird man von einer Zunft eingeladen, welche in der Regel im darauf folgenden Jahr einen Gegenbesuch abstattet. Auf diese Art und Weise kommen die Umzüge zustande und erhalten ihre Größe, denn die meisten Fastnachtszünfte sind

---

80 S.u.: Beschreibung der Untersuchungsgruppen sowie Glossar.

81 Die Zünfte präsentieren sich also in ihren Häsern auf der Bühne, ansonsten tragen die Anwesenden zwar ihre spezifischen Häser, allerdings ohne Maske, Glockenriemen o.ä. Vgl. hierzu auch im Kapitel Fastnachtshintergründe die verschiedenen Ausführungen über „Häsrolle mit/ohne Maske".

recht klein und würden ohne die Mitwirkung auswärtiger Zünfte wohl nicht genügend Zuschauer_innen anziehen. Für die Organisation bedeutet dies, dass je nach ausgesprochenen Einladungen mehr oder weniger Auswärtstermine während der Fastnachtssaison stattfinden.

Der erste *lokale* Termin ist die Fastnachtseröffnung am 6. Januar, an der die Vereinsvorsitzende mit dem sogenannten ‚Maskenabstauben' offiziell die Fastnacht eröffnet, die örtliche Närr_innenkapelle spielt und getanzt wird. Zweiter fester Termin ist ein am Samstag vor der Fastnachtswoche stattfindender ‚Närr_innenabend' in den örtlichen Lokalen. Die oben beschriebenen Figuren, welche die Narrenzeitung ersetzen, gehen von Lokal zu Lokal und glossieren das Stadtgeschehen. Dazwischen wird von Musikgruppen Tanz- und Stimmungsmusik gespielt. Am Donnerstagabend vor Aschermittwoch wird dann die letzte Woche der Fastnacht eröffnet. Für diese Woche nehmen sich viele aktive Närr_innen Urlaub, da sie als ‚Hochzeit' der Fastnacht gilt und sich die Termine häufen. Diese Eröffnung der Hauptfastnachtszeit besteht aus der symbolischen Übernahme des Stadtregiments, einem Tanz der Hexengruppe und dem Narrensprung der Weißnärr_innen. Anschließend gehen Häs- und Musikgruppen sowie „wilde" Kostüm- und Maskengruppen (vgl. Tübinger Vereinigung für Volkskunde e.V. 1989), die oft eigens für diesen Abend angefertigt werden, durch die Lokale und unterhalten das Publikum. Am darauffolgenden Tag zieht die örtliche Närr_innenkapelle durch den Ort und musiziert in unterschiedlichen Haushalten und Geschäften, wofür sie verköstigt wird. Am Samstagabend findet der Zunftball, eine Saalfastnacht, statt. Diese setzt sich zusammen aus Programm (Theater, Tanzaufführungen, Guggenmusiken), sowie einer anschließenden Disco. Am Fastnachtssonntag wird ein Umzug, bestehend aus der örtlichen Zunft sowie auswärtigen Zünften, veranstaltet. Für die Kinder wird am Montagnachmittag ein Kinderball veranstaltet, die Hästräger_innen nehmen an einem auswärtigen Umzug teil. Am Nachmittag des Fastnachtsdienstags wird ein kleiner Umzug durch den Ort veranstaltet, an dem außer den Hästräger_innen auch „wilde" Kostüm- und Maskengruppen (vgl. Tübinger Vereinigung für Volkskunde 1989), sowie die beiden örtlichen Guggenmusiken teilnehmen. Anschließend ziehen die verschiedenen Gruppen durch die Lokale, bevor am Abend die Fastnacht offiziell beendet wird.

Während sich früher noch weitere örtliche Vereine an der Organisation der Fastnacht beteiligten (z.B. durch die Durchführung einer Saalveranstaltung), haben sich mittlerweile alle daraus zurückgezogen. Grund ist der bereits oben angeführte Rückgang der Besucher_innenzahlen aufgrund einer Ausfächerung der Fastnachtslandschaft. Wenngleich viele Mitglieder anderer Vereine bei der Durchführung der lokalen Fastnacht unterstützend tätig sind (v.a. indem sie bei verschiedenen Anlässen mitarbeiten), liegt die Hauptverantwortung mittlerweile ganz auf Seiten der Fastnachtszunft. Zur Bewältigung dieser Aufgabe wurde vor einigen Jahren eine Regelung erlassen, nach der alle aktiven Hästragenden einen sogenannten Arbeitsdienst verrichten müssen, wie Aufbauarbeiten vor oder Reinigung nach Veranstaltungen, Bewirtungsdienste usw.

Die Bedeutung der Fastnacht(szunft) für das kulturelle Leben der Stadt wuchs im Laufe ihrer kurzen Geschichte stetig. Neben einem Beitrag zur Schaffung einer Art lokaler ‚Identität' befördert sie während der ca. 8-10 Wochen andauernden „Hochsaison" Gelegenheiten für das Zusammenkommen unterschiedlicher Menschen und das Besuchen von Veranstaltungen in der Region. Welche Bedeutung dies für die einzelnen Individuen hat, wird im empirischen Teil dieser Arbeit beleuchtet.

3.4.2 Untersuchungsgruppen

Im Mittelpunkt der ethnografischen Beobachtungen und der Interviews stehen Frauen und Männer zwischen 18 und 50 Jahren. Gemeinsam ist ihnen das Aufwachsen im Untersuchungsort, alle haben dort ohne große Unterbrechungen ihren Lebensmittelpunkt und sind seit ihrer Kindheit oder Jugend aktive Fastnachtsteilnehmende. Aufgrund des genderbezogenen Blicks der Fragestellung wurde das Erkenntnisinteresse auf drei unterschiedliche Fastnachtsgruppen bzw. -vereine gelegt: die Hexengruppe der Fastnachtszunft (eine genderhomogene Männergruppe), die Jazztanzgruppe des Turnvereins (eine genderhomogene Frauengruppe), sowie eine Guggenmusik, ein gendergemischter Verein.

Hexengruppe

Die Hexengruppe ist eine männerhomogene Häsgruppe innerhalb der Fastnachtszunft. Gender als Zugehörigkeitsmerkmal ist nirgends schriftlich fixiert. Eine Aufnahme ist ab 18 Jahren möglich, zuvor muss man eine einjährige Bewerbungsprozedur durchlaufen, d.h. bei Arbeitsdiensten helfen, an Stammtischen, Ausflügen und gemeinsamen Aktionen teilnehmen. Über die Aufnahme entscheidet ein Ausschuss, der aus 7 Personen besteht. Zunächst ist man dann zwei Jahre lang ‚Hexe auf Probe', sogenannte ‚Junghexe', und erhält danach ein eigenes Hexenkostüm.

Die Anzahl der Hexen ist begrenzt, und sie sind nach außen hin sichtbar durchnummeriert, um ggf. von Zuschauenden identifiziert werden zu können[82]. Es gibt ca. 60 Nummern für 18-35jährige Mitglieder, danach wird man ‚AH-Hexe', d.h. ‚Alte Herren Hexe' und hat anstelle einer Nummer einen Stempel der Fastnachtszunft. Die Anzahl der über 35jährigen ist unbegrenzt. Insgesamt hat die Gruppe ca. 150-200 Mitglieder.

---

82 Herr L. schilderte im Gespräch, wie er während seiner Vereinsvorstandstätigkeit aufgrund mehrerer Vorkommnisse wie Diebstahl, Sach- oder Personenbeschädigung diese Nummerierung einführte.

TV-Jazztanzgruppe

Die frauenhomogene Jazztanzgruppe des örtlichen Turnvereins besteht aus ca. 12 Mitgliedern zwischen 25 – 50 Jahren. Jedes Jahr zur Fastnacht wird ein neuer Tanz einstudiert, der am Zunftball präsentiert wird, und während des Jahres bei Tanzwettbewerben oder Festen aufgeführt wird. Über die Aufnahme neuer Mitglieder entscheidet die Gruppe gemeinsam, auch hier ist Gender als Zugangsmerkmal nirgendwo schriftlich verankert.

Guggenmusik

Diese Gruppe setzt sich aus ca. 35 Mitgliedern zwischen 16 und 30 Jahren zusammen. Es handelt sich um eine gendergemischte Gruppe[83]. Die Gruppe entstand 1994 aus Nachwuchsmusiker_innen des örtlichen Musikvereins zusätzlich zu einer bestehenden Guggenmusik des Untersuchungsorts, die keine Frauen und keine Minderjährigen aufnimmt. Zur Gründungszeit waren alle Mitglieder der Gruppe minderjährig, mittlerweile ist die Gruppe altersmäßig wie zahlenmäßig angewachsen und als eingetragener Verein organisiert. Über die Aufnahme neuer Mitglieder entscheidet die ganze Gruppe gemeinsam.

3.4.3 Zugang zum Feld

Der Zugang zum Feld konnte aufgrund eigener früherer Teilnahmen an Fastnachtsveranstaltungen im Untersuchungsort hergestellt werden. Seit meiner Jugend nehme ich im Untersuchungsort selbst als aktive Närrin an Fastnachtsveranstaltungen teil, lebe jedoch seit meinem 20. Lebensjahr nicht mehr dort. Meine Verbindung zum Ort und zu meiner Fastnachtsaktivität besteht in einigen losen Kontakten zu dort lebenden Männern und Frauen, sowie in einigen intensiven Freundschaften zu Frauen und Männern, die wie ich dort aufgewachsen sind, mittlerweile nicht mehr dort leben, jedoch während der kalendarischen Fastnachtswoche für einige Tage anreisen. Die Fastnacht ist eine Gelegenheit, zu der sich alle treffen und einige Tage miteinander verbringen.

---

83 Diese Art von Musikgruppen kommt ursprünglich aus der Schweiz und gehört seit ca. Mitte der 1980er Jahre zum Bestandteil vieler Teile der schwäbisch-alemannischen Fastnacht. Musikinstrumente sind Schlagwerk, Rhythmusinstrumente und Blasinstrumente, meist Trompeten, Posaunen und Saxophone. Eine Guggenmusik spielt Stimmungsmusik zum Mitsingen, oftmals für Blasmusik arrangierte Popmusik. Sie zeichnen sich außerdem durch auffällige Kostümierung aus, bei der meist alle einheitlich gekleidet sind, oft mit viel Tüll, bunten Farben, weiten Gewändern etc.

Die aus dieser biographischen Verbundenheit mit dem Feld, meinem ‚being native'[84], möglicherweise resultierenden Grenzen wurden während des gesamten Forschungsprozesses auf unterschiedliche Art und Weise reflektiert. Ich war mir stets bewusst, dass meine eigene Rolle als Forscherin und als Teil des Feldes im Forschungsprozess besonders sorgfältig zu hinterfragen ist. Mehr als ohnehin bei ethnographischen Forschungen notwendig, galt es immer wieder zu überprüfen, inwiefern ich wann und wie involviert bin oder der Gefahr unterliege, mir für manche Dinge den Blick zu versperren, in dem ich als Forscherin nicht die nötige Distanz zum Gegenstand herstelle. Hierfür wählte ich verschiedene Methoden und Orte. Zunächst sind die unter 3.2 ausführlich beschriebenen Forschungssupervisions- und Kolloquiumsgruppen zu nennen, in denen die Möglichkeiten und Grenzen meiner Involviertheit ins Feld regelmäßig thematisiert und reflektiert wurden. Weiter arbeitete ich während der ethnographischen Beobachtungen mit zwei außenstehenden Personen zusammen, die weder umfassende Einblicke in die örtlichen Gegebenheiten hatten, noch über Kenntnisse der Fastnachtshintergründe verfügten. Dies ermöglichte sowohl während der Datenerhebung als auch während der Protokollierung eine Ergänzung meiner Innensicht durch weniger involvierte Forschende[85], sowie die Beobachtung von mir als Beobachterin. Die vorliegenden Memos dieser außenstehenden Forschenden lieferten mir für die Auswertung der Beobachtungsprotokolle wichtige Hinweise zur Überschreitung meines eigenen Forschungshorizonts. Die Interviewten wurden von mir aufgefordert, Lokal- und Fastnachtsspezifisches so zu erzählen, als wüsste ich nichts darüber. Schließlich hielt ich während der gesamten Forschungsphase sowohl vor als auch nach den jeweiligen Beobachtungseinheiten und Interviewdurchführungen Erwartungen und Befürchtungen, eventuelle Vorannahmen, eigene Emotionen u.v.m. im Forschungstagebuch fest. Diese Aufschriebe zog ich während der Analyse immer wieder heran und setzte sie in Bezug zu den Beobachtungen, Interviews und Memos.

Neben der Reflexion denkbarer Grenzen nutzte ich mein ‚being native' produktiv. Es ermöglichte zunächst die Aneignung einer sozialen Rolle im Feld, eine unabdingbare Voraussetzung für die Durchführung ethnographi-

---

84 Diesen Begriff leite ich von „going native" ab (vgl. bspw. Friebertshäuser 1997). Gefahren des going native werden in Abhandlungen über die Methode der teilnehmenden Beobachtung ausführlich diskutiert (vgl. bspw. Münst 2004 oder Legewie 1995). Interessanterweise wurde dieser Begriff bzw. mein Feldzugang im Rahmen meiner Dissertationspräsentationen an der University of California, Santa Barbara, nicht problematisch diskutiert. Stattdessen wurde meine Verwicklung mit dem Feld als notwendige Zugangsvoraussetzung betrachtet.

85 Hier wird bewusst von ‚weniger involviert' anstelle von ‚objektiv' gesprochen, da sich die Frage stellt, ob es überhaupt objektive Forschung geben kann. Vgl. hierzu ausführlicher Girtler 1988.

scher Feldforschung[86]. Zudem wurden dadurch teilnehmende Beobachtungen während Veranstaltungen der Fastnachtszunft möglich, zu denen eine außenstehende Forscherin nicht oder nur sehr schwer Zugang erhalten hätte (z.B. Busfahrten zu Veranstaltungen, Gespräche in Hinterzimmern von Kneipen). Weiter sind durch diese vergangenen und aktuellen Fastnachtsteilnahmen intensive Kenntnisse der sozialen Gegebenheiten und Strukturen sowie der lokalen Bezüge vorhanden. Um die Fastnacht und ihre Bedeutung für die Einzelnen von Innen erforschen zu können (vgl. Tokofsky 2002) ist dieser Zugang zum Feld unbedingt von Vorteil (vgl. 3.3.2)[87]. Die örtliche Fastnachtszunft bzw. -kultur ist mir in ihren Strukturen bekannt, es besteht umfassender Einblick in Untergruppen und beteiligte örtliche Vereine. Ich war bereits vor Forschungsbeginn einsozialisiert ins Feld und es bestand keine Gefahr, die natürlichen Gegebenheiten des Untersuchungskontextes zu sehr zu beeinflussen. Im bestehenden kleinstädtischen und relativ überschaubaren fastnächtlichen Zusammenhang ist dies von großem Vorteil. Wissenschaftliches Interesse an der Fastnachtskultur von Seiten einer bekannten, vertrauten Person wird größtenteils als Wertschätzung empfunden, während unbekannte Forschende eher Gefahr laufen, kritisch beäugt zu werden bzw. auf die ‚wahren' Gründe ihrer Forschungen hin überprüft zu werden[88]. Weiter waren mir essentielle Aspekte für das Verstehen der zu erforschenden Kultur wie örtliche und fastnächtliche Sinnstrukturen, Handlungslogiken, Wert- und Normvorstellungen, die *hinter* den beobachteten Handlungen liegen, bekannt und konnten aus einer Innperspektive heraus erfasst und verstanden werden. Dies kann, so Barbara Friebertshäuser, zum Schlüssel des Verständnisses werden:

„Denn verschiedene gesellschaftliche Felder besitzen eine je eigene soziale Logik, nach der sie sich organisieren und nach der sie funktionieren. Die Kenntnis dieses sozialen Sinns hinter den Handlungen der Einzelnen wird zum Schlüssel des Verständnisses der Adressaten unserer pädagogischen Überlegungen und Maßnahmen." (Friebertshäuser 1997: 509)

Durch die Involviertheit der Forscherin ins Feld wird also ein Erfassen, Verstehen und Akzeptieren von Handlungslogiken und Alltagsideologien der

---

86 Vgl. hierzu exemplarisch Lamnek 2005: 262 und Friebertshäuser 1997: 509.

87 Tokofskys Kritik an der Fastnachtsforschung richtet sich gegen das überwiegend praktizierte Vorgehen, zu bestimmten Ereignissen in den jeweiligen Untersuchungsort zu reisen und diese isoliert vom restlichen Fastnachtsgeschehen sowie von sonstigen lokalen Zusammenhängen zu erforschen, anstatt das Fest als Ganzes zu betrachten und es in Verbindung mit dem Leben im Ort zu untersuchen (vgl. Tokofsky 2002: 116).

88 So wurde bspw. die Anwesenheit zweier ortsfremder Forscherinnen, die mit mir zusammen als außenstehende Beobachterinnen eine teilnehmende Beobachtung durchführten, kritisch wahrgenommen und kommentiert.

Erforschten möglich, wie es bspw. Girtler für eine erfolgreiche teilnehmende Beobachtung fordert (vgl. 1988: 64). Mein umfassendes Wissen über und meine tiefen Einsichten in orts- sowie fastnachtsspezifische Zusammenhänge, Entwicklungen und Besonderheiten und meine Zugangsmöglichkeiten zu narrenzunftinternen Settings ermöglichten somit eine umfassende Innensicht über den Untersuchungskontext, wie sie bei der Erforschung eines fremden Feldes ansonsten kaum (oder mit erheblichem Zeitaufwand) herstellbar ist.

3.4.4 Erhebungsmethoden

Verdeckte teilnehmende Beobachtung
Während der Fastnachtssaison 2006 führte ich an drei verschiedenen Fastnachtsveranstaltungen verdeckte teilnehmende Beobachtungen durch: der Zunftball der örtlichen Fastnachtszunft bot mir die Gelegenheit, alle drei fokussierten Gruppierungen sowohl während eines Bühnenauftritts, als auch in informellen Zusammenhängen zu beobachten. Eine Busfahrt zu einem überregionalen Narrentreffen ermöglichte mir als Mitglied der Fastnachtszunft die Erforschung eines narrenzunft-exklusiven Ereignisses, an dem die Hexen- sowie die TV-Jazztanzgruppe teilnahm. Die dritte Veranstaltung war ein Fastnachtsabend im Untersuchungsort, an dem mehrere Musik- und Narrengruppen durch verschiedene Gaststätten ziehen. An diesem Abend konnte ich als Mitglied einer Musikgruppe, die zusammen mit der Hexengruppe unterwegs war, sowohl während der Auftritte als auch beim anschließenden Umtrunk in den Hinterzimmern, also auf einer ‚Hinterbühne‘, Beobachtungen durchführen. Die Beobachtungen auf der ‚Vorderbühne‘ wurden dabei von einer o.g. außenstehenden Forscherin ergänzt, die sich als Fastnachtsteilnehmerin unter das Publikum mischte. Während des Zunftballs wurde ich ebenfalls von einer außenstehenden Forscherin begleitet. Alle Beobachtungen wurden direkt im Anschluss auf Band gesprochen und am folgenden Tag protokolliert.

Der Entschluss, die teilnehmende Beobachtung verdeckt durchzuführen, erfolgte nach umfassender Abwägung der ethischen Bedenken (s.u.), vor allem aufgrund der Überzeugung, durch ein Offenlegen der teilnehmenden Beobachtung das Forschungsfeld zu sehr zu beeinflussen und damit Gefahr zu laufen, die natürlichen Gegebenheiten zu verändern[89]. Das Risiko, einzelne Fastnachtsteilnehmende könnten sich mir gegenüber verstellen, im Wissen um meine Forschung gar verunsichert sein, oder sich in besonderem

---

89 Zu dieser Einschätzung gelangte ich u.a. durch Reaktionen auf einen Zeitungsartikel, der vor einigen Jahren in Zusammenhang mit meiner mündlichen Diplomprüfung über Entstehung und Aktualität der Fastnacht im Untersuchungsort erschien. Neben zahlreichen interessierten Rückfragen an mich gab es damals etliche ‚irritierte‘ Reaktionen und Kommentare.

Maß hervortun oder zurückhalten, schien mir höher als die Bedenken, ethisch nicht vertretbare Forschungen durchzuführen.

Kontextwissen

Während der gesamten Forschungsphase zog ich mein Kontextwissen systematisch heran und erweiterte es kontinuierlich. Von 2006 bis 2009 konnte ich durch meine Teilnahme an verschiedenen Fastnachtsveranstaltungen umfangreiche Feldnotizen verfassen. Diese betreffen ein breites Spektrum von Gegebenheiten, die mir hinsichtlich des Forschungsblicks auffielen, wie informelle Gespräche, Interaktionen, szenische Darstellungen, Redebeiträge u.v.m. Auch während des Jahres gab es bei unterschiedlichen Anlässen im Untersuchungsort immer wieder Gesprächsinhalte und Szenen, die ich mir notierte. Schließlich sind im Rahmen des Kontextwissens die Lektüre der Zunftchronik und der örtlichen Presse zu nennen, sowie das Gespräch mit Herrn L., der von den 1960er bis in die späten 1980er Jahre als Narrenrat und Vereinsvorstand maßgeblich an der Entwicklung der Fastnachtszunft beteiligt war.

Wie bereits erwähnt, begleiteten mich aufgrund meines ,being native' während des gesamten Forschungsprozesses ethische Fragen, weshalb ich im Folgenden genauer darauf eingehen werde.

Ethische Fragen

Relativ frühzeitig wurde mir deutlich, dass eine Forschung zwischen mir seit Jahren bekannten Menschen ambivalente Gefühle und Reaktionen bei den Erforschten wie bei mir auslösen kann. Ethische Bedenken hatte ich zunächst dahingehend, die Erforschten könnten mir bspw. aufgrund bestehender Vertrauensverhältnisse mit großer Offenheit begegnen und mir Informationen anvertrauen, die sie mir als Person und nicht als Forscherin mitteilen. Ich befürchtete, in einen Zwiespalt zwischen der Verwendung erkenntnistheoretisch relevanter Daten einerseits, ethischer Verpflichtung gegenüber vertraulichem Umgang mit preisgegebenen Informationen andererseits zu geraten. Möglich erschienen mir ebenso Skepsis oder Ablehnung gegenüber meinem wissenschaftlichen Interesse, sowie das Vorenthalten oder Verfälschen von Daten.

Dies sind Aspekte, die nicht allein aus meiner Verbundenheit mit dem Feld resultieren. So konstatiert bspw. Mayring diese Gefahren bzw. Bedenken für alle Forschenden, die sich in den Untersuchungskontext einsozialisiert und eine gewisse Vertrauensbasis hergestellt haben (vgl. Mayring 1996: 41). Mayring beschreibt den Zwiespalt zwischen einem notwendigen Vertrautwerden mit dem Feld einerseits, dem sensiblen Umgang mit aufgrund dieser Vertrautheit preisgegebenen Informationen andererseits und weist darauf hin, als Forscher_in stets selbstreflexiv überprüfen zu müssen, wo die Grenzen zur/m Voyeur_in oder Spion_in liegen (vgl. ebd.).

Dennoch handelt es sich im vorliegenden Forschungsprojekt um einen besonderen Fall des Involviertseins, dem auf unterschiedlichen Ebenen begegnet wurde (vgl. Abschnitt 3.2). Den ethischen Bedenken bzgl. der verdeckten Durchführung der teilnehmenden Beobachtung wurde zudem durch das Offenlegen meines Forschungsvorhabens während der Durchführung der Interviews entgegengewirkt. Die Forschungen erfolgten somit nicht ‚heimlich' bzw. gänzlich verdeckt, sondern sie wurden im Zuge der Interviewdurchführung offengelegt. Die Interviewpartner_innen konnten sich dazu verhalten und entscheiden, wie viel Einblick in bzw. Mitsprache über die Verwendung der Daten sie ausüben wollen.

Tatsächlich zeichnete sich während der Feldphasen immer mehr ab, dass meine ethischen Bedenken stärker waren als die befürchtete Skepsis auf Seiten der Erforschten. Hatte ich im Zuge der Generierung der Interviewpartner_innen sowie vor jedem Interviewtermin Zweifel, wie auf mein Anliegen bzw. auf mein Erscheinen reagiert wird, so begegneten mir im Feld stets Stolz und Freude aufgrund meines Interesses an ihnen als Person und dem Thema Fastnacht. Ich erhielt immer mehr den Eindruck, meine Forschung würde als Würdigung und Anerkennung empfunden, mein Interesse und meine aufgebrachte Zeit wertschätzend erlebt.

Themenzentrierte narrative Interviews

Zwischen Oktober und Dezember 2006 führte ich insgesamt sechs themenzentrierte narrative Interviews durch. Pro Untersuchungsgruppe wurden mit zwei Mitgliedern Einzelinterviews geführt. Durch die Erzählung der ‚Fastnachtsgeschichte' innerhalb des Rahmens ‚Lebensgeschichte' sollte die subjektive Bedeutung der Fastnacht bzw. der Zugehörigkeit zur spezifischen Fastnachtsgruppe im Kontext weiterer Relevanzbereiche des Lebens der Einzelnen deutlich werden.

Die Interviews wurden im Wesentlichen in Anlehnung an Schütze (1983) und Fischer/ Fischer-Rosenthal (1997) konzipiert und bestanden aus vier Teilen:

1. Narrative Eingangsfrage in Form folgender Erzählaufforderung: „Ich interessiere mich für Menschen, die in Fastnachtsgruppen/ -vereinen aktiv sind. Ich möchte dich bitten, mir deine Geschichte zu erzählen wie es dazu kam, dass du angefangen hast, zur Fastnacht zu gehen und wie es dann weiterging bis heute. Du hast dazu so viel Zeit, wie du möchtest. Ich werde dir zunächst einmal keine weiteren Fragen stellen und dich – auch wenn du Pausen machst – nicht unterbrechen, sondern versuchen, die Pausen auszuhalten. Ich mache mir nur einige Notizen zu Bereichen, zu denen ich dann später noch mal genauer nachfragen möchte."
2. Erzählung durch die/den Interviewpartner_in.
3. Erzählgenerierender Nachfrageteil anhand der in Phase 2 erstellten Notizen zu unklar oder undetailliert gebliebenen Aspekten, sowie zu biografischen und thematischen Lücken, die angedeutet oder nicht erwähnt wurden, für mein Forschungsinteresse jedoch relevant erschienen.
4. Erzählexterner Nachfrageteil anhand zuvor festgelegter Nachfragethemen.

Dem Interview voraus ging eine Phase des Ankommens und Überleitens, d.h. zuerst erfolgte etwas Small-Talk über die Wohnungseinrichtung, den zurückliegenden Arbeitstag, aktuelle Fastnachtsplanungen ö.ä. Anschließend wurde nochmals das Thema meiner Forschung erläutert, die Rahmenbedingungen der Interviewsituation und die Verwendung der Daten abgeklärt, sowie die Technik (Tonbandgerät) eingeführt und überprüft.

Den Hauptteil des Interviews bildete die Haupterzählung der Interviewten (Teil 2). Oftmals wurden darin bereits Aspekte erläutert, die in meinen für Teil 4 entwickelten Nachfragethemen enthalten waren, so dass ich diese nicht nochmals ansprach, sondern lediglich aufmerksam verfolgte, was noch nicht thematisiert wurde. Themen des erzählexternen Nachfrageteils waren die subjektive Bedeutung der jeweiligen Gruppenwahl und -zugehörigkeit, gruppenspezifische Gesellungsformen, Bedeutung von Maskierung/ Kostümierung, Rollenwechsel und Anonymität.

Das Interview endete mit einer gemeinsamen Reflexion über die Interviewsituation, einem Dank meinerseits sowie der Erstellung der biografischen Daten der interviewten Person.

Die Interviews wurden mit einem Audio-Aufnahmegeräte aufgezeichnet[90]. Direkt im Anschluss an jedes Interview erstellte ich ein Postskriptum über Verlauf des Interviews, Beschreibung von Störungen oder Nebenereignissen, eigene Emotionen und Eindrücke, Äußerungen nach Abschalten des Tonbands.

Da die Interviews im lokalspezifischen schwäbischen Dialekt geführt wurden, erwiesen sich meine Kenntnisse des Dialekts sowie spezifischer fastnachtsbezogener Ausdrücke und Zusammenhänge als äußerst hilfreich. Zunächst wurde durch ein gemeinsames Interesse am Thema Fastnacht die Hierarchie zwischen Interviewerin und interviewter Person zugunsten einer gewissen Vertrauensbasis gemindert. So war ich zwar in der speziellen Interviewsituation die Forscherin, die mit Tonbandgerät und Fragekärtchen angereist kam, zugleich aber war ich Teil der Fastnachtswelt der Interviewten, was sich z.B. in gemeinsamem Bezugnehmen auf frühere Fastnachtsereignisse ausdrückte.

Auf Wunsch der Interviewten fanden die Interviews jeweils bei den Interviewpartner_innen zu Hause statt, entweder im eigenen Zimmer der elterlichen Wohnung, im Arbeitszimmer oder im Wohnzimmer. Um möglichst sicher zu gehen, dass sie sich wohl fühlten, überließ ich die Wahl des Ortes bewusst den Interviewpartner_innen. Lediglich in einem Fall wurde das Interview, auf meinen Wunsch hin, vor Ort von der offenen Küche in das eigene Zimmer verlegt, um Störungen zu vermeiden.

---

90 Die Interviewten hatten dabei stets die Möglichkeit, um ein Abschalten des Tonbandgeräts zu bitten, was in zwei Fällen wegen Störungen von außerhalb (Telefonanruf, unangekündigtes Hereinkommen einer anderen Person, Hunger des anwesenden Kleinkindes) in Anspruch genommen wurde.

Auswahl der Interviewpartner_innen

Aufgrund der unter 2.4 erläuterten genderbezogenen Fragestellung dieser Arbeit richtete sich das Erkenntnisinteresse auf genderhomogene und -gemischte Fastnachtsvereine bzw. -gruppen. Für die Interviews wurden aus den für die teilnehmende Beobachtung fokussierten Gruppen jeweils zwei Mitglieder angefragt. Dabei wurde eine Variation der Fälle angestrebt, um bei der Analyse eine Kontrastierung durch den maximalen und minimalen Vergleich, wie ihn bspw. Strauss (1991) und Schütze (1983) entwickeln, zu ermöglichen.

Eine erste Kontrastierung bestand nun zunächst in der Auswahl der Gruppen/ Vereine, da diese sich bzgl. der Zusammensetzung nach Gender unterscheiden. Die Auswahl dieser Gruppen bedeutet zugleich eine Orientierung an ortsspezifischen ‚Genderregeln'. Innerhalb der jeweiligen Gruppen wurde eine weitere Kontrastierung bzgl. des Alters, des Familienstandes, der Lebensweise sowie der Dauer der Gruppenzugehörigkeit hergestellt. Dadurch erhoffte ich mir Vergleiche hinsichtlich der Bedeutung der Vereinszugehörigkeit für die individuelle Biographie bzw. für einzelne biographische Abschnitte.

Die Suche nach Interviewpartnern der Hexengruppe erfolgte über ein Anschreiben an deren Gruppenvertreter, in dem ich mein Forschungsvorhaben sowie mein konkretes Anliegen darstellte und ihn bat, bei einem nächsten Treffen meine Bitte einzubringen.

Ebenfalls schriftlich wurde bei Vertreter_innen der Guggenmusik angefragt. In darauffolgenden Telefonaten wurden mir jeweils zwei Mitglieder samt Telefonnummern genannt, die sich für ein Interview bereit erklärt hatten. Durch Telefonate mit den potentiellen Interviewpartner_innen konnte ich mein Forschungsvorhaben nochmals darstellen, die Einzelheiten der Interviewdurchführung (z.B. Tonbandaufzeichnung) und die Verwendung der Daten erläutern sowie das Einverständnis abfragen.

Die Interviewpartnerinnen der Tanzgruppe konnte ich durch gezielte Telefonanrufe gewinnen. Dieses Vorgehen wählte ich, da ich einige Mitglieder besser kenne und diese als potentielle Interviewpartnerinnen daher ausschließen wollte.

Insgesamt führte ich sechs Interviews, je drei mit Männern und Frauen. Die Interviewpartner der Hexengruppe waren 19 Jahre alt, alleinstehend, seit einem Jahr Mitglied der Hexengruppe bzw. 50 Jahre alt, verheiratet, Vater zweier jugendlicher Kinder und seit 25 Jahren Gruppenmitglied. Die Interviewpartnerin der Guggenmusik war 21 Jahre alt und hatte die erste Fastnachtssaison als Gruppenmitglied vor sich, während der Interviewpartner 20 Jahre alt war und bereits seit vier Jahren der Gruppe angehörte. Die Interviewpartnerinnen der Tanzgruppe waren 47 bzw. 27 Jahre alt, beide verheiratet, hatten drei jugendliche Kinder bzw. ein Kleinkind und gehörten der Tanzgruppe seit 31 bzw. 13 Jahren an.

3.4.5 Datenanalyse[91]

Analyse der ethnografischen Daten

Von jeder teilnehmenden Beobachtung wurden anhand der Tonbandaufnahmen und Notizen Protokolle angefertigt. Als erster Schritt durch die Protokolle erfolgte eine Kategorisierung in Anlehnung an die Qualitative Inhaltsanalyse nach Mayring (vgl. 1996 und 2005). Allerdings wurden die Kategorien nicht, wie Mayring beschreibt, aufgrund vorab festgelegter Kriterien, sondern aus den Texten heraus entwickelt. Anschließend wurden die Kategorien durch Paraphrasierungen, Unterstrukturierungen und Memos aufgebrochen, d.h. ich hatte nach diesem Schritt für jede Kategorie ein vierspaltiges Raster, das erste Interpretationen und eigene Assoziationen enthielt. Insgesamt dienten diese Schritte dazu, einen groben Überblick über aus dem Material sprechende Themen zu erhalten und es zu strukturieren. Anschließend unternahm ich einen Vergleich der von mir und den beiden außenstehenden Forscher_innen angefertigten Protokolle. Dieser Vergleich der Innen- und Außenperspektive machte Unterschiedliches deutlich: erstens konnte von mir (u.a. aufgrund meiner Vertrautheit mit dem Feld) nicht Wahrgenommenes identifiziert werden, was wiederum zeigte, in welchen Bereichen ich vermehrt einen fremden Blick aufs Feld einnehmen sollte. Zweitens offenbarte der Vergleich ebenso ‚vorschnelle‘ Interpretationen meinerseits, wie aufgrund der Kontext‚unwissenheit‘ der beiden anderen Forscher_innen unpräzise Einordnungen und Schlussfolgerungen. Schließlich geschah dadurch drittens gewissermaßen eine ‚Beobachtung der Beobachterin‘.

In einem nächsten Schritt bearbeitete ich Kategorie für Kategorie, indem ich den Fokus auf Überschneidungen, Unklarheiten, Widersprüche sowie weiteren, aus den Texten sprechenden Aspekte legte. Dabei arbeitete ich direkt mit den Texten, sowie mit den o.g. vierspaltigen Rastertabellen. Nach diesem Schritt schien mir der Einblick in Themen der Beobachtungen tief und sortiert genug, um die Protokolle bis zur Interviewauswertung beiseite zu legen.

Die Auswertungen der Beobachtungsprotokolle machten deutlich, dass diese in erster Linie der Entdeckung von Genderthematisierungen dienten. Für die Interpretationen der Interviews erwiesen sie sich daher als elementar, da sie Gender- und Heteronormativitätsthematisierungen offenbarten, die nicht ausge*sprochen*, jedoch ausge*übt* wurden (vgl. Kapitel 5). Auch konnten anhand der Beobachtungsprotokolle Interviewinhalte oftmals präzisiert bzw. korrigiert werden, was die Interpretationen vertiefte. Folgendes Beispiel aus der Fallanalyse Anton verdeutlicht dies:

---

91 Es sei darauf hingewiesen, dass sich die im Folgenden beschriebenen einzelnen Schritte der Datenauswertung in Wirklichkeit nicht so linear vollzogen, wie das Niederschreiben suggeriert.

Anton schildert als eine gruppenspezifische Gepflogenheit der Hexengruppe das Singen ganz bestimmter Lieder. Auf meine Frage, ob diese im Falle einer gendergemischten Zusammensetzung der Gruppe seiner Meinung nach auch gesungen würden, antwortet er folgendermaßen:

A: „Also solche Lieder kann man mit Frauen nicht singen (lacht) [...] da sind einfach ein paar Lieder dabei, die sind [...] für Frauen wahrscheinlich ein bisschen geschmacklos [...] Auch wenn die Frauen dann vielleicht sagen, das ist ja wieder typisch Männer und das [...] passiert uns (der Hexengruppe, K.B.) halt nicht, wenn keine dabei sind [...] da ist dann keine Frau zugegen, so auf die Art und deswegen denke ich, dass es auf jeden Fall so besser ist." (Interview Anton: 1804-1817)

Aus dieser Passage kann gefolgert werden, Anton schildere Situationen, in denen keine Frauen zugegen sind. Die teilnehmenden Beobachtungen der Busfahrt und des Närr_innenabends offenbaren jedoch, dass solcherart Gesänge von der Hexengruppe tatsächlich in gendergemischten Zusammenhängen gesungen werden. Vor dem Hintergrund der Beobachtungen wurde es nun möglich, Antons Aussage „da ist dann keine Frau zugegen, so auf die Art" als Beschreibung einer symbolischen Raumaneignung der Hexengruppe zu interpretieren.

Ähnlich weiterführend wie hier die teilnehmende Beobachtung, war an vielen Stellen mein Kontextwissen. Während der Interviewanalysen wurden die Protokolle, Feldnotizen und das Kontextwissen immer wieder herangezogen, um den Analyseblick zu erweitern.

Insgesamt ließ ich mich beim Verfassen der Protokolle und bei der Analyse der ethnographischen Daten von der „Dichten Beschreibung" leiten, wie sie Geertz entwickelte, um fremde Kulturen so detailgetreu wie möglich, am Wirklichkeitsverständnis der Untersuchten, sowie am Vorwissen und theoretischen Hintergrund der Forschenden ansetzend, zu erforschen (vgl. Geertz 2007 und Wolff 2005).

Interviewanalyse

Zunächst wurden alle Interviews vollständig transkribiert. Es folgte die Übertragung der Transkripte in das von Huber für die Analyse qualitativer Daten entwickelte Computerprogramm AQUAD 6 (vgl. Huber/ Gürtler 2004). Alle Interviews wurden nun mit Hilfe des Computerprogramms nach dem Kodierparadigma der Grounded Theory kodiert (vgl. Strauss 1991; Corbin/ Strauss 1996). Konkret bedeutete dies einen jeweils recht langen und intensiven Prozess (im Sinne eines mehrmaligen Durchgehens der Texte) des offenen, axialen und selektiven Kodierens auf Grundlage des Kodierparadigmas der Grounded Theory, sowie des Verfassens von Memos. Durch das Generieren der Codes aus dem Material direkt und deren Benennung anhand überwiegend aus den Texten stammender Begriffe, spiegelten die herauskristallisierten Themen die subjektiven Relevanzen der Interviewten wider. Dies war wichtig, um eigene Vorannahmen und implizite Hypothesen möglichst im Hintergrund halten bzw. überschreiten zu können.

Hierzu half auch, die einzelnen Passagen der verschiedenen Kategorien nicht isoliert, sondern stets im Gesamtzusammenhang des Interviews zu betrachten und aufeinander zu beziehen.

Wie unter Abschnitt 3.2 beschrieben, wurde daraufhin ein Interview ‚entgendert' und innerhalb einer Arbeitsgruppe diskutiert. Dieser Arbeitsschritt entfiel aufgrund des hohen zeitlichen und arbeitsorganisatorischen Aufwands bei den anderen Interviews. Die daraus gewonnenen genderbezogenen Erkenntnisse flossen in die übrigen Fallanalysen sowie in den Analyseprozess insgesamt ein.

Beim nächsten Schritt, der Auswahl der intensiv zu analysierenden Fälle, leitete mich die Absicht, eine Vielfalt hinsichtlich Lebensweise, Dauer der Fastnachtsaktivität und der Gruppen-/ Vereinszugehörigkeit zu erhalten sowie das Interesse an einer gendergemischten Zusammensetzung[92]. Ich entschied mich für die Bearbeitung eines Interviews pro Untersuchungsgruppe, die übrigen kodierten Interviews wurden während der einzelnen Fallanalysen (s.u.) sowie bei der Zusammenschau der Ergebnisse wieder herangezogen.

Den Prozess der intensiven Fallrekonstruktion begann ich vor dem Hintergrund des Vergleichs von erzählter und erlebter Lebensgeschichte (vgl. Fischer-Rosenthal/ Rosenthal 1997) mit der Erstellung eines subjektiven Lebenslaufs. Daraus wurde ersichtlich, was im Interview thematisiert wurde und was nicht, und nach welchen Themen die/ der Interviewte die individuelle ‚Fastnachtsgeschichte' subjektiv ordnete. Auf dieser Grundlage wurden die biografischen Kurzportraits verfasst. Schließlich begann die intensive Phase der Feinanalyse von Interviewsegmenten, die unter den für die Fragestellung relevanten Kategorien kodiert wurden. Während dieses Prozesses war dreierlei besonders wichtig, um die Analysen so komplex wie möglich werden zu lassen: (1) Die einzelnen Segmente wurden nie für sich, sondern stets im Zusammenhang der ‚Fastnachtsgeschichte' der Interviewten, weiterer thematisierter Relevanzen, sowie vergangener und aktueller thematisierter biografischer Aspekte interpretiert. (2) Während der Analyse eines Falles wurden immer wieder die übrigen Interviews herangezogen, um sowohl nach Ähnlichkeiten als auch Divergenzen zu suchen[93]. (3) Schließlich flos-

---

92 Da das ‚weibliche' Mitglied der Guggenmusik die erste Fastnachtssaison als aktives Gruppenmitglied noch vor sich hatte, waren ihre Erfahrungen über die Gruppenmitgliedschaft begrenzt. Sie war zwar bereits während der vergangenen Fastnachtssaison mit der Gruppe unterwegs, jedoch nicht als musizierendes Mitglied. Auch konnte sie noch nicht so viele Erfahrungen an Gruppenaktivitäten während des Jahres sammeln. Daher fiel die Wahl für das intensiv zu analysierende Interview dieser Untersuchungsgruppe auf das ‚männliche' Mitglied.

93 Zum Verfahren des minimalen und maximalen Vergleichs sei auf Schütze (1983) und Jakob (1997) verwiesen. Weiter sei auf die Systematik des Vergleichs innerhalb der Dokumentarischen Methode verwiesen (vgl. Bohnsack 2001b, Nohl 2005).

sen die Feldprotokolle, Tagebuchnotizen sowie mein Kontextwissen systematisch in die Fallanalysen ein. Um zu veranschaulichen, inwiefern manche Sachverhalte dadurch verständlicher oder auch präzisiert werden konnten, werde ich ein Beispiel anführen:

In den Interviews mit den beiden Männern der Hexengruppe wurde das relativ aufwändige Bewerbungsprozedere der Gruppe sehr ausführlich beschrieben, jedoch konnte mir keiner der Interviewten die Frage nach zugrundeliegenden Kriterien für Aufnahme oder Ablehnung von Bewerbern beantworten. Es wurde betont, keine Bewerber würden abgelehnt, vielmehr diene das Verfahren der Sicherung eines guten Zusammenhalts der Gruppe. Während meiner Fastnachtsteilnahmen erzählten mir nun zwei Mitglieder des Aufnahmeausschusses der Hexengruppe, einen aktuellen Bewerber habe man abgelehnt, um zunächst ein Jahr lang die Ernsthaftigkeit der Bewerbung zu überprüfen. Es wurde ihm nahegelegt, das Interesse an der Hexengruppe im kommenden Jahr durch seinen Austritt aus einer Musikgruppe zu beweisen, und dann erneut einen Aufnahmeantrag zu stellen. Diese Informationen konnten meine Analysen erweitern, offenbaren sie doch, dass sowohl Aufnahmekriterien bestehen, als auch Bewerber abgelehnt werden.

Typenbildung und Verallgemeinerbarkeit

Bei der Generierung von Verallgemeinerbarkeiten folgte ich dem von Riegel entwickelten Auswertungsverfahren, welches sie im Rahmen ihrer Dissertation in Anlehnung an die „Möglichkeitsverallgemeinerung" aus der Kritischen Psychologie entwickelte (vgl. Riegel 2004: 169ff). Riegel führt aus, Verallgemeinerung im subjektwissenschaftlichen Sinne erfolge „vom einzelnen Fall auf alle Fälle dieser Art, indem der gesellschaftliche und soziale Kontext dieser Handlungsmöglichkeiten und -behinderungen aufgezeigt wird und als ein ‚typischer Möglichkeitsraum' ausgewiesen werden kann" (ebd.: 169). Mit Bezug auf Holzkamp erklärt Riegel dieses Verfahren der Verallgemeinerung folgendermaßen:

„Es geht [...] darum, von der subjektiven Umgangsweise der einzelnen befragten Subjekte auf eine typische Konstellation oder einen ‚Möglichkeitstypus' zu schließen. Die Verallgemeinerung erfolgt, indem zuerst der subjektive Zusammenhang zwischen Handlungsvoraussetzungen und deren Begründungen herausgearbeitet wird. Anschließend wird geklärt, unter welchen Voraussetzungen diese Umgangsweise, über die individuelle Besonderheit dieses Einzelfalls hinaus, als typisch zu charakterisieren ist. [...] Diesbezüglich ist zu klären, unter welchen (personalen, sozialen und gesellschaftlichen) Voraussetzungen die Handlungsweise von Einzelnen auch für andere, in vergleichbarer Ausgangslage, eine Handlungsoption darstellt." (Riegel 2004: 170)

Die analysierten Einzelfälle waren demzufolge nach gesellschaftlichen Vermitteltheiten der Handlungsmöglichkeiten zu befragen. D.h. es ging um die Herstellung eines Zusammenhangs zwischen den aufgefundenen *subjektiven* Handlungs- und Begründungsstrukturen, und dem *gesellschaftlichen* Gesamtzusammenhang. Auf der konkreten Ebene der Analysearbeit hatte ich also danach zu fragen, welche gesellschaftlichen Voraussetzungen hinter den ubjektiven Gender-/ Heteronormativitätsthematisierungen und -verhandlungen, sowie den individuellen biografischen Verläufen liegen. Es ging um das Entdecken gesellschaftlicher Vermitteltheiten (also Aspekte wie Zuweisungsmuster, Anforderungen, Zumutungen, Ermöglichungen, Werte und Normen, usw.) und sozialer Voraussetzungen *in* den subjektiven (Fastnachts-)Geschichten. Anders ausgedrückt stand die Frage im Mittelpunkt, welche gesellschaftlichen und sozialen Voraussetzungen sich in den individuellen Thematisierungen von Gender/ Heteronormativität und biografischen Verläufe zeigten. Dadurch wurde das Verallgemeinerbare in den einzelnen Fällen sichtbar, da „nicht nur die subjektiven Möglichkeitsräume der exemplarisch dargestellten Fälle erfasst (wurden, K.B.), sondern auch die von anderen, wenn für diese die gleichen Handlungsvoraussetzungen bestehen" (ebd.: 171). Ein ähnliches Verfahren für die Verallgemeinerung empirischer Befunde beschreibt Schittenhelm (2005: 301f.). Mit Bezug auf die Dokumentarische Methode (vgl. Bohnsack 2001a) führt sie aus, bei der Typisierung von empirischen Befunden sei danach zu fragen, in welchem *Rahmen* ihr Geltungsbereich zu verorten ist, und inwiefern die Befunde des Einzelfalls auf *vergleichbare Settings oder Konstellationen* übertragbar sind (vgl. Schittenhelm 2005: 302).

Die in der vorliegenden Forschungsarbeit durchgeführten Verallgemeinerungen stellen folglich keine Personentypologien dar, sondern eine Typologie von Handlungsmöglichkeiten.

4. Fallrekonstruktionen

In den folgenden Kapiteln werden die Fastnachtsteilnehmenden im Mittelpunkt stehen. Ausgehend von den jeweiligen Fastnachtszugängen werden in drei ausführlichen Fallanalysen subjektive Bedeutungen der Fastnacht und des fastnachtsbezogenen Vereinsengagements herausgearbeitet. Ebenso werden Möglichkeiten biografischer Gestaltung und Thematisierungen von Gender, Heteronormativität und weiterer sozialer Differenzlinien erörtert. Der Schwerpunkt liegt dabei auf den Interviewaussagen der Fastnachtsaktiven, aber auch die teilnehmenden Beobachtungen, die Feldnotizen und mein Kontextwissen werden hinzugezogen. Vor allem hinsichtlich der Thematisierungen von Gender und Heteronormativität werden die ethnografischen Daten von Bedeutung sein. In die anschließende Zusammenschau der Analyseergebnisse in Kapitel 5 fließen dann zudem die drei Interviews ein, die bei der ausführlichen Fallrekonstruktion nicht berücksichtigt wurden. Die Ergebnisdiskussion erfolgt also auf Grundlage der intensiven Fallanalysen, aller Interviews, der teilnehmenden Beobachtungen sowie der Feldnotizen und des Kontextwissens.

Bevor nun die Interviewten zu Wort kommen, sei noch eine kurze Leseanleitung für die Fallanalysen gegeben.

Nach einem biografischen Kurzportrait erfolgt die Rekonstruktion der Eingangserzählung[94]. Dabei geht es um die von den Interviewten aufgeworfenen Themen und entwickelten Relevanzen. Fischer-Rosenthal/ Rosenthal (1997) bzw. Schütze (1983) führen aus, dass die Art und Weise, wie Interviewte ihre Präsentation gestalten und worüber sie (nicht) erzählen, Aufschluss über ihre Positionierung innerhalb der biografischen Selbstpräsentation geben. D.h. es geht darum aufzuspüren, welche Aspekte ihres damaligen Erlebens die Interviewten aus ihrer heutigen Perspektive als relevant erachten. Daran anschließend erfolgt die detaillierte Interpretation der hin-

---

94 Dabei handelt es sich um die Interviewpassage nach der Erzählaufforderung bis zur ersten deutlichen Pause der Interviewten, während der keine Interventionen der Interviewerin erfolgen, sondern Raum zur Gestaltentwicklung gelassen wird (vgl. Fischer-Rosenthal/ Rosenthal 1997).

sichtlich der Fragestellung dieser Arbeit relevanten Interviewpassagen. Schließlich werden durch den Rekurs auf die in Kapitel 1.1 und 1.2 diskutierten Gender- bzw. Biografietheorien Zusammenhänge von Vereins-/Gruppenengagement und biografischer Arbeit erörtert, und die Relevanz von Gender, Heteronormativität und weiteren sozialen Differenzlinien aufgezeigt[95].

4.1 FALLREKONSTRUKTION ANTON – MITGLIED DER HEXENGRUPPE

4.1.1 Biografisches Kurzportrait

Anton wird 1987 im Untersuchungsort geboren und wächst dort zusammen mit seinem drei Jahre jüngeren Bruder in seiner Familie auf, die schon seit vielen Generationen in Fastnachtshausen lebt.

Nach der Grundschule besucht Anton das Gymnasium, welches er nach der 12. Klasse verlässt. Zum Interviewzeitpunkt absolviert Anton seit knapp drei Monaten eine Lehre als Bankkaufmann bei einer örtlichen Bank. Er wohnt bei seiner Familie in einem eigenen, neu ausgebauten Zimmer im Dachstuhl.

Antons Fastnachtszugang gestaltet sich über die Eltern und findet von Beginn an innerhalb des Fastnachtsvereins Fastnachtshausens statt. Bereits als Kleinkind wird Anton als Narro[96] von seinen Eltern, die beide bis heute aktive Närr_innen der Fastnachtshausener Fastnachtszunft sind, im Kinderwagen durch Fastnachtsumzüge geschoben und läuft dann zusammen mit der Mutter bei Umzügen mit, während sein jüngerer Bruder zu Hause bei der Oma bleibt. Antons Fastnachtsaktivität als Kind und Jugendlicher ist stark an die Eltern gekoppelt, so beschreibt er, wie diese ihn stets zu allen Fastnachtsveranstaltungen mitgenommen hätten, auch zu Abendveranstaltungen, an denen man eigentlich erst ab 18 Jahren teilnehmen darf. Als Jugendlicher bewegt sich Anton auf fastnächtlichen Veranstaltungen mehr und mehr fernab der Eltern, wobei er zu Beginn dieser allmählichen Verselbstständigung noch relativ stark an die Eltern gebunden ist, sie ihm z.B. als Aufsichtspersonen überhaupt den Zugang zu Abendveranstaltungen ermöglichen, oder er sie als Geldgeber_innen benötigt.

Während die Eltern als Bezugspersonen auf der Fastnacht an Relevanz verlieren, knüpft Anton zunehmend neue Bekanntschaften innerhalb der Fastnachtszunft. Viele dieser meist älteren Bekannten werden mit der Volljährigkeit Mitglied in der Hexengruppe, und auch Antons Vater ist seit fast 30 Jahren bei den Hexen und seit sechs Jahren deren Gruppenvorstand.

---

95 An dieser Stelle sei nochmals darauf verwiesen, dass im Material auftauchende fastnachtsspezifische Begriffe im Glossar erläutert werden.

96 Zur Erklärung fastnachtsspezifischer Begriffe und Hintergründe vgl. Glossar.

Durch diese Tätigkeit des Vaters hat Anton seit mehreren Jahren intensiven Einblick in die Aktivitäten der Hexengruppe und wird in deren Aktionen eingebunden, ohne selbst bereits Mitglied oder Bewerber zu sein. Diese Aktivitäten machen Anton Spaß, er fühlt sich in der Gruppe wohl und von ihren Mitgliedern akzeptiert.

So ist es für Anton logisch, mit dem Erreichen der Volljährigkeit[97] ebenfalls Hexe werden zu wollen. Er durchläuft die einjährige Bewerbungszeit und wird als Jungehexe aufgenommen. Zum Zeitpunkt des Interviews hat Anton ein Jahr der insgesamt zweijährigen Probezeit als Jungehexe hinter sich und sagt von sich selbst, er wolle Hexe bleiben bis er nicht mehr laufen könne.

Die Aufnahme in die Hexengruppe beschreibt Anton als eine Steigerung bzw. „Vollendung" des Gefühls, dazu zu gehören. Das Unterwegssein innerhalb der Gruppe bringt ihm sowohl während der Fastnacht als auch in der außerfastnächtlichen Zeit Spaß, Aktion sowie eine gewisse Verbindlichkeit. Obwohl er neben den Freunden aus der Hexengruppe je nach Anlass seine Arbeitskolleg_innen und die Menschen seiner Tanzschule als relevante Bezugsgruppe erwähnt, bezeichnet er diese als der Hexengruppe „nachrangig". So beschreibt Anton, für ihn sei das ganze Jahr über Fastnacht, da außerhalb der eigentlichen Fastnachtssaison Vorbereitungen getroffen werden wie bspw. die Organisation von Übernachtungen, das Anfertigen von T-Shirts oder das Vereinbaren gemeinsamer Mahlzeiten, es wird miteinander ausgegangen oder es werden gemeinsame Feste veranstaltet.

4.1.2 „Klar, Fasnet ist das Non plus Ultra eigentlich": Antons Fastnachtszugang

Wie im Folgenden deutlich werden wird, spielen in Antons Darstellung der Entwicklung seiner Fastnachtsaktivität hauptsächlich drei Themenkomplexe eine wesentliche Rolle: (1) der Fastnachtszugang von früher Kindheit an, die allmähliche Ablösung als Jugendlicher von den Eltern und damit zusammenhängend das Knüpfen eigener Kontakte innerhalb der Fastnachtszunft, (2) die Mitgliedschaft in der Hexengruppe, und schließlich (3) seine ganzjährigen Tätigkeiten für eine gelingende Fastnacht.

Fastnachtszugang durch die Eltern und allmähliche Verselbständigung

Anton schildert seine Umzugsteilnahmen als (Klein-)Kind mit den Eltern von Beginn an als sehr aktionsreich und umtriebig. Zunächst können seine Erzählungen an manchen Stellen so gelesen werden, als wäre seine Fastnachtsteilnahme nicht immer ganz freiwillig bzw. frei gewählt gewesen, bspw. durch Formulierungen wie „in ein Narro hineingesteckt worden" (23)

---

97 Vor Vollendung des 18. Lebensjahres ist keine Mitgliedschaft bei der Hexengruppe möglich.

oder „alles so (verhaspeln) an mir vorbei mitbekommen, in Anführungszeichen mitgeschleppt worden, was jetzt nicht negativ ist, aber ich bin halt immer mitgeschleppt worden" (31-34). Betrachtet man allerdings die gesamte
Eingangserzählung, so drückt Antons Erzählweise insgesamt große Aktivität
aus und wirkt sehr lebhaft. Zudem können Ausdrucksformen wie „in Kinderwagen rein und dann gibt ihm" (23f.), „immer dabei gewesen" (31) oder
„halt immer mitgeschleppt worden" (34) zu einem Teil auf den Dialekt zurückgeführt werden, sowie auf eine gewisse Coolness, die er bspw. als junger Mann mir als älterer Frau und Forscherin gegenüber auszustrahlen versucht. Daher kann allein aus der Art und Weise der Formulierungen nicht
auf eine „unfreiwillige" Fastnachtsteilnahme geschlossen werden.

Darüber hinaus ist diese Ausdrucksart in gewisser Weise symptomatisch
für das gesamte Interview: Antons Begeisterung für die Fastnacht im Allgemeinen und die Hexen-Aktivität im Besonderen – wobei beides für Anton
untrennbar miteinander verbunden ist – zieht sich durch das Interview wie
ein roter Faden. In der Eingangserzählung drückt sich dies durch Antons
Erzählweise aus: er spricht sehr schnell, reiht ein Ereignis ans andere, Sätze
werden teilweise abgebrochen und durch einen neuen Erzählstrang fortge-
setzt, Pausen erfolgen, wenn überhaupt, dann nur sehr kurz. Insgesamt wirkt
die Erzählung dadurch sehr bewegt, lässt Antons Erinnerungen an seine
Fastnachtsteilnahmen als (Klein-)Kind als sehr ereignisreich erscheinen, und
seine sich allmählich immer elternunabhängiger entwickelnde Fastnachtsaktivität in gewisser Weise als selbstredend. Durch die wenigen und nur sehr
kurzen Pausen wird deutlich, dass Anton während seiner Präsentation nicht
nachzudenken braucht, sondern die für ihn wesentlichen Aspekte bzgl. seiner Fastnachtsentwicklung klar in Erinnerung hat.

Anton verbindet die Schilderung seines Werdegangs zur Hexengruppe
mit einer relativ detaillierten Darstellung der einzelnen Schritte auf seinem
Weg zu einer elternunabhängigen Fastnachtsaktivität. Dabei drückt er in einigen Formulierungen seine früher empfundene Abhängigkeit direkt aus, so
bspw. wenn er schildert, er sei „nicht mehr so abhängig gewesen von denen
[Eltern, K.B.]" (42f.) oder wie er „dann praktisch gar nicht mehr, ähm, bin
dann praktisch gar nicht mehr an denen, sie gebunden war, das entwickelt
sich dann mit der Zeit, das ist ja normal" (51-53). Dabei führt Anton Begründungen für noch nicht abgeschlossene Unabhängigkeitsprozesse an, wie
das Benötigen von Geld (37) und das Angewiesensein auf Erziehungsbe-
rechtigte als Minderjähriger (40 u. 44f.). Einerseits kann dies als eine Art
Rechtfertigung erscheinen, zugleich aber erklärt Anton, diese Abhängigkeit
sei normal, und in der Tat gleichen seine Schilderungen ‚allgemeinen‘ Los-
lösungsprozessen Jugendlicher von Eltern in der Entwicklung zum Erwachsenen und der damit verbunden Orientierung an Gleichaltrigen bzw. dem
Aufbau eigener sozialer Bezüge.

Da das Ende des Ablösungsprozesses von den Eltern in die Ausführungen über den Beginn der Hexenmitgliedschaft mündet, scheint Anton diese
Mitgliedschaft mit ‚Erwachsensein‘ zu verbinden.

„Bis heute, auf jeden Fall, bis heute und weiter":
Hexe-Sein als hohes Ziel

Antons Erzählung steuert wie selbstverständlich auf den Zeitpunkt der Mitgliedschaft bei der Hexengruppe zu. Dies verwundert zunächst nicht, da die Hexen bei der Erzählaufforderung erwähnt wurden[98]. Der erste Teil der Eingangserzählung wird in der Gegenwart beendet, die Anton mit dem Eintritt in die Hexengruppe markiert: „[...] bis dann halt heute bis zu den Hexen, (..) bis letztes Jahr, das erste Mal dabei gewesen jetzt, also auf der letzten Fasnet." (56-58)

Obwohl er bereits seit einem Jahr bei den Hexen ist, bezeichnet Anton diesen Zeitpunkt als „heute" (56). Im weiteren Verlauf des Zitats wird deutlich, dass diese Formulierung durchaus Sinn für Anton macht:

„Ja und das habe ich jetzt eigentlich vor zu bleiben bis ich die Fasnet dann aufgebe und das wird ja (verhaltenes Lachen) solange (..) solange ich mich selbst auf den Füßen halten kann, wird das, denke ich, nicht passieren." (60-64)

Die Mitgliedschaft in der Hexengruppe markiert für Anton das Erreichen eines Ziels, dem keine weiteren mehr folgen, denn er möchte Hexe sein solange dies irgendwie möglich ist. In gewisser Weise ist er also an einem Punkt angelangt, von dem aus er keine weiteren Veränderungen anstrebt, der folglich in seiner Logik durchaus eine Art Gegenwart darstellt. Auffallend ist, was Anton auf diesem Weg schildert und was nicht. So erwähnt er zwar, wie er mit zunehmendem Alter vermehrt eigene Kontakte innerhalb der Fastnachtszunft knüpfte, lässt jedoch bspw. seine Mitwirkung in einer Guggenmusik unerwähnt. Ebenso unerwähnt bleiben mögliche Beweggründe für seinen Wechsel von der Häsgruppe Narro zur Häsgruppe Hexen. Das Unerwähntbleiben seiner Aktivität in anderen Gruppen kann dabei die Bedeutung der Mitgliedschaft in der Hexengruppe unterstreichen[99], dass er

---

98 Die in diesem Fall entgegen meinen Notizen gestellte narrative Eingangsfrage lautete: „Also genau, dass es dir leichter fällt sage ich dir einfach noch einmal, dass es ja darum geht, um Leute, mir geht's um Leute, die sich innerhalb von Gruppierungen oder Vereinen, so wie die Hexen als Untergruppe, durch die Fasnet gehen. Und deswegen werde ich jetzt erst einmal dich bitten, dass du mir am Anfang einfach erzählst, deine Geschichte, wie es dazu kam, dass du zur Fasnet gegangen bist, wie du es angefangen hast und wie es dann weiter ging bis heute." In allen anderen Interviews wurde die Erwähnung der spezifischen Untergruppe vermieden, um den Interviewpartner_innen so viel Raum als möglich zur Entfaltung der Relevanz der jeweiligen Untergruppe zu geben.

99 Am Ende des Interviews drückt es Anton auf meine Nachfrage hin folgendermaßen aus: „Das mit der Guggenmusik, das kann man nicht vergleichen, da war ich nicht wirklich mittendrin, das ist nie, das mit den Hexen ist alles (h) von Grund auf im Prinzip habe ich es von meinem Vater mitbekommen, dann was er so gemacht hat, dann bin ich mal da mitgegangen, dort mitgeholfen, ich bin halt im-

keine Beweggründe für seine Hexenmitgliedschaft schildert, verstärkt die für ihn als selbstverständlich und normal empfundene Entwicklung, die sich bereits in seinen Schilderungen des Ablösungsprozesses von den Eltern spiegelte (s.o.).

Als Fortsetzung bzw. Ende der Erzählung dieses Verselbständigungs-prozesses markiert der Beginn der Hexenmitgliedschaft zudem das Ende der Entwicklung Antons vom Jungen zum Erwachsenen. Die Erzählung über die Eltern ändert sich nun: während bisher beide Elternteile in die Erzählung einbezogen wurden, spricht Anton in der Folge lediglich vom Vater, der mit 50 Jahren noch immer aktiv in der Hexengruppe mitwirke, und nach dem er sich nun richte (64), während er bisher auf die Eltern angewiesen war bzw. sich von ihnen mehr oder weniger abhängig fühlte. Allerdings bleibt die Orientierungsfunktion des Vaters nicht so eindeutig wie an dieser Stelle, so schildert Anton sein Eingebundensein in fastnachtsbezogene Dienste einige Zeilen weiter folgendermaßen:

„Der Vater im Narrenrat mit drin (..), und von da kommen natürlich auch Sachen [...] und diesbezüglich habe ich ja auch schon relativ viel mitgemacht. (..) Gerade da-durch, dass ich eigentlich immer mitgenommen worden bin bzw. dann immer gesagt habe, ich möchte mit, also irgendwann dann mal selber natürlich Spaß gemacht hat – das ist ganz klar." (87-111)

Durch die Funktion des Vaters im Narrenrat erhielt und erhält Anton Impul-se bzgl. seines Engagements für die Fastnacht. Seine Formulierung, zu-nächst sei er „eigentlich immer mitgenommen worden" (109), habe dann selbst den Wunsch formuliert, mitgenommen zu werden, und schließlich irgendwann selbst Spaß daran gehabt, drückt aus, dass sich Antons eigener Wunsch nach und Spaß an fastnachtsbezogenen Tätigkeiten relativ stark aufgrund von Impulsen des Vaters entwickelte.

Auch diese Ausführungen können, wie die bereits beschriebene Begeis-terung für die Fastnacht, als charakteristisch für das gesamte Interview ge-sehen werden: innerhalb Antons vergangener und gegenwärtiger Fast-nachtsaktivität spielt der Vater eine zentrale Rolle, die sich nicht immer ganz widerspruchsfrei bzw. eindeutig darstellt. Der Vater nimmt einerseits eine Vorbildfunktion für Anton ein und erleichtert ihm durch eine frühzeiti-ge Einbindung den Zugang zur Hexengruppe. Andererseits formuliert er bspw. mit dem Wunsch, dass „wenn er mal aufhört und keine Hexe mehr ist, wenigstens sein Junge dabei ist" (159f) klare Erwartungen an das Engage-

---

mer damit aufgezogen worden letztendlich und zur Guggenmusik bin ich ge-kommen wie die Jungfrau zum Kinde, da habe ich einmal mitgespielt und dann haben die gesagt, ha, gar nicht schlecht, könntest ja mal öfters mitspielen und dann war ich halt mittendrin. (...) Und genau so schnell war ich wieder draußen, also das (h), das kann [...] man so nicht sagen, also, das geht nicht, den Ver-gleich kann man nicht stellen." (2201-2215) ment seines Sohnes, wobei unklar bleibt, wie viel Handlungsspielraum dabei aus Antons subjektiver Perspektive besteht.

„Richten, machen, tun":
ganzjähriges Engagement für eine gute Fastnacht

„Und ja also, klar, Fasnet ist das Non plus Ultra eigentlich, äh, ja wenn (-) gerade halt schon dadurch, dass ich von Kinderwagen an auf dazu gebracht worden bin – in Anführungszeichen – äh, ich habe ja auch nichts anderes gekannt und wenn halt meine Leute[100] auf die Fasnet gegangen sind, bin ich halt mitgegangen und seither hat das sich eigentlich total eingespielt." (67-73)

Diese Stelle, die Antons Erklärung folgt, er wolle Hexe bleiben solange er sich selbst auf den Beinen halten könne (s.o.), stellt eine Art erste Zusammenfassung seiner Eingangserzählung dar. Anton macht zunächst deutlich, welch hohe Bedeutung die Fastnacht für ihn hat, indem er sie als das „Non plus Ultra", also das ‚Beste vom Besten', bezeichnet. Die Begründung fügt er mit Bezug auf seine bisherigen Ausführungen an: zum einen seine frühzeitige Heranführung an die Fastnacht durch die Eltern, zum anderen die Tatsache, dass er nichts anderes gekannt habe, die (engagierte) Fastnachtsaktivität für ihn folglich eine Art Normalität darstellt, die sich mittlerweile „total eingespielt" hat.

Im Folgenden verdeutlicht Anton die Relevanz der Fastnacht für sich selbst, indem er ausführt, dass er sich das ganze Jahr über damit beschäftigt:

„Also wenn ich (-) (..) wenn bei mir November, Dezember ist, dann ist der Fokus nicht auf Weihnachten, dann liegt der Fokus halt auf der Fasnet oder es geht eigentlich das ganze Jahr darum [...] also nicht bloß während der Fasnet dabei, sondern auch unter dem Jahr für die Fasnet was machen, dass die Fasnet, kommende Fasnet dann auch wieder was wird." (67-81)

Für Anton ist es wichtig und selbstverständlich, sich während des Jahres für die kommende Fastnacht zu engagieren und auch, die Fastnacht durch ein solches Engagement „aus einem anderen Blickwinkel" (103) zu sehen – er möchte nicht nur feiern, sondern auch organisatorisch tätig sein. Impulse hierfür bekam er schon früh, wie bereits erwähnt, vom Vater. Die nötigen Arbeiten für eine „gelingende" Fastnacht und sein diesbezügliches Engagement wirken durch Antons Wortwahl sehr zeit- und arbeitsintensiv, er beschreibt es mit Formulierungen wie „also es ist ja immer irgendetwas, alle zwei Wochen ist immer irgendetwas von der Fastnachtszunft" (83-85), „also es geht einem nicht aus" (91f.), „da mal wieder wir was abbauen nach der Fasnet oder dort wieder was Instand setzen, richten, machen, tun." (76-78)

---

100 „Leute" ist die umgangssprachliche Bezeichnung für Eltern.

Die Eingangspassage kann als symptomatisch für das gesamte Interview betrachtet werden: das Spannungsfeld zwischen Selbstständigkeit und Orientierung am bzw. Aufträgen des Vaters, die Hexengruppe als Symbol für die Fastnacht und seine Zugehörigkeit als das gefühlt Höchste, was er erreichen will, die ganzjährige Beschäftigung mit der Fastnacht, und schließlich der Automatismus bzw. die Normalität seiner Entscheidungen sind die zentralen Themen des Interviews. Dabei nähert sich Anton, wie im Folgenden deutlich werden wird, diesen Themen in unterschiedlichen Dimensionen und verdeutlicht damit immer wieder ihre Relevanz für seine biografische Entwicklung.

4.1.3 Die subjektive Bedeutung des Hexe-*Werdens* für Anton

Verhandlung lokalspezifischer (Gender-)Normalität

In Antons Wunsch nach einer Mitgliedschaft in der Hexengruppe und in dessen Umsetzung spiegeln sich die Verarbeitung und Erfüllung subjektiver und struktureller Erwartungen. Beide hängen eng miteinander zusammen, da strukturelle Erwartungen in Form lokalspezifischer Normalitätsvorstellungen an ihn als Individuum im Übergang vom Jungen zum Erwachsenen, sowie Zukunftsvorstellungen von Seiten des Vaters, Antons subjektive Normalitätsvorstellungen prägen. Für Anton standen diese Normalitätsvorstellungen nie in Frage, seine Entscheidung für eine Gruppenmitgliedschaft bei den Hexen schildert er als einen automatischen Prozess, der sich ohne bewusste Planung oder Gedanken vollzog:

„Die Entscheidung, dass ich zu den Hexen möchte (?). Ähm, ich sage mal, das ist, das kommt praktisch fast von alleine…" (119-121)

Das Wiederholen meiner Frage deutet darauf hin, dass für Anton nie eine bewusste Entscheidung im Raum stand und meine Frage ihn etwas verwundert. Tatsächlich führt er dann aus, „das" (also das Hexe-Werden) käme „praktisch fast von alleine" (120). Als Einflussfaktoren für diesen automatischen Prozess nennt er die zunehmende Unabhängigkeit von den Eltern (123-125), das Hexe-Werden älterer Freunde (126-128), sowie das Hexe-Sein des Vaters (129). Die Mitgliedschaft in der Hexengruppe symbolisiert demnach ein für den Untersuchungsort ‚normales' Erwachsensein, denn die von Anton geschilderten Faktoren hängen eng mit Erwachsenwerden allgemein zusammen: Loslösung von den Eltern, Orientierung an etwas älteren Freunden, sowie die Vorbildfunktion Erwachsener (Vater). Als Heranwachsender nimmt Anton dies offensichtlich wahr, orientiert sich daran, und schlägt nach Erreichen der Volljährigkeit[101], selbstverständlich denselben Weg ein („und dann geht man da halt einfach hin")[102]. Im Folgenden wird deutlich, dass dieser geschilderte Automatismus eine für Männer geltende ‚Gendernormalität' im Untersuchungsort darstellt:

„Also die wo in Fastnachtshausen die Kerle die in Fastnachtshausen auf die Fasnet gehen, das ist eigentlich – sagen wir mal bis auf 10 Prozent Ausnahme – sage ich jetzt einmal, es gibt welche in meinem Alter zwischen 20 und 25, die gehen in die Narro und die gehen gerne in die Narros und die sind zufrieden damit, aber also die Regel ist eigentlich, dass man dann mit 18 zu den Hexen möchte. (..) Weil das eigentlich auch, ja es gehört einfach dazu, es ist eigentlich normal, dass die Männer eher bei den Hexen sind in Fastnachtshausen auf der Fasnet, also sagen wir mal die Jüngeren, dann gibt es wieder die, wo erst später zu der Fasnet gekommen sind, ich sag jetzt mal so die Männer zwischen 35 und 40, sage ich jetzt mal und erst später zu der Fasnet gekommen sind und die dann sagen, o.k., das fange ich jetzt nicht an mit Hexenbewerbung und Trallerla und was weiß ich, ich gehe jetzt halt in meinem Narro auf die Fasnet und dann kann ich halt auch Fasnet haben, also es ist jetzt nicht so, dass wir keine Männer in den Narros hätten, da gibt es auch genügend, aber die, sagen wir mal die Jüngeren von unten her, sagen wir mal so zwischen 18 und 25, die sind in der Regel schon, also so wie es die Möglichkeit zulässt, sind dann schon bei den Hexen. Weil es einfach dazu gehört. Also die meisten möchten es dann auch, das kommt ganz automatisch von allem Einfluss." (135-156)

Diese Passage ist durchsetzt mit Formulierungen, die Normalität und Regeln beschreiben[103]. Anton drückt dies wörtlich aus, wenn er als „normal", „einfach dazu gehörend", oder als „Regel" bezeichnet, dass 90 Prozent der jun-

---

101 Die Mindestaltersgrenze von 18 Jahren für eine Hexenmitgliedschaft unterstreicht dabei die Symbolik des Erwachsenwerdens.

102 Dass Anton mit diesem „automatischen Hingehen" Normalität beschreibt und nicht etwa eine Art niederschwelligen Zugang, wird an anderen Stellen des Interviews deutlich, an denen er das Bewerbungsverfahren sowie die sich anschließende zweijährige Probezeit erläutert, die vor einer Aufnahme in die Hexengruppe durchlaufen werden müssen. Dabei schildert er relativ detailliert sein eigenes Hinarbeiten auf eine Mitgliedschaft (s.u.).

103 Die Erzählung in dritter Person zieht sich dabei durch die ganze Passage, obwohl ich nach Antons subjektiven Gründen fragte. Da diese Erzählform auch als Distanzierung zur eigenen Person gewählt werden kann, scheint mir wichtig anzumerken, dass diese Art des Erzählens auch eine dem schwäbischen Dialekt geschuldete ist, die sich in allen Interviews findet und daher zunächst nicht weiter interpretiert werden muss. Darüber hinaus wird diese sprachliche Form oftmals für die Beschreibung von regelhaften Abläufen gewählt. Es gilt also abzuwägen bzw. offen zu lassen, an welchen Stellen sich Interviewte tatsächlich durch diese sprachliche Formulierung distanzieren, wann sie dem Dialekt geschuldet ist, wann damit Abläufe beschrieben werden o.ä.

gen, fastnachtsaktiven Männer ab 18 Jahren Hexe werden wollen[104]. Der oben beschriebene Aspekt des Erwachsenwerdens bzw. -seins wird hier durch ‚Mannsein' spezifiziert indem Anton erklärt, junge Männer (wörtlich „Kerle") zwischen 18-25 Jahren wollten fast ausnahmslos Hexe werden. Der Bezug auf diese Altersgruppe der jungen Erwachsenen lässt den Schluss zu, dass gerade in dieser Lebensphase die Mitgliedschaft in der Hexengruppe erwachsenes Mannsein symbolisiert bzw. zum Erwachsensein „einfach dazu gehört" (155). Womöglich ist für ältere Männer eine Mitgliedschaft weniger relevant, da in dieser Altersgruppe Erwachsen- bzw. Mannsein gefestigter sowie vielfältiger gestaltbar ist.

Akzeptanz und Zugehörigkeit zur erwachsenen Männerwelt

Im gesamten Interview spielen die Themen Akzeptanz und Zugehörigkeit eine wesentliche Rolle. Immer wieder führt Anton in Beschreibungen seiner subjektiven Bedeutung der Hexenmitgliedschaft unterschiedliche Dimensionen dieser Aspekte aus. Dabei wird deutlich, dass Anton selbst im Laufe der Jahre eine Steigerung des Zugehörigkeitsgefühls empfindet, das schließlich mit der Aufnahme in die Gruppe, sowie mit dem Tragen des Hexenkostüms, seinen Höhepunkt erreicht. Allerdings ist dieses tatsächliche Tragen des Kostüms dabei eher eine Art symbolische Zugehörigkeit, denn in Antons Erzählungen nehmen sowohl fastnächtliche als auch außerfastnächtliche Aktivitäten mit Mitgliedern der Hexengruppe viel Raum ein, d.h. die (Relevanz der) Zugehörigkeit scheint nicht auf die Fastnachtssaison beschränkt, Hexe-Sein scheint ganzjährig relevant zu sein.

Um verstehen zu können, welche Bedeutung die Zugehörigkeit zur Hexengruppe für Anton hat und wie sie mit dem o.g. Erwachsen- bzw. ‚Mannsein' zusammenhängt ist es wichtig, die Zeit von Antons Jugend bis zu seiner tatsächlichen Aufnahme näher zu beleuchten. Anton erläutert, wie er als Jugendlicher vermehrt Kontakte zur Gruppe der Hexen knüpfte (541-557), sich auf Fastnachtsveranstaltungen an ihr orientierte (181-183), und wie schließlich im Alter von 16, 17 Jahren Mitglieder der Hexengruppe auch während des Jahres zu seiner Bezugsgruppe gehörten. Er sagt: „Ich [war] immer mit den ganzen anderen, mit denen ich heute in den Hexen unterwegs bin, mit denen war ich früher auch schon unterwegs, wo ich unter dem Jahr auch privat unterm Jahr unterwegs, wo ich noch keine Hexe gehabt habe" (175-178). Antons Erzählungen des gemeinsamen Hinfieberns auf den Zeitpunkt seiner Gruppenaufnahme macht deutlich, dass er sich akzeptiert und zugehörig fühlte, denn er schildert nicht nur seine eigene Freu-

---

104 Wenngleich sich die beschriebenen Normalitäten und Regeln auf die Fastnacht beziehen, so muss die Relevanz von Verein(smitgliedschaft)en in ländlichen Regionen allgemein ebenso mitbedacht werden (vgl. Kap. 2) wie die Rolle der Fastnachtszunft als größter Verein im Ort: von ca. 4600 Einwohnenden sind ca. 1500 Mitglied in der Fastnachtszunft. Mit anderen Worten: fastnachtsaktiv dürfte der größte Anteil der jungen Männer in Fastnachtshausen sein.

de hinsichtlich der Gruppenaufnahme, sondern auch die von Gruppenmitgliedern:

„Eben gerade dadurch, dass ich die alle gekannt habe und dass man mit denen dann auch schon unterwegs war, und dass man mit denen eigentlich auch dann rückwärts gezählt hat – ha jetzt geht es noch ein Jahr, dann kommst du auch zu uns und so und dann auch nicht bloß ich zu denen gesagt hätte, ja in einem Jahr bin ich auch Hexe, sondern dass die auch zu mir, ha, nächstes Jahr gehen wir miteinander zu den Hexen." (204-210)

Obwohl Anton also offenbar viel Kontakt zu Mitgliedern der Hexengruppe hatte und sowohl während wie außerhalb der Fastnachtssaison gemeinsame Unternehmungen stattfanden, beschreibt er sein Gefühl des Akzeptiertseins als „in gewisser Weise", schränkt es also ein:

„Also jetzt nicht so [...] wo ich noch Narro war, hat man mit denen kein Anschluss gehabt, ich war mit denen ja vorher eigentlich auch schon immer (-) [...] habe ich die natürlich gekannt, die haben mich gekannt und die haben mich auch in gewisser Weise auch immer akzeptiert, also es war jetzt nicht so, dass sie gesagt haben, ja, was will der da, der ist doch bei den Narro dabei oder so, das gibt es eigentlich auch so nicht." (174-191)

Mit „Anschluss gehabt" beschreibt Anton eine Dimension des Dazugehörens bzw. der Akzeptanz, die für ihn zum damaligen Zeitpunkt noch nicht richtig greifbar zu sein schien. Obwohl sich niemand daran störte, dass er (noch) nicht (offiziell) zur Gruppe gehörte, fühlte er sich nur „in gewisser Weise" akzeptiert. Diese Einschränkung seines Gefühls des Dazugehörens bzw. Akzeptierwerdens spezifiziert er später bei der Beschreibung des Unterschieds, im Kostüm des Narros bzw. der Hexe mit Mitgliedern der Hexengruppe zusammen zu sein:

„Ja, so das ganze Gebilde was da dazu gehört und das ist dann einfach noch einmal was anderes, weil (..) wenn man gehört hat, man hat zwar immer vorher in gewisser Weise zwar schon dazu gehört, aber nie ganz dazu gehört, das ist ganz klar, man hat halt noch nicht ganz den Status, den die anderen haben." (921-925)

Hier werden von Anton die Aspekte Zugehörigkeit und Status direkt angesprochen: als Narro fühlte er sich nie ganz bzw. nur in gewisser Weise zugehörig, da die anderen ‚Hexenkumpels‘ einen anderen Status hatten. Obwohl Anton sich inmitten der Gruppe der Hexen bewegte, womöglich dieselben Aktivitäten ausführte usw., konnte er offenbar „ganz klar" nicht gänzlich dazugehören. Mit dem Tragen unterschiedlicher Kostüme scheint demnach ein je anderer Status verbunden zu sein. Es wurde bereits herausgearbeitet, dass es sich dabei um den Status des Erwachsen- bzw. ‚Mannseins‘ handelt, der im Untersuchungsort mit Hexe-Sein verbunden wird. Antons ältere Hexen-Freunde haben demnach den Status des Erwachsenseins, der sich zunächst durch ihre Volljährigkeit ausdrückt, darüber hinaus – und dies dürfte für Anton von größerer Relevanz sein – sind sie Mitglieder der Gruppe, die ‚richtiges Mannsein‘ symbolisiert. Anton spricht die Relevanz dieses ‚Mannseins‘ nie direkt aus, womöglich weil es ihm nicht bewusst ist, oder weil er mich als Interviewer*in* nicht angreifen möchte. Passagen wie die folgende lassen jedoch vermuten, dass mit diesem veränderten Status „Mannsein" gemeint ist[105]:

„Das kannst du im Narro auch, aber des ist eben, ja, das (Haspeln), ja (..) ja, also was soll ich da sagen, das ist einfach (Pause 4 sec.) Mädchen machen das im Narro, die sind damit glücklich, die wissen, dass sie nichts anderes können und ich denke, jeder, der (-) da spielt das ganze Gebilde spielt da wieder mit, alles was dazu gehört, nicht bloß, eben nicht bloß dieses auf die Fasnet gehen, sondern auch alles was dazu gehört vom, ja, natürlich hätte ich das auch im Narro auch können, aber das ist halt nochmals zusätzlich." (906-914)

Diese Interviewpassage drückt eine gewisse Unerklärbarkeit aus. So bricht Anton mehrere Erklärungsversuche ab, nachdem er mir zunächst einmal zustimmt, prinzipiell könne man auch weiterhin als Narro auf die Fastnacht gehen und trotzdem in der Bezugsgruppe der Hexen unterwegs sein[106]. Anton weiß nicht, wie er den Unterschied der Zugehörigkeit zu den beiden Häsgruppen erklären soll, er fragt sich, „was [er] da sagen [soll]" und macht eine längere Pause. Schließlich erläutert er den Unterschied tatsächlich im Argumentationsrahmen Gender, indem er ausführt, Mädchen seien im Narro glücklich, womit er indirekt auf den Begründungszusammenhang ‚richtiges Mannsein‘ eingeht. Seine Beschreibung des „ganzen Gebildes" sowie von „allem was dazu gehört" bzw. „nochmals zusätzlich" bezieht sich höchst wahrscheinlich auf die oben dargestellte lokalspezifische Gendernormalität, nach der Hexe-Sein in Fastnachtshausen und für Anton mit ‚richtigem Mannsein‘ verbunden wird. Dass Anton dieses hier nicht direkt ausspricht verwundert nicht, denn einerseits ist fraglich, ob ihm dies ohne Weiteres analytisch zugänglich ist[107], andererseits dürfte es einiges an Überwindung kosten, mir als Frau und Forscherin gegenüber auszusprechen, als Narro wäre man kein ‚richtiger Mann‘ bzw. würde nicht zu den ‚richtigen Männern‘ dazu gehören.

Anton beschreibt schließlich mit der Aufnahme in die Gruppe tatsächlich eine Steigerung seines Gefühls der Zugehörigkeit. Am Beispiel seiner

---

105 Diesen Ausführungen geht meine Bemerkung voraus, Anton könne doch auch weiterhin im Kostüm des Narros mit seinen Freunden der Hexengruppe unterwegs sein.

106 Zum Unterschied der beiden Häsgruppen vgl. Glossar.

107 Vgl. die in Kapitel 1.1 dargestellte hochgradig selbstverständliche Wirksamkeit kultureller Genderannahmen.

Teilnahme als Narro bzw. als Hexe an zwei ähnlich ablaufenden Busfahrten in zwei aufeinanderfolgenden Jahren erklärt er den Unterschied: während er als Narro zwar dabei war, beschreibt er sich als „nie richtig mitten drin" gewesen. Ein Jahr später erlebt er eine ähnliche Busfahrt, wahrscheinlich nahezu dasselbe Tun, nun als Hexe offenbar anders:

> „Und wenn man (..), (…) im Bus als Hexe zu einem Brauchtumsabend fährt, wo auch
> Weißnarren dabei sind, wenn man in dem Bus ist, wo die Hexen sind, dann ist halt,
> da braucht man kein Radio, da braucht man keine Musik, da ist halt, wenn dreiviertel
> Stunde darin ist, dann ist da Party und da ist halt immer, da hat man zwar immer da-
> bei sein können, aber man war nie so richtig mitten drin und das hat sich dann eben,
> das ist eben nochmals die Steigerung, die man dann erreicht hat nach einem Jahr, das
> passt dann." (925-934)

Nun, da er Hexe ist, „passt es" für Anton – bei seiner Beschreibung der Busfahrt scheint es, als mache ihn dieses „Mittendrinsein" in der Gruppe, das bloße Dabeisein einfach glücklich. Die Zugehörigkeit zur Gruppe gibt ihm einen anderen Status, er spricht von einer Steigerung, gehört nun ganz dazu, fühlt sich mitten drin und scheint zufrieden und glücklich, sich in der Gruppe als Statusgleicher bewegen zu können. Dieses Gefühl hatte er ein Jahr zuvor als Narro nicht, sondern fühlte sich damals „nie so richtig mitten drin".

Antons Aussage, ein „ganzes Gebilde" (921) würde das Hexe-Sein bzw. das Zugehörigkeitsgefühl ausmachen, deutet jedoch darauf hin, dass nicht allein das Tragen eines bestimmten Häs diesen unterschiedlichen Status bzw. die Steigerung seines Zugehörigkeitsgefühls ausmacht, sondern dass er mehr damit verbindet. Diese Vermutung wird im Folgenden konkretisiert.

Das Erarbeiten der Zugehörigkeit durch die Erfüllung (un-)bestimmter Kriterien

Während Anton als Narro bereits mit seinen als Hexen verkleideten Freunden auf der Busfahrt „Party" machte, beschreibt er sich dennoch als „nicht richtig" zugehörig. Nun hat er äußerlich, durch das Tragen des Hexenkostüms, denselben Status wie seine Kumpels, doch offenbar hat sich während dieses Jahres v.a. innerlich, d.h. im Gefühl Antons, etwas verändert. Er fühlt sich nun vollkommen zugehörig zu diesem „ganzen Gebilde (921)", das Zugehörigkeitsgefühl hat sich gesteigert, daher „passt es" (925) jetzt für ihn.

Dieses veränderte Zugehörigkeitsgefühl kann verstanden werden, wenn zwei andere Aspekte näher beleuchtet werden, die von Anton immer wieder bzgl. seiner Hexenmitgliedschaft angeführt werden: das Einpassen bzw. Einfügen in die Gruppe, sowie die für eine Aufnahme nicht näher definierten zu erfüllenden Kriterien. Beide hängen eng mit dem Bewerbungsprozedere zusammen, welches für eine Aufnahme in die Gruppe durchlaufen werden muss, und das Anton in der Zeitspanne zwischen diesen beiden beschriebenen Busfahrten absolviert hat. Ich vermute, dieses Bewerbungsverfahren stellt für junge Männer in Fastnachtshausen eine Art Initiationsritus dar, den sie für ihre Aufnahme in die „richtige Männergruppe" bestehen müssen, ohne dabei genau zu wissen, welche Anforderungen an sie gestellt werden und welche Kriterien für eine Aufnahme zugrunde gelegt werden. Um diese These näher zu beleuchten werden im Folgenden einige Strategien von Anton aufgezeigt, wie er diesen Initiationsritus verhandelt und welche Kriterien er auf seinem Weg zur Gruppenmitgliedschaft zu erfüllen versuchte.

Anton selbst bezeichnet das Bewerbungsverfahren als „Zeremonie" (213) und begründet deren Sinn als notwendig für ein gegenseitiges Kennenlernen (219) sowie das Einfinden als Neuer bzw. Bewerber in die Gruppe (216). Tatsächlich scheint es keine klar festgelegten Kriterien zu geben, nach denen die Bewerber ihr Verhalten und Engagement ausrichten könnten, um sich einer Aufnahme sicher zu sein[108]. Anton spricht diesbezüglich immer wieder von der Notwendigkeit, sich „einzupassen" (z.B. 212) und „einzufinden" (z.B. 216; 242). Als Strategie hierfür schildert er eine Art ganzjähriges hohes Engagement in Form körperlicher Arbeiten wie Bewirtungsdienste oder Festaufbauten, sowie die Partizipation an gemeinsamen Aktionen der Hexengruppe. Durch dieses Engagement könne man „sich ein bisschen zeigen, sich ein bisschen einfinden und eben halt denen Leuten, dem Ausschuss, die das letztendlich entscheiden, auch signalisieren, ich interessiere mich da wirklich dafür" (242-244). Anton selbst schien zu wissen, dass es „nicht einfach so [geht], dass man hingeht und sagt, ich möchte da jetzt hin und gut ist" (2787f.), sondern dass es „in gewisser Weise in Fastnachtshausen schon immer noch ein Stück weit auch mit ein bisschen Aufwand verbunden [ist], dass man zu den Hexen kommt, nicht einfach so ich möchte jetzt Hexe werden, ich bestell mir eine Hexe und habe sie jetzt" (237-241). Er hat sich offensichtlich sehr stark engagiert, wusste v.a. durch seinen Vater um diesbezügliche wichtige Gelegenheiten, und er scheint dies als Chance bzgl. einer Aufnahme in die Hexengruppe zu betrachten (813-829):

„Und bei mir, ich weiß es halt von mir, dass einer im Ausschuss zu meinem Vater gesagt hat, also über deinen Jungen brauchen wir gar nicht abstimmen, der ist schon seit zwei Jahren überall, hat überall geholfen, das wäre ja absoluter Blödsinn, wenn man den nicht nehmen würden. Also so hat sich das bei mir eigentlich schon entwi-

---

108 Vgl. hierzu das in FN 111 geschilderte Gespräch mit einem abgelehnten Bewerber, der sichtlich ratlos war bzgl. nicht auszumachender Gründe für seine Ablehnung. In diesem Zusammenhang bestätigten mir zudem zwei Mitglieder des Aufnahmeausschusses, man wolle zuerst die Ernsthaftigkeit seines Antrages überprüfen, indem er diese ein Jahr lang sein Interesse an der Gruppe beweisen müsse, bspw. durch seinen Austritt aus einer Musikgruppe. Weitere Möglichkeiten nannten sie nicht, und mein Argument, viele Mitglieder der Hexengruppe seien im Fußballverein und müssten dieses Hobby für eine Aufnahme nicht aufgeben, blieben unkommentiert.

ckelt, dass ich eigentlich schon, im Prinzip schon vorher dazu gehört habe und bloß noch das falsche Häs angehabt habe. (..) Mein Vater ist halt eben gekommen, hei, heute bauen wir da auf und heute bauen wir das auf und dann machen wir da ein Bewirtungsdienst und ha, komm, gehst du einfach mit und dadurch hat sich das halt schon so gezeigt, dann haben sie halt gesagt, über den brauchen wir nicht zu diskutieren, der hat schon seit den letzten zwei Jahren überall geholfen, wo es etwas zum Tun gegeben hat und so äh, sage ich mal, macht man sich, ebnet man sich dann auch den Weg, dass man da rein kommt." (262-277)

Anton fühlte sich „im Prinzip" bereits vor seiner Aufnahme als Jungehexe der Hexengruppe zugehörig, und zwar weil er viel geholfen und mitgearbeitet hat[109]. Die Entscheidungsträger stellten daher seiner Meinung nach die Aufnahme nicht zur Diskussion. Antons Schilderung der eigenen „Strategie" der Erarbeitung der Aufnahme folgt die Erklärung, auf seine Weise („so") ebne man sich den Weg für eine Aufnahme („dass man da rein kommt"), er führt also sich selbst als Beispiel dafür an, wie man(n) sich die Zugehörigkeit erarbeitet.

Diesem Abschnitt geht eine Erläuterung Antons voraus über allgemeine Strategien für das Erkennen lassen hohen Engagements (245-262), wobei durch Formulierungen wie „man" die Allgemeingültigkeit dieser Strategien für Anton deutlich wird. Anschließend schildert Anton sein eigenes Engagement (s. obiges Zitat), welches er wiederum mit einer Zusammenfassung in dritter Person abschließt („so ebnet *man* sich dann auch den Weg, dass *man* da rein kommt").

Der Wechsel von der ersten zur dritten, und schließlich wieder zu ersten Person deutet darauf hin, dass Anton sich selbst innerhalb der dörflichen Normalität verhandelt. D.h. er legt seine persönlichen Strategien bzw. seinen ‚Werdegang' dar, bettet diesen zugleich in seine subjektiven Normalitätsvorstellungen von ‚Männlichkeit' ein, welche wiederum vor dem Hintergrund der lebensweltlichen Gendernormalität einzuordnen sind.

Die Aufnahme in die Hexengruppe erfüllt in Antons biografischem Verlauf demnach eine (genderbezogene) Normalitätsvorstellung (s.o.), sie bedeutet die Erreichung eines Ziels, für das Anton im wahrsten Sinne des Wortes gearbeitet hat, indem er versuchte, sich in die Gruppe einzufinden sowie „alle Kriterien zu erfüllen" (876). Vor diesem Hintergrund erscheint nun die Schilderung des unterschiedlichen Erlebens zweier ähnlicher Busfahrten – um bei diesem Beispiel zu bleiben – klarer bzw. verständlicher: neben dem formalen Aspekt der Zugehörigkeit, symbolisch durch das Tragen des Hexenkostüms, hat sich Antons subjektives Zugehörigkeitsgefühl weiterentwickelt. Sein mehrjähriges Bemühen um die Erfüllung „aller Kriterien" erfährt Anerkennung, indem Anton aufgenommen wird und ihm somit

---

109 Die etwas relativiert beschriebene Zugehörigkeit („im Prinzip" bzw. „eigentlich") wurde im vorhergehenden Abschnitt im Begründungszusammenhang ‚richtiges Mannsein' bzw. ‚Status' erläutert.

die Richtigkeit seiner Strategie signalisiert wird. Daher kann Anton nun sein mehrjährig erarbeitetes Zugehörigkeitsgefühl und die ihm zuteil gewordene Akzeptanz genießen, er begibt sich emotional „ganz mittenrein" und freut sich an gemeinsamen Erlebnissen mit ‚seiner' Gruppe.

Der Vater als ‚männliches' Vorbild und dessen Generationenauftrag

Antons Weg in die Hexengruppe bzw. sein „automatischer Entscheidungsprozess" wurden von seinem Vater auf unterschiedliche Art und Weise beeinflusst. So weckte dieser Antons Lust auf eine Hexenmitgliedschaft, er diente als ‚männliches' Vorbild, führte ihn in unterschiedliche Hexenzusammenhänge ein, und schließlich formulierte er den klaren Wunsch nach der Fortführung des Hexe -Seins innerhalb der Familie.

So schildert Anton, seitdem er sich erinnern könne sei der Vater „auch immer Hexe gewesen" (129) und habe zunächst durch Erzählungen über fastnächtliche und ganzjährige Aktivitäten der Gruppe Antons Interesse und Lust (514-547) geweckt. Vor allem durch seine Funktion als Gruppenvorstand ermöglichte er dem jugendlichen Anton dann die Teilnahme an verschiedenen Aktivitäten der Hexengruppe. So war dieser „mal bei einer Probe dabei [...] und mal bei sonst was, wenn irgendetwas von den Hexen war" (185f.), der „Vater ist halt eben gekommen, hei, heute bauen wir da auf und heute bauen wir das auf und dann machen wir da ein Bewirtungsdienst und ha, komm, gehst du einfach mit" (269-272). Anton wurde „halt gefragt" (824), ist vom Vater „immer hingewiesen worden, da ist wieder was, da ist wieder was, da und da und dort kannst du wieder etwas helfen" (818-820). Anton erhielt also vielseitige Einblicke in die unterschiedlichen Aktivitäten der Gruppe, er knüpfte Kontakte zu deren Mitgliedern und entwickelte den Wunsch, es dem Vater gleich zu tun (65-67). Vor dem Hintergrund des erörterten Zusammenhangs zwischen Hexe- und ‚Mannsein' lebte der Vater quasi das lokalspezifische ‚richtige Mannsein' vor.

Während Anton in seinen Erzählungen den Vater sowohl als Vorbild beschreibt wie als denjenigen, der ihm den Zugang zur Gruppe erleichterte, wird schließlich deutlich, dass von Seiten des Vaters ein klarer Wunsch bzw. Auftrag an Anton formuliert wurde:

„Und dann natürlich halt auch von meinem Vater, der hat gesagt, Junge, wenn du 18 bist, dann (-) du beerbst mich mal in Anführungszeichen, wenn er mal aufhört und keine Hexe mehr ist, dann hat er halt gewollt, dass wenigstens sein Junge dabei ist und das hat er jetzt soweit erreicht." (156-161)

Antons Vater trug einen klaren Generationenauftrag an den Sohn heran, den dieser offenbar selbstverständlich („natürlich") annahm. Dabei geht aus Antons Ausführungen nicht immer klar hervor, wie viel Spielraum er bzgl. dieses „Erbes" verspürte. Formulierungen wie „zu allem dazu gezogen worden" (817), „hingewiesen worden" (818) oder „dann hat er hat mich automatisch mitgenommen" (825f.) können den Handlungsspielraum Antons teilweise etwas eng erscheinen lassen, andererseits drücken seine Erzählungen insgesamt viel Lust und (Vor-)Freude auf ein Engagement in der Hexengruppe aus. Wenngleich sein Weg relativ klar vorgezeichnet war und Anton dies für sich selbst nicht als Druck empfunden zu haben scheint, so bleibt doch offen, wie viel Spielraum prinzipiell innerhalb dieses ‚Automatismus' tatsächlich bestehen würde.

4.1.4 Zwischenschau: Die Bedeutung dieser Art des Erwachsenwerdens für Anton

Bisher wurde herausgearbeitet, dass Antons Entscheidung für eine Hexenmitgliedschaft maßgeblich durch eine Art Vorbildfunktion und auch Generationenauftrag des Vaters, sowie durch regionale (Gender-)Normalitäten beeinflusst wurde, wobei Anton selbst diese Einflüsse nicht bewusst wahrzunehmen schien, seine Entscheidung vielmehr als automatischen Prozess darstellt:

„Das kam mit von daheim, mit von außen, da musste ich gar nicht viel dazu tun, viel entscheiden (gedehntes Lachen) musste ich mich da nicht, das war dann halt einfach klar". (161-164)

In seiner Jugendphase orientierte sich Anton auf seinem Weg zum erwachsenen Mann an älteren Freunden, die nach und nach alle Hexe wurden (126-128), und am Vater, der schon „immer" Hexe war (129). Da in Fastnachtshausen eine Mitgliedschaft in der Hexengruppe eine relativ klare Möglichkeit erwachsenen ‚Mannseins' verkörpert, stand für Anton das (‚Männlichkeits-')Modell der Freunde und des Vaters nie in Frage. Er sagt: „Es gab nie ein Zweifel, dass ich mal gesagt habe, ich möchte keine Hexe oder wie kommt ihr auf die Idee" (201-203). Anton ist es wichtig, die von außen an ihn herangetragenen Normalitätserwartungen zu erfüllen, den Wünschen des Vaters sowie den lokalen Normalitätserwartungen zu entsprechen, die in gewisser Weise zu seinen eigenen werden. Folglich scheint er weder Druck noch Fremdbestimmtheit zu empfinden, vielmehr werden Alternativen gar nicht in Erwägung gezogen, denn nicht zu den Hexen zu wollen bzw. nicht aufgenommen zu werden „hätte gar nicht passieren können" (841), Anton hat „das eigentlich von vorneherein gewusst, dass es klappt" (845), er war sich sicher und hat sich daher „über diesen Fall – bekommst du keine Hexe, was machst du dann – eigentlich nie Gedanken gemacht" (846-847).

Objektiv gesehen bewegt sich Anton auf seinem Weg zum jungen erwachsenen Mann dabei im Spannungsfeld klarer Regeln und Vorgaben einerseits, einer gewissen Enge und Alternativlosigkeit andererseits. Denn letztlich bleibt offen, inwiefern sich diesem ‚Automatismus' zu widersetzen wäre. Aus Antons *subjektiver* Sicht jedoch geben ihm diese klaren Normen

Sicherheit und Orientierung, seine Darstellungen sind gekennzeichnet von Begeisterung und Enthusiasmus.

Obwohl sich die Ausführungen über seine Entscheidung für eine Hexenmitgliedschaft ausschließlich um das Thema ‚richtiges Erwachsenwerden' bzw. ‚Mannsein' drehen, spricht Anton dies an keiner Stelle direkt an, sondern äußert immer wieder, wie sich dieser Weg „einfach von ganz alleine" (132), quasi automatisch, vollzog. Ein weiterer Hinweis darauf, wie selbstverständlich er die an ihn herangetragenen Normalitätsvorstellungen übernimmt.

Für Antons biografische Entwicklung war (und ist) dieser Schritt des Erwachsenwerdens und ‚Mannseins' sehr relevant. Seine Ausführungen der Orientierung an den Hexen, als er selbst noch Narro war, gleichen den Versuchen Heranwachsender, zu den Erwachsenen dazugehören zu wollen:

„Also wenn ich in die Bar gegangen bin, als Beispiel, habe ich mich immer orientiert, wo sind die Hexen , weil ich die gekannt habe […] Und eben dadurch, dass man sich dann mit der Zeit eigentlich schon an denen orientiert, mit denen dann auch (-) sage ich mal in Anführungszeichen (-) schon mit denen auf die Fasnet geht, auch wenn man noch keine Hexe an hat, da kommt es dann einfach, das ist dann einfach ein automatischer Prozess, sage ich mal, ja gut, jetzt gehe ich halt mit denen so lange im Narro auf die Fasnet bis ich 18 bin und dann bekomme ich halt meine Hexe und dann gehe ich mit denen in der Hexe auf die Fasnet." (181-199)

Die Dimension der subjektiv-biografischen Bedeutung dieses Dazugehörens zur ‚erwachsenen Männerwelt' verdeutlichen Antons Ausführungen auf meine Frage, warum er von der Häsgruppe Narro zur Häsgruppe Hexen wechselte, anstatt einfach weiterhin im Häs des Narro mit der Hexengruppe unterwegs zu sein[110]:

„Das hätte ich, denke ich, schon funktioniert, aber das kann ich so nicht sagen, weil ich mir die Frage nie gestellt habe. (lacht) Also das ist jetzt, das war für mich 99,9 Prozent klar, dass ich in die Hexe gehe und für mich wäre eigentlich mit Sicherheit im ersten Moment mal eine kleine Welt zusammen gebrochen, wenn die (Hexen, K.B.) zu mir gesagt hätten, hei, wir nehmen dich dieses Jahr nicht." (833-839)

Offensichtlich stand diese Option für Anton nie zur Debatte, sein Lachen macht deutlich, wie abwegig diese Vorstellung für ihn selbst ist. Alles andere als Hexe zu werden hätte sein selbstverständliches Normalitätsgefüge

---

110 Anton war bereits seit vielen Jahren im Kostüm der Häsgruppe Narro innerhalb der Fastnachtszunft aktiv. Da meist alle Häsgruppen der Fastnachtszunft gemeinsam an Veranstaltungen teilnehmen, stellte sich mir die Frage, weshalb Anton sich bei Fastnachtsveranstaltungen nicht im Kostüm des Narros unter die Hexengruppe mischen konnte bzw. wollte, anstatt von der einen zur anderen Häsgruppe zu wechseln.

(„kleine Welt") einstürzen lassen, welches ihm Orientierung gab und seinen Weg sehr klar vorzeichnete. In gewisser Weise wäre Anton dann kein ‚richtiger‘, erwachsener Mann gewesen.[111] Die Vorbildfunktion des Vaters sowie dessen Generationenauftrag unterstreichen dabei die Normalitätsvorstellungen über ‚richtiges Mannsein‘. Das Nicht-Bedenken anderer Optionen verdeutlicht die für Anton enorm hohe Relevanz der eigenen Passung in das lokale Normalitätsgefüge. Sein mehrjähriges Hinfiebern auf eine Hexenmitgliedschaft bzw. die Aufnahme in die Gruppe ist für Anton dabei vergleichbar mit beruflichem Aufstieg:

> „Das (Haspeln) wäre jetzt nicht darum gegangen, ob ich mit denen weiter auf die Fasnet gegangen wäre, sondern äh, sagen wir mal rein von der Erwartung her, weil das ist, da bereitet man sich ja auch schon darauf vor. Wenn man mit 17 auf die Fasnet geht, dann denkt man, hei, das ist jetzt meine letzte Fasnet als Narro, weil das ist nicht hundert, das ist eigentlich, ja das ist eigentlich das Höchste was man erreichen kann, sage ich jetzt mal, wenn man jahrelang im Narro gegangen ist und dann noch seine Hexe bekommt, dann ist das top und dann hat man alles erreicht, dann braucht man sich keine Gedanken mehr zu machen. Das ist wie andere, die sagen, ich mach jetzt meine Ausbildung und nach der Ausbildung möchte ich, was weiß ich, Abteilungsleiter werden und der sagt, arbeitet dann drei Jahre im Betrieb und arbeitet immer kräftig mit und dann sagt der Chef, o.k., du hast jetzt drei Jahre kräftig mitgearbeitet, du wirst jetzt Abteilungsleiter. Und so ist es bei der Fastnachtszunft im Prinzip, du warst jetzt drei Jahre Narro, du hast dich immer gezeigt, du hast dort geholfen, wo man einen gebraucht hat, du wirst jetzt Hexe. Das ist es, so kann man das im Prinzip sehen und da habe ich mich, ja das war es halt, ich habe es halt erwartet und ja (..) es war eigentlich vorprogrammiert." (853-873)

Der Vergleich zwischen der Mitgliedschaft in einer Fastnachtsgruppe und beruflicher Karriere erscheint auf den ersten Blick erstaunlich, bringt im Gesamtzusammenhang der Argumentationslogik Antons die Bedeutung jedoch sehr plastisch auf den Punkt: Hexe zu werden ist für Anton das gefühlt Höchste, auf das er mehrere Jahre lang zuarbeitete, und dem nichts nachfolgen kann – im Gegenteil, er braucht sich nun über weitere Entwicklungen keine Gedanken mehr zu machen. Anton verortet sich zuallererst innerhalb

---

111 Ein Gespräch mit einem jungen Mann während einer Fastnachtsteilnahme im Januar 2008 bestätigt die hohe Bedeutung der Hexenmitgliedschaft für (junge) Männer des Untersuchungsorts. Helmuts Mitgliedsantrag wurde abgelehnt bzw. die Entscheidung darüber aufgeschoben mit der Auflage, seine Aktivität in einer Musikgruppe aufzugeben, um die Ernsthaftigkeit seines Antrages zu beweisen. Während des Gesprächs äußerte Helmut mir gegenüber große Ratlosigkeit und Enttäuschung. Während der Vorgang als solcher deutlich macht, dass sich Antons geschilderter „Automatismus" auf den Wunsch an sich, nicht aber die Aufnahme bezieht, bestätigt die Reaktion Helmuts die Relevanz der Hexenmitgliedschaft für junge Männer.

dieses Relevanzbereichs, subjektives Gelingen und Scheitern sind mit Aufnahme oder Nicht-Aufnahme verbunden[112]. Die Argumentationslogik Antons ist dabei teilweise von Widersprüchen gekennzeichnet. So beschreibt er immer wieder den Automatismus, die Vorprogrammiertheit des hinter ihm liegenden Weges in die Hexengruppe, zu der „man dann halt einfach hingeht" (134). Zugleich schildert er, wie er sich „dann mit der Zeit ... an den (Hexen , K.B.) orientiert" habe (191f.), er habe „sich da automatisch von vorne rein etwas eingepasst" (212), sich „immer gezeigt" und „dort geholfen, wo man einen gebraucht hat" (870) und schließlich habe er „alle Kriterien erfüllt" (876f.). Diese Darstellungen beschreiben relativ große Bemühungen für die Verwirklichung dieses Weges, sowie für eine Aufnahme zu erfüllende Kriterien, welche demnach nicht „einfach automatisch" geschieht. In dieser Widersprüchlichkeit spiegeln sich auf der einen Seite Eindeutigkeit und Klarheit bzgl. der subjektiven Entwicklung, die aus den relativ klaren Normalitätsvorstellungen resultieren, auf der anderen Seite das Enge dieses Normalitätsgerüsts bzw. das Fehlen alternativer Optionen im Falle anderer Wünsche – nicht aufgenommen zu werden wäre „natürlich […] im ersten Moment ein Schock gewesen, ganz klar" (885f.), würde also das Verfehlen lokaler Gendernormalitäten bedeuten. Anton hätte im Falle eines ‚Scheiterns', also einer Nicht-Aufnahme in die Hexengruppe, keine anderen Alternativen erwogen, sondern sich im darauffolgenden Jahr abermals für eine Aufnahme beworben (883f.). D.h. derzeit ist dies für Anton der einzig vorstellbare Weg.

4.1.5 Die subjektive Bedeutung des Hexe-Seins für Anton

Während bisher hauptsächlich Antons Entscheidung für eine Hexenmitgliedschaft erörtert wurde, also die Zeit *vor* der tatsächlichen Gruppenzugehörigkeit im Fokus der Analyse lag, steht im Folgenden Antons Aktivität *in* bzw. mit der Gruppe im Mittelpunkt. Es werden einige für Anton relevante Aspekte dahingehend aufgezeigt, was die Mitgliedschaft für ihn bedeutet, wobei u.a. deutlich wird, dass sich die Gruppenaktivitäten nicht auf die Fastnachtszeit beschränken, sondern während des ganzen Jahres für Anton relevant sind.

Die Hexengruppe als Ort
der Gemeinschaft und Freundschaften
Bisher ging es bzgl. des Bewerbungsverfahrens der Hexengruppe hauptsächlich um relativ unklare Kriterien, anhand derer Bewerber ihren ‚Einsatz' bzw. ihr Interesse für die Gruppe unter Beweis stellen müssen. Dieses Prozedere bzw. das Jahr vor der eigentlichen Aufnahme in die Gruppe scheint

---

112 Hier darf nicht außer Acht gelassen werden, dass die Hexengruppe während des gesamten Jahres relevant für Anton ist, nicht nur während der Fastnachtssaison. Mehr dazu unter 4.1.5.

jedoch darüber hinaus etwas mit dem sehr hohen Zusammenhalt zu tun zu haben, den Anton an mehreren Stellen des Interviews beschreibt und der für ihn von hoher Bedeutung zu sein scheint. So dient dieses Verfahren seiner Meinung nach dazu, die Bewerber kennen zu lernen und zu einer Einschätzung gelangen zu können, ob diese in die Gruppenstruktur passen oder nicht:

„Und natürlich, man möchte, äh, sage ich mal, auch wissen, wen man dabei hat. Deswegen nehmen die Fastnachtshausener Hexen nicht jeden. Also man kann jetzt nicht sagen, wir nehmen nicht jeden, wir wollen nur besondere, sondern wir wollen einfach die Leute kennen, bevor wir sie dabei haben. Und das gewährleistet man eben dadurch, dass man sagt, ihr kommt ein Jahr vorher zum Stammtisch, ihr seid hin und wieder da, man schwätzt ein bisschen miteinander, man hat einen Ausflug oder irgendwie so etwas und dann kennt man die Leute ein bisschen und daher, davon kommt eben auch der, sagen wir mal, der verschworene Haufen, den wir eigentlich so haben. Den andere, bei anderen gibt es das eben, das, was es bei uns Gott sei Dank nicht gibt, dass sich kleinere Haufen bilden." (380-391)

Neben der Notwendigkeit der Beurteilung, ob sich jemand in die Gruppe wird einfinden können, wird hier der Aspekt der In- und Exklusion angesprochen. Anton nimmt seine Aussage, nicht jeder würde aufgenommen, zwar zurück. Im Grunde jedoch löst er den Widerspruch zwischen Exklusivität und allgemeiner Offenheit nicht auf, sondern umschreibt den Exklusionsaspekt mit der Erklärung, wenn man wisse, wen man dabei habe entstehe ein „verschworener Haufen"[113]. Damit umschreibt er allerdings weniger eine nach außen hin verschlossene Gemeinschaft, sondern ein von ihm als gut empfundenes Gemeinschaftsgefühl zwischen allen Mitgliedern der Gruppe. Dieses hat für ihn eine hohe Bedeutung, er ist froh („Gott sei Dank") darüber, dass es keine Grüppchenbildung („kleinere Haufen") innerhalb der Gruppe gibt und ein „ziemlich gutes Verhältnis untereinander" (411) besteht.

Als Gründe für die laut Anton besonders gut funktionierende Gemeinschaft führt er „brutal viele" gemeinsame Aktivitäten während des Jahres an (436-461), einen generationenübergreifenden Zusammenhalt (462-472) sowie das Wissen darüber, dass „keiner vom anderen irgendwie despektierlich behandelt [wird]" (485f.). Er sagt, man mache immer alles miteinander (468f.), im Prinzip sei es immer ein gemeinsames Tun, bei allem was die Hexen machten (487-489). Da anzunehmen ist, dass 50 bis 100 Menschen nicht immer alles gemeinsam tun können, liegt die Vermutung nahe, dass Anton hier keine objektive Tatsache, sondern vielmehr sein subjektives Empfinden schildert. Der gute Zusammenhalt ist für ihn von hoher Relevanz, er fühlt sich innerhalb der Gruppe akzeptiert und hat Vertrauen zu al-

---

113 Dass tatsächlich nicht jeder genommen wird belegt zudem das in FN 111 dargestellte Gespräch mit einem abgelehnten Bewerber.

len Mitgliedern, was ihm das Gefühl eines großen gemeinschaftlichen Miteinanders gibt.

Dieses von Anton erlebte positive Gemeinschaftsgefühl, das Vertrauen untereinander, die empfundene Zugehörigkeit und Akzeptanz können als Aspekte für eine gelingende Freundschaft bezeichnet werden. Tatsächlich konstatiert er, viele Mitglieder der Hexengruppe bildeten seinen Freundeskreis (631-651), wobei er je nach Freizeitunternehmung weitere Bezugsgruppen als relevant anführt und damit seinen Freundeskreis differenziert (760-777). Schließlich stellt er jedoch klar, dass die Hexengruppe die für ihn relevanteste und kontinuierlichste Bezugsgruppe ist:

„Jeder hat so seine (..), jeder hat irgend was, was das Wichtigste ist (…), […] und es gibt für mich eben privat hobbymäßig nichts was vor der Fasnet steht, das kann jemand nicht verstehen, der es nicht weiß, aber für mich gibt es da nichts was vor der Fasnet steht, ich beschäftige mich auch unter dem Jahr damit, was geht in der Fastnachtszunft […] Weil Fasnet das Wichtigste ist heißt das ja noch lange nicht, dass man andere Sachen nicht macht. Also, äh, es ist schon, für mich gibt es halt immer, das Highlight im Jahr das ist halt die Fasnet. Und dann gibt es noch die Sachen wie zum Beispiel von der Tanzschule, die machen ja auch Spaß, natürlich […] Das sind immer so momentane Sachen, aber was halt (h), was halt immer dauerhaft, immer mal wieder präsent ist, (h) da geht es immer wieder darum, die nächste Fasnet, oder was geht gerade in der Fastnachtszunft oder dies und jenes, (..) irgendwo ist es immer." (2162-2185)

Fastnacht und die Hexengruppe (beides ist für Anton nicht voneinander zu trennen) erscheinen als ein Relevanzbereich von sehr hohem Gewicht, der sich durch eine Art Kontinuität von den anderen abhebt, die als momentan beschrieben werden. Die Hexenmitgliedschaft scheint über die Fastnacht hinaus etwas Verbindendes zu haben, und zwar mit einer solchen Wirkmächtigkeit, dass es ganzjährig anhält und zudem ein Gefühl ‚ganzjähriger Fastnacht' erzeugt. Anton beschreibt es folgendermaßen: „Also es ist immer, es ist immer Fasnet letztendlich. Klar, man ist nicht immer auf der Fasnet, ist ja auch nicht wirklich immer Fasnet, aber für uns ist so gefühlt ist eigentlich immer, es spielt Fasnet immer eine Rolle, das gehört einfach dazu" (627-631). Als verbindendes Element, als auslösenden Aspekt einer ‚gefühlten ganzjährigen Fastnacht' werden das Planen gemeinsamer Unternehmungen wie Übernachtungen oder Mahlzeiten für die folgende Fastnachtssaison beschrieben (620-631), sowie gemeinsame Aktivitäten wie Stammtische, Ausflüge, Grillfeste oder Festbesuche in der Umgebung (679-755). Dabei sind die gute Stimmung *innerhalb* der Gruppe sowie eine von der Gruppe *ausgehende* gute Stimmung wichtige Elemente:

„Nicht nur die Fasnet an sich […] wir können so wie unter dem Jahr wie an der Fasnet können wir irgendwo hingehen und im Prinzip immer überall die gleiche Stimmung verbreiten und die gleiche Stimmung untereinander haben […], man sieht es immer, unter dem Jahr, egal wo man hingeht, sei es hier herum auf irgend einem Fest, es stehen immer ein Haufen von den Fastnachtshausener Hexen beieinander." (557-556)

Hier fällt Antons Sprechen in Absolutheiten auf: egal wo, also auf *allen* Festen, würden *immer* viele Hexen beieinander stehen und *immer überall* gute Stimmung verbreiten. In Zusammenhang mit dem oben als sehr gut geschilderten, generationenübergreifenden Zusammenhalt liegt die Vermutung nahe, dass es dieses bei gemeinsamen Aktivitäten im Mittelpunkt stehende Zusammengehörigkeitsgefühl zu sein scheint, was den Relevanzbereich Hexen für Anton zum wichtigsten bzw. kontinuierlichsten werden lässt. Interessanterweise werden bei den Ausführungen über Freundschaften keine Aspekte genannt wie bspw. Verbindlichkeit, gegenseitige Unterstützung oder Beratung, oder auch dass einem jemand in Krisenzeiten zur Seite steht. Vielmehr scheinen Unternehmungen mit Spaßfaktor und eben das beschriebene Gemeinschaftsgefühl im Mittelpunkt zu stehen. Dies wirft abermals die Frage auf, wodurch sich dieser Relevanzbereich für Anton von den anderen genannten unterscheidet. Zur Beantwortung dieser Frage ist ein kurzer Bezug zu Biografiekonzepten[114] hilfreich.

Obwohl davon ausgegangen werden kann, dass auch innerhalb der anderen genannten Relevanzbereiche Antons (Tanzschule, Kolleg_innen) mehr oder weniger regelmäßige Unternehmungen während des Jahres stattfinden (z.B. immer wieder Tanzbälle, gemeinsame Disco-Besuche), bezeichnet Anton sie als „momentan", die Fastnacht dagegen als „dauerhaft präsent". Dies führt mich zu der Annahme, dass die Hexengruppe bzw. die Unternehmungen mit Mitgliedern der Hexengruppe Aspekte enthalten, die sich auf Antons biografische Entwicklung in positiver Weise niederschlagen. In Kapitel 1.2 wurde vor dem Hintergrund der Verwobenheit von subjektiver und objektiver Wirklichkeit als notwendig für gelingende biografische Arbeit u.a. ein Gefühl der Authentizität beschrieben. Nun kann gefolgert werden, dass für Anton zum jetzigen Zeitpunkt ein solches Authentizitätsgefühl besteht: durch die Gruppenmitgliedschaft erlangt er zunächst, wie oben dargelegt, soziale Anerkennung und Zugehörigkeit. Beides wurde in Kapitel 1.2 als notwendig für gelingende Biografiearbeit herausgearbeitet. Zudem stellt Anton durch das Hexe-Werden mit Hilfe spezifischer biografischer Strategien (hier: die Erfüllung (un-)bestimmter Kriterien, s.o.) eine Übereinstimmung seiner subjektiven Wünschen und den an ihn herangetragenen Normalitäts-

---

114 In Kapitel 1.2 wurde der Begriff der ‚Identität' problematisiert und erläutert, dass er in dieser Arbeit durch den Begriff der ‚Biografie' ersetzt wird. Teilweise lässt sich die Verwendung von ‚Identität' jedoch zugunsten einer besseren Lesbarkeit und aufgrund des direkten Zitierens von Keupp u.a. nicht vermeiden. Daher sei hier nochmals darauf hingewiesen, dass ich ‚Identität' stets im Sinne von Keupp u.a. als permanenten Prozess, als Arbeit an mehreren Teilen der Biografie verstehe anstelle eines wie auch immer gearteten ‚Kerns'.

erwartungen her (Vater, lokale Normalitätsvorstellungen). Aufgrund der in Kapitel 1.1 erläuterten permanenten Hintergrundwirkung von Gender und Heteronormativität kann davon ausgegangen werden, dass für einen 19jährigen jungen Mann die Zugehörigkeit zu einer Gruppe, die auf regionaler Ebene ‚Mannsein' symbolisiert, sehr bedeutsam ist. Es begründet die Unterscheidung dieses Relevanzbereichs von anderen, und auch dessen Dauerhaftigkeit. In Antons momentaner Lebensphase ist dieser Teil seiner Biografie wahrscheinlich derjenige, der am stabilisierendsten auf sein biografisches Gefühl einwirkt, da die quer zu allen anderen Teilen seiner Biografie liegende Wirksamkeit von Gender und Heteronormativität (vgl. Kapitel 1.1) gerade im Übergang vom Jugendlichen zum jungen Erwachsenen viel Bestätigung benötigt.

Um die Frage, inwiefern die männerhomogene Zusammensetzung der Hexengruppe hinsichtlich der beschriebenen lokalen Symbolisierung von ‚Mannsein' von Gewicht ist, wird es im folgenden Abschnitt gehen.

Die Hexengruppe als genderhomogener Männerraum

Im gesamten Interview gibt es immer wieder Passagen, in denen die genderhomogene Zusammensetzung der Hexengruppe auf unterschiedliche Art und Weise thematisiert wird. Ich werde im Folgenden aufzeigen, inwiefern Anton diese Gruppenzusammensetzung für sich selbst sowie für die anderen Mitglieder in mehrerer Hinsicht als relevant beschreibt, sowie mögliche zugrunde liegende Motive erörtern.

„Das weiß jeder": Männerhomogenität als ungeschriebenes Gesetz

Die männerhomogene Zusammensetzung der Hexengruppe scheint für Anton sowie für die Mitglieder überhaupt von äußerst hohem Gewicht, denn offenbar wird eine Art Vorsorge getroffen, damit dieses Kriterium der Gruppenzusammensetzung niemals verändert wird. Anton bezeichnet die Männerhomogenität mehrmals als ein „ungeschriebenes Gesetz" (981, 1039), als etwas, das „schon immer" so war, das „halt einfach so" funktioniere, und an dem man nicht herum rüttle (vgl. 977-983). Mit Aussagen wie „das ist einfach Tatsache, fertig" (983) stellt er die Männerhomogenität schließlich als unveränderbares Faktum dar. In Bezug auf eine mögliche Infragestellung dieser Tatsache in Form von Bewerberinnen äußert er sich folgendermaßen:

„Das ist uns (den Hexen, K.B.) halt einfach klar, dass es das nie gibt (..) und ja, das weiß jeder, dem ist sich jeder bewusst und deswegen diskutiert man da eigentlich auch nicht drüber (Pause 5 sec), würde ich mal so spontan sagen, das ist auch so, auf jeden Fall, das Thema wird nie ernsthaft diskutiert werden. [...] Das steht jetzt zwar nirgends in einer Satzung [...], aber das ist einfach so, deshalb ungeschriebenes Gesetz, das ist nirgendwo aufgeschrieben, aber es ist halt einfach so, und jede Frau, die sich bewerben würde, würde knallhart abgelehnt [...], dann würde sie mit Sicherheit in das Narrenbuch kommen. [...] Das hat es auch mal gegeben, ja, ja (..), das hat es mit Sicherheit schon mal gegeben (..), aber ja, (..), das hat sich dann halt sehr schnell erledigt." (1029-1054)

Zunächst einmal wird deutlich, dass das Aufnahmekriterium Gender von den Mitgliedern der Hexengruppe selbst bestimmt wird („uns") und unanfechtbar ist. Der Argumentationsstrang steigert sich von der Beschreibung, jeder wisse, dass sich das nie ändere, über die Feststellung, darüber werde nie ernsthaft diskutiert, bis zur Darstellung als ungeschriebene Gesetzmäßigkeit. Offensichtlich wird dieses Gesetz jedoch hin und wieder in Frage gestellt, was dann lächerlich gemacht wird („Narrenbuch") und sich sehr schnell sowie „knallhart" erledigt[115].

Anschaulich wurde dies während der Fastnacht 2009. Drei junge Frauen trugen während eines Balls in Fastnachtshausen die gleichen Hexenkostüme wie die Fastnachtshausener Hexen (ohne Masken, daher waren sie identifizierbar). Als sie zwei Tage später dem Fastnachtshausener Umzug als Zuschauende beiwohnten, wurden sie von Mitgliedern der Hexengruppe in den Marktplatzbrunnen geworfen. Durch das Mikrofon des Umzugssprechers wurde dieser Akt von einer Hexe mit der Botschaft kommentiert, Mädchen sollten die Finger von der Fastnachtshausener Hexe lassen. Diese Beobachtung unterstreicht die in Antons Ausführungen anklingende Entscheidungsmacht der Hexengruppe über deren männerhomogene Zusammensetzung. Durch die Ausführung der Aktion auf offener Bühne wird zudem deutlich, dass die Hexengruppe zur Wiederherstellung der (fastnächtlichen) Ordnung befugt ist.

Für die Hexengruppe ist es offenbar enorm wichtig, dass sich an diesem im Fastnachtshausener Fastnachtskontext bestehenden „Gendersystem" nichts ändert, und es stellt sich die Frage nach den zugrunde liegenden Motiven. In Antons Erläuterungen werden als unterschiedliche Gründe für diese hohe Relevanz ein guter Gruppenzusammenhalt angeführt, eine größere Sicherheit sowie ein befreiteres Bewegen im Umgang miteinander. Ebenso geht es um Status sowie um Macht. Auf diese einzelnen Aspekte wird im Folgenden näher eingegangen.

---

115 Interessant scheint während dieser Interviewpassage die Kommunikation zwischen Anton und mir (vgl. 1027-1054): ich selbst versuche mehrmals, diesen Themenbereich zu verlassen, Anton fährt jedoch immer wieder damit fort, indem er weitere Argumente zur Unterstreichung des „ungeschriebenen Gesetzes" anführt. An der Stelle über die sich bewerbenden Frauen kichere ich und spiegle damit quasi sowohl fastnächtliche Genderannahmen, als auch allgemeingesellschaftlich wirkende (Lachen von Frauen bzw. Minderheiten allgemein über Witze, die die eigene Minderheit diskriminieren und damit Stützung der bestehenden Machtverhältnisse, vgl. Meuser 2003a).

„Das funktioniert einfach so":
ungezwungener Umgang durch Männerhomogenität

Es wurde bereits herausgearbeitet, inwiefern für das von Anton als sehr positiv beschriebene Gemeinschaftsgefühl vor allem das Bewerbungsverfahren eine Rolle spielt. Darüber hinaus führt er nun für den unkomplizierten Umgang miteinander genderbezogene Aspekte an. So schildert Anton den Umgang zwischen Mädchen bzw. Frauen weniger als ein gemeinsames Miteinander, sondern als ein Nebeneinander mehrerer kleiner Gruppen (vgl. 937-945), innerhalb gendergemischter Gruppen schildert er Mädchen als diejenigen, die immer irgendeinen nicht mögen (vgl. 967f.). Das Zusammensein von Männern bezeichnet er dagegen als „immer eine ganz andere Voraussetzung" (947f.), wobei er offen lässt, *was* genau anders ist. Er konstatiert lediglich, in gendergemischten Zusammenhängen sei es „einfach immer schwierig" (971), wohingegen das Unterwegssein unter Männern einfach so funktioniere und passe (vgl. 950f.), da man sich „befreit bewegen" (975) könne sowie weniger aufpassen müsse, wie man mit wem umgehe und kommuniziere (vgl. 958-960). Auffallend sind die mehrmals begonnenen und wieder abgebrochenen Erklärungsversuche Antons, sowie einige längere Pausen. Dies führt mich zu der Annahme, dass die Bedeutung der genderhomogenen Zusammensetzung der Hexengruppe nur schwer bzw. gar nicht erklärbar ist, u.a. da gesellschaftliche Klischees wie Streit in frauenhomogenen Gruppen oder gute Kameradschaft unter Männern in der Regel nicht erklärungsbedürftig sind, da sie sich aus unterschiedlichen sozialen, als naturgegeben dargestellten, Zuschreibungen erklären (vgl. Kapitel 1.1). Antons Abschluss seiner etwas missglückten Erklärungsversuche mit den Worten „das ist nichts gegen Frauen, überhaupt nicht, aber das sind einfach ganz andere Voraussetzungen und das funktioniert einfach so, das passt einfach" (949-951) sowie seine anschließende Klarstellung, die männerhomogene Zusammensetzung wolle niemals irgendjemand ändern (s.o.), unterstreichen in gewisser Weise die Überflüssigkeit der Begründungen[116].

Hier soll jedoch nicht unterstellt werden, Anton würde den Zusammenhalt und den Umgang innerhalb der Hexengruppe nicht tatsächlich als sehr besonders bzw. als anders erleben als bspw. seine Zeit in der gendergemischten Häsgruppe Narro. Festzustellen bleibt allerdings, dass er hierfür keine weiteren Gründe als die der unterschiedlichen genderbezogenen Zusammensetzungen anführt, die genderhomogene Gruppe ermöglicht aus seiner Sicht ein ungezwungenes, befreiteres Kommunizieren.

---

116 Damit unterscheiden sich Antons Begründungen nicht von denen anderer ‚männerhomogener' Gruppen wie bspw. Studentenverbindungen oder Feuerwehrvereine. Auch ‚frauenhomogene' Gruppen legen ihren genderhomengenen Zusammensetzungen oftmals naturalistische Begründungen zugrunde. Vgl. hierzu bspw. Fallanalyse Dora.

Gefühl der Sicherheit

Das Unterwegssein in der Hexengruppe sowie die Hexenrolle an sich scheinen eine Art Orientierung bzw. ein relativ klares Regelwerk bzgl. des Verhaltens innerhalb und außerhalb der Gruppe mit sich zu bringen. So schildert Anton bzgl. des Umgangs *innerhalb* der Hexengruppe, man bräuchte weniger „aufpassen, was man zu wem sagt, aufpassen, wie man mit wem umgeht (..), also ich weiß, wenn ich eine andere Fastnachtshausener Hexe sehe unterm Umzug, wenn ich dem auf die Huckepack springe, oder wenn ich dem irgendetwas mache, dann weiß ich, da ist ein Mann drunter" (959-963). Indem er einen ungezwungenen Umgang, eine gewisse Sicherheit bzgl. Kommunikations- und Umgangsformen aus einer männerhomogenen Zusammensetzung der Gruppe herleitet, argumentiert Anton hier in einem genderbezogenen Begründungszusammenhang. Offensichtlich ist sich Anton bzgl. seines Verhaltens gegenüber seinen Geschlechtsgenossen sicher, wohingegen er es in gendergemischten Zusammenhängen als „einfach immer schwierig" (971) beschreibt. Tatsächlich führt er weiter aus, die Männer der Hexengruppe könnten sich „halt untereinander [...] immer sicher sein, dass (..) dann nicht irgendwie einem blöd, einem nicht irgendetwas Blödes passiert, also wir können im Prinzip, egal was wir machen, uns immer ein bisschen befreit bewegen" (971-975). Die Männerhomogenität bedeutet für Anton folglich einen höheren Grad an Sicherheit bzgl. des Umgangs miteinander, sowie ein freieres bzw. *be*freites Bewegen innerhalb der Gruppe.

Meuser führt in diesem Zusammenhang aus, inwiefern männerhomogene Zusammenhänge Sicherheit und Normalität vermitteln können. Es gibt, so Meuser, Männer(-Zusammenhänge), die „unreflektiert zuhause" sind in ihrer traditionellen Männlichkeit, da sie dort habituelle Sicherheit in dem Sinne erfahren als sie wissen, wie „richtiges Mannsein" praktiziert wird, ohne es ich reflexiv verfügbar machen zu müssen (vgl. 2006: 186). So werde ein homosozialer, ‚männlicher' Habitus gepflegt, ohne jemals darüber nachzudenken. Vor diesem Hintergrund können Antons Schilderungen über das Gefühl der Sicherheit innerhalb der Hexengruppe eingeordnet werden und es wird verständlich, warum es ihm schwer fällt, dies genauer auszuführen bzw. zu begründen.

Neben dem Aspekt des „befreiten Bewegens" innerhalb der Hexengruppe, fallen Anton Kontaktaufnahmen aus der Gruppe heraus leichter bzw. fühlt er sich dabei sicherer, als wenn er diese alleine tätigen würde:

„Wenn man meinetwegen in der Bar steht und nachher eine von einer Garde[117] sieht oder so, dass man sagt, komm, jetzt gehen wir mal, da geht man wiederum auch nicht alleine hin, da sagt man dann auch wieder, hei komm, jetzt gehen wir mal dahin und

---

117 „Garde" ist die Bezeichnung für die aus dem Karneval bekannte Figur des Funkenmariechens. Der Begriff steht für die gesamte Gruppe von ca. 10-15 jungen Frauen, meist im Alter zwischen 16-25 Jahren.

schauen mal ein wenig oder so, da geht man dann auch zu zweit oder zu dritt, weil man eben zu zweit immer sicherer ist, also man kann, (verhaspeln) dann fühlt man sich nicht, dann fühlt man sich einfach nicht so blöd. Also wenn ich jetzt da alleine hingehen würde, so zu fünf Gardemädchen, dann würde ich mir blöd vorkommen." (1597-1606)

Anton spricht hier direkt aus, zu mehreren fühle er sich „immer sicherer" und „einfach nicht so blöd", wobei er wiederum innerhalb eines genderbezogenen Begründungszusammenhangs argumentiert (sich nicht so blöd vorkommen, wenn zu mehreren auf eine Gruppe junger Frauen (=Garde) zugegangen wird). Allerdings scheint diese Sicherheit auch eine genderunabhängige Dimension zu enthalten, wenn Anton an anderer Stelle ausführt, wie er sich vor einer Kontaktaufnahme zu anderen Gruppen rückversichere, ob dies eine gemeinsame Gruppenaktion werde bzw. davon ablasse, wenn die anderen dies ablehnten (vgl. 1614-1620).

„Das ist einfach ein ganz anderer Status":
Macht und Status der Hexengruppe

Für Anton bedeutet Hexe-Sein ganz klar einen Sonderstatus (vgl. 989-994). Er führt diesen zwar zunächst auf die kleinere Gruppengröße der Hexen und damit auf eine Art Exklusivität zurück, doch wird an anderen Stellen deutlich, dass er mit diesem Status sowohl lokalspezifisches ‚normales' bzw. ‚richtiges ‚Mannsein' verbindet (vgl. hierzu 4.1.3), sowie eine spezifische Dimension der Dominanz der Gruppe innerhalb des fastnächtlichen Rahmens. Am Beispiel des gemeinsamen Singens bestimmter Lieder sowie des Umgangs der Hexen mit Mädchen wird dies besonders deutlich. Beides wird daher im Folgenden näher beleuchtet.

Singen als ‚männlichkeitskonstituierendes' Gruppenritual

Am Beispiel der Beschreibung eines wichtigen Gruppenrituals der Hexengruppe wird deutlich, dass die genderhomogene Zusammensetzung ein sorgloseres oder ungezwungenes Verhalten ermöglicht, welches ohne eine Art Dominanz der Gruppe innerhalb des fastnächtlichen Gesamtzusammenhangs nicht möglich wäre. Anton beschreibt das Singen immer gleicher und auch neu erfundener Lieder als wichtiges Gruppenritual, das Spaß mache und lustig sei (vgl. 1745-1800). Zwei Protokollausschnitte der teilnehmenden Beobachtung ‚Busfahrt' zeigen, dass es sich dabei überwiegend um Lieder handelt, in denen sich zum Einen über andere Häsgruppen der Fastnachtszunft lustig gemacht wird[118], und die andererseits in recht derber Weise Geschlechtsorgane von Frauen oder auch Geschlechtsverkehr besingen:

---

118 Meuser arbeitet in seinen Untersuchungen über ‚Männlichkeiten' heraus, inwiefern Abgrenzungen gegenüber statusniederen Gruppen wie Frauen oder gesell-

„Die Hexen fangen an zu singen: alle stehenden Hexen im Gang springen synchron und im Rhythmus hoch und tief, singen ‚Hey, hey, wer nicht hüpft der ist kein Narro, hey, hey, …‘ (drei-, viermal Mal in Folge). Dann: ‚Schaa, schalalaaa‘, (5x) rufend: ‚Fastnachtshausener Hexa‘. Dann: ‚Schällaschittler[119] arme Sau, Schällaschittler arme Sau‘ (4x) ‚Schääällaaaaschittler-‘ (rufend) ‚arme Sau‘ (4x).“ (Protokoll Busfahrt: 86-91)

„Danach singen sie: ‚Jupheidieh und Jupheida, saure Fotz mit Paprika, jupheidieh und jupheidah, rutsch mr mol druff rom, hey.‘ Das ist der Refrain, er wird mehrere Male von allen Hexen […] gesungen, dazwischen singen verschiedene Einzelsänger Strophen, die kann ich nicht hören. Nach den Strophen gibt es vereinzelte laute Lacher, bevor der Refrain angestimmt wird *(offenbar sind manche Strophen spontan erfunden und bringen die anderen Hexen zum Lachen).*“ (Ebd.: 165-171)

Anton selbst bezeichnet die Texte als geschmacklos für Frauen (s.u.) und sieht daher die männerhomogene Zusammensetzung der Gruppe als Möglichkeit, solcherart Texte unbedenklich singen zu können. Auf meine Frage, ob die Hexen solche Lieder auch als gemischtgeschlechtliche Gruppe singen würden, antwortet er:

„Diese Lieder mit Sicherheit nicht (lacht), das ist aber textbedingt. Also solche Lieder kann man mit Frauen nicht singen (lacht) und deswegen, das ist wieder auch was, was ich glaube, äh, dass es ein Abbruch bekommen würde, da sind einfach ein paar Lieder dabei, die sind ein wenig, ja, für Frauen wahrscheinlich ein bisschen geschmacklos, sage ich jetzt einfach mal so (..), ja, das ist halt so. Auch wenn die Frauen dann vielleicht sagen, das ist ja wieder typisch Männer und das kommt uns halt nicht, das passiert uns halt nicht, wenn keine dabei sind und wir haben unseren Spaß dabei, das ist jetzt nicht irgendwie, dass das besonders wichtig wäre oder besonders wertend wäre oder so, aber bei solchen Sachen, da ist dann keine Frau zugegen, so auf die Art und deswegen denke ich, dass es auf jeden Fall so besser ist.“ (1804-1817)

---

schaftlich eher als ‚unmännlich‘ definierter Gruppen bzw. deren Abwertung männlichkeitskonstituierend wirken (vgl. Meuser 2003 sowie Meuser/ Behnke 1998). Mit einem Lustigmachen über die Gruppe der Weißnärr_innen werden dabei sowohl Frauen, als auch statusniedere abgewertet, da letztere in den Augen der Hexen bzw. aufgrund lokalspezifischer Gendernormalitäten nicht als ‚richtige Männer‘ erscheinen. Anton bestätigt die Relevanz dieses Abwertens anderer Gruppen wenn er ausführt, das „Trotzen“ gegenüber anderen Häsgruppen sei wichtig (vgl. 1795-1800).

119 „Schälle“ ist ein schwäbischer Ausdruck für Glocken, „Schällaschittler“ bezeichnet daher die Gruppe der Weißnärr_innen der Fastnachtszunft, da diese im Gegensatz zur Hexengruppe Glocken an ihrem Kostüm haben.

Anton macht deutlich, dass er bzw. die Mitglieder der Hexengruppe um die ‚Geschmacklosigkeit' der Liedtexte wissen[120] und es stellt sich die Frage, wie er bzw. die Hexengruppe zu diesem Wissen gelangen. M.E. gibt es hierfür mehrere Optionen: ein Grund dürfte sein, dass es sowohl gesellschaftlich als auch lokalspezifisch geduldet und Männern zugeschrieben wird, ‚schlüpfrige' bzw. sexualisierte sowie andere Gruppen (hier: Narros, Narrenrat, Frauen) diffamierende Lieder zu singen[121]. Weiter existiert anscheinend ein ebenfalls gesellschaftlich vermitteltes Wissen darüber, was als geschmacklos für Frauen gilt. Es stellt sich bspw. die Frage, weshalb diese Lieder für Frauen, nicht aber für Männer geschmacklos sind.

Nun ist es von nicht unbedeutender Relevanz zu wissen, dass hingegen Antons Aussage, es seien keine Frauen zugegen, diese Lieder in Anwesenheit von Frauen gesungen werden (vgl. bspw. Protokoll Busfahrt und Protokoll Närr_innenabend). Da für die Hexen jedoch „dann keine Frau zugegen [ist], so auf die Art" (1816) liegt der Schluss nahe, dass durch das Singen ein allgemeiner, öffentlicher Raum zum Raum der Hexen wird (vgl. auch Bezeichnung eines Busses als „Hexenbus", Protokoll teilnehmende Beobachtung „Busfahrt": hier wird die Aneignung des Raums direkt ausgesprochen). Diese Definitionsmacht steht der Hexengruppe auf gesellschaftlicher Ebene als Männer zu[122], auf fastnächtlicher Ebene als Häsgruppe mit höherem Status als ihn andere Gruppen haben[123]. Von diesem Status aus können sie durch ihre Liedtexte mehrere Gruppen diskriminieren wie Frauen, andere Häsgruppen, oder den Vereinsvorstand.

Die Hexengruppe als ‚Männergruppe' eignet sich also durch das Singen bestimmter Texte den Bus als ihren Raum an und erhält dadurch die Autori-

---

120 Das bedeutet auch, dass die Geschmacklosigkeit nicht mein subjektives Empfinden ist, sondern offenbar objektiv feststellbar.

121 Obwohl in allen besungenen Gruppen außer der der Frauen auch Männer sind, kann m.E. davon ausgegangen werden, dass diese dennoch aus Sicht der Hexen eine Art Minderheit darstellen, da sie gemäß der lokalspezifischen Gendernormalitäten keine ‚richtigen Männer' sind (vgl. 4.1.3).

122 Dies wird deutlich, stellen wir uns das Szenario umgekehrt vor: Frauen singen über lange Schwänze, die nach Gurke schmecken o.ä. und Männer dulden es ohne Reaktion bzw. lachen darüber. Eigentlich ist dies nur denkbar von einer Gruppe, der gesellschaftlich Macht über eine andere Gruppe zugestanden wird und womöglich nicht mit Gegenwehr rechnen muss (z.B. Frauen, Ausländer_innen, queer Lebende, Behinderte).

123 Die Interpretation der Vormachtstellung der Hexengruppe innerhalb des fastnächtlichen Zusammenhangs, konkret innerhalb der Fastnachtszunft, wird untermauert durch die Duldung dieser Gesänge. Obwohl der Vereinsvorstand ansonsten viel Mühe und Organisation bzgl. einer ‚sauberen', ordentlichen Fastnacht investiert (vgl. bspw. Reglements wie die Bestimmung der Farbe der Schuhe oder des T-Shirts unter dem Häs, die Art und Weise des Schminkens unter der Maske o.ä.), scheint niemand etwas gegen diese Liedtexte zu sagen.

tät, für andere Anwesende geschmacklose Lieder zu singen und dies lustig zu finden. Trotz der Anwesenheit der Gruppen, über die sich lustig gemacht wird und die diskriminiert werden, sehen die Mitglieder der Hexengruppe laut Anton keine Gefahr, mit ihrer ‚Geschmacklosigkeit' konfrontiert zu werden (vgl. Zitat oben: 1812-1817). D.h. in ‚männerhomogenen' Zusammenhängen sind derart ‚Geschmacklosigkeiten' offenbar erlaubt, und der fastnächtliche Rahmen scheint eine Art der Grenzüberschreitung innerhalb eines öffentlichen Raums zu gestatten, wie sie normalerweise in männerhomogenen Zusammenhängen vollzogen wird. Wären Frauen in der Hexengruppe, so Anton, dann könnten diese Lieder nicht gesungen werden. Sind Frauen als ‚Hörerinnen' im Bus, können sie gesungen werden. Durch die Definierung des Busses als „Hexen – bzw. Männerraum" läuft die Hexengruppe keine Gefahr, mit der Geschmacklosigkeit konfrontiert zu werden und dann womöglich keinen Spaß mehr zu haben. Sich keine Gedanken über die Angemessenheit des Spaßes machen zu müssen, kann auch eine Art Entlastung darstellen.

Das fastnächtliche ‚Genderspiel'

Während der Erklärungsversuche über die Besonderheit der Männerhomogenität der Hexengruppe kommt Anton einige Male auf eine gender- und heteronormativitätsbezogene Rollenverteilung innerhalb des fastnächtlichen Rahmens zu sprechen. Diese scheint sowohl den Hexen alias Männern wie auch den Mädchen bzw. Frauen relativ klare Parts zuzuweisen[124].

„Und, ähm (…) Mädchen […] sind immer die, die auf der einen Seite, oh die Hexen und lasst mich bloß in Ruhe(,), aber auf der anderen Seite aber möchten, dass man sie, die Aufmerksamkeit möchten, also das ist, die erwarten dann natürlich schon, dass sie, auch beim Umzug erwarten sie, dass sie mitgenommen werden, das ist ganz logisch, sie sagen zwar vor dem Umzug immer awa und wenn die kommen, dann gehe ich bloß aus dem Weg, aber, das (verhaspeln), das ist letztendlich das, was sie möchten, dass man das mitbekommt und dass man dann sagt, ha, wenn die Angst hat, dann nehme ich sie gerade, die möchten das letztendlich bloß." (1513-1524)

Offensichtlich weiß Anton, welche Rolle ihm gegenüber Frauen und Mädchen zukommt, selbst wenn diese etwas anderes artikulieren. Während im nächsten Unterpunkt deutlich werden wird, inwiefern diese klaren Zuweisungsmuster Orientierung und Sicherheit geben, soll hier als eine weitere

---

124 Im Interview mit Dora wird diese Lesart untermauert: Dora stellt rückblickend ihr Erleben bzw. Verhalten als zuschauendes Mädchen genau so dar, wie Anton es hier beschreibt. Sie sagt, sie habe Angst gehabt, zugleich aber sei es „das Höchste" gewesen, von einer Hexe mitgenommen zu werden (vgl. Interview Dora: 69-78 bzw. Fallanalyse Dora: 4.2.5).

Lesart eine Verknüpfung zu gesamtgesellschaftlichen Machtverhältnissen aufgezeigt werden.

Die Artikulierung eines recht deutlichen Wissens über die Wünsche von Mädchen (vgl. sprachlich: „immer", „natürlich", „das ist ganz logisch") verwundert auf der Folie kultureller Genderannahmen nicht, verbreiten diese oftmals Bilder von Mädchen/ Frauen, die das Gegenteil dessen meinen, was sie sagen. Nun scheint es innerhalb der fastnächtlichen ‚Spielregeln' nicht so zu sein, dass Mädchen tatsächlich nicht mit Hexen in Kontakt kommen möchten bzw. nicht von ihnen mitgenommen werden wollen (vgl. Interview Fallanalyse Dora). Der Kontext ist offenbar so kodiert, dass beide, Männer und Frauen, wissen, welche Parts ihnen jeweils zukommen. Diese werden ausgefüllt, womöglich werden sie gerne ‚gespielt', da sie im Gegensatz zur alltäglichen Kommunikation zwischen Männern und Frauen Sicherheit und Klarheit geben (s.u.). Wer sich an der Fastnacht beteiligt, scheint um diese ‚Regeln' zu wissen[125]. Doch selbst wenn von einer freiwilligen Beteiligung der Mädchen an diesem fastnächtlichen Rollenarrangement ausgegangen wird, so ist eine ungleiche Machtverteilung festzustellen, die wiederum nicht ohne das Wissen um kulturelle Genderannahmen gelesen werden kann: den Hexen kommt der aktivere, dominantere Part zu, die „irgendwelche Mädchen mitnehmen oder in irgendwelcher Weise in ein Ding" (Wagen, Käfig o.ä., K.B.) hineinstecken (1861f.). Anton bezeichnet dieses Verhalten als „eigentlich eher männertypisch" (1864), d.h. er argumentiert vor dem Hintergrund gesellschaftlicher Genderannahmen, die, wie bereits mehrfach erwähnt, hochgradig selbstverständlich wirken. Die folgende Antwort Antons auf meine Frage, was ‚Mannsein' in dem Moment für ihn bedeute, verdeutlicht die Einbettung seiner Argumentation in gesamtgesellschaftliche Genderbilder:

„Ich verbinde einfach damit, dass unter den Hexen keine Frauen sind sondern Männer also die, die (h) mir auch, möchte nicht sagen gefährlich werden […], sondern einfach, die mir auch, die mich auch einmal über die Schulter nehmen können, die mich auch einmal in einen Heuwagen hinein tun können, ohne dass ich mich groß wehren kann […] Dass die Hexen eigentlich dazu auch befähigt sind, mal geschwind ein Mädchen über die Schulter zu schnappen und dort hinein zu tun. Und das verbinde ich eigentlich dann da damit." (1882-1895)

‚Mannsein' bedeutet für Anton folglich die Ermächtigung, diese verschiedenen Dinge mit Mädchen zu tun, den Mädchen etwas gefährlich werden zu können, sie wehrlos zu machen. Obwohl dies, wie bereits mehrfach deutlich gemacht, ein gemeinsames fastnächtliches ‚Spiel' zwischen Männern und

---

125 Hier stellt sich die Frage, wie viel Spielraum eine Teilnahme an fastnächtlichen Veranstaltungen jeweils lässt, d.h. ob es für Teilnehmer_innen eine Möglichkeit gibt, diese ‚Regeln' zu brechen, mit ihnen zu spielen o.ä., oder ob als Alternative nur ein Fernbleiben von fastnächtlichen Veranstaltungen bleibt.

Frauen ist, argumentiert Anton hier im Rahmen bipolarer, genderbezogener Zuweisungsmuster. Im weiteren Verlauf des Zitats fügt Anton den bisherigen machtbezogenen Aspekten heteronormative hinzu:

„Warum sollten zwei Frauen oder Mädchen sich die Füße mit Kabelbindern zusammen machen – das widerspricht irgendwie dem, das (h) widerstrebt irgendwie so im Gedanken. Also normal, ich verbinde halt mit Hexen Männer, verbinde ich eigentlich da damit, dass die ein wenig, auch ein wenig aktiver sind. Männer sind mit Sicherheit aktiver im Umzug, wenn sie eine Hexe sind als Frauen. Das ist ohne Frage." (1899-1905)

Hier wird deutlich, dass neben kulturellen Genderannahmen ebenso die heteronormative Strukturiertheit der sozialen Wirklichkeit hochgradig selbstverständlich wirkt. Gleichgeschlechtliche Körperlichkeit wird als „im Gedanken"[126] widerstrebend, und damit als unnormal bezeichnet, während eine höhere Aktivität von Männern als „normal" bezeichnet wird. Abschließend werden die präsentierten (Un-)Normalitätsvorstellungen untermauert durch die Feststellung, dies sei ohne Frage.

Im Folgenden wird deutlich, dass diese relativ klar definierten Parts des fastnächtlichen ‚Genderspiels' für Anton auch eine Art Sicherheit bedeuten sowie die Möglichkeit, eigene Grenzen zu überschreiten.

Sicherheit und Orientierung in der anonymen Hexenrolle

Mit dem Tragen eines spezifischen Häs der Fastnachtszunft scheinen per se verschiedene, relativ klar geregelte Verhaltensweisen verbunden zu sein. Auf meine Frage, ob sich sein jetziges Verhalten als Hexe von seinem früheren als Narro unterscheide, antwortet Anton:

„Natürlich_____! Also als Narro, in der Regel geht man als Narro auf die Leute so direkt nicht unbedingt zu […], da hat man so 20 Brezeln auf dem Stecken und die ganzen Brezeln will man loswerden. Also geht man zu dem und dem und dem […]. Wenn man in den Hexen ist […] da ist jetzt weniger so das Ziel, denen Leuten irgendetwas zu geben, sondern eher die Leute ein wenig zu verarschen, ein bisschen was mit denen und da, äh (..), ja man geht schon anders auf die Leute zu, vor allem auch weniger mit (..), weißt du als Narro kannst du dich schlecht vor denen auf die Straße schmeißen[127]. Wenn du jetzt eine Hexe hast, dann schmeißt du dich vor denen auf die Straße, dann schnappst du sie an den Füßen, nimmst sie auf die Schulter,

---

126 Ob mit dem „Gedanken" die subjektiven Normalitätsvorstellungen Antons gemeint sind oder gesellschaftliche bleibt dabei offen.

127 Hier bezieht sich Anton (auch) auf die unterschiedliche Gestaltung der Kostüme: das Narro ist in der Grundfarbe weiß gehalten und trägt vier relativ schwere Glockenriemen, während die Hexe in der Grundfarbe schwarz gehalten ist und keine weiteren Attribute am Häs angebracht sind.

nimmst sie fort[128], da sprichst du nicht viel mit denen [...] Man [hat] halt mehr so die Aktionsfreiheit, also von den Tätigkeiten her geht man schon anders auf die Leute zu, mit Sicherheit." (1344-1369)

Das Verhalten der Hexen wird als weniger kommunikativ sowie als aktiver beschrieben, es unterscheidet sich laut Anton ganz klar von dem Verhalten der Narros. Im Folgenden wird deutlich, dass innerhalb der Fastnachtszunft mit der jeweiligen Häsgruppe unterschiedliche Rollen bzw. Verhaltensspezifika verknüpft sind:

„Vorne läuft der Narrenrat, [...] ein wenig Bonbons hinausschmeißen, das ist charakteristisch, dann kommen die Löffler mit ihren Schaufeln, wo was weiß ich machen [...], dann der Musikverein [...], Narros sind so die [...] dafür da sind, dass die Leute, die Zuschauer etwas bekommen, etwas vom Umzug haben und die Hexen sind dann wiederum die, die dafür sorgen, dass die Leute auch ein wenig etwas zum Lachen haben [...] vorne raus sind die, wo sagen wir mal, wo den Leuten etwas, auch mehr für die Kinder [...], und hinten drein kommen die Hexen , die weniger auf die Kinder eingehen, sondern natürlich zu 90 Prozent natürlich auf die Frauen und, äh, das ist halt einfach, das gehört einfach dazu und (..) die dann das praktisch, die Rolle dann praktisch übernehmen. Die Vorderen, das sind, ich sage immer die Guten und das hinten das sind ein bisschen, natürlich nicht wirklich die Bösen, aber halt ein bisschen die Böseren, ein bisschen die, vor denen man schon eher ein bisschen Respekt hat wie vor den Narros." (1376-1410)[129]

Anton argumentiert hier in einem genderbezogenen, heteronormativen Begründungszusammenhang: dass die Hexen zu 90 Prozent mit Frauen kommunizieren bezeichnet er zweimal als „natürlich" sowie als „dazu gehörend", ohne weiter auszuführen, *wozu* es genau gehört. Zunächst scheint dieses Verhalten zu dem bereits im vorhergehenden Abschnitt beschriebenen fastnachtsspezifischen, heterosexuellen ‚Genderspiel' zu gehören. Vor dem Hintergrund der in Kapitel 1.1 dargelegten Binarität kultureller Genderannahmen als eines der grundlegenden Ordnungsmuster der sozialen Welt kann darüber hinaus vermutet werden, dass Anton sich hier recht selbstverständlich und unreflektiert auf einen gesellschaftlich tatsächlich als ‚natürlich' betrachteten Argumentationsrahmen stützt. Innerhalb dessen braucht er nicht näher zu erläutern, weshalb Hexen als genderhomogene Männergruppe überwiegend auf Frauen eingehen. Dass er sich zudem auf ebenso selbst-

---

128 „Nimmst sie fort" dürfte sich hier darauf beziehen, dass die Hexengruppe während des Umzugs eine Art Hexenhaus auf Rädern mitführt, in das sie (junge) Mädchen bringen, die dort ein Freigetränk erhalten und anschließend wieder gehen dürfen.

129 Die Darstellung, welche Gruppe an welcher Stelle im Umzug laufe („vorne" bzw. „hinten") bezieht sich auf die Reihenfolge der Häsgruppen, die bei jedem Umzug und in jedem Jahr dieselbe ist.

verständlich erscheinende heteronormative Normalitätsvorstellungen stützt, verdeutlicht eine Passage, in der Anton über eine junges Mitglieder der Hexengruppe spricht, das während eines Umzugs ‚männliche' Zuschauer mit in den Hexenwagen nahm[130]:

„I: Und nimmst du jetzt, wenn du unter der Hexe bist, nimmst du auch mal Männer mit?
A: (..), (…) dass man nur Kerle im Hexenwagen hat, das war natürlich, am Umzug haben ihn alle ausgelacht.
I: Den habt ihr ausgelacht (?)
A: Ich war ja nicht dabei, den haben sie damals ausgelacht. Das war eigentlich schwul, gell, wenn du halt nur Kerle mitgebracht hast, also das macht man normal nicht." (2022-2030)

Diese Passage enthält mehrere Aspekte, die als *doing heteronormativity* bezeichnet werden können, d.h. die heteronormative Normalitätsvorstellungen verdeutlichen und reproduzieren.

Zunächst einmal scheint interessant, dass Anton selbst zum Zeitpunkt dieses Geschehens noch nicht Mitglied der Hexengruppe war, diese Geschichte jedoch kennt. Offenbar ist dieses Ereignis so außergewöhnlich, dass es weiter erzählt wird. Anton stellt darüber hinaus das Auslachen dieses Verhaltens als nicht weiter verwunderlich („natürlich") dar, da man dies „normal" nicht mache, da es „schwul" sei (mit Nachdruck: „gell"). Schwulsein wird damit als nicht normal[131] bezeichnet sowie als sanktionsbedürftig erachtet (Auslachen). Anton fasst anhand dieses Beispiels die Normalität in Worte: gleichgeschlechtliche Annäherung einer Hexe wird sanktioniert alias ausgelacht, es wird als schwul etikettiert, Schwulsein selbst wird als nicht normal eingestuft. Ich gehe davon aus, dass Anton gleichgeschlechtlich lebende Menschen nicht per se abwertet, sondern relativ unbedarft für sich klare Normalitätsvorstellungen schildert, die auf hochgradig selbstverständlich wirksamen sozialen Zuweisungsmustern beruhen.

Aufgrund des oben geschilderten „befreiten Bewegens" sowie der höheren Aktivität der Hexen (im Vergleich zu anderen Häsgruppen) kann davon ausgegangen werden, dass für die Mitglieder der Hexengruppe in der Tat eine Art Freiraum hinsichtlich des Umgangs mit Zuschauer_innen besteht. Zugleich wird jedoch deutlich, dass dieses „befreite" Verhalten organisiert und reglementiert zu sein scheint, nicht zuletzt von genderbezogenen sowie heteronormativen Zuweisungsmustern. Interessant wäre bspw. die Frage,

---

130 Leider ist der Beginn der Ausführungen auf der Tonbandaufnahme nicht zu verstehen, mir ist der Anfang der Geschichte jedoch aus dem Interviewverlauf selbst präsent.

131 Vgl. den Verweis auf Meuser bzgl. der Abwertung von allem, was ‚weiblich' ist in FN 118.

wie „befreit" sich ein queer lebender Mann innerhalb der Hexengruppe fühlt und wie viel Spielraum er bzgl. seines Verhaltens ausmacht[132].

Reglementierungen können jedoch auch Klarheit und Orientierung bedeuten. Für Anton als Hexe scheint zumindest klar geordnet zu sein, in welcher Weise er mit Männern bzw. Frauen zu agieren hat:

„Man macht schon auch etwas mit den Kerle, aber die, die schmeißt man in den Schneehaufen oder mit denen rudelt man sich mal auf der Straße rum oder was weiß ich, mit denen macht man irgend einen Scheiß und die lässt man dann stehen. (..) Das ist dann so eher die Seite und die Seite der Mädchen, die nimmt man dann mal mit, die, denen bindet man zum Beispiel […] die Füße mit Kabelbinder zusammen, rechts einer, links einer, mit Hüpfen lassen bis zum Hexenwagen und dann halt eingeladen und dann haben sie schauen müssen, wie sie die Dinger wieder loswerden.
I: Das würde man mit den Männern nicht (?)
A: Das würde man mit Männern nicht machen, mit denen macht man eher irgendeinen Scheiß." (2036-2049)

Die ‚Regeln' des heterosexuellen ‚Genderspiels' der Fastnachtshausener Fastnacht werden hier als sehr eindeutig beschrieben und scheinen von Anton nicht in Frage gestellt zu werden. Im Gegenteil, bereits das o.g. Beispiel des Hexenmitglieds, welches Männer in den Hexenwagen brachte, kommentierte er mit den Worten „das macht man normal nicht" (2030). Aufgrund seiner an anderen Stellen beschriebenen größeren Sicherheit innerhalb der Hexengruppe kann davon ausgegangen werden, dass auch dieses relativ klare Reglement hinsichtlich des Verhaltens gegenüber Männern und Frauen eine Art Sicherheit in Bezug auf Antons eigenes Verhalten bietet.

Diese Lesart wird untermauert durch Ausführungen Antons über die Überwindung eigener Hemmungen innerhalb des außeralltäglichen fastnächtlichen Rahmens sowie in der Anonymität:

„&Es, ähm, ist natürlich in der Richtung, ähm, spannend, dass man fort geht und eine gewisse Zeit hat, in der man eigentlich in der Regel nicht erkannt wird. […] Man kann einmal, ähm, sagen wir mal, über gewisse Hemmungen, die man vielleicht manchen Leuten gegenüber hat, auch mal hinweg gehen, also sage ich jetzt einmal, ich sag jetzt einfach mal ein doofes Beispiel, wenn man, äh, seinen Chef am Straßenrand stehen sieht, dann kann man den halt vielleicht auch einmal, dem halt vielleicht mal ein (Duck?) tun und der kennt einen nicht, der weiß zwar vielleicht, das könnte der gewesen sein, aber er kann es halt nie mit Bestimmtheit sagen und da kann man halt teilweise mitunter, ähm, Angst und vielleicht auch Respekt vor gewissen Leuten ein klein bisschen in den Hintergrund stellen und sich einfach mal ein bisschen, ein bisschen anders verhalten, ein bisschen ungezwungener verhalten, […] Das Spannende an der Geschichte ist, (.) das einem nicht gleich jeder kennt, dass man einfach auch ein bisschen sich klein bisschen freier bewegen kann." (1062-1083)

---

132 Zur Thematisierung von Homoerotik innerhalb der Hexengruppe vgl. Kapitel 5.

Zunächst fällt die schnelle Antwort auf, d.h. Anton muss offensichtlich über den Anreiz zeitlich begrenzter Anonymität nicht weiter nachdenken. Konkret schildert er das Hinweggehen über gewisse Hemmungen als spannend, ein in den Hintergrundstellen von Angst und Respekt gegenüber bestimmten Personen, sich ungezwungener verhalten zu können als im Alltag, sowie sich ein Stück weit freier bewegen zu können. Damit beschreibt Anton ein Überschreiten eigener Grenzen, was ihn – wie er weiter anführt – ein wenig „unabhängig für eine gewisse Zeit lang" (1089f.) mache. Er führt nicht aus, *wovon* er sich unabhängiger fühlt – ob von seinen eigenen inneren Grenzen, von äußeren Konventionen, von Hierarchien o.ä.

An anderer Stelle wird deutlich, inwiefern das Überwinden gewisser eigener Grenzen während dieser zeitlich begrenzten Anonymität über die Fastnacht hinaus auf Antons Verhalten einwirkt:

„Wenn man einen, ich sage jetzt einfach mal, als Kerle irgendwo eine kennt oder so, die man eigentlich, äh, so an sich die ganz gut leiden kann, aber immer, äh, ein bisschen Berührungsangst gehabt hat, dann kann man natürlich auch mal sagen, ha, die nehme ich jetzt, wenn ich meine Maske auf habe, dann kann ich sie jetzt in Arm nehmen, dann kennt die mich ja nicht, auf der anderen Seite könnte man das vielleicht auch machen, wenn man die Maske nicht auf hat, aber da ist man sich halt einfach nie sicher und dann tut man es halt einmal so und dann im Nachhinein und, weißt du, es kann mitunter sein, dann trifft man sich eine Stunde später in der Bar und hat die Maske nicht mehr auf und dann macht man es trotzdem wieder, aber dann, äh, dann ist die, ich sage mal, die erste Hemmschwelle ist dann immer weg und ich, das kann manchmal, mitunter schon helfen, also ich sage jetzt mal so, (..) subjektiv, also wenn ich, sage ich mal, eine mit Maske mal im Arm gehabt habe, dann fällt es mir leichter, des nachher noch mal zu machen. Sage ich jetzt mal so von mir aus, dann, (Haspeln) dann ist es mir, dann ist es mir halt letztendlich einfach mal Wurst und des kann ich halt unterm Jahr, unterm Jahr kommt das halt ein bisschen blöd. Das ist von den Rahmenbedingungen her kommt es unter dem Jahr dann einfach ein bisschen blöd. Wenn man halt in einer Bar ist zwischen was weiß ich wie viel tausend Leuten, dann ist es auch nochmals eine ganze andere Atmosphäre, dann, ja, dann macht sich das alles ganz anders. Aber ja, natürlich, das bringt einem manchmal schon, hilft einem manchmal ein bisschen." (1180-1206)

In der Anonymität sowie im fastnächtlichen Rahmen kann Anton offensichtlich mit eigenen Grenzen („Hemmschwellen") und Ängsten experimentieren und diese überschreiten. In seinen Ausführungen spricht er mehrere relevante Dimensionen bzgl. eines ‚Sich-Ausprobierens' an: zunächst nutzt er, ähnlich wie im vorhergehenden Zitat erläutert, die Anonymität, um Hemmungen gegenüber bestimmten Personen (Chef, Frauen) zu überwinden, und zwar sowohl in Form verbaler als auch körperlicher Kommunikation. Anders als im obigen Beispiel der Kommunikation mit dem Chef erläutert Anton hier jedoch darüber hinaus, dieses Ausprobieren in der Anonymität lasse eine erste Hemmschwelle wegfallen und helfe ihm somit, diese Unsicherheit

auch nicht-anonym zu überwinden. Neben der Relevanz des anonymen Er-
probens spricht er ferner die fastnachtsspezifischen Rahmenbedingungen als
einen weiteren Aspekt an, der ihn sicherer werden lässt, da sich „das alles
ganz anders mache". Dies führt mich zu der Annahme, dass der fastnächtliche Rahmen ein Experimentieren mit Alltagskonventionen erlaubt, die ansonsten tatsächlich eher hemmend wirken können. Um bei Antons Beispiel
des Umgangs mit dem anderen Geschlecht zu bleiben, so gibt es viele ungeschriebene Konventionen wie ‚wer darf wen anmachen‘, ‚wer berührt wen
auf welche Weise‘, ‚wer gibt sich wie‘ usw. Diese Konventionen müssen
nicht den eigenen Bedürfnissen entsprechen, und Fastnacht scheint hier
einen Rahmen zu bieten (Anonymität, Lockerheit in einer Bar, Alkohol
etc.), innerhalb dessen mit subjektiven Grenzen experimentiert bzw. diese
überschritten werden können[133].

Schließlich führt Anton aus, dieses Experimentieren mit eigenen Berüh-
rungsängsten helfe ihm. Obwohl er zuvor erklärt, während des Jahres würde
er so etwas nicht tun, drückt Anton m.E. an dieser Stelle aus, dass sich sein
‚grenzenloseres‘ Verhalten während der Fastnacht auf seine Handlungen im
Allgemeinen auswirkt. Er wird sich in außerfastnächtlichen Zusammenhängen nicht in derselben Art und Weise verhalten, nicht zuletzt deshalb, weil
es innerhalb ‚ganzjähriger Rahmenbedingungen‘ tatsächlich wenige oder
keine Gelegenheiten geben mag, die ein solches Experimentieren erlauben.
Allerdings sagt Anton ganz klar, es „helfe ihm natürlich ein bisschen". Daher gehe ich davon aus, dass dieses Überwinden gewisser Hemmungen und
Ängste in der Anonymität sowie in fastnächtlichen Zusammenhängen tatsächlich auf einzelne alltägliche Kontakte bzw. Verhaltensweisen einwirkt.

Festzuhalten bleibt, dass Anton innerhalb der Hexengruppe einen hohen
Grad der Zusammengehörigkeit empfindet und diesen Relevanzbereich als
den für ihn am wichtigsten beschreibt. Die männerhomogene Zusammensetzung der Gruppe befördert innerhalb der Gruppe diesen guten Zusammenhalt sowie eine Art ungezwungenes, unbedachtes Miteinander. Bzgl. des
fastnächtlichen ‚Genderspiels‘ werden relativ eindeutige Verhaltensweisen
bzw. Rollen abgeleitet, die einerseits Orientierung und Klarheit geben können, andererseits resultieren aus ihnen dualistische Parts für Männer
(Hexen) einerseits, Frauen andererseits. Der von den Männern eingenommen Part weist dabei höhere Macht- bzw. Dominanzanteile auf, die ohne
den Rückgriff der Hexengruppe auf gesellschaftlich überwiegend Männern
zugeschriebenes Machtverhalten nicht auf dieses Art und Weise innerhalb
des fastnächtlichen Rahmens ausgeübt werden könnten. Wenngleich offen
bleibt, inwiefern von diesen ‚Rollen‘ abgewichen werden kann, so wird

---

133 Hier darf der teilweise recht hohe Alkoholkonsum während der Fastnacht nicht
außer Acht gelassen werden. Obwohl Anton diesen hier nicht anspricht gehe ich
allgemein davon aus, dass er allgemein bzgl. der Überwindung innerer Hemmschwellen von nicht unbedeutender Relevanz ist.

deutlich, dass Anton sie für die Überwindung subjektiver Hemmungen nutzt.

4.1.6 Die Bedeutung der Mitgliedschaft in der Hexengruppe für Antons Biografie

An unterschiedlichen Stellen der Fallanalyse habe ich bereits mit Bezug auf Biografie- und Gendertheorien Zusammenhänge zwischen Hexenmitgliedschaft und biografischer Arbeit Antons hergestellt, die an dieser Stelle zugunsten von Redundanzvermeidungen nicht erneut vertieft werden. Zusammenfassend soll festgehalten werden, dass in Antons derzeitiger biografischer Phase die Zugehörigkeit zur Hexengruppe v.a. aus zwei Hauptgründen von besonderem Gewicht ist: sie bedeutet (1) die Erfüllung lokalspezifischer genderbezogener Normalitätsvorstellungen, und (2) die Entsprechung des Generationenauftrags des Vater. Mit anderen Worten verwirklicht Anton mit der Aufnahme in die Hexengruppe gemäß Keupp u.a. (vgl. 2006 sowie Kapitel 1.2) ein zentrales biografisches Projekt. Die aufgezeigte Ambivalenz von einerseits Orientierung und Sicherheit, andererseits Enge und Beauftragung, verdeutlicht die wechselseitige Verwobenheit von handelndem Individuum und sozialen Anforderungen (vgl. Alheit 1990: 405). Indem sich Anton am Generationenauftrag des Vaters sowie an der lokalen Gendernormalität orientiert, und schließlich ersteren ausführt und letztere erfüllt, stellt er eine Balance zwischen subjektiven Wünschen und sozialen Erwartungen her. In seiner aktuellen Lebensphase im Übergang vom Jugendlichen zum (jungen) Erwachsenen trägt die Erfüllung genderbezogener Normalitätserwartungen wesentlich zur Schaffung eines stabilen biografischen Gefühls bei. Da der genderbezogene Teil der Biografie quer zu allen anderen liegt (vgl. ebd. sowie Kapitel 1.1), dürfte diese Stabilität auf andere biografische Teilbereiche ausstrahlen und Anton mehr Selbstbewusstsein vermitteln. Z.B. befindet er sich derzeit in Ausbildung und damit inmitten der Verwirklichung des beruflichen Teils seiner Biografie. Darin auftretende Offen- oder Unsicherheiten können durch die hohe Stabilität und Anerkennung der genderbezogenen ‚Teilbiografie' womöglich besser ausgehalten oder aufgefangen werden.

Doch nicht nur der Prozess des Mitglied-*Werdens*, sondern auch das Mitglied-*Sein* in der Hexengruppe wirkt sich stabilisierend auf Antons biografisches Gefühl aus. Denn durch das Erfahren von Anerkennung, Zugehörigkeit sowie eines hohen Maßes an Gemeinschaft, kann Anton ein ‚vollständiges' Anerkennungsgefühl entwickeln[134], welches wiederum laut für

---

134 Im Interview mit Antons Vater schildert dieser, wie Anton vor seiner Mitgliedschaft in der Hexengruppe Schwierigkeiten bzgl. des Schließens von Freundschaften gehabt habe. Seit seiner Aufnahme in die Gruppe aber treffe er stets Verabredungen, werde regelmäßig von anderen Gruppenmitgliedern zu Veranstaltungen mitgenommen usw. (vgl. Interview Berthold: 857ff.).

die Entwicklung eines positiven biografischen Gefühls unabdingbar ist (vgl. Kapitel 1.2). Hinsichtlich Antons biografischen Prozessen sind v.a. zwei Aspekte interessant: (1) Anton bewegt sich in seiner Realisierung des biografischen Projekts ‚Hexe-Werden bzw. -Sein' stets in einem Spannungsverhältnis von Orientierung, Sicherheit und Halt einerseits, eindimensionalen Begrenzungen und bestimmenden Vorgaben andererseits. Wenngleich, wie bereits erläutert, Antons subjektives Gefühl das einer frei gewählten Option ist, so verdeutlichen seine Ausführungen doch ein stetes Aushandeln von subjektiven Wünschen und normativen Erwartungen. Anders ausgedrückt kann Antons subjektiver Wunsch einer Hexenmitgliedschaft auch als Anpassung an oder Übernahme von normative(n) Erwartungen interpretiert werden. Offen bleibt, wo bzw. ob er im Falle einer Nicht-Erfüllung der lokalen Erwartungen die für das Entwickeln eines positiven biografischen Gefühls nötige soziale Anerkennung erhalten hätte. Auf subjektiver Ebene allerdings kann in einer Zeit, in der laut Keupp u.a. auf gesellschaftlicher Ebene bisher relativ selbstverständliche biografische Optionen brüchig und damit offener werden (vgl. 2006), Antons Umsetzung sozialer Zuweisungen als Übernahme individueller Verantwortung für die eigene soziale Integration interpretiert werden. Anton konstruiert sich seine Selbstverortung so, dass er sich der für Biografiearbeit nötigen Zustimmung anderer sicher sein kann. (2) Die von Anton als Mitglied der Hexengruppe erlebte Sicherheit gründet im Wesentlichen in einem Zurückgreifen auf heteronormative Verhaltenskodi. Sowohl die aus der ‚männerhomogenen' Zusammensetzung resultierenden Aspekte wie Spaß, Loyalität und Verlässlichkeit, als auch die ‚Regeln' der gegen- und gleichgeschlechtlichen Kommunikation während der Fastnacht spiegeln gesamtgesellschaftliche Heteronormativitätsvorstellungen wieder. Auch hier bewegt sich Anton objektiv gesehen in einem Spannungsverhältnis von Eingrenzung und Experimentieren, welches er jedoch subjektiv als Erfahrungsraum für ungehemmteres bzw. experimentelles Verhalten nutzt. Wenngleich der fastnächtliche Kommunikationsrahmen heteronormativitätsbezogene kulturelle Annahmen nicht außer Kraft setzt[135], so verdeutlichen die teilnehmenden Beobachtungen doch die partielle Öffnung dieses Rahmens und damit die prinzipielle Möglichkeit eines Experimentierens damit (vgl. v.a. Protokoll Närr_innenabend und Protokoll Fastnachtsball sowie Kapitel 5). Auch die Tatsache, dass Männer als Hexen ein ‚weibliches' Kostüm tragen, stellt an sich eine Genderüberschreitung dar. Dadurch eröffnet sich den Hexen alias Männern prinzipiell die Möglichkeit, unter der Maske zwischen unterschiedlichem Verhalten zu ‚switchen' bzw. auswählen (z.B. kulturell als ‚männlich', ‚weiblich' oder queer konnotierte

---

135 Was auch nicht weiter verwundert, denn aufgrund der in Kapitel 1.1 dargelegten Wirksamkeit von Gender bzw. Heteronormativität in alltäglichen Denk-, Handlungs- und Kommunikationsmustern kann nicht davon ausgegangen werden, dass diese im gesamtgesellschaftlichen Makrokosmos eingebundenen Mikrokosmos ‚Fastnacht' ohne Weiteres außer Kraft gesetzt werden können.

Verhaltensweisen). Anonymität, Fastnachtsrahmen und ‚weibliche' Verkleidung ermöglichen ihnen also prinzipiell auch Handlungsoptionen, die jenseits kultureller Annahmen über Gender/ Heteronormativität liegen[136]. Ob und in welcher Weise Anton selbst davon Gebrauch macht, kann aufgrund seiner Erzählungen nicht nachgeprüft werden[137]. Allerdings zeigt sich, wie er die Sicherheit und Orientierung vermittelnde heteronormative Prägung von Verhaltensregeln für Erprobungen und Überschreitungen eigener Grenzen nutzt, was ihm auch hinsichtlich Kontaktaufnahmen und -gestaltungen außerhalb des fastnächtlichen Rahmens hilft.

4.2 FALLREKONSTRUKTION DORA – MITGLIED DER TV-JAZZTANZGRUPPE

4.2.1 Biografisches Kurzportrait

Dora kommt 1960 zur Welt. Sie hat einen sechs Jahre jüngeren Bruder, mit dem sie bis zu ihrer Heirat bei den Eltern im Untersuchungsort wohnt und aufwächst. Nach Erlangen der Fachhochschulreife absolviert Dora eine Ausbildung zur Steuerfachgehilfin und arbeitet anschließend in einem Steuerbüro nahe dem Untersuchungsort. Nach ihrer Heirat zieht sie mit ihrem Mann aufgrund dessen beruflicher Veränderung weg und arbeitet selbst bis zur Geburt des ersten Kindes 1990 im neuen Wohnort in einem Steuerbüro. Als Dora 1992 mit Zwillingen schwanger wird, und ihnen zudem die Wohnung gekündigt wird, ermuntert Doras Mutter die Familie zur Rückkehr nach Fastnachtshausen, um die Familienvergrößerung besser unterstützen zu können. Diesem Vorschlag folgt Doras Familie. Zum Zeitpunkt des Interviews wohnt Dora mit ihrer Familie im eigenen Haus in Fastnachtshausen.

In Doras Kindheit gab es in Fastnachtshausen den mittlerweile nicht mehr bestehenden Brauch, verkleidete Kinder am jährlichen Fastnachtsumzug teilnehmen zu lassen[138]. Diese Umzugsteilnahmen sind neben den von

---

136 Hier wäre interessant, wie sich die Mitglieder der Hexengruppe bei Gelegenheiten verhalten, bei denen ich keinen Einblick kriegen kann wie bspw. ‚Hexeninterne' Busfahrten oder Mittagessen oder Unternehmungen während des Jahres (also ohne Kostüm als außeralltägliche Rolle). In diesem Zusammenhang ist die Erzählung eines Mitglieds einer anderen ‚männerhomogenen' Gruppe interessant. Demnach kommt es bei Besuchen auswärtiger Fastnachtsveranstaltungen dieser Gruppe teilweise zu homoerotischen Tänzen zwischen einzelnen Gruppenmitgliedern.

137 Aufgrund der heteronormativen Strukturiertheit sozialer Wirklichkeit ist davon auszugehen, dass er im Interview nicht über Bedürfnisse oder Erfahrungen sprechen wird, die jenseits davon liegen.

138 Heute ist eine Umzugsteilnahme nur in einem Häs der Fastnachtszunft möglich.

der Fastnachtszunft organisierten Kinderbällen Doras erste Erinnerungen an ihre eigene Fastnachtsaktivität. Im Alter von ca. 12 Jahren nimmt Dora als Mitglied des örtlichen Akkordeonorchesters zum vorerst letzten Mal aktiv am Fastnachtsumzug teil.

In den darauf folgenden Jahren finden Doras Fastnachtsteilnahmen im Rahmen von Veranstaltungen des Turnvereins von Fastnachtshausen statt. Doras Mutter ist als Leiterin einer Frauenturngruppe verantwortlich für die Vorbereitungen und Aufführungen von Programmpunkten der jährlichen Bälle des Vereins, wodurch Dora Einblick in die Vorbereitungen erhält und an ersten kleineren Veranstaltungen teilnimmt. Nach ihrer Konfirmation nimmt Dora zusammen mit ihren Eltern erstmals auch am jährlichen Ball des Vereins teil, was ihr als schönes Erlebnis in Erinnerung ist.

Im Alter von 14 Jahren gründet Dora im Turnverein eine rhythmische Sportgymnastikgruppe für Mädchen. Mit dieser Gruppe führt sie drei Jahre später auf Bitten der Ehefrau des Vereinsvorstands beim Fastnachtsball einen Tanz auf, was in den nachfolgenden Jahren zu einer Tradition wird, die sich erst zum Interviewzeitpunkt auflöst, da der Verein keinen Ball mehr veranstaltet. Dieser Gruppe gehört Dora bis heute an, sie unterbrach ihr Engagement lediglich als sie nicht in Fastnachtshausen wohnte und als ihre Kinder sehr klein waren.

Als Hästrägerin[139] in der örtlichen Fastnachtszunft wird Dora im Alter von ca. 20 Jahren aktiv. Sie hatte zwar bereits früher Lust auf eine aktive Mitgliedschaft in der Fastnachtszunft, doch konnte sich die Familie den Erwerb eines Narrenkleids finanziell nicht leisten. Während ihrer Lehre verwirklicht sich Dora ihren Wunsch und erwirbt ein eigenes Narrenkleid. Seither bereitet es ihr viel Spaß, aktive Närrin zu sein.

Die Tanzgruppe wurde im Laufe der Jahre zu einer wichtigen Bezugsgruppe für Dora. Sie bezeichnet die Beziehungen als Freund_innenschaften, die lange gewachsen sind, sich verbindlich gestalten und über das Tanzen hinausreichen. An der Fastnacht steht der gemeinsame Auftritt im Mittelpunkt, zudem sind viele Frauen der Tanzgruppe aktive Närrinnen und es wird gemeinsam an Veranstaltungen der Fastnachtszunft teilgenommen. Während des restlichen Jahres gibt es Unternehmungen wie gemeinsames Ausgehen, Ausflüge, Auftritte, Besuche verschiedener (Tanz-)Veranstaltungen in der Umgebung oder das Feiern von Geburtstagen oder Hochzeiten. Neben dem freundschaftlichen Gesichtspunkt bezeichnet Dora vor allem das Unterwegssein, Spaßhaben und das Gemeinschaftsgefühl als wichtige Faktoren am Zusammensein mit der Tanzgruppe sowie mit anderen Gruppen, in denen sie aktiv ist, wie das Akkordeonorchester oder die Narrenkapelle. Es ist ihr ein Anliegen, ihren Kindern diese Freude am Zusammensein mit anderen bzw. an Unternehmungen innerhalb von Gruppen zu vermitteln.

---

139   Zur Erklärung fastnachtsspezifischer Begriffe und Hintergründe vgl. Glossar.

4.2.2 Doras Fastnachtszugang

Doras Erzählung über die Entwicklung ihrer Fastnachtsaktivität gleicht einer Art Aneinanderreihung vieler unterschiedlicher Aktivitäten: in ihrer Kindheit und Jugend partizipiert sie auf verschiedene Art und Weise außerhalb der Fastnachtszunft an der Fastnacht; ab ihrer Jugendzeit wird sie innerhalb des örtlichen Turnvereins in fastnächtliche Veranstaltungen eingebunden, auf denen sie dann ab dem Alter von 17 Jahren für die Tanzdarbietung einer Gruppe verantwortlich wird; Hästrägerin der Fastnachtszunft wird sie als junge Erwachsene. Seitdem ist sie bis heute auch innerhalb der Häsgruppe Narro in unterschiedlichen Funktionen auf fastnächtlichen Veranstaltungen aktiv.

Um erste Anhaltspunkte für Relevanzen in Doras Biografie heraus zu arbeiten, werden im Folgenden die einzelnen Abschnitte der verschiedenen Aktivitäten näher beleuchtet.

Kindheit und Jugend

Doras Erzählung beginnt in der Zeit ihrer Kindheit, im Alter von ca. fünf oder sechs Jahren. Sie nahm, wie fast alle Fastnachtshausener Kinder, aktiv an den jährlichen Umzügen der örtlichen Fastnachtszunft in Fastnachtshausen teil[140]. Zusammen mit der Teilnahme an den von der Fastnachtszunft veranstalteten „Kinderbällen" hat sie diese Anfänge ihrer Fastnachtsaktivität als „lustig" und „immer sehr nett" in Erinnerung (vgl. 12-35). Als Mitglied des Akkordeonvereins wirkt Dora als ca. 12jährige vorerst letztmalig aktiv am Umzug mit, in den darauf folgenden Jahren verfolgt sie die Umzüge als Zuschauerin. Aus dieser Zeit schildert sie die Aufregung bzgl. des Agierens der Hexen, so hatte sie sowohl Angst „weil die ja immer so wild waren" (75), empfand es zugleich als „das Größte, wenn man da hat mit in den Hexenwagen dürfen" (72f.)[141]. Da dies die einzig beschriebene Erinnerung

---

140 Die Fastnachtszunft als zu dieser Zeit noch sehr kleiner Verein mit ca. 50-80 Mitgliedern unternahm während dieser Jahre verschiedene Versuche, einen fastnächtlichen Brauch einzuführen und aufzubauen bzw. den Fastnachtsablauf zu strukturieren. Ein Versuch bestand darin, die als ‚Narrensamen' bezeichneten Kinder durch die Einbindung in den örtlichen Umzug sowie in eigens für sie gestaltete Feste, sog. ‚Kinderbälle', an die Fastnacht heranzuführen. An den jährlichen Fastnachtsumzügen beteiligten sich neben den damals als Zunfthäsern existierenden Narros und Hexen sowie den verkleideten Kindern außerdem verschiedene örtliche Vereine. Heute wird ein Umzug lediglich von aktiven Hästräger_innen der örtlichen sowie auswärtigen Narrenzünfte gestaltet.

141 Vgl. die Ausführungen über das sogenannte ‚Genderspiel' zwischen Hexen und Mädchen unter Abschnitt 4.2.5 sowie in der Fallanalyse Anton. Das Sprechen in dritter Person könnte auf die Schilderung einer Art lokal- bzw. fastnachtsspezifischer Regelhaftigkeit hindeuten, zugleich kann diese Sprechart jedoch auch dem Dialekt geschuldet sein.

aus der mehrere Jahre andauernde Zeit als Umzugszuschauerin ist, kann vermutet werden, dass ihr diese Erlebnisse in besonderer Weise im Gedächtnis geblieben sind.

Während in ihren Schilderungen bis dahin außer dem Akkordeonverein keine Bezugsgruppen wie Freund_innen oder Eltern erwähnt werden, kommt Dora mit der Einführung des Relevanzbereichs ‚Turnverein' unmittelbar auf ihre Mutter zu sprechen. Sie sagt: „Und dann ging es eigentlich weiter durch den Turnverein (..) Also meine Mutter hat damals schon das Frauenturnen geleitet" (80-82). Die unmittelbare Verbindung von „Turnverein" und „Mutter" taucht im Folgenden mehrmals auf und verdeutlicht die Relevanz bzw. die Vorbildfunktion der Mutter für Doras eigene (Fastnachts-)Aktivität in diesem Verein. So schildert Dora relativ ausführlich, wie sie durch die Leitungsfunktion der Mutter Einblicke in Fastnachtsvorbereitungen der Gruppe erhielt:

„Und da das (Frauenturnen, K.B.) ja meine Mutter gemacht hat, habe ich das dann eigentlich schon immer so mitbekommen, was sie da für Vorbereitungen treffen und bei denen war es dann halt so, dass sie sich sechs bis acht Wochen vor der Fasnet hat man sich immer getroffen, entweder mittwochs nach der Turnstunde oder noch einmal zusätzlich hat man da und dort nochmals geprobt und da bin ich eigentlich schon ein bisschen so in das Auftreten von einer Gruppe bei einer Fasnetsveranstaltung schon ein bisschen so mit hineingeschlittert." (92-101)

Auffallend scheint nach so langer Zeit (ca. 25 Jahre) die Erinnerung an den Wochentag der Treffen – womöglich ein Hinweis darauf, dass diese Treffen recht prägend für Dora waren. Allerdings bleibt offen, was genau sie unter „mitbekommen" versteht, denn ob Dora an diesen Treffen partizipierte, oder ob sie lediglich durch Erzählungen der Mutter davon erfuhr, bleibt unklar. Indes ist jedoch zu konstatieren, dass Dora dieses Engagement der Mutter in Zusammenhang mit ihrem eigenen Hineinschlittern in Auftrittsvorbereitungen schildert. Womöglich ist damit eine Art Lust auf ein ähnliches Engagement gemeint. Später bestätigt Dora diese Vermutung:

„Das war auch das, was meine Mutter immer gesagt hat, „ach die Überei immer vorher, das ist immer so schön". Einfach dann auch das Zusammenkommen von denen, die da mitgemacht haben […], ja ich sage, das war meiner Mutter immer ganz arg wichtig und hat eben auch immer ganz arg Spaß gemacht und ich habe das eigentlich auch so miterlebt, dass man dann einfach schon mit viel mehr Stimmung an die Fasnet rangeht, wenn man schon im Vorfeld die Sachen einübt und einstudiert und sich Gedanken macht." (163-173)

Hier wird deutlich, dass mit dem o.g. „hineingeschlittert" v.a. Einblicke in und Lust an solcherart Zusammensein gemeint sind, darüber hinaus könnte die Mutter bzw. deren Engagement eine Art Vorbild sein. Andererseits beinhaltet das Wort schlittern zunächst etwas Unaufhaltsames – wer schlittert kann weder gut bremsen noch genau die Richtung bestimmen. Ob diese Wortwahl tatsächlich eine Art Fremdbestimmtheit andeutet oder dem Dialekt geschuldet ist, kann hier nicht geklärt werden[142].

Doras fastnachtsbezogenes Engagement innerhalb des örtlichen Turnvereins

„Das habe ich natürlich genossen:
Zugang zur Saalfastnacht durch die Eltern

Doras erste Teilnahme an einer fastnächtlichen Abendveranstaltung vollzog sich im Alter von 14 Jahren in Begleitung der Eltern. Ihre Beschreibung vermittelt den Eindruck eines für sie als besonders erlebten Ereignisses:

„Und [dann] habe [ich] das erste Mal auf die Fasnet gehen dürfen mit zum Turnerball wo ich konfirmiert war, mit meinen Eltern. (..) Ähm, das habe ich natürlich genossen, das war schön (lacht)." (101-104)

Warum dies schön war und sie es „natürlich" genoss, führt Dora nicht weiter aus. Der Zusammenhang zwischen der hinter ihr liegenden Konfirmation, der Begleitung der Eltern sowie der Formulierung „das erste Mal auf die Fasnet gehen dürfen" erinnert allerdings an eine Art Initiation und legt die Vermutung nahe, dass dieses Erlebnis einen Schritt Richtung Erwachsenwerden symbolisierte und daher zum damaligen Zeitpunkt für Dora von hoher Relevanz war.

Unmittelbar nach der Schilderung dieses Erlebnisses erwähnt Dora abermals die Mutter sowie die Aufführung derer Turngruppe (s.u.), und leitet dann direkt zur Schilderung ihrer eigenen Gruppenleitung über, die schließlich zu ihrer Verantwortung für Tanzaufführungen an Fastnachtsveranstaltungen des Turnvereins führt.

„Das war dann immer so": Verantwortung für die TV-Tanzaufführungen

„Und damals, ja hat meine Mutter, sie haben dann auch das, was sie beim Kappenabend[143] gemacht haben, haben sie dann auch an der Saalfasnet vorgeführt (.) und ich selber habe ja (.) schon mit 14 eine Gruppe unter mir gehabt und zwar habe ich angefangen gehabt mit rhythmischer Sportgymnastik […] und ähm, dann, wo wir dann alle so 15/ 16 waren oder schon 16/ 17 hat […] dem Vorstand (des Turnvereins, K.B.) seine Frau […] äh hat mich dann einfach mal darauf angesprochen, ob wir es uns nicht vorstellen könnten, auch an der Fasnet etwas vorzuführen und das war dann

---

142 Vgl. dazu ausführlicher 4.2.3

143 „Kappenabend" ist die Bezeichnung für eine (fastnachtsunabhängige) Vereinsveranstaltung, die oftmals als Dank für das Engagement der Mitglieder sowie zur Förderung des Zusammengehörigkeitsgefühls durchgeführt wird.

[...] wo ich das erste Mal mit meiner Gruppe dann etwas einstudiert habe, ein Tänzchen und das haben wir dann auch bei der Saalfasnet [...]dann vorgeführt." (104-
124)

Da nicht deutlich wird bzw. da Dora nicht weiter erklärt, weshalb sie bzgl.
ihrer ersten Saalfastnacht die Aufführung der Turngruppe ihrer Mutter erwähnt, direkt im Anschluss dann ihre eigene Entwicklung zur Tanzgruppenleiterin schildert, kann m.e. in Zusammenhang mit der oben geschilderten
vermittelten Lust und Freude durch die Mutter auf eine Art Orientierungs-
oder auch Vorbildfunktion der Mutter geschlossen werden.

An dieser Stelle fällt zudem die frühe Verantwortungsübernahme Doras
auf, die selbst sagt, sie habe „schon" im Alter von 14 Jahren eine Gruppe
geleitet. Auch die Verantwortung für Tanzdarbietungen als 16- oder 17-
Jährige zeugt von hoher Verantwortung und sozialer Kompetenz. Ob Dora
dies selbst für sich als früh empfand oder ob sie stolz auf diese Leistung ist,
bleibt dabei offen. Evtl. war die ähnliche Tätigkeit der Mutter bei dieser frühen Verantwortungsübernahme für sie hilfreich.

Die enge Verzahnung der Themen *Turnverein*, *Gruppenleitung der Mutter*, *eigene Gruppenleitung* und daran anschließend *Verantwortung für
Tanzaufführungen*, sowie *Fastnacht* führt mich zu der Annahme, dass all
diese Aspekte für Dora miteinander zusammenhängen und in ihrer Entwicklung relevant waren bzw. bis heute sind. Tatsächlich spielt Doras Engagement in der bis heute bestehenden Tanzgruppe des Turnvereins sowie die
oben geschilderten Aufführungen an Fastnacht während des gesamten Interviews eine bedeutende Rolle und es wird klar, dass Dora die Komplexe
Fastnacht und *Turnverein* bzw. *Tanzgruppe* miteinander verbindet. Zum
Interviewzeitpunkt ist Dora seit über 30 Jahren Mitglied und Leiterin der
Tanzgruppe, abgesehen von Pausierungen wegen Wegzug[144] bzw. Kindern.
Dass sie nach diesen Pausierungen wieder einstieg, scheint für sie selbstverständlich, da nicht erklärungsbedürftig (vgl. 144ff.) und verstärkt die Lesart
der hohen Relevanz der Tanzgruppe für Dora. Die von ihr als 16-/ 17-
Jährige eingeführte „Tradition" (134 u. 143) der fastnächtlichen Aufführungen der Tanzgruppe besteht bis heute und bildet eine Art Fixpunkt der ganzjährigen Tanzgruppenarbeit (s.u.).

Dora bezeichnet diese Auftritte als „schön" (149), da die mehrwöchige
Vorbereitung eine Einstimmung und Vorfreude auf die Fastnacht bedeute sowie einen anderen Blickpunkt ermögliche (vgl. 149-163). Die Formulierung
„ja und die Fasnet oder jetzt die Auftritte, was ich da immer schön daran gefunden habe" (149f.) verstärkt die o.g. Vermutung über die in Doras Empfinden enge Verzahnung bzw. wechselseitige Verstärkung von Fastnacht und
Tanzgruppe. Im weiteren Verlauf ihrer Schilderungen dieser ‚Fastnachtsein-

---

144 Wobei sie später anführt, im ersten Jahr nach dem Wegzug habe sie noch mitge-
   tanzt, d.h. sie hat trotz der Entfernung die aktive Mitgliedschaft zunächst aufrechterhalten.

stimmung' wird deutlich, dass diese etwas mit der Freude am Zusammensein mit der Gruppe zu tun hat (vgl. 163-173) – ein Aspekt, den Dora schon als Kind durch das Engagement ihrer Mutter vermittelt bekam (s.o.).

„Ha, da war ich ganz stolz": Der Beginn der aktiven Mitgliedschaft als Hästrägerin der Fastnachtszunft

Der nächste Schritt in Doras Fastnachtsaktivität ist das aktive Närr_insein. Ihr Zugang zur Fastnachtszunft gestaltet sich zunächst über Freund_innen, die bereits Hästräger_innen sind und Dora durch den Verleih eines Narro-Häs das Ausprobieren dieser Art der Fastnachtsaktivität ermöglichen (vgl. 179-183). Ihr Wunsch des Erwerbs eines eigenen Narro bleibt jedoch vorerst unerfüllt, da es aufgrund der finanziellen Lage ihres Elternhauses „von den Kosten her kein Thema [war], dass ich da etwas bekomme" (187). Auch die Möglichkeit, von der Fastnachtszunft ein Narro zu leihen bleibt ihr verwehrt, denn „die waren immer nur begrenzt und immer schon auf Jahre hin halt reserviert schon wieder für die, die es eigentlich immer gehabt haben" (188-191). Ökonomische Gründe sowie Exklusionsmechanismen der Fastnachtszunft versagen Dora folglich den Zugang zum aktiven Hästragen.

Im Alter von ca. 20 Jahren kann sich Dora schließlich aufgrund ihres ersten eigenen Verdienstes in ihrer Ausbildung ein gebrauchtes Narro kaufen, was sie „ganz stolz" (198) macht, da sie ihre schon seit Längerem bestehende Lust auf diese Art der Fastnachtsaktivität nun verwirklichen kann (s.o.).

„Das ist dann einfach schön": Fastnachtsaktivitäten innerhalb unterschiedlicher Gruppen

Doras Schilderungen darüber, was am Narro-Sein Spaß mache, stellen einen weiteren Abschnitt ihrer Fastnachtsaktivität dar. In ihrer Erzählung über die Zeit des Erwerbs des Narros (= ca. 1981) springt Dora in die Gegenwart und schlägt eine Brücke zur Tanzgruppe. Sie sagt, Spaß mache ihr das Unterwegssein mit vielen Bekannten, wobei sie sofort im Anschluss daran erklärt, viele Frauen der Tanzgruppe besäßen selbst auch ein Narro, weshalb das Unterwegssein mit der Fastnachtszunft quasi ein Unterwegssein mit der Tanzgruppe bedeute:

„Und ähm, (..) was (..), (…) und spaßig ist, wenn man dann viele Bekannte trifft und mit denen schön unterwegs ist, wobei ich da auch wieder sagen muss, in der Tanzgruppe, also in der jetzigen Tanzgruppe sind auch viele Hästrägerinnen und wenn wir dann fortgehen, dann sind wir ja meistens so beieinander und dann haben wir dann brutal viel Spaß, also das ist echt, (,) doch das ist echt immer schön, es lohnt sich dann wirklich immer dass ich mitgehe, wenn man so eine richtig gute Clique ist und Spaß miteinander hat und dann ist es auch wirklich toll, und man kann etwas erleben." (204-213)

Interessant sind hier die Formulierungen in Superlativen und Absolutheiten wie „brutal viel Spaß" und „es lohnt sich dann wirklich immer". Da Dora als

Grund für diese Art des Erlebens das Zusammensein als „richtig gute Clique" nennt, kann gefolgert werden, dass die Tanzgruppe für sie eine solche ist und das Zusammensein mit deren Mitfrauen daher eine nicht unbedeutende Rolle für sie spielt.

Allerdings schildert sie in der Folge ihr Engagement in der Narrenkapelle auf ähnliche Weise:

„Ja, das (Unterwegssein mit der Narrenkapelle, K.B.) ist auch einfach schön, genauso wie ich es vorher schon gesagt habe, in der Tanzgruppe, ist es einfach auch schön, es müssen einfach die richtigen Leute dann auch beieinander sein, dann erlebt man es einfach, denke ich, auch nochmals ganz anders, wie wenn man alleine irgendwo hin geht." (265-269)

In gewisser Weise relativiert sie an dieser Stelle die oben vermutete besondere Bedeutung der Tanzgruppe bzw. vergrößert den Radius der sogenannten „richtigen Leute", mit denen ein Zusammensein „einfach schön" wird.

Diese Ausführungen Doras tauchen im gesamten Interview immer wieder auf. Sowohl die Beschreibung des Unterwegsseins mit der Tanzgruppe als anders im Sinnen von besonders für Dora, als auch allgemeine Aussagen über ihre subjektive Relevanz eines Sich-Bewegens in Gruppen bzw. von Gemeinschaft können als eine Art ‚Leitsatz' des Interviews bezeichnet werden. Unterstrichen wird diese Lesart bspw. durch die Aussage, mit der sie die o.g. Beschreibung des Zusammenseins mit Mitgliedern der Narrenkapelle beendet: „Alleine ist es auch immer ganz anders" (270).

Als eine Art erstes Zwischenresümee innerhalb der Eingangserzählung formuliert Dora den Wunsch nach einer Fortsetzung ihrer Fastnachtsaktivität auf unbestimmte Zeit. Sie sagt: „Ja, so bin ich zur Fasnet gekommen (.) in jungen Jahren und bin jetzt immer noch dabei und habe eigentlich auch nicht vor, dass ich da jetzt mal in absehbarer Zeit (lacht) aufhöre" (270-273). Anschließend wägt sie ab, in welcher Gruppe sie wohl wie lange aktiv bleiben könne. Als möglichen Grund für eine Einschränkung ihres Engagements innerhalb der Tanzgruppe führt sie eine evtl. abnehmende körperliche Konstitution aufgrund ihres Alters an. Sie gehört zu den ältesten Frauen der Tanzgruppe und sagt, sie wolle beim Tanzen nicht „aus dem Rahmen fallen" (283). Im weiteren Verlauf wird sie noch mehrere Male auf den Aspekt ‚Alter' eingehen, in gewissem Sinne führt sie diesen hier also ein (vgl. 4.2.3 und 4.2.5). Doras Überlegungen sind an dieser Stelle zukunftsorientiert, sie entwirft in Bezug auf ihr Fastnachtsengagement ein biografisches Projekt und wägt ab, wo und wie sie dieses verwirklichen könnte.

Die TV-Tanzgruppe und ihre Bedeutung für das Fastnachtsengagement

Nach diesem ersten Zwischenresümee verlässt Dora den Erzählkontext ‚Tanzgruppe' bis zum Ende der Eingangserzählung nicht mehr, sondern geht sehr ausführlich auf aktuelle und vergangene Tätigkeiten der Gruppe ein (vgl. 298-442). Dabei spielt die Fastnacht indirekt insofern eine Rolle, als zum einen die beschriebenen Tanzeinstudierungen immer auf die erstmalige Präsentation an Fastnacht zusteuern, wodurch „(die Tanzgruppe, K.B.) eigentlich das ganze Jahr schon mit Fasnet beschäftigt [ist]" (350f.). Weiter wird durch Formulierungen wie „Tanzgruppe und die Fasnet" (351f.) deutlich, wie eng für Dora beides miteinander verzahnt ist. Der Erzählstrang bewegt sich jedoch im Gegensatz zur bisherigen Erzählung mehr von der Fastnacht weg hin zur Schilderung verschiedener Auftrittsmöglichkeiten (vgl. 298-316), zum allgemeinen Bekanntheitsgrad der Tanzgruppe (vgl. 317-342) und zur sehr detaillierten Beschreibung einer Vielzahl bisher aufgeführter Tänze (vgl. 366-427). Am Ende schildert Dora den nicht mehr existierenden Brauch, zeitweise Männer des Turnvereins in Tänze einzubeziehen (vgl. 411-450).

Diese recht ausführliche Erzählung gleicht einem Gang durch die Geschichte der Tanzgruppe, die Dora als deren Gründerin von Anfang an kennt und miterlebt hat. Ihre Schilderungen enthalten mehrere Aspekte, die im weiteren Interviewverlauf immer wieder ausgeführt werden: (1) die ganzjährige recht intensive Aktivität der Tanzgruppe in Form der Einübung des neuen Tanzes, sowie der Aufführungen zu unterschiedlichen Anlässen in Fastnachtshausen und in umliegenden Orten. Dabei wird auch die Relevanz des Unterwegsseins innerhalb der Tanzgruppe auf Festen im Umkreis deutlich; (2) die Rolle der Tanzgruppe innerhalb von Fastnachtshausen sowie die damit zusammenhängende Anerkennung und Belohnung für die Arbeit; (3) den Spaß und die Gemeinschaft, die Dora seit ihrer Mitgliedschaft im Turnverein bzw. der Gründung der Tanzgruppe erlebt.

Im Zusammenhang mit der Tatsache, dass Dora diese detaillierten Ausführungen vornimmt, obwohl ich nicht danach frage (meine Frage bezog sich auf die Entwicklung ihrer Fastnachtsaktivität) macht deutlich, dass zunächst sowohl Turnverein als auch Tanzgruppe nicht von Doras Fastnachtsaktivität sowie deren Entwicklung zu trennen sind. Darüber hinaus verdeutlicht dies die subjektive Relevanz der Tanzgruppe für Dora. Im weiteren Interviewverlauf wird sie mehrere Dimensionen dieser Relevanz ausführen (vgl. 4.2.3).

Schließlich beginnt mit einer reflektierenden Zusammenfassung die Coda der Eingangserzählung:

„Ja, also (..) das ist mir eigentlich auch erst jetzt so durch das Gespräch wieder bewusst geworden, was man schon alles gemacht hat und (.) da und da und da, also in der Gruppe, also die Fasnet ist dann immer eine sehr heiße Fasnet, (k) oder Phase, in dem Fall, wo man auch brutal viel unterwegs ist, einmal mit der Tanzgruppe, mit der Narrenkappelle und mit der Fastnachtszunft (.)." (456-462)

Nach diesem kurzen Resümee führt Dora – quasi als weitere Relevanzgruppe – ihre Familie bzw. ihre Kinder ein. Während sie zunächst auf die kinderbedingte Einschränkung ihres Fastnachtsengagements eingeht und diesbezüglich gesellschaftliche Ansprüche an Mütter andeutet (vgl. 462-472), erklärt sie schließlich, sie habe sich früh darum bemüht, „dass man so die Fasnet an sich an die Kinder auch weitergibt" (475f.). Es wird deutlich, dass sie dabei unter Fastnacht den Spaß am Zusammensein in Gruppen versteht:

> „Und das möchte ich eigentlich meinen Kindern auch weitergeben, dass sie es miterleben und dass sie sehen, dass man da auch Spaß haben kann, dass das nicht bloß irgendwie was weiß ich was Blödes ist, einfach auch in der Gruppe dann sein, dass es ähm schön ist immer, wenn man beieinander […] dass es ähm, einfach schöner ist, wie wenn man alleine gehen muss." (479-486)

Durch ihre anschließenden Erklärungen, die eigenen Kinder sollten Gemeinschaft früher erleben als sie selbst (vgl. 487-490), sowie durch die Bemerkung, sie habe „auch schon viel nachgeholt" (506) liegt die Vermutung nahe, dass Dora dieses Erleben von Gemeinschaft als spät erlebte. Womöglich einer der Hauptgründe für das wiederkehrende Aufgreifen dieses Aspekts während des gesamten Interviews.

Zuletzt bezeichnet Dora sich selbst als „Festsau" (507) und fasst die Gründe für ihr Gefallen an der Fastnachtszeit zusammen:

> „Ich gehe gerne fort, bin gerne unter Leuten und wenn Fasnet ist hat man dann einfach auch die Möglichkeit, ähm, verstärkt dass man fortkommt und unter die Leute kommt […] wenn man dann halt einfach mit den entsprechenden Leuten unterwegs ist, wo es einfach Spaß macht, dann freut man sich da auch schon richtig drauf, ich freue mich jetzt auch schon wieder auf die Fasnet." (507-522)

Hier betont sie ihre Freude am Ausgehen sowie an Gesellschaft und beschreibt die Fastnacht als eine Zeit, die diesbezüglich mehr Möglichkeiten eröffne als die restliche Zeit des Jahres[145], während der sie sich erhole und Kräfte für die nächste Fastnacht sammle (vgl. 516ff.). Abermals verbindet sie Freude und Spaß am fastnächtlichen Ausgehen mit dem Zusammensein bestimmter (wörtlich: „entsprechender") Menschen.

Zusammenfassung der Eingangserzählung
Dora führt verschiedene Relevanzen an, die sie aus heutiger Sicht als wichtig für ihre fastnachtsbezogene biografische Entwicklung erachtet. Durch die Schwerpunktsetzungen[146] in ihrer ‚Fastnachtsgeschichte' lassen sich

---

145 Hier darf m.E. die Infrastruktur einer ländlichen Region nicht außer Acht gelassen werden, die keine breite Ausgehkultur aufweist wie etwa großstädtische Regionen. Die Fastnacht stellt für die Individuen tatsächlich eine recht unkomplizierte, d.h. mit wenig Aufwand verbundene Möglichkeit des verstärkten Ausgehens und Ausgelassenseins dar.

146 Damit ist die Analyse dessen gemeint, was sie bzgl. ihres Fastnachtszugangs erwähnt und was nicht.

mehrere Aspekte benennen, die für die Fragestellung dieser Arbeit von Interesse sind.

So fällt bei ihren Beschreibungen der Fastnachtsteilnahmen als Kind und Jugendliche auf, dass bis zur Schilderung des Engagements innerhalb des Turnvereins außer dem Akkordeonorchester keine Bezugsgruppen und/ oder Freund_innen erwähnt werden, während ab der Einführung des Relevanzbereichs ‚Tanzgruppe' Ausführungen über Spaß und Freude an gemeinschaftlichem Zusammensein immer wieder auftauchen. In Zusammenhang mit der Schilderung ihres Anliegens, den eigenen Kindern diese gemeinschaftlichen Erlebnisse früher als sich selbst zu ermöglichen bzw. zu vermitteln, wird die Relevanz des Aspekts *Gemeinschaft* für Dora deutlich.

Unmittelbar mit Gemeinschaft hängt die *Tanzgruppe* zusammen. Sie stellt eine Art Verbindungsstück zwischen Turnverein, Fastnacht und ganzjährigen Aktionen dar. Doras Engagement reicht bis zu ihrem 14. Lebensjahr zurück und bildet somit eine Konstante innerhalb ihrer Biografie.

Für Doras Engagement innerhalb des Turnvereins spielt die Gruppenleitungstätigkeit der *Mutter* eine Rolle, wobei in der Eingangserzählung nicht klar wird, ob der Einfluss in der Vermittlung von Lust und Spaß besteht oder darüber hinausgeht.

Schließlich fällt bzgl. *genderbezogener* Gesichtspunkte auf, dass Dora aus ihrer mehrjährigen Zeit als Umzugszuschauerin als einziges Erlebnis die Interaktion mit den Hexen alias Männern erwähnt und diesbezüglich auf implizite heteronormative Zuweisungsmuster zurückgreift. In ihren Schilderungen über eingeschränktes Fastnachtsengagement während der Zeit, in der ihre Kinder klein waren, spiegeln sich bipolare gesellschaftliche Zuweisungsmuster an Männer und Frauen wider.

Nachdem nun herausgearbeitet wurde, was Dora für ihre fastnachtsbezogene biografische Entwicklung als relevant erachtet, sollen diese Bedeutungen im Folgenden in Zusammenhang mit im weiteren Interviewverlauf dazu angeführten Erklärungen genauer analysiert werden, Darüber hinaus werden bzgl. der Fragestellung relevante, neu eingeführte Aspekte näher beleuchtet.

4.2.3 Die subjektive Bedeutung der Tanzgruppenmitgliedschaft für Dora

**„Und der Zusammenhalt ist dann einfach auch ganz anders":
die Tanzgruppe als Ort der Gemeinschaft**

Wie bereits mehrfach angeführt, nehmen Ausführungen über die Relevanz eines Sich-Bewegens in Gruppen innerhalb des gesamten Interviews viel Raum ein. Dabei wird deutlich, dass sich aus den als positiv geschilderten Gemeinschaftserlebnissen innerhalb der verschiedenen Bezugsgruppen die Erlebnisse mit der Tanzgruppe hervorheben. Während Dora bzgl. des Akkordeonorchesters und der Narrenkapelle hauptsächlich über Spaß am Zusammensein mit den „richtigen Leuten" redet (vgl. 789ff., 801ff., 265ff.), führt sie in ihren Erzählungen über die Tanzgruppe mehrere unterschiedliche Dimensionen an, die für sie das positive Gemeinschaftsgefühl bzw. die Relevanz der Mitgliedschaft in dieser Gruppe ausmachen. Diese Dimensionen sollen im Folgenden genauer betrachtet werden.

„Und das schweißt einen zusammen": Die Pflege der Gemeinschaft

Als eine Art Einleitung der Beschreibung des guten Zusammenhalts der Tanzgruppe schildert Dora die ca. 12-15 Jahre zurückliegende Teilnahme an einem deutschen Turnfest als besonders bedeutend:

„Also es war wirklich ganz, ganz toll und (..) da träumen wir heute immer noch davon […], das war für alle, so, (.) da hat damals schon die Truppe bestanden, die eigentlich jetzt alle auch noch alle dabei sind, (.) bis auf zwei Abgänge oder so drei, wo halt aus beruflichen Gründen weggegangen sind, aber ähm, das war ein bisschen so ein Schlüsselerlebnis, das war glaube ich das erste Mal wo wir so länger miteinander fort waren und wie gesagt, so ein Turnfest ist dann auch das was eine Gruppe wieder zusammenschweißt, weil man ja doch Tag und Nacht beieinander ist, fast." (718-728)

Es wird deutlich, dass die zusammen verbrachten Tage sowohl für Dora, als auch für die Gruppe eine hohe Bedeutung haben: mit der Bezeichnung als „Schlüsselerlebnis" hebt Dora diese Unternehmung von vorherigen ab, und das gemeinsame Schwelgen in Erinnerungen („träumen") bis zum heutigen Tag betont außerdem die Relevanz für die gesamte Gruppe. Offenbar veränderten bzw. stärkten diese erstmals gemeinsam verbrachten Tage das Gemeinschaftsgefühl der Gruppe, sie wurde „zusammengeschweißt". Die Erläuterung, lediglich Umzüge aus beruflichen Gründen hätten seither einzelne Mitfrauen zu einem Aufhören in der Tanzgruppe bewogen, unterstreicht die Relevanz der Gruppenzugehörigkeit bzw. der hohen Verbindlichkeit für die einzelnen Frauen. Sprachlich untermauert wird der gute Zusammenhalt zudem durch die Bezeichnung „Truppe" – ein Ausdruck, der oft im militärischen Bereich angewandt wird und dort Aspekte verdeutlicht wie das gemeinsame Einstehen für ein Ziel, das durch vereinte Anstrengungen zu erreichen versucht wird.

Die Bedeutung dieser von Dora als „Schlüsselerlebnis" bezeichneten gemeinsam verbrachten Tage wird durch den seither bestehenden Brauch gemeinsam gestalteter Mehrtagesausflüge unterstrichen:

„Und was wir schon eigentlich auch schauen, dass wir das machen, wenn jetzt schon nicht auf einem Turnfest, sondern das haben wir jetzt einfach auch schon gemacht, dass wir einen Ausflug machen, zwei Tage mal […], einfach (.) um die Gemeinschaft zu pflegen, so wie ich vorher schon gesagt habe, es gibt einfach, es schweißt einen zusammen und der Zusammenhalt ist dann einfach auch ganz anders." (739-745)

Um eine bestimmte Dimension des Zusammenhalts zu erhalten, werden regelmäßig mehrtägige Ausflüge organisiert. Offenbar kommt es weniger auf eingangs beschriebene sportliche Veranstaltungen an, vielmehr scheint das Zusammensein im Mittelpunkt zu stehen.

Dauer und Art des Ausflugs wurden mittlerweile den jeweiligen Lebensumständen angepasst, bei deren Beschreibung implizit wirksame Gendernormalitäten zum Ausdruck kommen:

„Zur Zeit ist es einfach so, wir in der Gruppe sind jetzt einfach älter geworden und viele sind jetzt dann, haben geheiratet, haben Kinder, jetzt meine Kinder sind schon wieder größer, ich kann schon wieder fortgehen, so wie ich will eigentlich fast gar und bei den anderen ist es aber einfach so, dass deren Kinder einfach noch kleiner sind und die Mama einfach noch mehr brauchen und dann ist es einfach nicht mehr machbar, dass man da jetzt mal vier Tage oder fünf Tage weg geht, da ist man froh, wenn man mal zwei Tage auf die Reihe bekommt." (730-739)

Dieser Abschnitt verdeutlicht die Bedeutung der konstanten Zusammensetzung der Gruppe und die hohe Verbindlichkeit. Interessant ist zudem die implizite Heteronormativität und das doing gender durch die Schilderung, kleine Kinder bräuchten die Mutter. Es scheint nicht erklärungsbedürftig, warum Mütter nicht 4-5 Tage von ihren Kleinkindern fern bleiben können, zudem bleiben Väter bzw. andere Erziehungsverantwortliche in diesem Zusammenhang unerwähnt[147].

Auch bzgl. des Tanzens führt Dora den konstanten Gruppenbestand als wichtigen Faktor für gegenseitiges Vertrauen an und schildert eine Offenheit bzgl. des Experimentierens mit neuen Tanzfiguren, -schritten o.ä.:

„Wobei wir ja jetzt schon eine so eingefleischte Truppe sind, ich komme mir da jetzt nicht mehr blöd vor, wenn ich das vor den anderen ausprobiere oder so, also ich denke, da ist jeder offen für so etwas, klar, jetzt wenn das eine Gruppe ist, die noch nicht so lange beieinander ist oder wenn auch laufend neue Leute dazu kommen, dann tut man sich da schwerer, also wie gesagt, wir sind ja schon so lange beieinander (lacht), von dem her klappt es eigentlich ganz gut." (1415-1422)

Das von ihr als sehr hoch empfundene gegenseitige Vertrauen wird dabei, ähnlich wie oben, durch die Wortwahl der „eingefleischte[n] Truppe" unterstrichen, sowie durch den Vergleich mit Gruppen, die eine höhere Fluktuation oder einen kürzeren Bestand haben. An anderer Stelle fasst sie die Relevanz des langen Bestehens der Tanzgruppe mit folgenden Worten zusam-

---

147 Hier wäre interessant, ob Männer (z.B. im Fußballverein oder innerhalb der männerhomogenen Musikgruppe Fastnachtshausens) auch erklären würden, sie könnten aufgrund ihrer Kinder nicht vier bis fünf Tage weg fahren, oder ob in deren Fall selbstverständlicher davon ausgegangen würde, die Kinder würden von den Müttern versorgt.

men: „Und wie gesagt, wir sind halt einfach auch schon lange jetzt immer so
der gleiche harte Kern" (1569f.).

Zur Pflege der Gemeinschaft werden neben den ein- bis zweijährig stattfindenden Ausflügen außerdem während des Jahres regelmäßige Verabredungen zu unterschiedlichen Anlässen getroffen, wie ein monatlich stattfin-
dendes gemeinsames Ausgehen, Einladungen zu privaten Festen, der Besuch von Tanzwettbewerben oder Festen in der Umgebung usw. (vgl. 837-
862). An Fastnacht nimmt die Gruppe an verschiedenen Veranstaltungen
teil, bei denen sie zwar nicht in ihrer Funktion als Tanzgruppe auftritt, aber
dennoch nach Absprache „geschlossen natürlich" (886) partizipiert, wodurch es dann „auch immer schön [ist], wenn die ganze Gruppe so beieinander ist" (892f.).

Kostümierung und Gruppenrituale als Inszenierung von Gemeinschaft

In Doras Ausführungen über ihre subjektive Bedeutung von Kostümierung
kommt das Zusammengehörigkeitsgefühl der Tanzgruppe ebenfalls zur
Sprache:

„Danach (nach dem Tanzauftritt, K.B.) ist es ja immer so gewesen, dass wir das Kostüm dann, jetzt gerade speziell an der Fasnet lassen wir es ja dann meistens an und
dann sieht man, wir sind eine Gruppe. (..) So einfach das Zusammengehörigkeitsgefühl, das es mir dann gibt." (1220-1224)

Eine uniforme Kostümierung der Gruppe wirkt demnach sowohl auf das
subjektive Zusammengehörigkeitsgefühl Doras ein, und beabsichtigt eine
Außenwirkung. Diese Relevanz des Sichtbarseins Einzelner als Angehörige
der Tanzgruppe spiegelt sich auch in folgender Beobachtungsszene des
Fastnachtsballs wider:

„Die TV-Tanzgruppe kommt rein, alle im selben Outfit und mit ihren Sporttaschen in
der Hand. Auch diejenigen, die heute nicht mittanzen werden, tragen das Outfit des
‚Tanzkostüms' [...] Sie sind durch ihr Outfit klar als Gruppe erkennbar." (Beobachtungsprotokoll Fastnachtsball Kerstin: 76-80)

Die identische Kostümierung ist dabei nicht allein mit Auftritten bzw. mit
Auftrittskostümen verbunden, sondern symbolisiert bspw. auch beim gemeinschaftlichen Besuch von (Fastnachts-)Veranstaltungen oder Festen ein
größeres Zusammengehörigkeitsgefühl als individuelle Kleidung (vgl. 1229-
1234). Mit ihren Erläuterungen, ein entsprechendes Outfit bedeute ein Gehen in der Gruppe (vgl. 1225-1229), verdeutlicht Dora die Verknüpfung von
uniformer Kleidung und Gruppengefühl, wobei sie sofort im Anschluss
wiederum auf die Außenwirkung hinweist wenn sie sagt: „O.k. wir gehen
alle geschlossen, gemeinsam, haben wir uns gleich angezogen [...], und

man hat es dann halt insofern gesehen, dass wir eine Gruppe sind, weil wir das Gleiche angehabt haben" (1232-1237).

Ebenfalls mit Außenwirkung zusammenhängend sind die Schilderungen über das Rufen eines Trinkspruches der Tanzgruppe zu lesen:

> „Einen Trinkspruch haben wir, wo wir immer wieder (lacht), […] den wir auch lauthals zu den Leuten zu Gehör bringen, […], wo wir dann auch auf sich aufmerksam macht, wenn man den Trinkspruch dann sagt. Das sagen wir dann auch, wenn wir nicht im Kostüm sind oder so, wenn wir auch sonst weg sind und irgendeinen Grund haben, wenn wir jetzt anstoßen […], also, (..) ah ja, dann heißt dann schon, ‚ah ja, die Tanzgruppe ist dabei'." (1519-1529)

Während der teilnehmenden Beobachtung des Fastnachtsballs erschloss sich uns das Rufen des Trinkspruchs folgendermaßen:

> „Wir stoßen dann auf die Tanzgruppe, die zwischen Musikband und Barzeile steht, schon eher als Gruppe zusammen. Sie machen gerade eine Flasche Sekt auf, eine Frau schenkt allen anderen ein, dann rufen sie: ‚Deinhard-Dancers, Deinhard-Dancers, Deinhard-Dancers: das sind wir!' und ‚Dat-Family, Dat-Family, Dat-Family: das sind wir!', stoßen miteinander an und trinken. Es wird miteinander geredet und gelacht." (Beobachtungsprotokoll Fastnachtsball Kerstin: 335-340)

Dora spricht hier die Absicht des Auf-Sich-Aufmerksam-Machens direkt an, auch die Beschreibung eines sehr lauten Rufens des Trinkspruches unterstreicht diese beabsichtigte Wirkung der Tanzgruppe.

So wird deutlich, wie durch uniforme Kostümierung sowie durch Gruppenrituale zugleich ein Zusammengehörigkeitsgefühl innerhalb der Gruppe gefestigt bzw. intensiviert wird und nach außen hin Gemeinschaft veranschaulicht werden soll. Aufgrund der engen Verknüpfung der beiden Aspekte in Doras Erzählung ist anzunehmen, dass die *ausgestrahlte* Geschlossenheit stärkend auf den *inneren* Zusammenhalt einwirkt.

Freundschaften

Die beschriebene Entwicklung und Steigerung des Gemeinschafts- und Zusammengehörigkeitsgefühls mündet schließlich in Ausführungen über Freundschaft, womit eine neue Dimension von Gemeinschaft eingeführt wird:

> „So schauen wir eigentlich schon, dass wir die Freundschaft pflegen, also jetzt nicht nur bloß so über den Sport, sondern einfach auch im privaten Bereich, dass wir da zusammen kommen und Sachen miteinander machen." (745-749)

Im Folgenden führt Dora verschiedene Aspekte an, die für sie Freundschaft kennzeichnen (vgl. 751-784). Diese umfassen das Präsentsein in Krisensituationen, gegenseitige Unterstützung sowohl in Form materieller Hilfen wie Kuchen backen für Feste, als auch in Form der Bereitstellung von Zeit und Rat, das Wissen, dass man sich aufeinander verlassen kann, das gemeinsame Feiern von Familienfesten, sowie das Vertrauen, über Dinge zu reden, „die man nicht gerade mit jedem bespricht" (780f.). Die Tanzgruppe erscheint also als ein soziales Netzwerk, in dem Dora eine hohe Verbindlichkeit erfährt und sich auf vielfältige Unterstützungsleistungen verlassen kann. Es wird deutlich, dass diese Art der Freundschaft ein Hauptaspekt für Doras subjektive Relevanz der Tanzgruppe ist, sie sagt: „[Ich] möchte [...] das nicht missen, also, das ist auch *das*, was mit brutal daran gefällt" (785f., Herv. K.B.)[148].

„Was haben wir gelacht": Spaß als wichtiger Faktor für das Zusammengehörigkeitsgefühl

Gute Stimmung haben und verbreiten

Dora kommt während ihrer Erzählungen über die unterschiedlichen Aktivitäten der Tanzgruppe immer wieder auf den Aspekt des miteinander Spaß-Habens zu sprechen und verdeutlicht die in mehrerlei Hinsicht wirksame Relevanz dieses Aspekts für das von ihr als so positiv erlebte Gemeinschaftsgefühl der Gruppe.

Zunächst scheint allein das Zusammensein der Gruppe das Erleben von Spaß zu garantieren, was Dora in Formulierungen ausdrückt wie „und wenn wir dann fortgehen, dann [...] haben wir dann brutal viel Spaß" (207-209), oder „und dann ist es auch immer schön, wenn die ganze Gruppe so beieinander ist, (..) da fängt es schon im Bus an, wenn man dann schon mit der Busfahrt so einen Spaß hat" (892-894)[149].

Auf die Frage nach Spezifika, die die Gruppe kennzeichnen, beschreibt Dora Umgangsformen bzw. Erlebnisse, in denen ebenfalls das Erfahren von Spaß zum Ausdruck kommt. Seit der Teilnahme an einem überregionalen

---

148 Ob die Qualität der Freundschaftsbeziehungen in Zusammenhang mit der frauenhomogenen Zusammensetzung der Gruppe interpretiert werden kann (oder sollte), ist nicht eindeutig zu beantworten. Auffallend ist, wie unterschiedlich Anton und Dora die Freundschaften innerhalb ihrer jeweiligen genderhomogenen Gruppen beschreiben. Dies auf ihr ‚biologisches' Geschlecht zurückzuführen, würde dabei allerdings eine naturalistische Sichtweise bedeuten. Damit meine ich die oft verbreitete These, Männer und Frauen würden Freundschaften unterschiedlich gestalten. Vor dem Hintergrund kultureller Genderannahmen ist eher anzunehmen, dass Männer und Frauen unterschiedlich über Freundschaften reden oder ihnen andere Aspekte zugeschrieben werden.

149 Eine weitere Ebene bzgl. des Erlebens von Spaß wird sie in den Ausführungen über ‚crossing age' und die damit zusammenhängende Besonderheit des Ausgehens und Zusammenseins mit jüngeren Frauen anführen, s.u.

Sportereignis redet die Gruppe bspw. bei unterschiedlichen Anlässen hochdeutsch, sowohl miteinander als auch mit Außenstehenden, was Dora la-
chend schildert (vgl. 1470ff), womit sie während des Interviews ihren damit
verbundenen Spaß zum Ausdruck bringt. Innerhalb von Fastnachtshausen
praktizieren sie dies wohl so ausgiebig, dass sogar teilweise Außenstehende
diesen Spaß aufgreifen und die Gruppe auf Hochdeutsch ansprechen (vgl.
1484ff). Der innerhalb der Gruppe zelebrierte Spaß überträgt sich folglich
nach außen. In diesem Zusammenhang schildert Dora den bei einer Jugendlichen entstandenen Eindruck, die Tanzgruppe sei eine Familie und erklärt,
„und so als Familie, ja will man sich anschauen" (1494f.). Der Vergleich
von Tanzgruppe und Familie unterstreicht die Relevanz des Gemeinschafts-
gefühls für Dora.

Der Aspekt des Verbreitens oder aus Ausstrahlens von Spaß und guter
Stimmung kommt ebenfalls in einer Passage zum Ausdruck, in der Dora die
Rolle der Tanzgruppe im Untersuchungsort bzw. innerhalb der Fastnacht
erläutert und sagt: „Ja wie gesagt, wenn wir dann halt in der Gruppe dann
unterwegs sind, dann ist meistens etwas los. (5 sec.) (lacht)" (1588f.), womit
sie nicht (nur) die Stimmung innerhalb der Gruppe anspricht, sondern auch
auf das Verbreiten von guter Stimmung aufmerksam macht. Selbiges kommt
zum Ausdruck in Formulierungen wie „die wissen auch, dass wenn wir beieinander sind, dann ist es spaßig" (1539f.), oder wenn sie schildert, wie ein
Mehrtagesausflug unterschiedlicher Vereine aus Fastnachtshausen von Teilnehmenden als nicht so schön beschrieben wurde, weil die Tanzgruppe nicht
dabei gewesen sei (vgl. 1555-1559). Dora selbst bezeichnet die Rolle der
Tanzgruppe dabei als „so ein bisschen so als Stimmungsmacher" (1559f.)
und konstatiert: „Wenn wir dabei sind, dann ist es einfach vielleicht nochmals schöner" (1567ff).

Die beschriebenen Spezifika weisen damit neben dem Spaßfaktor für die
Gruppenmitglieder selbst zudem eine Außenwirkung auf und können somit
als gruppenkonstituierend betrachtet werden.

Spaß am Tanzen

Auch bzgl. des Tanzens und der Aufführungen der Gruppe schildert Dora
Spaß als relevantes Kriterium:

> „Ich [habe] einfach Spaß am Tanzen und, und [möchte] das einfach auch zeigen und,
> und ich glaube, das kommt schon rüber oder ich möchte dann einfach auch, dass es
> rüberkommt, dass die Leute merken, ha, die hat Spaß dran und dementsprechend
> kommt dann, denke ich, die Ausstrahlung ganz von alleine (…), einfach ja strahlen,
> Zähne zeigen (lacht)." (1385-1390)

Ähnlich wie bei ihren Ausführungen über den erlebten Spaß am Ausgehen
bzw. Zusammensein mit den Frauen aus der Tanzgruppe, kommen auch hier
die Aspekte des subjektiven Empfindens von Spaß (während des Tanzens),
sowie das Anliegen des Verbreitens von Spaß zur Sprache. Ihre Bemerkung,

der eigene Spaß am Tanzen würde Ausstrahlung bewirken, kann umgekehrt bedeuten, dass ohne Spaß auch keine Ausstrahlung möglich wäre.

Diese Verbindung von Spaß und Ausstrahlung stellt sie auch an anderer Stelle her und bezeichnet sie als charakteristisch für die Tanzgruppe:

„Was uns jetzt ausmacht (..), dass ich sage das sind die jetzt die Fastnachtshausener oder das ist die, die TV-Tanzgruppe (..), also einmal schon, dass wir qualitativ (.) gut tanzen […] und dann einfach auch die Ausstrahlung also, die es ausmacht, wo man, ich denke, dass man uns einfach anmerkt, dass wir Spaß dran haben, am Tanzen" (1497-1505).

Freude am Tanzen haben demnach alle Frauen der Tanzgruppe, diese Freude ist nach außen hin sichtbar und strahlt aufs Publikum aus. Die Beobachtung eines Tanzauftritts während des Fastnachtsballs bestätigt dies:

„Während sie tanzen wechseln sich verschiedene ABBA-Songs ab. Oft richtet sich der Blick ins Publikum, die Tänzerinnen lachen die Zuschauer_innen an. Im Vergleich zur NZ-Tanzgruppe (diese tanzte zuvor und bestand aus deutlich jüngeren Frauen zwischen ca. 15-20Jahren, K.B.) wirken sie auf mich mit mehr Körperspannung und Leichtigkeit. Sie scheinen eher fürs Publikum zu tanzen, während ich bei der NZ-Tanzgruppe manchmal dachte, die tanzen eher für sich und sind angestrengt, den Tanz hin zu kriegen." (Protokoll Fastnachtsball Kerstin: 208-212)

Offenbar ist die von Dora beschriebene Ausstrahlung von Spaß bzw. Freude am Tanzen keine für alle Tanzgruppen selbstverständliche Eigenschaft, sondern ein Merkmal der Fastnachtshausener Tanzgruppe. Womöglich hängt diese Besonderheit mit den o.g. Ausführungen bzgl. der positiven Gemeinschaft zusammen – dies kann hier jedoch nicht geklärt werden.

‚Crossing age': gemeinsames Ausgehen als Möglichkeit, sich jung zu halten

Im Folgenden wechselt Dora im Erzählthema zur Schilderung der Art und Weise des Unterwegsseins mit der Tanzgruppe als etwas für sie Besonderes. Zur Beschreibung, was ihr so daran gefällt, zieht sie zunächst einen Vergleich mit ihrer Akkordeongruppe (vgl. 789-796) und schildert das Zusammensein mit Mitgliedern der beiden Gruppen als sehr unterschiedlich: „das (Zusammensein mit der Akkordeongruppe, K.B.) ist halt auf eine andere Art und Weise schön" (795). Grund hierfür ist für sie das unterschiedliche Durchschnittsalter der Gruppen, demzufolge sie das Zusammensein der überwiegend gleichaltrigen bzw. älteren Frauen des Akkordeonorchesters als „ein Hinsitzen und Reden und ähm, aber auch Spaß haben" (794) beschreibt, wohingegen sie mit der Tanzgruppe Veranstaltungen besucht „wo halt noch ein bisschen Halli-Galli ist" (798), weswegen sie diese Art des Ausgehens als „ganz anders [erlebt]" (789). Sie beschreibt es folgendermaßen:

„Die Jungen, die machen da halt schon noch mehr, gehen anders aus sich heraus und machen da einen drauf, aber ich kann das auch und ich genieße das dann auch und von demher ist das wieder ein anderes Fortgehen, da kann ich mich ausleben, was ich vielleicht im Akkordeonorchester, wenn ich mit den Leuten weggehe, nicht so, weil ich es nicht so kann, nicht dass ich mich da jetzt verstelle, da lebe ich es halt anders aus [...], und mit der Tanzgruppe ist es dann halt einfach, ich sage ja, Spaß und auch mal Umtreiben und (..) wo ich aber noch sagen muss, ähm, es hält mich jung." (799-809)

Das Schöne am Ausgehen mit der Tanzgruppe ist für Dora folglich das Zusammensein mit jungen Menschen[150], da deren Art und Weise der Geselligkeit ihrer eigenen ähnlicher ist als die ihrer gleichaltrigen Bekannten. Damit führt sie die Kategorie Alter ein und unternimmt in mehrfacher Hinsicht ein ‚crossing age‘[151]. So kann sie sich zunächst in dieser Gruppe auf eine Art und Weise ausleben, wie sie es innerhalb gleichaltriger Bezugsgruppen nicht kann. Zum einen, da ihr die Tanzgruppe durch die jüngere Zusammensetzung einen Zugang zu Veranstaltungen ermöglicht, die sie ansonsten aufgrund ihres Alters nicht besuchen würde, und auf denen sie in Kontakt zu jüngeren Menschen kommt (vgl. 809-813). Zum anderen, da die Gruppe selbst anders Stimmung macht. Dora führt diese andere Art, Stimmung und Spaß zu haben, auf das jüngere Alter zurück, obwohl sie selbst als Ältere ebenfalls auf diese Weise feiern kann und erläutert, sie lebe sich dadurch aus und halte sich jung. Damit durchkreuzt Dora die Kategorie Alter, deren Grenzen sie selbst in ihrer Differenzierung der unterschiedlichen ‚Feierweisen‘ verschiedener Altersgruppen festlegt. Dabei kann vermutet werden, dass ihre Erklärungsmuster auf impliziten gesellschaftlichen Zuschreibungen an spezifische Altersgruppen beruhen, denn ihre Schilderung, es sei „dann [...] auch nicht so, dass diese (Jüngeren, K.B.) dann sagen, ‚och, was will jetzt die alte Tante da von mir‘" (814f.) macht deutlich, dass sie sich der Durchkreuzung der Kategorie bewusst ist und normative Zuschreibungen wahrnimmt.

Was genau Dora auf solcherart Veranstaltungen bzw. im Zusammensein mit Jüngeren ausleben kann, bleibt dabei offen. In der folgenden Rückmeldung Doras an die Frauen der Tanzgruppe wird deutlich, dass ‚crossing age‘ an sich dieses Ausleben zu erklären scheint:

---

150 Die Frauen der Tanzgruppe sind 10-18 Jahre jünger als Dora.

151 Dieses Durchkreuzen der Kategorie Alter kann auf mehreren Ebenen stattfinden: auf der subjektiven Ebene fühlt sich Dora bzgl. eines Spaß-Machens der jüngeren Generation näher als ihrer eigenen; auf gesellschaftlicher Ebene erhält sie durch die Mitgliedschaft in der Tanzgruppe Zugang zu Veranstaltungen, die nicht ihrer Altersgruppe zugeschrieben werden. Dies ermöglicht ihr wiederum auf subjektiver Ebene Verhaltensweisen, die unter Gleichaltrigen nicht zelebriert und/ oder womöglich nicht toleriert werden.

„Mir macht es brutal viel Spaß mit euch fortzugehen, ihr seid jünger wie ich und ich erlebe dadurch irgendwelche Veranstaltungen, ob das jetzt eine Fasnetsveranstaltung ist oder eine andere Veranstaltung erlebe ich da einfach anders, *weil* ich da mit den Jungen einfach noch anders (h) eins Draufmache oder einen Draufmache oder, ja doch." (825-831, Herv. K.B.)

Interessant sind in diesem Zusammenhang zwei andere Interviewpassagen, in denen Dora die Besonderheit des Feierns mit der Tanzgruppe in gewisser Weise relativiert bzw. ihr widerspricht.

So kommt am Ende ihrer Schilderungen des Unterwegsseins mit der Tanzgruppe an Fastnacht ihre prinzipielle Freude eines Sich-Bewegens in Gruppen zum Ausdruck wenn sie sagt: „Einfach der Spaßfaktor oder das Zusammensein, Geselligkeit einfach, ich denke, wenn man in der Gruppe geht, erlebt man es einfach anders, wie wenn man als Einzelperson geht" (956-959). Auf meine Nachfrage hin versucht sie anschließend eine genauere Beschreibung des anderen Erlebens innerhalb einer Gruppe:

„Ich kann es gar nicht genau beschreiben an was das liegt oder (..) warum das so ist (...), was heißt, ich denke, wenn man in der Gruppe ist, ist man vielleicht nicht so verhalten oder geht man vielleicht mehr aus sich heraus, da ergibt das eine Wort das andere, wie jetzt auch so in Bezug auf andere Leute kennen lernen oder so, spricht man vielleicht auch mal eher jemanden an, wenn, wenn man zu zweit oder zu dritt ist, gemeinsam sind wir stark, so auf die Art und Weise (..), das mag vielleicht auch sein (?) oder ja, halt jede Person aus der Gruppe gibt ja seinen Beitrag dazu zum Spaß haben (.) und das hat man halt nicht, wenn man alleine geht (.), von dem her ist mir die Gruppe dann schon wichtig." (961-974)

Das Überwinden gewisser Hemmungen, die Kontaktaufnahme zu unbekannten Menschen, sowie die Potenzierung des Spaßfaktors können als Grenzüberschreitungen zusammengefasst werden. Es sind Aspekte, die Dora innerhalb von Gruppen als wichtig erachtet. Sie verneint anschließend meine Frage, ob sich das Zusammensein mit der Tanzgruppe von anderen Gruppen unterscheide (vgl. 976-1001) und führt aus, ihr Verhalten sei in allen Gruppen „eigentlich immer gleich" (1006f.) und Spaß könne sie mit allen Gruppen haben. Dies ist zunächst ein klarer Widerspruch zu ihren Ausführungen im Rahmen der ‚crossing-age'-Thematik (s.o.). Dort vergleicht sie ihr Zusammensein mit Angehörigen der Akkordeon- und Tanzgruppe und sagt: „das erlebe ich ganz anders" (789). Aus ihren Formulierungen kann nun gelesen werden, dass sie womöglich Unterschiede erlebt, bspw. wenn sie sagt, es würde vielleicht ein bisschen anders ablaufen (vgl. 983), oder „eigentlich kann man nicht sagen, dass es wirklich anders ist" (984f.), dass sie diese jedoch nicht in Worte fassen kann („ich weiß nicht wie ich es sagen soll", 983f.) bzw. es nicht will („Unterschied möchte ich jetzt nicht sagen", 990 u. 1001). Vor allem in Zusammenhang zu den o.g. Stellen, an denen sie Unterschiede klar benennt, scheint die Lesart nahe zu liegen, dass sie erlebte

Unterschiede nicht ausdrücken kann oder will, womöglich weil sie keine Gruppe abwerten möchte.

Trotz der Widersprüchlichkeiten (bzw. in ihnen) zeigen sich die hohe Relevanz für Dora, sich zu amüsieren, ihre Fähigkeit, dies in allen Gruppen zu erleben, sowie ihr Faible eines Sich-Bewegens in Gruppen überhaupt. Dies bringt sie nochmals auf den Punkt, wenn sie verallgemeinernd konstatiert: „Aber wie gesagt, in der Gruppe erlebt man es einfach anders als alleine" (999f.).

Doras Werdegang als Gruppenleiterin und die Entstehung der Tanzgruppe

In der Analyse der Eingangserzählung wurde bereits kurz aufgezeigt, dass Dora schon als Jugendliche für die Leitung einer (Tanz-)Sportgruppe verantwortlich war, sowie für die fastnächtlichen Tanzdarbietungen. Im Folgenden soll aufgrund weiterer Interviewsequenzen Doras Weg zur Tanzgruppenleiterin genauer betrachtet werden.

Die Bedeutung der Mutter

Ihre Entwicklung hin zur Gruppenleiterin innerhalb des Turnvereins schildert Dora wie folgt:

„Also ich selber oder vielmehr meine Mutter hat ja immer Geräteturnen gegeben, Kinderturnen und da bin ich bei meiner Mutter und auch bei der Frau X in der Gruppe gewesen und dann irgendwann, ja ich denke, man bekommt das dann halt einfach so von daheim mit, bei mir war das jetzt so, und (..) wird man dann einfach mal angesprochen, ob man nicht helfen möchte und dann ist das ins Helfen übergegangen zuerst mal am Anfang, und dann nachher hat man mit Kleinen angefangen, hat man die Gruppe bekommen." (608-616)

Zunächst drückt sich in dieser Erzählung eine verselbstverständlichte Integration ins Vereinsleben aus. Weiter fällt, ähnlich wie in der Eingangserzählung, der unmittelbare Wechsel von der eigenen Person zur Mutter auf, was hier fast wie eine Gleichsetzung klingt. Diese Stelle kann entweder als eine starke Identifizierung Doras mit der Mutter gelesen werden, oder als Korrektur der eigenen Erinnerungen bzgl. des Beginns der Gruppenleitung. In jedem Fall verbindet Dora den Beginn ihrer Leitungstätigkeit mit ihrer Teilnahme als Kind in der Turngruppe der Mutter. Sie bleibt im Erzählstrang dann auch zunächst bei der Mutter wenn sie den allmählichen Übergang zur eigenen Gruppenleitung als Impuls, den man „einfach so" von Zuhause mitbekomme, begründet. Hier erinnert ihr Begründungszusammenhang stark an die in der Eingangserzählung mit der Mutter in Verbindung gebrachten Aspekte bzgl. des eigenen Fastnachtszugangs, wie die Lust auf Tanzeinstudierungen oder die Freude am vorfastnächtlichen Zusammensein mit der Frauenturngruppe (vgl. 4.2.2). In Zusammenhang mit dem im weiteren Verlauf

des Zitats geschilderten Automatismus der Entwicklung zur eigenverant-
wortlichen Gruppenleitung, der sich in der Erzählung in dritter Person ausdrückt sowie in Schilderungen, man sei einfach mal angesprochen worden
und dann sei es ins Helfen übergegangen, wird hier der Eindruck einer gewissen Passivität vermittelt. Zum einen bleibt offen, wie bewusst oder auch
freiwillig sich Dora für ein Helfen bzw. die Übernahme einer Gruppe entschied. Zum anderen wird ‚man‘ m.E. nicht einfach so als Helferin bzw. für
eine Leitungsaufgabe angefragt, denn das Leiten einer Kinderturngruppe
braucht eine kompetente und verantwortungsbewusste Person. Demnach
bieten sich hier mehrere Interpretationsmöglichkeiten an, die nebeneinander
stehen können, da sie sich nicht widersprechen und nicht weiter geklärt
werden können: zunächst kann es sein, dass Dora ihre eigenen Kompetenzen hier mindert, oder dass sie sich derer damals wie heute nicht bewusst ist.
Weiter zeigt sich ein starker Einfluss der Mutter. Dabei bleibt offen, ob Dora zum damaligen Zeitpunkt für sich andere Optionen in Betracht zog, als
einen ähnlichen Weg wie die Mutter einzuschlagen. D.h. es stellt sich die
Frage, wie bewusst oder unbewusst ‚freiwillig‘ sich diese Entwicklung vollzog oder ob die Mutter als Vorbild oder auch Orientierung wirkte, die Doras
Lust auf ein ähnliches Engagement weckte bzw. verstärkte. Womöglich bewegte sich Dora in einem Spannungsverhältnis dieser beiden Pole.

Interessant ist hierzu der im weiteren Verlauf geschilderte Wechsel ihres
Interesses vom Geräteturnen zur rhythmischen Sportgymnastik:

„Dann wie gesagt, war das mit dem Geräteturnen für mich selber war es einfach, ähm
zu anstrengend […] und ähm, infolge dessen bin ich ja dann auf die rhythmische
Sportgymnastik umgestiegen, das hat damals im Turngau Schwarzwald hat man da
angefangen und dann habe ich eigentlich so die Idee gehabt, ich könnte das mit ein
paar Mädchen könnte ich das anfangen." (617-627)

Die Erzählung wird nun in erster Person fortgeführt, wodurch Doras Engagement aktiver wirkt als im vorhergehenden Zitat, was auf eine stärkere
Eigeninitiative Doras hindeuten könnte[152]. Denkbar wäre auch, dass diese
Entwicklung Doras einen impliziten Akt der Emanzipation von der Mutter
darstellt, entweder zum Zeitpunkt des Geschehens, oder nun in der Erinnerung – oder beides. Denn durch den Wechsel des Engagements zur rhythmischen Sportgymnastik kann Dora etwas Eigenes aufbauen bzw. ausüben,
führt jedoch durch die Ausübung einer Leitungstätigkeit im Turnverein die
‚Tradition‘ der Mutter in gewisser Weise fort.

---

152 Bei den Interpretationen über Erzählungen in dritter und erster Person darf nicht
außer Acht gelassen werden, dass die sprachliche Formulierung ‚man‘ auch dem
schwäbischen Dialekt geschuldet sein kann. Daher sind auf diesen sprachlichen
Redewendungen basierende Interpretationen lediglich eingeschränkt möglich.

Verantwortungsübernahme im Turnverein

Die oben aufgezeigten Selbstverständlichkeiten bzw. Automatismen bzgl. ihres Werdegangs zur Gruppenleiterin setzen sich in den Ausführungen über die weitere Entwicklung der Gruppe fort:

„Und insofern habe ich das dann mit der Gymnastik aufgebaut und ja, man schlittert einfach so hinein. (..) Dann hat man es halt mal angefangen und dann macht man es dann irgendwie auch weiter. (..). Einfach weil es Spaß macht (…) und (…) sich einfach, ja im Verein tätig, dass man einfach im Verein tätig ist." (633-638)

Doras Leistungen der Gründung einer neuen Gruppe sowie der Einführung einer neuen
    Sportart innerhalb des Vereins[153] werden von ihr selbst durch sprachliche Wendungen wie „halt mal angefangen", „irgendwie" und „man schlittert einfach so hinein" so dargestellt, als bedurfte dies keiner hohen Anstrengungen. Es stellt sich die Frage, ob diese Diskrepanz bzgl. ihrer eigenen Leistung und ihrer Präsentation (bzw. Nicht-Präsentation) derselben auf eine Art ,dörfliche Normalität' zurückzuführen ist, der zufolge subjektive Entwicklungen selbstverständlicher vorgezeichnet sind als in größeren Städten, da weniger explizite Optionen bzgl. der eigenen Entwicklung existieren. Dies würde auch die bereits mehrfach angeführte Wortwahl Doras erklären, durch die sie Selbstverständlichkeiten, Automatismen oder Normalitäten ausdrückt. Die sich anschließende Aussage, sie wollte einfach im Verein tätig sein, deutet ebenfalls auf diese Art dörflicher Selbstverständlichkeit hin, sich in Vereinen zu engagieren.
    Ähnliche Aspekte des ,Unbeteiligtseins' an Prozessen schildert Dora auch bzgl. der allmählichen Entwicklung der Gruppe der rhythmischen Sportgymnastik zur Tanzgruppe. Auf meine Frage, ob sie sich zu irgendeinem Zeitpunkt bewusst für die Tanzgruppe entschieden habe, antwortet sie:

„Nein, das ist, man ist rein gewachsen. Also wie gesagt, vorher war das ja eine […] rhythmische Sportgymnastik und durch das, dass die Frau X, also die Frau vom Vorstand da auf mich zugekommen ist, wo sie gesagt hat, ha, möchtet ihr nicht auch mal irgendetwas vorführen, dass man sich dann einfach Gedanken gemacht hat, haja, man kann ja so ein kleines Tänzchen […] zusammenstellen und so und das hat man dann einfach einmal gemacht und das ist dann angekommen und für das nächste Jahr ist man dann halt wieder gefragt worden und dann halt beim dritten Mal war es eigentlich selbstverständlich, dass die Gruppe das auch macht." (545-556)

---

153 Dass diese Sportart innerhalb des Vereins bisher nicht angeboten wurde, wird aus dem vorangehenden Zitat deutlich, in dem sie ausführt, zum damaligen Zeitpunkt habe man im überregionalen Turnverband mit dieser Sportart „angefangen" (625ff.).

Lediglich an einer Stelle betont sie explizit ihre Kompetenzen und ihr Wissen, welches sie durch die Gruppenleitung weitergab, aufgrund dessen die Teilnehmerinnen bei Wettkämpfen erfolgreich waren und sie führt aus, dies habe für sie selbst ebenfalls Erfolg bedeutet, da sie die dafür nötigen Kompetenzen vermittelt habe (vgl. 639-644).

Festzuhalten bleibt, dass Dora ihre eigenen Leistungen bzgl. der Entwicklung der Tanzgruppe nicht als solche ausspricht. Auch im obigen Zitat ‚unterschlägt' sie abermals ihre Kompetenzen bzw. die der Gruppe indem sie sagt, das Tänz*chen* habe man einfach mal zusammengestellt und es sei dann *halt* beim Fastnachtsball gut angekommen. Womöglich war die Entstehung der Tanzgruppe und ihr diesbezügliches Engagement für Dora zum erlebten Zeitpunkt oder/ und jetzt in ihrer Erinnerung tatsächlich eine schleichende bzw. selbstverständliche Entwicklung.

Wichtig war und ist allerdings, so wird an anderer Stelle klar, ihr Wohlbefinden innerhalb des Turnvereins bzw. ihr positives Erleben der Gemeinschaft zwischen Sportler_innen allgemein:

„Einfach die Gemeinschaft, also von den Turnern oder Sportlern, muss ich sagen, das ist ein ganz besonderes Volk oder (..), also da habe ich noch nie erlebt, dass es irgendwelche Streitereien oder sonst was gibt, was es heute oftmals so in anderen Gruppierungen gibt, aber also ich habe das einfach immer als große, als große Familie habe ich das einfach erlebt und […] man bekommt da gleich Anschluss mit anderen, egal ob alt oder jung, oder auch die Alten mit den Jungen machen sie mit, wenn man bei Veranstaltungen ist, also, ja, es ist einfach schön." (655-664)

Ihr Erleben des Zusammenseins von Turner- bzw. Sportler_innen[154] als „große Familie" kommt demnach durch das Fehlen von Streitereien, durch ein schnelles Anschluss-Bekommen, sowie durch generationenübergreifendes Miteinander zustande. Obwohl infrage zu stellen ist, ob innerhalb von Familien größtenteils Harmonie besteht, so drücken diese Schilderungen Doras doch ein positiv erlebtes Gemeinschaftsgefühl aus und weisen gewisse Parallelen zu anderen Interviewpassagen auf, in denen sie den hohen Stellenwert von Gemeinschaft für sich selbst betont.

4.2.4 Offenere (Gender-) Grenzen durch den Fastnachtsrahmen

Da Dora neben ihrem Engagement in der Tanzgruppe zusätzlich als Hästrägerin in der Fastnacht aktiv ist, fragte ich sie nach ihrer subjektiven Bedeutung von Kostümierung und Maskierung innerhalb des fastnächtlichen

---

154 Hier fasst sie zwar Sportler_innen allgemein, an anderer Stelle jedoch grenzt sie sich von Fußball ab, indem sie diese Sportart als „minderwertig" bezeichnet und ausführt, Turner_innen und Leichtathlet_innen seien „ein anderer Schlag" (vgl. 698ff).

Rahmens allgemein. Die folgenden Ausführungen beziehen sich daher nur zum Teil auf Doras Aktivität in der Tanzgruppe, während andere Erzählungen auf Doras Erleben als Hasträgerin oder Fastnachtsteilnehmerin in anderen Funktionen beruhen.

Aktivität im Häs

Bzgl. ihrer Aktivität als Hasträgerin beschreibt Dora unterschiedliche Aspekte des Überschreitens alltäglicher Grenzen:

„Also im Häs mit der Maske (3 sec.), man kann einfach auch einmal den Leuten ein bisschen ein Duck[155] machen oder so [...], dass man sich dann schon so bestimmte Leute raussucht, die mich vielleicht dann auch mal geärgert haben oder so (lacht), wo man denkt, ha ja, den muss ich jetzt mal verstrubbeln oder dem nehme ich jetzt mal den Hut weg, oder, oder sonst irgendetwas (..) und auf der anderen Seite aber auch, wenn mir jemand schon etwas Gutes getan hat, dann belohne ich den halt mit einem kleinen Schnäpschen oder mit einer guten Praline oder sonstige süße Sachen, was ich in meinem Korb drin habe[156]." (1599-1615)

Dora nutzt das Unterwegssein im Häs folglich, um Bekannte für während des Jahres angenehme bzw. unangenehme Begebenheiten zu belohnen bzw. ‚bestrafen'. Innerhalb des fastnächtlichen Rahmens bzw. in ihrer Häsrolle ist ihr dies möglich, außerhalb der Fastnachtszeit würde sie sich nicht so verhalten. Offensichtlich erlauben die fastnächtlichen Rahmenbedingungen hier eine andere Art der Kommunikation bzw. lassen sie Bedürfnisse danach überhaupt erst entstehen, denn Dora sagt, während des Jahres habe sie keinen Wunsch, andere zu belohnen: „Unter dem Jahr, wenn ich denjenigen treffe oder so, habe ich da wahrscheinlich nicht so das Anliegen, [...] dass ich dem jetzt aus heiterem Himmel etwas gebe" (1604-1608).

Inwiefern die Anonymität als Hasträgerin für das Überschreiten alltäglicher Grenzen von Relevanz ist, geht aus Doras Ausführungen nicht klar hervor. Auf meine Frage nach der Bedeutung, nicht erkannt zu werden, antwortet sie nach einigen Sekunden des Nachdenkens, dies sei „manchmal so, manchmal so" (1627), führt dann aber weiter aus, sie werde aufgrund ihrer körperlichen Konstitution sowieso erkannt[157], was ihr nichts ausmache, denn ein ‚Belohnen' bzw. ‚Bestrafen' von Bekannten gehöre einfach zur Fast-

---

155 „Duck" ist eine schwäbische Bezeichnung für Schabernack, oder auch einen eher liebevollen Spaß i.S. eines Veräppelns ohne Böswilligkeit.

156 Damit beschreibt Dora den Brauch der Hasgruppe der Weißnärr_innen, einen Korb mit sich zu führen, in dem sich Bonbons oder andere, meist süße, Schleckereien befinden, die im Laufe eines Umzugs an die Zuschauenden verteilt werden.

157 Diese Feststellung gründet auf der kleinen Größe des Untersuchungsortes (ca. 4600 Einwohnende), aufgrund dessen sich die Einwohner_innen oftmals trotz des Tragens von Häs und Maske erkennen.

nacht dazu (vgl. 1627-1640). Die Rahmenbedingungen *erlauben* demzufolge Verhaltensweisen, die im Alltag nicht angebracht oder erlaubt wären und scheinen wichtiger als die Möglichkeit der Anonymität.

Rollenwechsel durch Kostümierung

In Doras Ausführungen über die Möglichkeit von Rollenwechseln durch Kostümierung wird deutlich, inwiefern Gender als ‚normatives Konzept implizit im Hintergrund' (vgl. Kapitel 1.1) wirksam ist:

„I: Hat es für dich eine Bedeutung, dass du auch einmal in eine andere Rolle schlüpfen kannst?
D: (5 sec.) Schon (…), also […] da zieht man dann doch vielleicht mal Sachen an, die man sonst gar nicht anziehen würde." (1680-1687)

Zunächst denkt Dora relativ lange über die Frage nach und geht dann kurz auf das Tragen außeralltäglicher Kleidung ein. Aus ihren sich anschließenden genderbezogenen Beispielen für diese nicht-alltäglichen Kostüme kann dann eine äußerst implizite Genderöffnung gelesen werden:

„Jetzt von mir aus mal eine Perücke, die man aufsetzt […], dann habe ich mal lange Haare, was ich (..) eigentlich ja gar nie habe […], weil ich einfach ein Kurzhaarschnitt vorziehe und ähm (…) und vielleicht tut man auch noch ein bisschen so ein Kindsein ausleben, denke ich, (..) so das Verkleiden an sich, als Kind ist einem das ja ganz arg wichtig gewesen, dass man in eine andere Rolle, dass man als Indianer geht oder dass man als Cowboy geht oder äh, manche Kids sind ja ganz scharf auf Prinzessin oder so etwas und ich denke, da kann man dann schon nochmals ein bisschen das Kindsein ausleben, was man im normalen Leben als erwachsener Mensch eigentlich nicht tut." (1687-1699)[158]

In diesen Schilderungen liegen insofern implizite Genderöffnungen, als die Kostümierungsbeispiele recht gendertypisch gewählt werden und damit die Möglichkeit verdeutlichen, innerhalb des fastnächtlichen Rahmens alltägliche Gendergrenzen (hier in Form der Wahl eines dem anderen Geschlecht zugeschriebenen Kostüms wie Cowboy, Prinzessin) überschreiten zu können[159]. Durch die Formulierung „Kindsein ausleben" können wird die Gen-

---

158 Bzgl. der Relevanz eines ‚Auslebens von Kindsein' siehe auch die Ausführungen zu ‚crossing age'.

159 Wobei aus Doras Beispielen nicht klar hervorgeht, ob Jungen bzw. Mädchen tatsächlich dem jeweils anderen ‚Geschlecht' zugeschriebene Kostüme wählen, oder ob nicht vielmehr gesellschaftliche Genderzuschreibungen durch die Wahl eines genderspezifischen Kostüms verstärkt werden (z.B. Jungs=Cowboy, Mädchen=Prinzessin). Aufgrund meiner fastnächtlichen Kontextbeobachtungen vermute ich, dass mehr Mädchen Crossdressing betreiben (können) als Jungen, da ihnen das Tragen ‚männlicher' Kostüme mehr zugestanden wird, als bspw.

deröffnung auf eine spielerische Ebene geführt, ohne dass deutlich wird, was genau damit gemeint ist. Womöglich spielt Dora hier auf für Kinder nicht so eng gesetzte gesellschaftliche Genderzuschreibungen an, d.h. auf Kindern bis zu einem gewissen Alter zugestandenes Experimentieren mit gesellschaftlichen ‚Genderrollen', was Erwachsenen während der Fastnacht wieder mehr erlaubt ist.

Die anschließende Erklärung, viele Fastnachtsteilnehmende könnten „wenn sie kostümiert sind [...] besser aus sich herausgehen" (1702f.) verbindet die Ebene der Kostümierung mit der des Verhaltens. „Aus sich herausgehen" beschreibt Dora an anderer Stelle mit „sich mehr trauen" (vgl. 1744), „mutiger" (1746) und „offener" (1747) sein, wobei nicht klar wird, *wofür* mehr Mut oder Offenheit benötigt wird[160]. Da diese Ausführungen in Zusammenhang mit meiner Frage nach der Überschreitung alltäglicher Gendergrenzen stehen[161], Dora Gender jedoch nicht explizit anspricht, können die Aspekte Mut und Offenheit auf das Experimentieren mit Gendergrenzen bezogen werden.

Dora bezieht diese Aspekte allerdings nicht auf sich selbst, sondern betont, sie selbst „brauche [...] die Fasnet nicht dazu" (1740), denn sie könne „auch sonst so auf die Leute zugehen und (..) mal frecher sein oder so" (1753f.). Auf direkte Nachfrage folgt zunächst eine betonte Entproblematisierung von Gender, anschließend führt sie aus, im Hinblick auf Kostümierung bzw. Rollenwechsel habe Gender für sie keine Bedeutung:

„(8 sec.) Ich meine, ich habe kein Problem damit, dass ich auch in eine männliche, in ein männliches Kostüm oder so, aber wie gesagt, als Cowboy zum Beispiel, habe ich auch kein Problem damit, mache ich auch, wenn das halt gerade passend ist, dann passt das und dann kann ich das auch anziehen, das ist aber nicht so, dass ich da einen totalen Aber oder so etwas dagegen hätte, überhaupt nicht, wenn es passt, dann passt es, dann macht man das so (..) und, und nicht so, dass ich jetzt nur weiblich, (..)

Jungen das Verkleiden als Prinzessin oder Indianerin. Allerdings beobachte ich bei Erwachsenen mehr Männer in ‚frauenspezifischen' Kostümen als umgekehrt. Dies würde die These der Genderöffnung bestätigen, da diese Männer Dora zufolge ein kindliches Bedürfnis nach (Gender-)Rollenwechsel ausleben.

160 Neben Kostümierung führt Dora zudem Alkohol als wichtigen Aspekt bzgl. eines Überschreitens von Grenzen bzw. für mutigeres und offeneres Verhalten an und betont, dies würde nicht allein von der Kostümierung abhängen (vgl. 1744-1752). D.h. der teilweise recht hohe Alkoholkonsum während Fastnacht muss evtl. oftmals als zusätzlicher Faktor bzgl. außeralltäglichen Verhaltens oder auch offeneren Grenzen hinzugezogen werden. Insofern ist von multifaktionalen Ursachen auszugehen.

161 Die Frage lautete: „Ja, wenn du jetzt gerade so denkst, so was dich als Frau im Alltag betrifft, denkst du, da macht die Fasnet nochmals ein (..), also ein Rollenwechsel auch was damit zu tun oder die Kostümierung, wo du denkst, da kannst du mal über deine Grenzen gehen?" (1734-1738)

das muss nicht sein, also ich, wie gesagt, ich kann auch als Cowboy oder (..) als was geht man sonst noch an der Fasnet als männliche Figur (…), als Teufel, obwohl das auch nicht speziell männlich ist, denke ich (…), Indianer gibt es ja auch Frauen und (..) Männer." (1712-1724)

Während sie im obigen Zitat innerhalb eines genderbezogenen Begründungszusammenhangs argumentierte, verneint sie hier eine subjektive Relevanz des Experimentierens mit Gender(-Rollen), führt jedoch zugleich aus, sie würde ohne Weiteres ‚männliche' Kostüme tragen. Für diese zunächst widersprüchlich erscheinende Passage bieten sich mehrere Lesarten an: Doras Ausführungen, sie habe kein Problem mit dieser Art von Kostümen bei gleichzeitiger Suche nach Beispielen ‚männlicher' Figuren (Teufel, Indianer), die sich für sie dann doch nicht als spezifisch ‚männlich' darstellen, können darauf hindeuten, dass sie diese Art Verkleidung nicht wirklich als Crossdressing erachtet und daher auch kein Problem damit hat. Ebenso ist denkbar, dass Dora nicht im Begründungszusammenhang ‚Genderüberschreitung' über Kostümierung reden möchte. Weiter kann aufgrund des angeführten Beispiels der Perücke mit langen Haaren vermutet werden, dass Dora im Alltag bereits partiell Genderüberschreitungen bzw. -experimente praktiziert und daher den fastnächtlichen Rahmen tatsächlich nicht dafür benötigt. Auch ist anzunehmen, dass an Fastnacht eine Art Normalität bzgl. Genderöffnungen und -überschreitungen existiert, weshalb es für Dora schwierig sein kann, diese als solche zu sehen bzw. zu benennen. Schließlich kann Doras Leugnen der subjektiven Relevanz der Kategorie Gender bei gleichzeitigem Argumentieren damit darauf hindeuten, dass Gender sehr wohl eine Bedeutung für sie hat, sie diese jedoch nicht explizit benennt, nicht benennen kann oder möchte, oder sie ihr analytisch nicht zugänglich ist.

Wenngleich mehrere Interpretationen möglich sind bleibt festzuhalten, dass diese Interviewpassagen durch die ‚Undurchsichtigkeit' impliziter wie expliziter Genderthematisierungen die Wirksamkeit hegemonialer kultureller Genderannahmen als eine Art Hintergrundgerüst sozialer Beziehungskontexte (vgl. Ridgeway/Correll in Kapitel 1.1) veranschaulichen. Die Fassung der Kategorie Gender als Hintergrundgerüst, das hochgradig selbstverständlich wirkt (vgl. Gildemeister 2004), macht auch die Thematisierungen von Gender während Fastnacht bzw. den Umgang der Fastnachtsteilnehmenden damit erklärbar. Es wird deutlich, dass die innerhalb des Fastnachtsrahmens partiell möglichen Genderexperimente meist sehr unbewusst vollzogen werden[162], weshalb eine explizite Thematisierung im Interview recht schwer fallen dürfte.

---

162 Vgl. hierzu die Kommunikation unter den Mitgliedern der Hexengruppe während des Närr_innenabends (Beobachtungsprotokoll Närr_innenabend sowie Kapitel 5).

4.2.5 Verhandlungen kultureller Genderannahmen

In diesem Kapitel werden mehrere Dimensionen genderbezogener Aspekte aufgezeigt, die im Interview implizit wie explizit thematisiert werden. Vor allem soll dadurch analysiert werden, inwiefern Dora an Fastnacht sowie in der Tanzgruppe kulturelle Genderannahmen verhandelt. Darüber hinaus wird anschließend anhand von doing gender- sowie doing heteronormativity-Prozessen *während des Interviews* (also nicht während Fastnacht) aufgezeigt, wie subtil und selbstverständlich Gender als normatives Konzept im Hintergrund wirkt.

Gender-Verhandlungen während Fastnacht und innerhalb der Tanzgruppe

Gender und Alter

In der Darstellung ihres Fastnachtszugangs schilderte Dora bereits ihr Gefallen am fastnächtlichen ‚Genderspiel' zwischen Hexen und Mädchen[163] und bezeichnete es als „das Größte" (72), als (junges) Mädchen von einer Hexe mitgenommen worden zu sein. Dieses Gefühl erläutert sie an anderer Stelle genauer:

„Ich denke, man hat so das Bild vor sich, die die jetzt da unter den Hexen sind, das sind dann ja Ältere oder bei den Fastnachtshausenern [sind] es nur Männer […], in anderen Zünften ist das ja auch anders, wo ja Männlein und Weiblein unter der Hexe ist und ähm, man hat einfach so das Bild vor sich gehabt, ha he holen immer die jungen hübschen Mädchen oder so, und wenn man dann einfach geholt worden ist, dann war das dann so ein Triumph, ha, vielleicht gefällst du jetzt dem oder so auch, wegen dem hat der dich jetzt geholt und nimmt dich jetzt mit […], auf dich ist er jetzt aufmerksam […] geworden, obwohl da vielleicht noch andere stehen und ja, das, das ist eigentlich das, wo man denkt, ha ja, jetzt gefällst du demjenigen (..), ich meine, die waren ja dann alle älter wie man selber." (1769-1784)

In dieser Passage spiegelt sich in mehrerer Hinsicht die heteronormative Strukturiertheit der sozialen Wirklichkeit, und zwar sowohl im ‚Spiel' direkt, als auch in der Erzählung Doras. Zunächst scheint sich das Agieren der Fastnachtshausener Hexen mit jungen, hübschen Mädchen quasi selbstredend (wörtlich: „einfach") aus deren männerhomogener Zusammensetzung zu erklären. Womöglich ist es in anderen Ortschaften mit gemischtgeschlechtlich zusammengesetzten Hexengruppen nicht „einfach so", dass sich daraus ein recht selbstverständliches Agieren dieser Häsgruppe mit ‚weibli-

---

163 Bzgl. den Regeln dieses ‚Genderspiels' sowie der Sicht von Anton als Hexe vgl. Fallanalyse Anton.

chen' Zuschauenden ergibt. Dora leitet ihre Begründung folglich auf der Folie heteronormativer Zuweisungsmuster ein.

Auch die ebenfalls nicht weiter erklärungsbedürftige Ausführung, ältere Männer würden Kontakt zu jungen und hübschen Mädchen aufnehmen, kann auf gesellschaftliche Klischees über gegengeschlechtliche Anziehungsmuster zurückgeführt werden. Dora fasst diese in gewisser Weise in Worte, wenn sie beschreibt, junge Mädchen hätten das Bild vor Augen, Aufmerksamkeit älterer Männer würde Attraktivität bedeuten[164]. Ihre Argumentation auf der Folie heteronormativer Bewertungsstandards wird ebenfalls durch die relativ selbstverständliche Schlussfolgerung deutlich, ein Mitgenommenwerden als junges Mädchen bedeute Attraktivität. Andere Möglichkeiten, z.B. Hexen alias Männer könnten unattraktive oder unsympathische Mädchen, attraktive junge Männer o.ä. mitnehmen, kommen offenbar nicht in Betracht. Dies verweist auf die Wirksamkeit recht eindeutiger, heteronormativer Rollenzuschreibungen[165].

Inwiefern gesellschaftliche Klischees über heterosexuelle Anziehung die ‚Spielregeln' dieses fastnächtlichen ‚Genderpiels' färben, wird in den folgenden Ausführungen Doras nochmals deutlich. Ihr heutiges Erleben als Umzugszuschauerin beschreibt sie folgendermaßen:

„Heute? […] Da passiert mir das nicht, klar (lacht) […], wenn du mit den eigenen Kindern da stehst, dann ist es ja eh nicht so, dass dich dann jemand, außer es ist dann eine spezielle Hexe […], die mich jetzt kennt und zufällig gerade an mich hinlaufen würde, dann hätte es vielleicht mal sein können, aber es ist eigentlich nie der Fall gewesen. Ich sage ja, dann, wenn ich gestanden bin, dann war es mit den Kindern und (..) und dann ist es eigentlich eher weniger der Fall, die holen sich dann doch eher die jungen, hübschen Mädchen (lacht) und nicht mehr die Mamas, die älteren Mamas, ha ja (lacht). Ja_ _ _." (1796-1818)

Für Dora scheint es recht eindeutig („klar"), heute, als erwachsene Frau mittleren Alters mit Kindern, nicht mehr in dieses fastnächtliche ‚Spiel' eingebunden zu werden. Die Eindeutigkeit der zugrunde liegenden ‚Spielre-

---

164 Dass es sich dabei um ein Klischee handelt wird deutlich, stellt man sich die Begründung andersherum vor: junge Männer fühlen sich geschmeichelt, wenn ältere Frauen ihnen Aufmerksamkeit schenken. Dieses Bild ist m.E. gesellschaftlich weitaus weniger toleriert bzw. weniger allgemeingültig.

165 Der in diesem ‚Genderspiel' implizite Machtaspekt sowie damit zusammenhängende Fragen nach Freiwilligkeit bzw. Möglichkeiten eines ‚Nicht-Mitspielens' werden in der Fallanalyse Anton ausführlich beleuchtet und daher an dieser Stelle nicht weiter ausgeführt. Es scheint mir jedoch interessant darauf hinzuweisen, dass Doras Darstellungen verdeutlichen, wie selbstverständlich ebenso ‚freiwillig' die jungen Mädchen ihre Rollen ‚spielen'. Die Bewertung der eigenen Attraktivität scheint nach ‚außen' abgegeben, indem der Verlauf des Umzugs bzw. das Verhalten der Hexen die eigene Attraktivität definiert.

geln' drückt sich sowohl in Doras Lachen aus, sowie in der Formulierung „eh", die das Uninteressantsein (älterer) Mütter für Hexen quasi als selbstredend erscheinen lässt. Auch die Schilderung, selbst ein Bekannter würde „vielleicht" mal „zufällig" auf sie aufmerksam, verdeutlicht die klaren Interaktionsregeln. Nun scheint dies, vergegenwärtigt man sich die altersmäßige Zusammensetzung der Hexengruppe, zunächst nicht sehr logisch. Das Alter der Männer der Hexengruppe reicht von 18 bis ca. 60 Jahre, wobei der Großteil zwischen 30 und 50 Jahre alt sein dürfte. Diese breite Altersspanne erklärt nicht, weshalb Hexen überwiegend mit Mädchen bzw. jungen Frauen agieren. Erklärbar wird dies durch das Heranziehen der o.g. heteronormativen Genderbilder, die sowohl als ‚natürlich' und selbstverständlich dargestellt werden bzw. wirken, als auch Männern wie Frauen recht eindeutige Verhaltensweisen zuschreiben.

Die Erzählpassage offenbart die Wirkung der Kategorie Alter, die sich im ‚Genderspiel' selbst und auch in Doras Schilderung mit der Kategorie Gender kreuzt. Im heteronormativen ‚Genderspiel' erhalten ältere Frauen andere Funktionen als jüngere, werden ihnen andere Parts zugeschrieben. Aus Doras Ausführungen ist zu erkennen, dass sie darum weiß, denn sie kann ihr unterschiedliches Erleben als jüngere und ältere Frau begründen.

Diese geschilderten Verhaltensabläufe werfen einige Fragen auf. So bleibt offen, wie sich diese relativ fix erscheinenden Interaktionsregeln auf Mädchen auswirken, die durch das von Seiten der Männer der Hexengruppe definierte Attraktivitätsraster fallen und keinen wie von Dora beschriebenen „Triumph" (76, 1776, 1791) erleben. Interessant ist weiter, wie viel Spielraum für nicht heterosexuell fühlende bzw. lebende Männer als Hexen besteht[166]. Ebenso ist von Interesse, ob die Beteiligten dieses ‚Genderspiels' die geschilderten Verhaltensweisen als ‚festlegend' erleben, sowie ob und wo sie Gestaltungsraum für sich sehen. In der Fallanalyse Anton wird hinsichtlich des ‚Genderspiels' deutlich, dass diese Regeln für Anton Sicherheit und Orientierung bedeuten, Dora hingegen deutet Möglichkeiten des Experimentierens an:

„Als so 14-/15-Jährige oder 16-Jährige, da ist es einfach so, da ist man ja schon auf so einen Flirt aus oder, oder, ich meine, man weiß ja nicht, auf ähm wie sich da manchmal so Sachen entwickeln, ich denke, aus so einer Aktion sind mit Sicherheit schon Freundschaften entstanden oder vielleicht sogar nachher äh Lebensgemeinschaften oder Ehen oder bis ans Lebensende irgendwie, ich denke, mit Sicherheit hat es da schon so Sachen gegeben und das ist einfach so der Triumph (lacht)." (1784-1792)

---

166 Vgl. hierzu die Ausführungen Antons über einen Mann, der als Hexe junge Männer in den Hexenwagen brachte und daraufhin von der Hexengruppe auf die heteronormativen Regeln verwiesen wurde (Fallanalyse Anton).

Zunächst kann diese Schilderung etwas übertrieben wirken, indem der Eindruck einer Art Freundschafts- oder Heiratsmarktes vermittelt wird. Werden die Darstellungen und Gefühle jedoch ernst genommen, so kann diese Passage als Öffnung des Alltagsrahmens gelesen werden. Die Verknüpfung eines Mitgenommenwerdens in den Hexenwagen mit Flirts, sowie mit sich möglicherweise entwickelnden Freund_innen- bzw. Partner_innenschaften, lässt dieses ‚Genderspiel‘ vor dem Hintergrund der freizeitbezogenen Infrastruktur Fastnachtshausens zu einem offeneren Raum werden. Gelegenheiten zum Flirten bzw. zum ungezwungenen In-Kontakt-Treten sind in der ländlichen Region im Vergleich zu Großstädten eher rar und an spezifische Veranstaltungen gebunden, die Möglichkeiten des Ausgehen sowie des ungezwungenen Umgangs ermöglichen[167]. Fastnacht hebt sich dabei evtl. von anderen Events ab, da der Rahmen ungezwungener bzw. außeralltäglicher ist und daher mehr experimentiert oder auch gewagt werden kann.

Kostümierung und Rollenwechsel

Die genderbezogenen Aspekte bzgl. Kostümierung und Rollenwechsel und die damit zusammenhängende Verhandlung gesellschaftlicher Gendergrenzen wurden in Punkt 4.2.4 ausführlich analysiert. Sie stellen einen Aspekt des direkten Experimentierens mit kulturellen Genderannahmen dar, weshalb es mir wichtig erscheint, an dieser Stelle auf diesen Punkt zu verweisen, ohne ihn jedoch nochmals ausführlich aufzugreifen.

Schönheits- und Alterszuschreibungen

In Zusammenhang mit Überlegungen darüber, wie lange sie wohl noch aktiv in der Tanzgruppe sein kann, spricht Dora gesellschaftliche Schönheitsideale an:

„Weil ich da (in der Tanzgruppe, K.B.) jetzt eigentlich eine von den Ältesten jetzt bin, mit meinen 46 Jahren und irgendwann [...] gibt es einfach kein so schönes Bild mehr auf der Bühne oder ich weiß es nicht, wenn, ich sage mir immer [...],solange ich mit den Jungen noch mithalten kann und ich merke, dass ich nicht aus dem Rahmen falle, mache ich noch mit." (276-284)

Durch ihre Formulierungen „schöne Bilder" und „aus dem Rahmen falle" fasst Dora die gesellschaftlich transportierten Bilder über Schönheit von Frauen in Worte. Zwar spricht sie ebenso konditionelle Grenzen aufgrund des Alters an (vgl. 278-280 und 1124-1131), allerdings haben diese weniger

---

167 In Großstädten dürfte diese Möglichkeit bspw. in Diskotheken gegeben sein. In Fastnachtshausen gibt es weder Diskotheken, noch andere Ausgehkulturen für (junge) Menschen. Neben einigen bürgerlichen Restaurants existieren lediglich ein Café sowie eine Kneipe für jüngere Einwohner_innen.

mit Zuschreibungen von außen zu tun, sondern verkörpern subjektive Grenzen. Die Beeinflussung der Gedanken über ein mögliches Ende des Tanzens durch gesellschaftlich konstruierte Schönheitsideale werden nochmals deutlich, wenn Dora darstellt, sie sei einfach „ein bisschen stabiler [...] als die anderen" (1132), ihr Bauch sei „einfach nicht mehr so ansehnlich durch die Kinder" (1138) und sie habe „halt einfach, ein bisschen ein Speck drauf" (1139f.) und wolle sich daher nicht in einem bauchfreien Kostüm auf der Bühne zeigen. Die Bewertung eines Körpers, der Kinder ausgetragen hat, als unansehnlich, sowie die Schlussfolgerung, aufgrund einer nicht so schlanken Figur wolle sie ihren Bauch nicht zeigen, verdeutlicht ein Messen des eigenen Körpers an gesellschaftlich konstruierten Standards. Eine schlanke, kinderlose Frau würde sehr wahrscheinlich nicht schlussfolgern, sie können ihren Bauch nicht öffentlich zeigen.

Interessant sind die in diesem Abschnitt mit ihrem Alter verknüpften Überlegungen, bringt man sie in Zusammenhang mit den dargestellten Aspekten über ‚crossing age'. Dort wurde deutlich, dass die Tanzgruppe für Dora Möglichkeiten bietet, in Kontakt mit jüngeren Menschen zu kommen, sowie eine Art der Ausgelassenheit zu erleben, die nicht (mehr) unbedingt ihrer Altersklasse zugeschrieben wird. Daher sei hier nochmals betont, dass die Tanzgruppe für Dora Räume eröffnet, in denen sie altersbezogene gesellschaftliche Zuweisungsmuster durchkreuzen kann.

„Von dem her möchte ich echt sagen, dass es einfacher ist, wenn du jetzt nur eine Frauengruppe hast": Gender-Verhandlungen im Interview

Im Folgenden erklärt Dora, weshalb die Tanzgruppe die genderhomogene Zusammensetzung nicht verändern möchte. Sie stützt sich dabei auf scheinbar ‚natürliche' Unterschiede zwischen Männern und Frauen, relativiert jedoch während des Erzählens ihre eigenen Argumente immer wieder:

„Wir [haben] uns dann ja schon mit der Frage (ob ein ‚männlicher' Bewerber in die Tanzgruppe aufgenommen werden soll, K.B.) auseinandergesetzt [...] und dann sind wir aber zu dem Schluss gekommen, dass wir eigentlich [...] bei der Frauentanzgruppe bleiben wollen oder halt beim weiblichen Geschlecht, weil es einfacher ist, denke ich manchmal, so, jetzt nicht von der Person her an sich, sondern [...] wenn du ja einen Mann dabei hast (.) ist es immer so, dass man irgendwie was machen muss, was auf beide ein bisschen zugeschnitten ist und so müssen wir eigentlich bloß auf das weibliche Geschlecht eingehen, egal ob es jetzt, ha ich denke klamottenmäßig musst du dir dann immer Gedanken machen, was zieht jetzt der Mann noch an oder einfach vom Tanzen selber her, denke ich, es passt nicht in jeden Tanz ein Mann hinein, bei einem Concord jetzt zum Beispiel oder bei der Pippi Langstrumpf, wobei ja, man könnte den Mann ja auch als Pippi Langstrumpf umfunktionieren, halt umgestalten und entsprechend herrichten, aber (..), ich denke, es ist einfacher, wenn man nur Frauen, also nur ein Geschlecht ist, denke ich." (1021-1040)

Zunächst scheint das unterschiedliche Gender an sich zu begründen, weshalb eine gendergemischte Zusammensetzung der Tanzgruppe die Arbeit aufwändiger machen würde, da nämlich in diesem Fall „immer" an beide Gender gedacht werden müsste. Während ihrer Erklärung, weshalb ein Mann nicht in gewisse Tänze hineinpasse, scheint Dora zu bemerken, dass ihr Gedankengang so nicht stimmt, bleibt allerdings durch ihre Wortwahl („umfunktionieren"; „entsprechend herrichten") weiterhin innerhalb einer ‚gegengeschlechtlichen‘ Argumentationslogik[168], die mit der Feststellung, eine frauenhomogene Zusammensetzung sei einfacher, abermals explizit wird.

Auch in ihren Ausführungen über gemeinsame Tanzaufführungen von Männern und Frauen fällt Doras Hinterfragung ihrer eigenen Argumente auf:

„Gerade wenn man Partnersachen macht, wie jetzt gerade bei […] der West-Side-Story […], da hat es einfach dazu gehört, dass da Männer mit dabei sind und da wäre es, ja man hätte auch sich auch als Frau als Mann verkleiden können, aber ich denke, das wäre einfach nicht so rüber gekommen, da kannst du zum Beispiel dann keine Hebefiguren oder solche Sachen machen, das geht einfach vom Technischen her geht es nicht (..), weil die Frauen halt einfach dann doch nicht so kräftig sind wie ein Mann, wobei es gibt auch schwache Männer, die das dann auch nicht so auf die Reihe bekommen, aber ähm (.) von dem her (.) möchte ich echt sagen, ja dass es einfacher ist, wenn du jetzt nur eine Frauengruppe hast." (1056-1069)

Die Hinterfragung der eigenen Begründungslogik erfolgt dabei stufenweise. So konstatiert Dora unmittelbar nach ihrer Erklärung, Tänze mit Partnerelementen müssten „einfach" mit Männern gestaltet werden, dieser Part könne im Grunde auch von verkleideten Frauen ausgeführt werden, um anschließend zu erklären, in diesem Fall könne man jedoch keine technischen Tanzelemente einbauen, die Kraft erfordern. Diese Erklärung untermauert sie mit einem naturalistischen Argument, demnach Frauen per se nicht so kräftig seien wie Männer. Aber auch dieses Argument relativiert sie unmittelbar, indem sie feststellt, nicht alle Männer seien stark.

Diese Ausführungen können zugleich als doing gender *und* als Genderöffnung interpretiert werden. Doing gender-Prozesse sind sie insofern, als Doras verschiedene Begründungen auf einer scheinbar selbstverständlichen, ‚naturgegebenen‘ Unterschiedlichkeit von Männern und Frauen beruhen, über deren Gültigkeit sie bisher offenbar nicht nachdachte, die sie aber immer wieder durch Formulierungen wie „das ist einfach so" untermauert. Indem sie jedoch zugleich während des Interviews die Stichhaltigkeit ihrer eigenen Argumentationslogik selbst in Frage stellt, sozusagen im Sprechen

---

168 Die zugrunde liegende ‚gegengeschlechtliche‘ Logik verdeutlicht sich durch die relativ aufwändig erscheinende Arbeit, die einen Mann zu einer Pippi Langstrumpf werden ließe. So könnte bspw. aufgrund der Unterschiedlichkeit unter Frauen ebenso die Frage gestellt werden, ob sich alle Tänzerinnen hierfür eignen. Die Frage richtet sich jedoch nach Gender, nicht nach individuellem Aussehen.

über gesellschaftliche Genderstrukturen bemerkt, dass diese nicht fassbar sind, vollzieht sich eine Genderöffnung.

Schließlich fasst sie sowohl die Unerklärbarkeit oder auch Unfassbarkeit der zugrunde liegenden bipolaren Genderlogik in Worte, wie auch die Tatsache, dass sie diese bisher nicht näher hinterfragte:

„I: Und was sind das für Sachen, wo du meinst, das machen eher nur die Frauen oder das machen eher nur die Männer, was es einfacher macht?

D: (..) Ich weiß es nicht, ob es von der Bewegung her ist, das kann man eigentlich nicht generell sagen, weil es gibt ja wirklich auch Männer, die toll tanzen können [...], aber (..) ich weiß gar nicht, wie ich das sagen soll, einfach (...) ja gerade speziell so ein Concord oder so etwas, also da finde ich es (..) unpassend, wenn da jetzt ein Mann mit tanzt (...) oder was haben wir (...) schon gehabt, wir haben auch schon so Anastasya, ha ich meine, man könnte wahrscheinlich einen Mann mit einbauen, aber so genau habe ich mir darüber noch gar keine Gedanken gemacht, warum es einfacher ist." (1071-1086)

Durch das Sprechen über die für sie bisher offensichtliche Selbstverständlichkeit, eine gemischtgeschlechtlich zusammengesetzte Tanzgruppe würde auf mehreren Ebenen (z.B. Kleidung, Tanzelemente) mehr und andere Arbeit bedeuten, werden Doras eigene dualistische Denkmodelle brüchig, woraufhin sie Tatsachen bzw. Fakten schafft und sagt: „Wir (die Frauen der Tanzgruppe, K.B.) haben es für uns einfach so entschieden (...), dass es einfacher [ist]" (1083f.). Damit lenkt sie die Argumentation weg von den im Laufe der Interviewpassage immer brüchiger gewordenen naturalistischen Aspekten und spricht die Entscheidungsmacht der Tanzgruppe selbst zu[169]. Schließlich festigt sie die sich als unerklärbar herauskristallisierten genderbezogenen Unterschiede wieder und macht abschließend deutlich, dass sie gerne das Thema wechseln würde:

„Es ist einfach so (lacht), also mehr kann ich dazu jetzt eigentlich gar nicht dazu sagen, es ist einfach so und was war die Zusatzfrage noch, du hast eine gewisse Frage gehabt?" (1086-1089)

---

169 Diese Passage erinnert stark an Antons Ausführungen über Vorteile der männerhomogenen Zusammensetzung der Hexengruppe, bei denen er ebenfalls ausführt: „es ist halt so" und „das will auch niemand ändern" usw. (vgl. Fallanalyse Anton). Offenbar ist das der letzte ‚Ausweg‘, wenn die eigene Logik durch mein hartnäckiges Hinterfragen nicht mehr ausreicht. Womöglich ist es auch eine Überforderung, während eines Interviews nach Begründungen für diese offensichtlichen Selbstverständlichkeiten zu fragen und die Interviewten herauszufordern, sie zu reflektieren. Dora sagt bspw. ganz klar, sie habe sich darüber so genau noch keine Gedanken gemacht. D.h. die gesellschaftliche Erklärung der Verschiedenheit von Männern und Frauen genügte bisher und kann nun, während des Interviews, nicht ohne weiteres reflektiert bzw. erklärt werden.

Mit dieser Feststellung als unveränderbares Faktum kehrt Dora an den Ausgangspunkt ihrer Argumentationslogik zurück und setzt zugleich einen Schlusspunkt.

Die der Argumentationslogik Doras zugrunde liegenden genderbezogenen Normalitätsvorstellungen bzgl. der Zusammensetzung von Tanzgruppen finden sich auch in einer Szene, die ich im Rahmen der teilnehmenden Beobachtung ,Busfahrt' notierte. Darin schaue ich während einer auswärtigen Fastnachtsveranstaltung mit Mele, einer Frau aus der Tanzgruppe, und Hubi, einem Mitglied der Hexengruppe, einem Showtanz zu und es entsteht ein Gespräch über das einzige ,männliche' Mitglied dieser Tanzgruppe:

„Mele, Hubi und ich schauen einer als Schlumpfinen verkleideten Tanzgruppe zu. Alle haben Röcke an, eine Person eine Hose. Wir unterhalten uns darüber, dass ein Mann mit tanzt (von der Entfernung her ist das Geschlecht nicht zu erkennen, aufgrund der Hose wird er von uns als Mann identifiziert). Mele und ich finden es mutig, als einziger Mann mit zu tanzen. Hubi fragt zwei, drei Mal, warum der da wohl mit tanzt. Ich: ,Wahrscheinlich ist das eigentlich eine Garde, und er ist der Gardeprinz.' Hubi wieder, warum der da denn mit macht. Ich sage, dass er vielleicht gerne tanzt, es am Ort aber wahrscheinlich nur eine Tanzgruppe für Frauen gibt. Er: ,Der tanzt ja echt gut, aber wieso macht der das? Der muss schwul sein, dann ist es einfach klar, dass er schwul ist.' Ich: ,Das ist doch voll mutig, denn er wird ja wissen, dass das über ihn gesagt wird wenn er da mit tanzt.' Hubi: ,Ja, aber das ist doch dann sicher auch so.' Ich sage, dass die einen halt gerne Fußball spielen, und andere gerne tanzen. (Hubi spielt Fußball und meine Bemerkung ist eine Anspielung darauf.) Er meint, beim Fußball seien sie aber wenigstens nicht schwul. Darauf Mele: ,Na, da täusch dich mal net.' Er: ,Dann will ich mal hoffen, dass ich noch mit keinem Schwulen unter der Dusche war.' (Protokoll Busfahrt: 365-382)

Die Mitwirkung eines ,männlichen' Tänzers scheint an sich Grund zur Diskussion zu sein, d.h. unser Aufgreifen seines Tanzens verdeutlicht die normative Zuschreibung ,Showtanzen=Frauen'. Hubi scheint das Durchbrechen dieser Norm durch den tanzenden Mann stark zu irritieren, was sich in seiner mehrmaligen Artikulation seines Unverständnisses darüber ausdrückt. Mein Erklärungsversuch scheint ihn nicht zu überzeugen, und schließlich werden durch seine Verbindung von tanzendem Mann und Schwulsein genderbezogene bipolare sowie heteronormative Normalitätsvorstellungen deutlich.

4.2.6 Die Bedeutung der Mitgliedschaft in der Tanzgruppe für Doras Biografie

Doras biografische Entwicklung weist eine starke Verwobenheit mit dem örtlichen Turnverein auf. Sowohl ihre Tanzgruppen-, als auch ihre Fastnachtsaktivitäten hängen eng mit dem Engagement innerhalb des Vereins zusammen. Vor dem Hintergrund der in Kapitel 1.2 aufgezeigten Einwirkungen sozialer Komponenten auf die Wahl biografischer Perspektiven lässt sich Doras Engagement als biografische Arbeit interpretieren, die in mehrerer Hinsicht die Verarbeitung sozialer Anforderungen verdeutlicht wie z.b. „abstrakte und konkrete gesellschaftliche Vorbilder" oder „Erwartungen aus dem sozialen Nahbereich" (Dausien 1999: 238). So wirkt Doras Mutter als Impulsgeberin und konkretes Vorbild auf Doras Entwicklung ein, wie auch die ‚ländliche Normalität' eines Sich-Engagierens in Vereinen. Rückblickend stand das Engagement innerhalb des Turnvereins daher für Dora zu keiner Zeit infrage, vielmehr entwickelte es sich recht selbstredend.

Die Gründung der Tanzsportgruppe gibt Dora schließlich die Möglichkeit, ein eigenes, mutterunabhängiges biografisches Projekt zu initiieren, ohne sich dadurch zu sehr von sozialen Normen zu entfernen – sie baut etwas Neues und Eigenes auf, bleibt aber innerhalb des Vereins, und durch das Leiten einer Sportgruppe auch in den Fußspuren der Mutter. Die gegenseitige Bedingtheit von Individuum und Gesellschaft (vgl. Glinka 2001) wird somit in Doras biografischer Arbeit ersichtlich. Einerseits wird sie im Laufe ihrer ‚Karriere' innerhalb des Turnvereins mehrmals „einfach gefragt", werden Wünsche und Erwartungen aus dem sozialen Umfeld an sie herangetragen. Andererseits entwickelt sie eigene Interessen und verwirklicht diese selbsttätig, indem sie sich in einer neuen Sportart weiterbildet und diese im Verein verankert. Ihre unter dem Einfluss des sozialen Umfelds entwickelten Interessen verfolgt sie somit aufgrund subjektiver Bedürfnisse selbständig weiter, baut sie aktiv aus und erweitert sie, wodurch sie sich aktiv neue Möglichkeitsräume erschließt.

Auch auf einer weiteren Ebene ist Doras Aktivität innerhalb des Turnvereins für ihre biografische Arbeit relevant. So erfährt sie durch Verantwortungsübertragungen an ihre Person (Leiten einer Kinderturngruppe, Verantwortung für fastnächtliche Tanzdarbietungen) frühzeitig Anerkennung von signifikant Anderen. Diese stellt, wie in Kapitel 1.2 aufgezeigt, eine Grundprämisse biografischer Arbeit dar. Folglich kann davon ausgegangen werden, dass diese mit der frühen und stetig wachsenden Verantwortungsübernahme Doras einhergehende Anerkennung stabilisierend auf ihre individuelle Selbstanerkennung und damit auf ihre biografische Entwicklung einwirkt. Zudem eröffnen die Leitungstätigkeiten Möglichkeiten der Kompetenzentwicklung und Selbstwirksamkeitserfahrung. Ebenso erfährt Dora im Turnverein als Jugendliche die für biografische Prozesse als wichtig erachteten Aspekte der Zugehörigkeit und Integration in eine von ihr als sehr positiv erlebte Gemeinschaft. Sowohl die Teilnahme an Sportveranstaltungen als Jugendliche, als auch die heutige Tanzgruppe bezeichnet Dora als „Familie" und drückt dadurch das für sie hohe Zusammengehörigkeitsgefühl aus. Wie ein roter Faden ziehen sich Erzählungen über die subjektive Relevanz von Gemeinschaft durch das gesamte Interview, stets eng mit ihrer Mitgliedschaft in der Tanzgruppe verbunden. Trotz Doras Aktivität innerhalb anderer Bezugsgruppen verdeutlicht sich die Relevanz des Turnvereins alias Tanzgruppe als jenes soziale Netzwerk, in dem sie viele für biografische Arbeit notwendige bzw. stabilisierende Aspekte wie Vertrauen,

Freundschaft, Verbindlichkeit usw. erfährt. Das soziale Netz Tanzgruppe stellt damit die für biografische Prozesse relevanten materiellen, emotionalen und sozialen Ressourcen zur Verfügung und dient in Zeiten größerer Belastung oder in Orientierungskrisen als Bewältigungsressource (vgl. Kapitel 1.2.).

Die Mitgliedschaft in der Tanzgruppe hat somit in mehrerer Hinsicht Bedeutung für Doras biografische Entwicklung. Während sie als jugendliche Gründerin der Gruppe bspw. soziale Kompetenzen wie Führungs- und Organisationsmanagement erwirbt, wird die Tanzgruppe in ihrer Lebensphase der Familiengründung zu einem Ort, an dem sie außerfamiliäre Interessen weiterverfolgen kann und an dem Rücksicht auf sich verändernde Lebenssituationen genommen wird. Um es mit Keupp u.a. (2006) auszudrücken, ermöglicht die Tanzgruppe Dora die Verknüpfung verschiedener Teile ihrer Biografie, deren Relevanzen sich im Laufe der Mitgliedschaft je nach Lebensphase und -entwurf immer wieder zu verändern scheinen und wechselnde Zu-, Unter- und Überordnungen herausbilden. Auch innerhalb der Intersektionalitätsdebatten wird von unterschiedlichen, in einer Person verinnerlichten Biografien gesprochen, die je nach Kontext in den Vorder- bzw. Hintergrund treten können (vgl. bspw. Fenstermaker: mündliche Mitteilung Juni 2008; Lutz/ Davis 2005).

Schließlich eröffnet die Tanzgruppe einen Erprobungs- und Erfahrungsraum, innerhalb dessen Dora soziale Konventionen oder auch Begrenzungen wie alters- oder genderbezogene Zuschreibungen zeitweise überschreiten kann. Die begrenzten Ausgehmöglichkeiten Fastnachtshausens als Kleinstadt in einer ländlichen Region werden im Rahmen der Tanzgruppenarbeit und -aktivität erweitert und ermöglichen Dora dadurch das Kennenlernen neuer Leute, ein mutigeres und offeneres Zugehen auf Fremde sowie eine größere Ausgelassenheit. Somit können strukturelle, soziale und subjektive Begrenzungen ausgedehnt und überschritten werden. Die Tanzgruppe erweist sich folglich als Ermöglichungs- und Experimentierraum der eigenen Person.

Der Zusammenhang mit Fastnacht zeigt sich insofern, als die Fastnachtssaison für Dora Zeit und Rahmen darstellt, um subjektiven Bedürfnissen des Ausgelassenseins, Ausgehens und eines ungezwungenen In-Kontakt-Tretens nachzugehen. Dies praktiziert sie zwar nicht ausschließlich, aber oft innerhalb der Tanzgruppe. Zum Einen sind zahlreiche Auftritts- bzw. Ausgehanlässe der Tanzgruppe an fastnächtliche Veranstaltungen geknüpft, zum Anderen ermöglicht das Unterwegssein in dieser Bezugsgruppe für Dora eine außeralltäglichere Möglichkeit des Verhaltens sowie der Kostümierung. Ein Teil dieser fastnachtsspezifischen Kommunikations- und Verhaltensformen sind eine Initiierung für neue oder sich verändernde Bekanntschaften und wirken in Kontakten und Freundschaften des Alltags weiter.

4.3 FALLREKONSTRUKTION EMIL – MITGLIED DER GUGGENMUSIK

4.3.1 Biografisches Kurzportrait

Emil ist zum Interviewzeitpunkt knapp 21 Jahre alt und lebt seit seiner Geburt in Fastnachtshausen. Nach dem Abschluss der Hauptschule besucht er in einem Nachbarort für zwei Jahre eine Berufsfachschule für Metall, bevor er auf einer weiteren Berufsschule die Mittlere Reife und daran anschließend eine Lehre als Mechatroniker absolviert. Emil hat einen 10 Jahre älteren Stiefbruder, der schon seit einigen Jahren nicht mehr in Fastnachtshausen lebt. Er selbst wohnt bei seinen Eltern, außerhalb deren Wohnung in einem abgeschlossenen Bereich.

Emil partizipiert als Hästräger[170] innerhalb der Fastnachtszunft an der Fastnacht soweit seine Erinnerungen zurückreichen. Seine Fastnachtsaktivität beginnt als 2-3jähriges Kleinkind, als er im Kinderwagen zusammen mit seinen Eltern, Tanten, Onkels und Cous_inen, die alle aktive Närr_innen der Fastnachtszunft Fastnachtshausen sind, an Umzügen teilnimmt. Bis heute ist er als Löffler in der Fastnachtszunft aktiv und beschreibt dieses Engagement als große Leidenschaft, vor allem aufgrund der Möglichkeit, in der Anonymität für eine gewisse Zeit alltägliche Rollen verlassen zu können.

Ebenso leidenschaftlich beschreibt Emil seine Lust am Musizieren, was er ebenfalls von klein auf praktiziert. Er erlernt u.a. das Schlagzeugspielen und wird Mitglied im örtlichen Musikverein, der als Kapelle der Fastnachtszunft u.a. an Fastnachtsumzügen teilnimmt. Dieses Engagement überschneidet sich zeitlich jedoch mit anderen Terminen Emils, sowie mit seiner Aktivität als Löffler, weshalb er schließlich als Spieler der großen Trommel zu einer örtlichen Guggenmusik wechselt. Deren Termine erlauben ihm die Ausübung seiner unterschiedlichen Hobbies.

Sowohl für seine Mitgliedschaft im Musikverein, und vor allem für seinen Wechsel zur Guggenmusik beschreibt Emil seine Cousine und seinen Cousin als eine Art Vorbilder. Beide sind etwas älter als Emil und waren bereits vor seinem Beitritt in den jeweiligen Verein dort aktiv, der Cousin war außerdem Emils Schlagzeuglehrer. Das Wissen um die beiden als Bezugspersonen innerhalb der Guggenmusik ist für Emils Entscheidung für einen Wechsel vom Musik- zum Guggenmusikverein wichtig. Zudem fungieren sie in seinem ersten Jahr bei Auftrittsterminen als Aufsichtspersonen über den noch minderjährigen Emil.

Mittlerweile gehören die Mitglieder der Guggenmusik zu Emils Freundeskreis, mit dem er auch außerhalb der Fastnachtszeit unterschiedliche Aktivitäten unternimmt, wie gemeinsame Grillfeste, Besuche von Festveranstaltungen in der Umgebung oder das Feiern von Geburtstagen. Von seinen langjährigen Freunden, die er als die ‚richtigen Kumpels' beschreibt, ist al-

---

170 Zur Erklärung fastnachtsspezifischer Begriffe und Hintergründe vgl. Glossar.

lerdings keiner in der Guggenmusik aktiv, sondern alle engagieren sich in-nerhalb der örtlichen Hexengruppe. Durch die z.T. unterschiedlichen Ter-mine der beiden Gruppen sieht Emil diese Freunde während der Fastnacht nicht so oft, was er als weniger bedauerlich beschreibt, da der Spaß am Mu-sizieren sowie am Unterwegssein mit den Mitgliedern der Guggenmusik während der Fastnachtssaison für ihn im Mittelpunkt steht. Während dieser Zeit genießt er außerdem die Möglichkeit des Verkleidens, des Rollenwech-sels sowie der temporären Anonymität.

4.3.2 Emils Fastnachtszugang

In der Eingangserzählung unternimmt Emil in gewisser Weise einen Schnelldurchlauf durch die verschiedenen Etappen seiner Fastnachtsaktivi-tät, ohne auf die einzelnen Aspekte näher einzugehen. In wenigen Sätzen zählt er Stationen und Personen auf, die mit seinem Fastnachtsengagement zusammenhängen. Dies sind zunächst seine Mutter sowie andere (wörtlich: „die"), nicht weiter beschriebene Personen, die mit ihm als Kleinkind im Kinderwagen und mit seiner etwas älteren Cousine an Umzügen der Fast-nachtszunft partizipieren. Daran anschließend erwähnt Emil seine Aktivität als aktiver Hästräger der Häsgruppe Löffler in der Fastnachtszunft, ohne dies zeitlich zu präzisieren oder näher zu beschreiben. Daraufhin spricht er seine Fastnachtsteilnahme als Mitglied des örtlichen Musikvereins an[171], wobei er die Mitgliedschaft seiner Cousine und seines Cousins in diesem Verein als ausschlaggebend für sein eigenes Engagement benennt. Auch für die letzte erwähnte ‚Station', seine Aktivität in einer Guggenmusik, be-zeichnet er seine Cousin_en bzw. deren Aktivität in diesem Verein als Grund für seinen Wechsel vom Musik- zum Guggenmusikverein. Emil schließt die Eingangserzählung mit der Feststellung, er sei „mit allem noch voll drin" (24). Auch hier führt er nicht weiter aus, was er damit meint. Er könnte sich auf seine Fastnachtsaktivität als Löffler sowie als Mitglied der Guggenmusik beziehen, oder auf ein subjektives Gefühl hoher Aktivität während der Fastnachtszeit.

Bereits nach wenigen Sätzen beendet Emil seine Eingangserzählung. Auf meine anschließenden Fragen antwortet er zunächst einsilbig oder sehr kurz. M.E. muss er sich zu Beginn des Interviews erst an die Situation ge-wöhnen, evtl. auch daran, dass ich ihm nicht mit ‚Ja-/Nein-Fragen', sondern mit erzählgenerierenden begegne. Ganz am *Ende* des Interviews, als Emil evtl. vertrauter mit der Situation ist, fällt eine Passage auf, die im Grunde in der Eingangserzählung stehen könnte, sozusagen als Coda (vgl. 1124-1138):

---

171 Während der Fastnachtssaison wird die Fastnachtszunft bei Umzügen musika-lisch durch den Musikverein unterstützt. Dieser spielt v.a. den ortsspezifischen Narrenmarsch, zu dem die Narros eine spezielle Schrittfolge ausführen, sowie fastnachtstypische Musik. Hierzu tragen die Musiker_innen eigens für Fastnacht bestimmte Kleidung, eine so genannte Fastnachtsuniform.

auf meine Frage, ob er noch etwas anfügen wolle, geht er nochmals auf die Entwicklung seiner Fastnachtsaktivität ein. Diese Stelle ist auffallend, da Emil – im Gegensatz zum übrigen Interviewverlauf – ohne besondere Erzählaufforderung meinerseits und ohne längeres Nachdenken verschiedene Aspekte seines Fastnachtsengagements darlegt. Aufgrund dieser Ausführungen *nach* Beendigung des Interviews gehe ich davon aus, dass sie für Emil von besonderer Relevanz sind. Da sie zudem in Zusammenhang mit der Entwicklung seiner Fastnachtsaktivität stehen, erscheint es mir sinnvoll, diese Interviewpassage in die Analyse der Eingangserzählung aufzunehmen.

Das Resümee Emils beginnt mit der lachenden Feststellung, die Fastnacht würde halt dazu gehören (vgl. 1124). Er führt nicht weiter aus, was genau er unter „dazu" versteht, aus der folgenden Begründung wird jedoch deutlich, dass er damit seine Biografie meint:

„Die Fasnet gehört halt dazu (lacht), ja das kommt echt von früher, weil ich habe das noch nie anders gehabt, das wäre vielleicht anders, wenn ich erst mit acht oder so, ja oder mit neun in der Fastnachtszunft wäre. Aber ich habe das noch gar nie anders gekannt." (1124-1128)

Seine Überlegung, ein späterer Beginn der Aktivität in der Fastnachtszunft hätte seine subjektive Bedeutung des Fastnachtsengagements womöglich nicht auf diese Weise beeinflusst, verstärkt die Lesart der Integration der Fastnacht in Emils bisherigen biografischen Verlauf. Emil ist aktiver Narr soweit seine Erinnerungen zurück reichen, wodurch dieses Engagement für ihn eine Selbstverständlichkeit darstellt. Was genau er unter Fastnacht versteht, geht aus dieser Passage nicht hervor, dies wird im Interviewverlauf geklärt werden müssen.

Im weiteren Verlauf des Resümees wird deutlich, inwiefern das fastnächtliche Engagement von Emils Familie eine wichtige Rolle für seinen eigenen fastnächtlichen Werdegang spielt. Offensichtlich waren alle nahen Verwandten aktive Närr_innen: „Sie waren alle da, mein Vater, meine Mutter, alle waren drin, Tante, Onkel, alle, ja, ich war da schon immer dabei" (1120-1132). Bereits zu Beginn des Interviews erwähnte Emil die Relevanz seiner Cousin_en bzgl. seiner musikalischen Aktivität (s.o.). Seine Verwandten nehmen demnach eine Vorbild- und Orientierungsfunktion für seine eigene Entwicklung ein. Denkbar ist auch eine Verselbstständlichung seiner Entwicklung durch die recht klaren ‚Modelle' innerhalb seiner Familie.

Schließlich beendet Emil das Interview mit folgender Überlegung:

„Ich weiß auch nicht, warum immer alle zu den Hexen möchten oder so, wenn ich jetzt bei der Guggenmusik bin geht das schwer mit den Hexen, früher wäre das gegangen, aber die gehen auch immer freitags fort oder samstags, dann ist das halt blöd. Vorher hätte ich das vielleicht auch gemacht, ja, aber war ich halt schon bei der Guggenmusik schon zwei oder drei, ja ich war kurz vor 18, 17." (1132-1138)

Diese Passage ist in mehrerer Hinsicht interessant: (1) Da sie an keine Interviewpassage anknüpft, in der die Hexen thematisiert wurden, zudem *nach* meiner Interviewbeendigung von Emil angeführt wird (s.o.), kann auf eine Relevanz dieses Aspekts für Emil geschlossen werden. Obwohl in der Guggenmusik viele junge Männer aktiv sind, wollen aus Emils Sicht „immer alle zu den Hexen". In Zusammenhang mit der in der Fallanalyse Anton herausgearbeiteten Gendernormalität des ‚Hexe-Werdens bzw. -Seins' für junge Männer in Fastnachtshausen[172] liegt hier die Interpretation nahe, dass Emil seine fastnächtliche Entwicklung, sowie die seiner Geschlechtsgenossen der Guggenmusik, außerhalb dieser dörflichen Normalität verortet.

(2) Die Wirkmächtigkeit dieser Fastnachtshausener Gendernormalität wird deutlich, indem nicht erklärungsbedürftig erscheint, dass mit „alle" ausschließlich Männer gemeint sind.

(3) Aufgrund der Terminüberschneidungen der Aktivitäten der Hexen- und Guggenmusikgruppe ist keine Mitgliedschaft in beiden Gruppen möglich. Was genau Emil in diesem Zusammenhang „blöd" findet wird dabei nicht ganz klar. Er könnte sowohl die Unmöglichkeit einer Aktivität in beiden Gruppen meinen, als auch die hypothetische Vorstellung der Terminüberschneidungen, wäre er Mitglied beider Gruppen. Offenbar erwog Emil im Alter von 17 bzw. 18 Jahren aufgrund seiner Mitgliedschaft in der Guggenmusik kein Engagement in der Hexengruppe. Allerdings deutet er an, andernfalls hätte diese Option evtl. bestanden. Diese Überlegungen verdeutlichen abermals das Einwirken der fastnächtlichen Gendernormalität auf Emils Erzählung, sowie seine Verhandlung derselben.

Zusammenfassend lässt sich festhalten, dass Emil die Entwicklung seiner Fastnachtsaktivität recht selbstverständlich darstellt. Er führt sein Engagement auf deren sehr frühe Involvierung in seine Biografie zurück, und verknüpft es stark mit seiner Familie und seinen Verwandten. Der Einfluss des Engagements der Erwachsenen wird dabei verselbstverständlichend bzgl. seiner Aktivität als Hästräger der Fastnachtszunft geschildert, während seine Cousine und sein Cousin als eine Art Orientierungsfiguren bzgl. Emils musikalischen Tätigkeiten dargestellt werden. Sie scheinen einen stärkeren Einfluss auf seine Entscheidungen für die Mitgliedschaft in Vereinen bzw. Gruppen genommen zu haben als die dörfliche Gendernormalität, der zufolge junge Männer in seinem Alter in der Regel Mitglied der Hexengruppe sind. Emil deutet an, er verbinde mit Fastnacht v.a. das Unterwegssein als Löffler innerhalb der Fastnachtszunft, sowie das Musizieren im Guggenmusikverein.

---

172 Zur Gruppenkonstitution der Hexengruppe vgl. die Ausführungen im Glossar sowie in der Fallanalyse Anton.

4.3.3 Die subjektive Bedeutung der Mitgliedschaft im Guggenmusikverein für Emil

„Irgendwie brauche ich das halt":
Die subjektive Bedeutung des Musizierens

Aus Emils Ausführungen geht seine Freude am Musizieren hervor, eine Art Leidenschaft, die er pflegen möchte:

> „Also es (das Musizieren, K.B.) kommt, wo das herkommt weiß ich auch nicht, ich habe schon immer, von klein auf, auch schon an der Fasnet auch, von klein auf Musik gemacht, habe mal Flöte gespielt, Glockenspiel und Keyboard und Trompete und dann Schlagzeug noch, also das von daher, irgendwie brauche ich das halt (..), als Abwechslung." (155-159)

Ähnlich wie bei der Begründung des ‚Dazugehörens' der Fastnacht, bezieht Emil die Bedeutung des Musizierens auf die Integration dieses Aspekts in seine Biografie. Das Spielen eines Instruments verbindet er zudem mit der Fastnacht. Was genau er bzgl. des Musizierens braucht, wird dabei nicht klar. Emil spricht weder von Spaß, Herausforderung, Erfüllung oder anderen Aspekten, die er durch das Musikmachen erfahren könnte, auch führt er nicht weiter aus, wovon er Abwechslung benötigt. Auch seine Schilderungen über die Beendigung der Mitgliedschaft im Musikverein und den Beginn des Engagements im Guggenmusikverein bewegen sich im Begründungszusammenhang des subjektiven Benötigens des Musizierens:

> „Das hat mir halt ein bisschen gefehlt. Also der Musikverein war dann zeitlich ein wenig blöd (..), (h) weil das immer freitags ist und da sind noch andere Sachen und dann halt, dann habe ich halt gedacht, ja warum nicht das (Musizieren innerhalb der Guggenmusik, K.B.), weil das nur über die Fasnet ist, ist die Probe immer samstags, da hätte ich dann auch immer Zeit, dann wäre das o.k., das hat mir schon ein bisschen gefehlt, das Schlagzeugspielen oder ja, Musik machen halt." (79-86)

In seinen Erzählungen über Auftritte der Guggenmusik spricht Emil nun ganz klar den Aspekt Spaß an. Er sagt: „Das macht Spaß (lacht), mit den Leuten (h) da oben (auf der Bühne, K.B.), das ist toll, ja" (164f.). Hier wird deutlich, dass der Spaß am Musizieren mit dessen Praktizierung innerhalb der Gruppe zusammenhängt. Emils Lachen sowie die bejahende Abschlussbekräftigung unterstreichen dabei sein Spaß-Erleben. Es ist ihm wichtig, sowohl auf der Bühne, beim Auftritt, als auch bei den Proben Spaß zu haben. Würde er diesen nicht erleben, so würde die Vereinsmitgliedschaft für ihn keinen Sinn ergeben:

> „[…] also, ja, wenn es keinen Spaß macht, braucht man es auch nicht machen, in der Freizeit, sage ich mal so, dann bringt es auch nichts […], also dann muss man es halt lassen. Dann, sagen wir mal, ich muss jetzt in die Probe oder ich muss, ich bin ge-

zwungen und dann macht es ja auch kein Spaß und ich sage, nur weil ich jetzt im Verein bin, muss ich jetzt dahin, wenn das mir keinen Spaß macht (…), dann finde ich es nicht so toll." (439-446)

Der Spaß während der Auftritte bezieht sich sowohl auf Emils subjektives Gefühl, als auch auf die Ausstrahlung aufs Publikum. Er möchte, „dass man einem ansieht, dass es einem Spaß macht [...] also dass die Leute sehen, dass man Spaß hat an dem, was man macht" (451-455).

Aus Beobachtungen des Auftritts der Guggenmusik während des Fastnachtsballs kann gefolgert werden, dass dieses beschriebene Ausstrahlen des Spaßes mit dem Auslösen guter Stimmung auf Seiten des Publikums zusammenhängt:

„Mit den ersten Tönen des Einmarsches steigt das Publikum zum großen Teil auf Bierbänke und -tische, klatscht und singt mit. Die Stimmung steigt. Auch Angela und ich stehen bei Erika und Dieter am Tisch auf der Bierbank. Die TV-Tanzgruppe steht einigermaßen zusammen vor der Bühne, singt, tanzt, klatscht mit." (Protokoll Fastnachtsball Kerstin: 283-286)

Inwieweit die Reaktion des Publikums mit der allgemeinen fastnächtlichen Gewohnheit zusammenhängt, während Auftritten von Guggenmusikgruppen singend und klatschend auf Stühle und Tische zu stehen, oder mit dem konkreten Auftritt der Gruppe, kann hier nicht nachgeprüft werden. Ich gehe jedoch von einem Zusammenhang zwischen der Art und Weise des Auftretens einer Gruppe und der Reaktion des Publikums aus. Während der teilnehmenden Beobachtung wurde ich selbst von der Ausstrahlung der Guggenmusikgruppe erfasst, wie die folgende Beobachtung meiner Feldforscherin zeigt:

„Die Reaktion des Publikums auf die Gruppe ist sehr ausgelassen: viele stehen auf den Bänken und tanzen. Kerstin und ich haben uns auch auf eine Bank gestellt und da getanzt. [...] Kerstin geht richtig auf den Bänken ab und es wird deutlich, dass ihr die Musik und die Stimmung sehr gut gefallen. Beim Abgang gehen sie langsam durch das Publikum und spielen weiter, wobei die Stimmung des Publikums immer noch begeistert zu sein scheint." (Protokoll Fastnachtsball Angela: 170-176)

Stellt man diese Beobachtungsszenen in Zusammenhang mit Emils obiger Aussage über das Sichtbarsein seines Spaß-Erlebens, so kann die Relevanz des Musizierens auch damit zusammenhängen, dass es ihm Freude bereitet, wenn Zuhörer_innen durch sein Musizieren bzw. das seiner Gruppe Spaß erleben.

Als weitere Lesart ist eine Art Stolz Emils auf seine Zugehörigkeit zu dieser Gruppe denkbar, so z.B. wenn er das hohe Niveau der musikalischen Darbietungen der Gruppe schildert (vgl. 552ff.). Zudem drückt sich in Emils

Beschreibung über das Tragen des Kostüms der Gruppe der Aspekt des Statusgewinns aus:

„Und dann im Kostüm machst du vielleicht schon etwas her, etwas anders, (h) [...] ja vielleicht zum zeigen, was man hat [...] ob es jetzt gerade so echt geil aussieht, dass man das anderen zeigt, oder die sagen ‚oh schau mal, was die haben‘ [...] das ist dann schon, irgendwie zum Zeigen, den anderen." (417-428)

„Du kannst machen, was du möchtest":
Verkleiden und Rollenwechsel

In Zusammenhang mit Kostümierung sind für Emil die oben beschriebenen Aspekte des Erhalts von Aufmerksamkeit und Bewunderung allerdings eher Gesichtspunkte am Rande. Während des Interviews wird immer wieder deutlich, dass für ihn vielmehr Möglichkeiten von Rollenwechseln relevant sind:

„I: Und was würdest du sagen [...] was so ein Kostüm für dich für eine Bedeutung hat, wenn du jetzt auf der Bühne stehst oder auch nach dem Auftritt?
E: Also gerade das, dass man eine andere Rolle hat, dass man nicht so ist, wie man normal ist, sondern halt anders. Dass, ja, da kann man sich ausleben und sage ich mal, das ist ja nicht, wenn man ins Geschäft geht oder wenn man mit den Leuten zusammen ist, ist man auch anders wie wenn man daheim ist oder mit Freunden, da bist du immer irgendwie anders und bist nicht immer gleich. Und da kannst du jetzt halt, sagen wir mal, richtig, ja provozieren oder so, ja, es weiß ja keiner wie du bist sonst, außer die, wo mit dir fort sind." (409-417)

Emil spricht hier seine verschiedenen Rollen des Alltagslebens an, die er durch das Tragen des Kostüms der Guggenmusik verlassen kann[173]. Offensichtlich kann er dadurch etwas ausleben, was ihm im Alltag, in seinen unterschiedlichen alltäglichen Bezügen und Rollen, nicht möglich ist. Was genau er damit meint, wird allerdings nicht deutlich, ebenso wenig, was bzw. in welcher Weise er dadurch provoziert.

Das Einnehmen anderer Rollen ist ein Aspekt, den Emil nicht einzig an sein Engagement innerhalb des Guggenmusikvereins knüpft, sondern auch an seine Aktivität als Hästräger der Fastnachtszunft, wobei für ihn hierbei die Möglichkeit der Anonymität von Relevanz ist:

„Also gerade, sagen wir so das Verkleiden sowieso an sich, in andere Rollen schlüpfen, das macht sowieso Spaß, auch so, wenn man in der Fastnachtszunft ist und niemand einem kennt. Also von dem her macht es schon Spaß." (141-144)

---

173 Kostümierung muss dabei in Zusammenhang mit dem allgemeinen Fastnachtsrahmen gestellt werden, innerhalb dessen außeralltägliche Kostümierungen und Verhaltensweisen überhaupt erst möglich werden.

Was ihm daran Spaß macht, führt Emil in der folgenden Passage genauer aus:

„Dass man in eine andere Rolle schlüpft, dass man aus dem Alltag heraus kommt, also etwas ganz anderes macht, wo dich niemand kennt, wo du nachher viel Spaß dabei, oder halt, ja, […] ist halt eine andere Nummer, die man so normal nicht hat, was man so nicht ausleben kann. […] Und an der Fasnet kannst du das halt, sagen wir so, selber bestimmen wie du dich verhältst und ja, was du bist, ja." (568-580)

Durch den fastnächtlichen Rahmen und die Möglichkeit der Anonymität kann Emil sich gänzlich anders als in seinem Alltag verhalten, wodurch er etwas ausleben kann, was im außerhalb der Fastnacht offensichtlich nicht möglich ist. Im Gegensatz zum Alltag fühlt er sich dadurch selbstbestimmt, wobei sich diese Selbstbestimmtheit nicht nur auf sein Verhalten bezieht, sondern auch darauf, wer bzw. was er *ist*.

Nun wird nicht ganz klar, was Emil in diesem Zusammenhang unter Selbstbestimmtheit versteht. Offenbar fällt es ihm schwer, diesen Aspekt konkreter auszuführen, denn auf meine Frage nach Beispielen macht er zunächst lange Pausen und artikuliert die Schwierigkeit dieses Benennens (vgl. 582ff.). Er deutet dann an, Anonymität spiele in diesem Zusammenhang eine Rolle, da er dadurch mit Leuten in Kontakt träte, mit denen er ansonsten nicht kommunizieren würde (vgl. 588ff.). Schließlich bezieht er sich abermals auf die Möglichkeit, alltägliche Rollen verlassen zu können:

„Zum Beispiel, ja. Da kennt dich überhaupt niemand wer du bist und was du sonst machst oder (..). Und im Geschäft, da kannst du dich ja nur so verstellen, dass du vielleicht dein Verhalten anders ist, aber sonst, ja kannst du ja nicht viel anders machen." (634-638)

Auch hier deutet Emil lediglich an, das Verlassen alltäglicher Rollen betreffe nicht nur die Ebene des Verhaltens. Die Feststellung, im Alltag wisse jede_r wer er sei und was er mache, kann in Zusammenhang mit der oben geschilderten empfundenen Fremdbestimmtheit dahingehend interpretiert werden, dass Emil sich im Alltag tatsächlich gewissen Normierungen ausgesetzt fühlt, die er als einschränkend empfindet. Gewisse biografische Anteile kann er offenbar in Verbindung der Aspekte fastnächtlicher Rahmen, Kostümierung sowie Anonymität ausleben.

Unterwegsseins mit der Guggenmusik

„Ja, da kommt es schon auf das Alter an": ‚uncrossing age'

Das Zusammensein mit den Mitgliedern der Guggenmusik bereitet Emil viel Spaß:

„Ha ja, wir fangen halt mit Scheiß machen an, schon beim Schminken oder so, dass wir uns, keine Ahnung, die Ohren schwarz machen oder sonst irgendeinen Scheiß oder Verarschen oder das ist halt, ja, da fängt es meistens schon an und dann hört es halt nicht mehr auf und dann geht es halt gerade so weiter, im Bus nachher." (208-213)

Für das hohe Spaßempfinden scheint die altershomogene Zusammensetzung der Gruppe für ihn von Relevanz[174]. So leitet er bspw. Unterschiede zwischen seinem Unterwegssein mit dem Guggenmusikverein und mit der Fastnachtszunft aus der unterschiedlichen Altersmischung der Mitglieder beider Vereine her (vgl. 197ff.)[175]. Weiter bezeichnet er die relativ gleichaltrige Zusammensetzung des Guggenmusikvereins als typisches Merkmal der Gruppe und erklärt, er finde dies besser als eine größere Altersdurchmischung. Er sagt: „Die meisten sind ja ungefähr gleich alt, dann ist das eigentlich, das passt halt besser" (271f.).

Die altershomogene Zusammensetzung ist für Emil auch ein wesentliches Unterscheidungsmerkmal von einer anderen im Untersuchungsort existierenden Guggenmusikgruppe, deren Mitglieder im Durchschnitt ca. 20 Jahre älter sind, und deren Altersspanne ca. 40 Jahre betragen dürfte[176]. Er führt sowohl den besseren Ruf als auch die höhere Aktivität seines Guggenmusikvereins auf den Aspekt der Altershomogenität zurück (vgl. 533ff.).

Der hohe Spaßfaktor bzgl. des Zusammenseins mit den Mitgliedern des Guggenmusikvereins hängt für Emil also wesentlich mit der Altershomogenität zusammen. Dabei führt er außer seinem subjektiv höheren Wohlbefinden nicht aus, was genau seines Erachtens zu mehr Spaß führt. Zwar stellt er an anderen Stellen des Interviews die freundschaftlichen Beziehungen zwischen den Mitgliedern als wichtiges Element für Spaß sowie für die musikalische Arbeit dar (s.u.), allerdings nimmt er innerhalb dieser Passagen keinen Bezug auf das Alter der Vereinsmitglieder. So bleibt zu vermuten, dass Emil aufgrund seiner Erfahrungen in der Fastnachtszunft, und vielleicht

---

174 Die Mitglieder der Guggenmusik sind ca. 25-35 Jahre alt.

175 Emil führt aus, er kenne nicht viele Gleichaltrige innerhalb der Fastnachtszunft und gehe daher „halt immer mit meiner Mutter und denen fort" (249f.). Zudem kenne er aufgrund der im Vergleich zur Guggenmusik höheren Anzahl der Mitglieder der Fastnachtszunft nicht alle, weshalb sich das Ausgehen in dieser Gruppe als ein Zusammensein mit ca. 10 Leuten gestalte. Das Unterwegssein mit den ca. 35 Mitgliedern der Guggenmusik scheint für ihn aufgrund der Übersichtlichkeit der Gruppe mehr Spaß zu machen.

176 Bzgl. vorder- und hintergründig wirksamer Kategorien (vgl. Kapitel 1.1) ist hier interessant, dass diese andere Guggenmusikgruppe eine ‚männerhomogene' ist. Gender wird von der Gruppe selbst als einziges Zugangs- bzw. Zusammensetzungsmerkmal angeführt. Dies bleibt hier von Emil unerwähnt, an anderer Stelle bezeichnet er es als „egal" (vgl. 317). Die Kategorie Alter ist für ihn demnach relevanter als die Kategorie Gender.

auch im Musikverein (beides sind altersdurchmischtere Vereine), in diesen weniger Spaß erlebte als in der Guggenmusik und daher zu dem Schluss kommt, eine altershomogene Zusammensetzung erhöhe den Spaßfaktor.

„Weil du bist ja immer fort": Möglichkeiten des Ausgehens und der Radius-erweiterung an Fastnacht

Das Engagement im Guggenmusikverein sowie in der Fastnachtszunft eröffnet Emil während der Fastnachtszeit vermehrte Optionen des Ausgehens:

„I: Wie wäre die Fasnet anders, wenn du nicht in der Guggenmusik wärst?
E: Das habe ich mir auch schon gedacht. Ich habe mir auch schon gedacht, was wäre wenn ich nicht in der Fastnachtszunft wäre. Was mache ich denn am Samstag und Sonntag? (..) Ja, dann wäre ich halt daheim oder wäre halt sonst fort." (780-787)

Offenbar hat Emil schon vor der Thematisierung im Interview über den Zusammenhang seines Freizeitverhaltens während der Fastnachtsaison und seinen Mitgliedschaften in den beiden Vereinen nachgedacht. Seine Überlegungen über die Gestaltung des Wochenendes im Falle einer hypothetischen Nichtmitgliedschaft führen nicht selbstverständlich zu einer Alternative. Auch wenn er sagt, er würde dann anderweitig ausgehen, scheint diese Option nicht eindeutig bzw. selbstredend, denn er erwähnt ebenso die Möglichkeit des Zuhausebleibens. Wenn Emil, wäre er nicht Mitglied der Guggenmusik „dann halt mit der Fastnachtszunft halt am Samstag fortgehen [würde], *vielleicht*, wenn was wäre" (817ff., Herv. K.B.), so kann erahnt werden, dass die Guggenmusikgruppe mehr Ausgehoptionen bietet als die Fastnachtszunft.

In der folgenden Passage spricht Emil die vermehrten Ausgehoptionen sowie sein Gefallen daran direkt an:

„Ja, die Fasnet, sagen wir mal an der Fasnet ist es halt schon anders mit den Freunden oder so. Da sind, sagen wir mal, die Guggenmusik schon geil, die Freunde, weil du bist ja immer fort über die Fasnet, du bist ja fast nur mit denen weg […] wenn wir dann wieder alle fortgehen […] wenn alle miteinander gehen, das ist geil, also die Fasnet ist schon anders." (780-797)

Aufgrund eines ständigen Unterwegsseins sowie des Zusammenseins mit den Mitgliedern der Gruppe, die er hier als seine Freunde bezeichnet, verändert sein Engagement in der Guggenmusik die Fastnacht. Das Empfinden dieses vermehrten Ausgehens als „geil" kann auf die regionale Lage des Untersuchungsorts und die damit zusammenhängende Infrastruktur des Freizeitbereichs zurückgeführt werden[177]. Während des Jahres bieten sich

---

177 Vgl. hierzu auch die Fallanalysen Anton und Dora.

den Einwohner_innen im Ort selbst keine Ausgehmöglichkeiten außer bürgerlichen Speiserestaurants sowie einer Bar. Kulturelle Veranstaltungen
werden von Vereinen und Kirchen gestaltet, meist in Form von Theateraufführungen, Konzerten o.ä. Bedürfnisse nach Ausgehmöglichkeiten in locke-
rerem Rahmen und/ oder mit einer größeren Anzahl von Teilnehmenden, die
in größeren Städten bspw. in Form von Diskotheken oder Clubs vorhanden
sind, existieren erst wieder in ca. 50km Entfernung. Emils leidenschaftliche
Schilderung des Ausgehens mit der Guggenmusik während der Fastnachtssaison kann demzufolge damit zusammenhängen, dass er ein während des
Jahres eher rudimentär oder mit größerem Aufwand erfüllbares Bedürfnis
nach Ausgehmöglichkeiten vermehrt ausleben kann. In Zusammenhang mit
den bereits herausgearbeiteten Aspekten ‚Rollenwechsel' und ‚Selbstbestimmtheit' kann Emils Gefallen an diesem Unterwegssein mit der Guggenmusikgruppe zudem so gelesen werden, dass er durch deren hohe Aktivität auch diesem Bedürfnis vermehrt nachgehen kann.

„Dass man sich auch mal so sieht":
Aktivitäten der Guggenmusik während des Jahres

Ausgehoptionen und Radiuserweiterung

Auf meine Frage, welche Bedeutung für ihn die Vereinsmitgliedschaft in
der Guggenmusik außerhalb der Fastnachtssaison habe, führt Emil aus, er
„finde es halt gut, dass man sich nicht nur an der Fasnet trifft" (107f.). Die
etwa sechsmonatige ‚Hochzeit' der Vereinsarbeit beginnt mit der Proben-
arbeit im September und endet nach der Fastnacht. Während der restlichen
sechs Monate werden zwei Grillfeste veranstaltet, gemeinsame Ausflüge
unternommen, Feste in der Umgebung besucht, ein Probenwochenende
durchgeführt, sowie Geburtstage zusammen gefeiert (vgl. 115ff.). Emil
drückt sein Gefallen an diesen Treffen aus wenn er sagt: „[…] das ist schon
immer witzig und macht Spaß" (110). Während er an anderer Stelle ausführt, die Beschränkung der Probenzeit auf die Fastnachtssaison sei für seine Entscheidung über eine Vereinsmitgliedschaft von Bedeutung gewesen
(s.o.), zeigt sich hier die Relevanz der ganzjährigen Aktivitäten. Offenbar
entwickelte sich die Bedeutung dieser ganzjährigen Unternehmungen im
Laufe von Emils Vereinszugehörigkeit, denn zu Beginn seiner Aktivität war
ihm diese Art des Vereinslebens nicht bekannt (vgl. 134ff.). Neben dem von
Emil angeführten Spaßfaktor kann vor dem Hintergrund der dargestellten
eingeschränkten Ausgehoptionen in Fastnachtshausen vermutet werden,
dass die Vereinsmitgliedschaft hinsichtlich Emils Freizeitaktivitäten auch
während des Jahres sowohl vermehrte Optionen als auch eine Radiuserweiterung bietet. Darüber hinaus geht Emil recht ausführlich auf den Aspekt
Freundschaft ein.

Freundschaften

„Das ist ja schon die Freundschaft, sage ich mal, in der Gruppe auch, das ist ja nicht so, dass du da rein gehst, dass du da bist, dass du halt fort gehst und wieder heim gehst. Also ja, du bist schon mit ihnen befreundet." (740-744)

Emil bezeichnet die Beziehungen zwischen ihm und den Mitgliedern der Guggenmusik ganz klar als freundschaftlich. Unter Freundschaft fasst er gemeinsame Aktivitäten wie Bowlingspielen oder Essen gehen, gemeinsam Spaß zu haben, sowie sich zu unterhalten (vgl. 736-752), wobei er nicht weiter ausführt, worüber sich unterhalten wird. Bzgl. freundschaftlicher Beziehungen könnte vermutet werden, es handle sich um Gespräche über persönliche Themen oder Anliegen, dies kann anhand Emils Schilderungen jedoch nicht nachgeprüft werden. Ledigich eine Bedeutsamkeit solcher Unterhaltungen für Emil kann konstatiert werden, wenn er sagt: „Also das ist schon gut" (752). Weiter wird deutlich, inwiefern Freundschaften zwischen den Mitgliedern der Guggenmusik für eine Überbrückung schwieriger Zeiten der Gruppe hilfreich sind. So spricht Emil über Differenzen aufgrund mangelnder musikalischer Qualität, die auch zu Streit und harschen Umgangsformen führen (vgl. 849ff.). Seiner Meinung nach ist Freundschaft in solchen Situationen unbedingt notwendig, um das Miteinander funktionsfähig zu halten:

„Dann kann es schon mal sein, dass wir ja, ein paar ein bisschen grätig sind oder so. Wegen dem sage ich mal, eine Freundschaft muss da schon da sein, sonst würde es wahrscheinlich nicht ganz so funktionieren." (854-857)

Emil differenziert allerdings klar zwischen seinen Freundschaften zu Mitgliedern des Guggenmusikvereins und anderen, langjährigen Freunden[178], welche er als seine „richtigen" Freunde bezeichnet:

„Die (Mitglieder der Guggenmusik, K.B.) kennst du halt so, die gehören halt, seitdem jetzt halt dazu, aber die anderen, sagen wir mal richtigen Kumpels, die kenne ich schon 10 Jahre oder noch länger, oder 15 Jahre." (759-762)

Der Grad der Freundschaft hängt für Emil demnach mit der Dauer des Kennens der Freunde zusammen. Weitere Kriterien für die Intensität ‚richtiger' Freundschaft führt er auch hier nicht an. Zu vermuten ist, dass langjährige Freunde ihn besser kennen, dass mehr Verbindlichkeit und größeres Vertrauen bestehen, o.ä. Dies kann anhand Emils Ausführungen jedoch nicht belegt werden, sondern bleibt an dieser Stelle offen bzw. vage. Auch seine

---

178 Ich verwende hier die ‚männliche' Form, da sich Emils Ausführungen auf Männer zu beziehen scheinen, denn er spricht von „Kumpels", womit m.E. in der Regel keine Frauen bezeichnet werden.

weiteren Überlegungen wie es wäre, wenn seine „richtigen Kumpels" auch Mitglieder der Guggenmusik wären (was keiner von ihnen ist)[179], können lediglich als größere Nähe und Vertrautheit gelesen werden, ohne mehr Aufschluss darüber zu geben, wodurch diese verursacht werden:

„I: Und von deinen Kumpels sind keine bei der Guggenmusik?
E: Nein. Also sonst wäre es auch anders schätze ich mal. Also, wie gesagt, wenn ich, ja, mit meinen guten Kumpels, die du seit 15 Jahren kennst oder so, mit denen auf die Fasnet gehst, dann gehst du hundertprozentig mit denen fort oder halt, da ist das glaube ich, da ist halt, der Rest ist halt da oder so, aber da ist man schon ein wenig mit denen dann die meiste Zeit, ich schätze mal schon, bei denen. Also, so ist es bei mir, mit unserer Clique, wenn wir fortgehen, dann sind die, die sich halt schon länger kennen meistens zusammen und die anderen halt nicht so, ja." (767-778)

Innerhalb von Emils Clique scheint es zwischen denjenigen, die sich schon länger kennen, einen größeren Zusammenhalt zu geben. Beim gemeinsamen Ausgehen sind diese Cliquenmitglieder offenbar enger bzw. mehr zusammen als andere. Auch hier spricht für Emil der Zusammenhang zwischen der *Dauer* der Beziehungen und dem *Grad* der Freundschaften für sich, ohne weiter begründen zu müssen, worin sich diese langjährigen Freundschaften von denen kürzere Dauer unterscheiden.

Als Interpretation der Ausführungen über die Unterscheidung zwischen seinen „richtigen" Freunden und denen der Guggenmusik bietet sich aufgrund einer weiteren Passage an, dass Emil aufgrund der Mitgliedschaft seiner/s Cousin_e in der Guggenmusik diese Bezugsgruppe eher als verwandtschaftliche einordnet. Auf meine Frage, ob sich sein Hauptfreundeskreis aus Mitgliedern der Guggenmusik zusammensetzt, antwortet er:

„Nein, das, ja, ich kann es nicht sagen, weil meine Cousinen und Cousins das ist halt ein bisschen blöd, weil, ja, aber sonst, das ist nicht der Hauptpunkt, also das ist ja, ja…" (757-759)

Was genau an der Mitgliedschaft seiner/s Cousin_e „blöd" ist, wird nicht klar. Denkbar wäre zunächst, dass Emil – aus welchen Gründen auch immer – damit die Tatsache an sich meint. Womöglich mag er seine_n Cousin_e nicht, oder er fühlt sich aufgrund der verwandtschaftlichen Beziehungen eingeschränkt in seinem Verhalten, bspw. da er befürchtet, sein_e Cousin_e könne etwas an seine Eltern weiter tragen. Allerdings wurde in der Analyse der Eingangserzählung herausgearbeitet, inwiefern die/der Cousin_e für Emils Weg zur (Guggen-)Musik von orientierender Bedeutung waren. Zudem drückt er aus, durch deren Gruppenzugehörigkeit habe er einen Bezug zur Guggenmusik gehabt, was ihm den Zugang erleichtert habe (vgl. 45ff.). Daher liegt m.E. die Interpretation nahe, der zufolge Emil seine Bezeich-

179 Emils Freunde sind alle Mitglieder der Hexengruppe.

nung „blöd" auf die Schwierigkeit bezieht, verwandtschaftliche Beziehungen mit freundschaftlichen in Zusammenhang zu bringen. Darüber hinaus sagt Emil, die Zugehörigkeit der/ des Cousin_e zur Guggenmusik sei nicht der wesentliche Aspekt dafür, dass diese Gruppe nicht sein Hauptfreundeskreis sei, sondern gibt dem Gesichtspunkt der langjährigen Beziehungen mehr Gewicht (s.o.).

Hinsichtlich der Schwierigkeit, Emils Ausführungen über unterschiedliche Dimensionen von Freundschaft deuten zu können, sind zwei andere Interviewpassagen von Interesse, da sie eine weitere Lesart bzgl. der Beziehungsgestaltung von Emil ins Blickfeld rücken.

Dies ist zunächst die bereits oben erwähnte Stelle, an der er über die Rolle der Cousinen bzgl. seiner Entscheidung für ein Engagement in der Guggenmusik spricht:

> „Das war halt daher, weil die X. meine Cousine, der Y. (sein Cousin, K.B.), die waren halt alle dort und die habe ich halt gekannt und dann halt eben, weil beim Y. habe ich auch Schlagzeugunterricht gehabt, bei ihm selber, […] und dann habe ich da halt einen Bezug gehabt, gerade weil die dabei waren und dann habe ich dann gedacht, ja, bevor ich sonst niemanden kenne, da kenne ich viele..." (45-52)

Für Emil war es wichtig, nicht in einen Verein einzutreten, in dem er niemanden kennt. Der Bezug zur Guggenmusik durch die Zugehörigkeit seiner/s Cousin_e, sowie durch das Kennen weiterer Mitglieder (wörtlich: „viele") durch den Schlagzeugunterricht bei seinem Cousin, beeinflusste seine Entscheidung auf positive Weise, indem ihm auf subjektiver Ebene den Zugang einfacher erschien.

Die andere Passage dreht sich um Überlegungen Emils über eine mögliche Mitgliedschaft in der Hexengruppe. Da er erläuterte, seine ‚Kumpels' seien alle bei den Hexen, fragte ich ihn aufgrund seiner Ausführungen über „richtige" und andere Freunde, ob er manchmal über eine Mitgliedschaft in der Hexengruppe nachdenke. Darauf antwortet er folgendermaßen:

> „Manchmal (..) dann denke ich immer, ich weiß nicht, das wäre (..) wieder komplett anders, ja andere Freunde (..), die alle lassen und die anderen neuen, (..) das wäre schon, sagen wir mal schwer, wenn du sagst, ich gehe jetzt einfach, dann da dazu zu den anderen." (1150-1154)

Zum einen drückt Emil hier die Relevanz der Freundschaften innerhalb der Guggenmusik aus, nämlich wenn er ausspricht, es würde ihm schwer fallen, „die alle zu lassen", womit er wohl das Verlassen dieser Bezugsgruppe meint. Zum Anderen, und dies ist in Zusammenhang mit obiger Interviewpassage von Interesse, kann aus Emils Ausführung eine gewisse Hemmung vor der Erschließung neuer Bezugsgruppen geschlossen werden. Obwohl Emils langjährige Freunde Hexen sind, und obwohl davon ausgegangen werden kann, dass sich in einer Gemeinde von der Größe Fastnachtshausens die ca. 4600 Einwohnenden größtenteils kennen, v.a. innerhalb einer übersichtlichen Gruppe, spricht Emil von „neuen" Kontakten im Falle eines Wechsels zur Hexengruppe. Natürlich kann auch die implizite Geschlossenheit der Hexengruppe die Hemmschwelle für einen Gruppenwechsel erhöhen[180], allerdings könnte im Gegenteil ebenso angenommen werden, dass die Zugehörigkeit der Freunde Emils zur Hexengruppe in seiner Vorstellung einen wichtigen Bezugspunkt darstellen. Daher liegen für mich die Interpretationen nahe, dass Emil sich erstens im Guggenmusikverein wohl fühlt und die Beziehungen zu dessen Mitgliedern für ihn so relevant sind, dass er sie aufrechterhalten will. Zweitens scheint er sich bzgl. des Knüpfens neuer Kontakte schwer zu tun bzw. in Zusammenhängen, in denen ihm die Menschen nicht so vertraut sind, erst einmal nicht so wohl zu fühlen.

4.3.4 Genderthematisierungen

Die Thematisierung von Gender vollzieht sich auf unterschiedlichen Ebenen und auf verschiedene Art und Weise. Zunächst ist zu konstatieren, dass Emil auf dieses Thema außerhalb meiner Nachfragen *nicht* eingeht, auch nicht implizit. Eine Ausnahme bildet die Stelle am Ende des Interviews, an der er recht zusammenhanglos seine Nichtmitgliedschaft in der Hexengruppe anspricht, und damit Gender im Rahmen der dörflichen Gendernormalität sehr implizit thematisiert (vgl. 4.3.2). Weiter findet sich die *Negierung* einer Genderrelevanz bzgl. möglicher Unterschiede zwischen genderhomogen und -gemischt zusammengesetzten Guggenmusikgruppen. In seinen Antworten auf meine Fragen nach genderbezogenen Prozessen innerhalb des Guggenmusikvereins wird deutlich, dass Emil vor dem Hintergrund gesellschaftlich transportierter *binärer* Genderbilder argumentiert. Schließlich bleiben Fragen nach der subjektiven Bedeutung von Gender während der Fastnachtszeit *unbeantwortet*. Auf die einzelnen Aspekte werde ich im Folgenden näher eingehen.

Genderhomogen und -gemischt zusammengesetzte Guggenmusikgruppen

Emils Antwort auf meine Frage nach möglichen Unterschieden zwischen seiner gemischtgeschlechtlich zusammengesetzten Guggenmusikgruppe und der anderen, ‚männerhomogenen' Guggenmusikgruppe Fastnachtshausens, spiegelt den Rückgriff auf ein gesellschaftliches Klischee über Mädchen bzw. Frauen wider:

„I: Und denkst du, es gibt etwas, ihr seid ja eine gemischtgeschlechtliche Gruppe, wo euch von Männerguggen irgendetwas unterscheidet?

---

180 Vgl. hierzu das Bewerbungsprozedere der Hexengruppe im Glossar sowie die Ausführungen Antons (Fallanalyse Anton).

E: (3 sec.) Eigentlich nicht. Also wenn ich an die XY-Gruppe (eine männerhomogene Guggenmusik, K.B.) denke, würde ich sagen, nicht viel. Das ist nicht so, dass da irgendjemand rumzicken würde von den Mädels oder so." (297-303)

Zunächst ist interessant, dass Emil nach einiger Überlegung sowie der Feststellung, es würden keine Unterschiede bestehen, eine negative Konnotation vornimmt[181], wobei er „rumzicken" lediglich auf Mädchen bezieht.

Im weiteren Verlauf seiner Ausführung wird deutlich, dass die Kategorie Gender für ihn bzgl. der genderhomogenen Guggenmusik nachrangig bzw. unrelevant ist, während die Kategorie Alter im Vordergrund steht (vgl. auch 4.3.3):

„Das, da wäre ich auch, also bei den XY-ern relativ bei den Jüngsten, weil die sind alle älter, sagen wir mal. Das wäre ja schon, außer ja, einer wäre noch dabei, […] vom Alter her, aber ansonsten sind die meisten ja älter." (308-311)

Schließlich bestätigt Emil die subjektive Unrelevanz der Kategorie Gender:

„I: Und hast du auch gedacht, das sind nur Männer(?)
E: Das war egal." (315-317)

Genderbezogene Prozesse innerhalb der Guggenmusik

Aus Emils Beschreibungen über genderbezogene Unterschiede zwischen Männern und Frauen bei Gruppenprozessen lassen sich sowohl Überschreitungen von als auch Rückgriffe auf gesellschaftliche Zuweisungsmuster lesen. Während Emil genderbezogene Unterschiede bestätigt, drückt sein erstes Beispiel zunächst eine während der Fastnacht stattfindende Überschreitung von Gendernormierungen aus:

„Also jetzt gerade beim Kostüm, o.k., bei dem jetzt war es nicht ganz so schlimm, weil da haben auch die Männer Röcke, beim neuen Kostüm und die Frauen haben auch Hosen an, also jetzt war es nicht so extrem, aber manchmal kommt es schon, dass immer wegen Röcken oder wegen Hosen oder Oberteilen, da kommt es manchmal schon ein wenig raus." (492-497)

Das Tragen von Röcken ist Männern im Alltag nicht erlaubt, daher stellt diese Kostümwahl eine Überschreitung gesellschaftlicher Gendernormierungen dar und macht deutlich, dass diese im fastnächtlichen Rahmen möglich ist. Was Emil mit der Feststellung meint, bzgl. der Kostümwahl käme

---

181 ‚Zicken' ist eine Beschreibung, die im Allgemeinen nur für Mädchen bzw. Frauen angewandt wird. Die damit bezeichneten Meinungsverschiedenheiten oder Auseinandersetzungen werden dadurch abgewertet. Für Jungen bzw. Männer gibt es diese Bezeichnung nicht. Meines Wissens existiert keine Bezeichnung, die Auseinandersetzungen zwischen Jungen/ Männern negativ konnotiert.

„es" ein wenig raus, wird nicht ganz klar. „Es" bezieht sich hier auf die in der Frage angesprochenen Unterschiede zwischen Männern und Frauen, und es könnte eine Diskussion unterschiedlicher Meinungen bzgl. der Kostümwahl vermutet werden. Allerdings wird nicht klar, worin hier der genderbezogene Aspekt liegt.

Aus den Protokollen der teilnehmenden Beobachtung geht hervor, dass sich aus der Kostümierung der Guggenmusikgruppe keine genderbezogenen Unterschiede bzw. genderbezogenen Zuschreibungen für uns erschlossen:

> „Die Gruppe wirkt auf mich in der Buntheit ihrer Kostüme einheitlich bunt und nicht differenziert in männlich und weiblich, sondern bei dem Auftritt steht die Musik im Zentrum." (Protokoll Fastnachtsball Angela: 169f.)[182]

In Emils weiteren Beispielen ist nun erkennbar, inwiefern der Aspekt der Aufgabenverteilung innerhalb der Guggenmusik sowie seine subjektive Bewertung desselben, hintergründig wirksame gesellschaftliche Genderbilder verdeutlicht:

> „Wenn wir gerade auf dem Probenwochenende sind merkst du es halt, bei den Kerlen, da sieht es halt aus wie die Sau und bei anderen, bei den Mädels ist halt meistens aufgeräumt oder halt, ja, so wie es halt ist (lacht), ja, also da merkst du es schon, aber sonst, also ich würde jetzt nicht sagen, dass es (..) gravierend ist (...). Es fällt halt manchmal, manchmal fällt es dir halt auf, aber nicht unbedingt. [...] Gerade beim Aufräumen oder so, auch beim Schminken, oder so wenn wir Sachen putzen oder so, da fällt es halt auf. Das meistens die Mädels aufräumen oder so." (498-511)[183]

Offenbar werden innerhalb der Guggenmusik kulturelle Genderannahmen über ‚ordentliche Frauen' und ‚unordentliche Männer' reproduziert. Wenn Emil sagt, dies sei halt so (wörtlich: „so wie es halt ist"), so zeigt sich auch auf seiner subjektiven Ebene eine Reproduktion dieser kulturellen Annahmen. In gewisser Weise naturalisiert er hier Unterschiede im Verhalten von Männern und Frauen. Weshalb er an dieser Stelle lacht, erschließt sich dabei nicht. Er könnte über die Vorstellung der verschieden aussehenden Zimmer

---

182 Die Gruppe trug im Jahr der teilnehmenden Beobachtung noch nicht das von Emil beschriebene Kostüm, sondern „[...] weite graue Hosen mit orangenfarbenen Stulpen, als Jacken Signalwesten und im Gesicht sind sie sehr bunt angemalt. Auf den Köpfen tragen manche sitzende Plastikfiguren, die wie Punker aussehen. Das Kostüm erinnert durch die Signalwesten an Uniformen der Müllabfuhr" (Protokoll Fastnachtsball Angela: 164-166).

183 Interessant ist hier auch die Unterteilung in ‚Kerle' und ‚andere', welche er dann als ‚Mädchen' bezeichnet. Dies kann darauf hinweisen, dass Emil Männer als das Allgemeine betrachtet. Es kann aber auch bedeuten, dass es innerhalb der Gruppe der ‚Kerle' welche gibt, die aufräumen.

während des Probenwochenendes lachen, aber auch über die beschriebenen Unterschiede der ‚männlichen' und ‚weiblichen' Mitglieder.

Schließlich schildert Emil bzgl. der Instrumentenwahl eine untergeordnete Bedeutung der Kategorie Gender, während Lust bzw. Können im Vordergrund stehen:

„Die meisten spielen auch Trompete die Mädels, oder Kerle, also da spielt jeder was ihm Spaß macht oder was er kann, denke ich jetzt mal." (522-524)

Die teilnehmenden Beobachtungen bestätigen diese ‚genderuntypische' Instrumentenverteilung:

„Kostümlich gibt es keine Unterschiede zwischen Männern und Frauen, instrumententechnisch auch nicht: Bläser_innen, Schlagwerk und -zeug sind gemischtgeschlechtlich." (Protokoll Fastnachtsball Kerstin: 294-296)

„Die Instrumente sind nicht geschlechtstypisch verteilt, sondern auch Frauen spielen Pauken, Trompeten, usw." (Protokoll Fastnachtsball Angela: 167f.)

Allerdings wird hier auf einer anderen Ebene die Wirksamkeit kultureller Genderannahmen deutlich, und zwar in den Notizen meiner Feldforscherin. Deren Einstufung Pauken und Trompeten spielender Frauen als „nicht geschlechtstypisch" weist darauf hin, dass hinsichtlich des Spielens von Instrumenten gesellschaftliche Bilder existieren. Andernfalls könnte sie anhand ihrer Beobachtungen nicht zu solch einer Einteilung gelangen, sondern lediglich beschreiben, wer welches Instrument spielt[184].

Emils subjektive Bedeutung der Kategorie Gender während der Fastnacht

Aufgrund von Emils Ausführungen über die Relevanz des Verkleidens und Rollenwechsels fragte ich ihn nach einer genderbezogenen Bedeutung hinsichtlich dieses Verlassens alltäglicher Rollen:

„I: Und gibt es da auch was, manchmal in Verkleidung, wo du denkst, jetzt kannst du mal eher zum Beispiel auch so dein, dein Mannsein zum Beispiel mal anders ausleben oder mal was ablegen, was du vielleicht im Alltag so nicht machen würdest?
(15 sec.)
Oder wo du denkst, du kannst dich mal verkleiden oder dich verhalten, wie du dich sonst halt eher nicht könntest? (5 sec.)" (654-661)

Emil lässt meine Frage unbeantwortet. Sein langes Schweigen von 15 Sekunden Dauer wird schließlich von mir gebrochen, indem ich die Frage oh-

---

184 M.E. existieren tatsächlich solche Bilder bzgl. des Spielens von Instrumenten, auch wenn diese zunehmend aufweichen dürften.

ne den Genderaspekt nochmals stelle. Den Grund seines Schweigens – z.B. ob er die Frage nicht versteht, ob er sie nicht beantworten will, ob er sie unangebracht findet o.ä. – möchten offenbar weder er noch ich klären. Während Emil einfach schweigt, frage ich nicht nach seinem Grund, sondern verlasse die Genderebene[185]. Bei der Beantwortung der veränderten Frage geht Emil nicht auf den ursprünglich fokussierten Genderaspekt ein, sondern gibt ein recht allgemeines Beispiel des Verlassens alltäglicher Normierungen:

„Ja, vielleicht schon (h). So meine Oma, da fällt es mir gerade ein, als wir das neue Kostüm gehabt haben, habe ich mich gezeigt und da hat sie gesagt, wie läufst denn du rum (lacht), also da hat sie gesagt, ich könnte ja mal so in Fastnachtshausen rumlaufen, ha ja, sage ich, ja so laufe ich in Fastnachtshausen rum, was glaubst du, wie die mich anschauen würden. [...] Also dann würden sie sagen ‚wie läuft der jetzt rum‘, oder ja, also das würde ich nicht machen wahrscheinlich (lacht)." (662-672)

Emil ist also erst nach meiner Umstellung der Frage zu einer Antwort bereit. Aufgrund der als nachrangig bzw. unbedeutend interpretierten Relevanz der Kategorie Gender für Emil (s.o.) liegen die Vermutungen nahe, dass ihm die subjektive Bedeutung von Gender analytisch nicht zugänglich ist, oder dass Gender für ihn tatsächlich meist eine nachrangige bzw. unbedeutende Kategorie darstellt und ihm meine Frage daher unverständlich erscheint.

4.3.5 Die Bedeutung der Mitgliedschaft in der Guggenmusik für Emils Biografie

Zunächst kann festgehalten werden, dass Fastnacht bzw. fastnächtliches Engagement ganz allgemein einen selbstverständlichen Anteil in Emils biografischer Entwicklung darstellt. Es wurde deutlich, was Emil mit Fastnacht verbindet: dies sind zum einen der Spaß am Musizieren, sowie eine Art Erfüllung, die er durch die Praktizierung dieses Hobbies im Guggenmusikverein erfährt. Weiter werden ihm durch sein Engagement im Guggenmusikverein sowie in der Fastnachtszunft vermehrte Optionen des Ausgehens und Unterwegsseins ermöglicht, die auch eine Radiuserweiterung der Freizeitaktivitäten mit sich bringen. Schließlich fühlt sich Emil während der Fastnacht selbstbestimmter als im Alltag, und zwar durch Möglichkeiten außeralltäglicher Verhaltensweisen, die durch Kostümierung, Anonymität und den fastnächtlichen Rahmen ermöglicht werden.

---

185 Ich habe keine exakte Erinnerung mehr an meine Gefühle oder Gedanken während dieser Situation. Allerdings erinnere ich mich vage an mein eigenes Unbehagen und an eine gewisse Unsicherheit, die u.a. daher rührten, ich als Forscherin könnte ihm mit genderbezogenen Fragen zu nahe treten. Dies würde auch mein relativ rasches Umformulieren der Frage erklären.

Diese Aspekte hängen in mehrfacher Hinsicht mit Emils biografischer Entwicklung zusammen. So stellt die Praktizierung seiner Leidenschaft des Musizierens die Umsetzung eines subjektiven Bedürfnisses dar. Der Versuch, Unvereinbarkeiten unterschiedlicher (Freizeit-)Aktivitäten durch das Beenden dieses Hobbies zu beheben, erwies sich für Emil als falsch. Nach Beendigung seiner Aktivität im Musikverein nahm er seinen unerfüllten Wunsch des Musizierens wahr. Durch die Mitgliedschaft im Guggenmusikverein hat Emil einen Weg gefunden bzw. geschaffen, diese Leidenschaft mit anderen Relevanzen seiner Lebenswelt zu vereinbaren und diesem Teil seiner Biografie Raum zu geben. Dies bedeutet Verantwortungsübernahme für die Verwirklichung seiner subjektiven Relevanzen.

Durch das Unterwegssein mit der Fastnachtszunft, v.a. aber durch die zahlreichen Ausgehoptionen in Zusammenhang mit dem fastnächtlichen und außerfastnächtlichen Vereinsleben der Guggenmusik, eröffnet sich Emil ein Erlebens- und Erfahrensraum der eigenen Person. Dies wird besonders in Verknüpfung mit dem Aspekt des Rollenwechsels deutlich. Das Überschreiten von im Alltag als begrenzend und fremdbestimmend empfundenen Zuweisungsmustern ist für Emil an Fastnacht zentral. In seinen Darstellungen erscheinen die Möglichkeiten innerhalb des Fastnachtsrahmens als eine Art Ventil für das Ausleben von im Alltag nicht lebbaren Bedürfnissen. Offenbar gibt es biografische Anteile, die Emil außerhalb der Fastnacht relativ starken Normierungen ausgesetzt sieht, und die er daher anderen, gesellschaftlich tolerierteren Aspekten, unterordnet. Wenn er in diesem Zusammenhang von Fremdbestimmtheit im Alltag, Selbstbestimmtheit während Fastnacht spricht, so stellt sich die Frage, wo und wie er diese Teile seiner Biografie ohne Fastnacht leben könnte, und auch, ob ihm die Fastnachtszeit als ‚Ventil‘ ausreicht.

Die Guggenmusik stellt für Emil mittlerweile, nach einigen Jahren der Mitgliedschaft, ein soziales Netzwerk dar, in dem er ganzjährig freundschaftliche Beziehungen pflegt, Zugehörigkeit erfährt und auf unterschiedlichen Ebenen Spaß erlebt[186]. Für die Entwicklung eines Gefühls der Anerkennung sind diese Aspekte relevant (vgl. Kapitel 1.2). Hinsichtlich des Aspekts der Anerkennung erweist sich Emils Zugehörigkeit zum Guggenmusikverein auf einer weiteren Ebene als bedeutend. Es wurde deutlich, inwiefern die lokalspezifische Gendernormalität, der zufolge Männer in Emils Alter in der Regel Mitglieder der Hexengruppe sind, auf sein Nachdenken über biografische Projekte einwirkt. Auch seine besten Freunde bewegen sich als Angehörige der Hexengruppe innerhalb dieser genderbezogenen Normalitätsvorstellung Fastnachtshausens. Emil verhandelt offenbar diese normative Vorgabe mit seinem Bedürfnis des Musizierens, kann jedoch aufgrund von Terminüberschneidungen nicht beides verwirklichen. In seinem etwas älteren Cousin konnte Emil ein anderes ‚Männlichkeitsmodell‘ erfah-

---

186 Bspw. durch die Praktizierung seiner Leidenschaft des Musizierens, oder durch die Umgangsformen innerhalb der Gruppe.

ren, das mit seiner Leidenschaft für die Musik vereinbar ist. Die Mitglied-schaft im sozialen Netzwerk Guggenmusik stellt für ihn einen Optionsraum dar, hier begegnet er Männern, die wie er nicht der dominanten lokalen Gendernorm entsprechen. Keupp u.a. sprechen in diesem Zusammenhang von einer Art Filterfunktion sozialer Netzwerke, indem die dort vorfindba-ren unterschiedlichen biografischen Entwürfe Möglichkeitsräume für eigene biografischer Optionen darstellen (vgl. 2006 sowie Kapitel 1.2). Somit kann Emil im Guggenmusikverein die für die Entwicklung eines biografischen Gefühls notwendige Anerkennung für diesen Teil seiner Biografie erhalten. Indem Emil anderen Relevanzen als denen seiner besten Freunde Priorität verleiht, der Ausübung seiner musikalischen Leidenschaft Vorrang einräumt und sich dafür einen neuen Freundeskreis erschließt, sorgt er aktiv für seine Selbstverortung. Im Guggenmusikverein erfährt er die für biografische Arbeit elementare „Zustimmung der anderen zu seinen Entwürfen und Konstruktionen" (Keupp u.a. 2006: 27). Daher ist davon auszugehen, dass diese Aktivität stabilisierend auf Emils biografische Entwicklung einwirkt.

5. Möglichkeiten biografischer Gestaltung und Aushandlung von Gender in Fastnachtsvereinen – Zusammenschau der Ergebnisse

Im Folgenden werden die Interpretationen der Fallanalysen auf gesellschaftlicher sowie theoretisch-analytischer Ebene miteinander verknüpft, indem analog zu den in Kapitel 2.4 ausgeführten Fragestellungen der Untersuchung die Zusammenschau und Diskussion der Ergebnisse erfolgt[187]. Die Interpretationsebene verlässt damit die konkrete subjektive Ebene, der Fokus richtet sich auf Verallgemeinerungen, die aus den Fällen abgeleitet werden. Anders ausgedrückt: während der Analyseblick bisher auf den subjektiven Handlungsbegründungen, Orientierungen und Relevanzen der Interviewpartner_innen lag, sowie auf spezifischen sozialen und lokalen Voraussetzungen, wird nun die Kontextbezogenheit der Interpretationen überschritten. Der Blick richtet sich auf gesellschaftliche Voraussetzungen, die den subjektiven Handlungsweisen, Orientierungen und biografischen Projekten zugrunde liegen und in ihnen zum Ausdruck kommen. In den Fallanalysen wurden subjektive Aspekte bereits punktuell in den Kontext der jeweiligen gesellschaftlichen und sozialen Voraussetzungen gestellt. Im Folgenden soll dies fallübergreifend geschehen, es sind also *über den Fall hinaus* deutlich werdende gesellschaftliche Dimensionen von Interesse[188].

---

187 Hierzu werden neben den drei als Fallanalysen ausführlich dargestellten Interviews mit Anton, Dora und Emil die drei weiteren Interviews der Untersuchung sowie die Interpretationen der teilnehmenden Beobachtung mit einbezogen. Die drei weiteren Interviewten sind Friederike (Mitglied des Guggenmusikvereins), Gunda (Mitglied der TV-Jazztanzgruppe) und Berthold (Mitglied der Hexengruppe).

188 D.h. von Interesse sind aus dem Fall ableitbare typische Handlungs-, Orientierungs- und Biografiemuster als spezifische und typische Möglichkeiten des Umgangs mit gegebenen Handlungsvoraussetzungen. Die Typenbildung stellt damit keine Personentypologie dar, sondern sie erfolgt unter Bezugnahme auf die gesellschaftliche Vermitteltheit von Handlungsmöglichkeiten, womit die

5.1 ZUR RELEVANZ DER KATEGORIE GENDER/ HETERONORMATIVITÄT UND WEITERER SOZIALER KATEGORIEN

5.1.1 Thematisierungen gesellschaftlicher Gender- und Heteronormativitätszuschreibungen

Die Analyse der ethnografischen Beobachtungen und der Interviews machte zunächst deutlich, *dass* gesellschaftliche Gender- und Heteronormativitäts-zuschreibungen implizit wie explizit Gegenstand sozialer Praxen und Selbstnarrationen sind. In der Gesamtschau der empirischen Ergebnisse werden dabei unterschiedliche *Dimensionen* deutlich: so finden sich Repro-duktionen kultureller Zuweisungsmuster in der konkreten Praxis (doing gender und doing heteronormativity), Orientierungen am bipolaren Klassifi-kationssystem, sowie Experimente mit und Überschreitungen von Zuschrei-bungen. Grenzen zwischen den verschiedenen Dimensionen lassen sich da-bei lediglich auf der analytischen Ebene ziehen, in der empirischen Realität sind sie miteinander verschränkt und die Übergänge fließend[189].

Reproduktion kultureller Gender- und Hetero- normativitätsannahmen und deren Orientierungsfunktion: doing gender und doing heteronormativity
Situationen wie das Singen oder die öffentlichen Pinkelpausen der Hexen während der Busfahrt (vgl. Protokoll Busfahrt) spiegeln genderbezogene gesellschaftliche Strukturen, durch die Männer Situationen und Räume defi-nieren können. Am Beispiel der Männer der Fastnachtshausener Hexen-gruppe wird deutlich, wie selbstredend Männer auf derartige Strukturen zu-rückgreifen können und sie zugleich festigen und reproduzieren. In ihrem Verhalten zeigt sich der inkorporierte gegenderte Habitus (vgl. Bourdieu 1987), ebenso wie im Verhalten der anwesenden Frauen, die durch ihr

---

Bedeutungskonstellationen der jeweiligen Möglichkeitstypen auf einen gesell-schaftlichen Gesamtzusammenhang verweisen (vgl. hierzu die Erläuterung der Datenanalyse in Kapitel 3).

189 An dieser Stelle möchte ich auf die ‚Beweglichkeit' gesellschaftlicher Gender- und Heteronormativitätsbilder in der empirischen Realität hinweisen. Das Nie-derschreiben beobachteter Interaktionen und analysierter Selbstnarrationen lässt soziale Prozesse und Denkweisen statisch erscheinen, tatsächlich sind diese je-doch dynamisch. Ebenso wirkt keine soziale Kategorie für sich, sondern stets, wie bereits mehrfach ausgeführt, in regem Wechselverhältnis mit anderen. Auch hier treten durch das Verschriftlichen Komplexitäten sozialer Realitäten zuguns-ten von Lesbarkeit und Nachvollziehbarkeit in den Hintergrund. Anders ausge-drückt werden synchron ablaufende Prozesse und wirksame soziale Kategorien nacheinander dargestellt.

Schweigen und Lachen die für die Konstitution von ‚Männlichkeit' notwendige marginale Position und damit die Rolle der ‚schmeichelnden Zuschauerinnen' im Sinne Meusers einnehmen (vgl. 2003). Auch die Darbietung überdimensionierter Hoden im Rahmen des Bühnenprogramms des Närr_innenballs, oder Tanzszenen, die den Blick auf Unterhosen der Tänzerinnen freigeben (vgl. Protokolle Fastnachtsball Kerstin sowie Angela), verdeutlichen die Wirksamkeit hegemonialer gesellschaftlicher Genderstrukturen und -bilder. Genderbezogene Zuweisungsmuster und Machtverhältnisse des Makrokosmos Gesellschaft wirken somit auf den Mikrokosmos Fastnachtshausen und schließlich auf die subjektiven Verhaltensweisen der Untersuchten ein.

In den biografischen Selbstnarrationen vollziehen sich doing gender-Prozesse zum einen *in* den Erzählsituationen direkt, zum anderen verweisen viele Schilderungen auf doing gender-Prozesse innerhalb des Fastnachts-, Vereins- und Gruppenzusammenhangs. In der Zusammenschau zeigen sich auf beiden Ebenen „hochgradig selbstverständlich erscheinende Ergebnisse unsichtbarer sozialer Konstruktionsprozesse" (Gildemeister 2004: 132). So finden sich zur Erklärung sozialer Wirklichkeit in allen Interviews sowohl Rückgriffe auf genderbezogene Zuweisungsmuster, als auch Reproduktionen derselben. Unterschiedliches Verhalten von Männern und Frauen erscheint bspw. als selbstredend und nicht erklärungsbedürftig. Als Grund für ein gutes Gruppenklima wird die genderhomogene Zusammensetzung der Gruppe angeführt, Männern und Frauen werden unterschiedliche Tanzkompetenzen zugeschrieben. Alle Interviews machen deutlich, inwiefern subjektive Denk- und Handlungsmuster von gesellschaftlichen Genderannahmen gefärbt (vgl. Ridgeway/ Correll 2004) und wie selbstverständlich diese als Begründungszusammenhang herangezogen werden. Allerdings variiert der ‚Grad' der Färbung, d.h. der Rückgriff auf gesellschaftliche Zuweisungsmuster vollzieht sich auf unterschiedliche Art und Weise. Im Folgenden werde ich darauf näher eingehen.

In den Fallanalysen von Friederike, Emil und Gunda erscheint die *Orientierung* an genderbezogenen Zuschreibungen recht unreflektiert bzw. implizit. Deren Aussagen über Verhaltensweisen von Männern und Frauen enthalten gesellschaftliche Klischees über ‚zickige' Frauen, ‚unordentliche' Männer oder unterschiedliche Denkweisen von Männern und Frauen. Gesellschaftliche Genderbilder erklären ihnen demnach die soziale Realität. Ihr Schweigen und damit Nichtbeantworten direkter genderbezogener Fragen verdeutlicht, dass diese für sie unverständlich oder absurd wirken, da gesellschaftliche Normalitätszuschreibungen für sie nicht zur Disposition stehen. Friederike spricht sogar direkt aus, die Frage nach der Bedeutung ihrer Genderzugehörigkeit beim Verkleiden sei sehr schwierig zu beantworten.

Auch in den Fallanalysen von Dora, Berthold und Anton finden sich Klassifikationen, die unreflektiert vollzogen erscheinen. Jedoch stoßen die Interviewten während der Erzählungen – aufgrund mehrmaligen Nachfragens meinerseits – immer wieder an die *Grenzen der Plausibilität* ihrer binären Erklärungsmuster. An diesen Fällen wird deutlich, inwiefern Individuen, die das gesellschaftlich vermittelte Klassifikationssystem als recht selbstverständlich zu betrachten scheinen, auf Anregung von außen durchaus über dessen vermeintliche Offensichtlichkeit nachdenken können. Besonders deutlich wird dies in Doras Begründung der genderhomogenen Zusammensetzung der Tanzgruppe. Sie revidiert ihre Erklärungen über unterschiedliche Tanzqualitäten von Frauen und Männern selbst mehrmals, da sie während des Erläuterns an die Grenzen ihres genderbezogenen Argumentationsrahmens stößt[190]. In allen drei Fällen vollzieht sich das Bemerken dieser Grenzen blitzlichtartig, d.h. lediglich eher ansatzweise für einen kurzen Moment. Die angedeuteten Gedankenöffnungen werden dann nicht weitergeführt, sondern im Gegenteil, nachdrücklicher als zuvor geschlossen, indem Genderklassifikationen abermals polarisiert und Unterschiede zwischen Frauen und Männern als unveränderbare Tatsachen geschildert werden, die „einfach so sind". Dies ist nicht weiter verwunderlich, denn als „wichtiger Stützpfeiler biografischer Arbeit" (vgl. Keupp u.a. 2006) gibt Gender Orientierung und Sicherheit, weshalb diesbezügliche Denkweisen kaum innerhalb einer Interviewsituation aufgegeben werden dürften.

Schließlich finden sich im Material *unterschiedliche Anrufungen* der Kategorie Gender. Dies verdeutlicht, dass sich Individuen aus unterschiedlichen Gründen und je nach Situation, Kontext oder subjektivem Interesse auf die Kategorie Gender berufen. Die empirischen Ergebnisse weisen Unterschiede zwischen den Untersuchungsteilnehmer_innen der frauen- und männerhomogenen Gruppe auf. Die Frauen stellen die genderhomogene Zusammensetzung der Tanzgruppe eher als zufällig oder unbedeutend dar und beziehen sich allgemein in problematisierender Weise auf die soziale Kategorie Frau. Die Männer betonen dagegen ganz klar die Vorteile der Männerhomogenität der Hexengruppe, sie beziehen sich in positiver Weise auf ihre Genderkategorie und begründen Schwierigkeiten gemischtgeschlechtlicher Zusammenhänge mit klischeehaften und heteronormativen Bildern[191].

---

190 Die stufenweise Hinterfragung ihrer eigenen Begründungslogik gestaltet sich in dieser Erzählpassage wie folgt: zunächst erklärt sie, für Tänze mit Partnerelementen müsse die (frauenhomogene) Tanzgruppe „einfach" Männer hinzuziehen, woraufhin sie konstatiert, dieser Part könne im Grunde eigentlich auch von verkleideten Frauen ausgeführt werden. Dann könne man jedoch, so die weitere Argumentation, keine krafterfordernden technischen Tanzelemente einbauen, da Frauen per se nicht so kräftig seien wie Männer. Dieses Argument relativiert sie unmittelbar indem sie feststellt, es gäbe auch schwache Männer (vgl. Fallanalyse Dora: 4.2.6).

191 Genderbezogene Klischees werden bspw. durch Erzählungen über Streit in gendergemischten und Harmonie in männerhomogenen Gruppen ausgedrückt. Mit heteronormativen Zuschreibungen sind hier Schilderungen vermeintlicher Tatsachen gemeint, wie das Entstehen von Eifersucht oder Liebespaaren in gendergemischten, nicht aber in genderhomogenen Zusammenhängen.

Dieser unterschiedliche Bezug auf die ‚eigene' Genderkategorie verweist auf gesellschaftliche Klischees, die in den subjektiven Begründungen zum Ausdruck kommen. Die ausschließlich und sehr explizit betonten positiven Beschreibungen Antons und Bertholds über die männerhomogene Hexengruppe verdeutlichen zudem die gesellschaftlich-patriarchale sowie die individuelle Funktion männerbündischer Strukturen (vgl. Böhnisch/ Winter 1994). Es wird klar, inwiefern für Männer eine Anrufung ‚ihrer' Genderkategorie eher von positiver Wirkung ist, während Frauen mit keinem positiven Effekt bzw. eher sogar mit Abwertungen rechnen müssen. Die Untersuchung zeigt somit, dass auf gesellschaftlicher Ebene hierarchische Bewertungsstandards existieren, die frauenhomogene Zusammenhänge in der Regel abwerten, männerhomogene aufwerten. Die verschiedenen Erzählungen der Vertreter_innen der genderhomogenen Untersuchungsgruppen machen dies deutlich, zugleich sind die problematisierenden und positiven Bezugnahmen doing gender-Prozesse, tragen also zur Aufrechterhaltung der gesellschaftlichen Bilder bei.

Durch die Untersuchung konnten Strukturen und Handlungsabläufe des Fastnachts- und Gruppenzusammenhangs herausgearbeitet werden, die auf genderbezogene gesellschaftliche Bewertungsstandards verweisen. So verkörpert die männerhomogene Hexengruppe einen Männerbund im Sinne einer „entscheidende[n] institutionelle[n] Stütze [von] Wirklichkeitskonstruktionen", denen v.a. die Funktion zukommt, „sich wechselseitig der Normalität und [...] Angemessenheit der eigenen Überzeugungen und Alltagspraktiken zu vergewissern" (Meuser 2006: 105). Meuser beschreibt in Anlehnung an Bourdieu (1997) als konstitutive Elemente von Männlichkeit u.a. sowohl Dominanzverhältnisse gegenüber Frauen sowie allem als ‚weiblich' Konnotiertem wie z.B. Schwulsein, wie auch gegenüber anderen Männern (vgl. 2003). Männlichkeitsstrukturen sind ihm zufolge intern-hierarchisch strukturiert und auf soziale Schließung angelegt, indem im Bemühen um die Etablierung und Wahrung von Gruppenmonopolen anderen der Zutritt zur Gruppe verweigert wird. Auf der lokalen Ebene der Fastnachtshausener Hexengruppe zeigt sich dies am deutlichsten in den mehr und weniger offen praktizierten Mechanismen der sozialen Schließung der Gruppe. Am offensichtlichsten werden diese an Genderkriterien ausgerichtet, indem Frauen der Zugang zur Gruppe verwehrt bleibt und diesbezügliche Änderungsversuche lächerlich gemacht werden. Dies ist das einzige Ausschlusskriterium, das direkt ausgesprochen wird[192]. Andere Kriterien im

---

192 Auch hier zeigt sich die oben erläuterte unterschiedliche Anrufung der Kategorie Gender: die Männer der Hexengruppe heben dieses Ausschlusskriterium als wichtig hervor und werten in ihren Begründungen zugleich subtil Frauen ab, indem z.B. gesagt wird, diese würden die Harmonie stören. Die Frauen der Tanzgruppe sprechen dagegen an keiner Stelle direkt aus, dass die frauenhomogene Zusammensetzung bewusst gewählt oder als positiv empfunden wird. Männer und Frauen können demnach nicht auf dieselben gesellschaftlichen Bewertungs-

Zusammenhang des Bewerbungsverfahrens und der Probezeit bleiben unklarer, lassen die Gruppe aber dennoch als exklusiv erscheinen. Wie durch die Fallanalyse von Anton deutlich wurde, kann die Hexengruppe für (junge) Männer nicht nur, aber auch aus diesem Grund richtiges, erwachsenes ‚Mannsein‘ verkörpern, das sich junge Männer regelrecht erarbeiten. Sehr drastisch zeigten sich Exklusionsmechanismen im Falle Helmuts[193], bei dem die Entscheidung über eine Aufnahme unter Auflagen um ein Jahr verschoben wurde. Bertholds Schilderungen der enormen Anziehungskraft der Gruppe auf junge Männer veranschaulichen sowohl die Kultivierung des Männerbündischen von Seiten der Gruppe selbst, wie auch die Außenwirkung. Als weitere Merkmale männerbündischer Strukturen im Gruppenzusammenhang selbst finden sich Verschwörungsgesetze (nichts darf nach außen dringen), erzieherische Maßnahmen (Beratung, Bevormundung oder Disqualifizierung bei Fehltritten) und Ehrenkodexe (wer zu uns gehört, weiß wie er sich zu verhalten hat).

Keine andere Gruppe innerhalb des Fastnachtszusammenhangs weist derartige Strukturen auf. Die beiden anderen Untersuchungsgruppen bedienen sich zwar ebenfalls Ein- und Ausschlusskriterien zur Wahrung von Harmonie und Qualität, allerdings ohne das oben beschriebene Dominanz- oder Abgrenzungsverhalten gegenüber Außenstehenden und anderen Gruppen. Letzteres war lediglich bei einem anderen männerhomogen zusammengesetzten Verein beobachtbar. Es wird deutlich, inwiefern die Hexengruppe hier auf lokaler Ebene männerbündische Strukturen aufweist. Für Mitglieder wie Anton und Berthold können diese Strukturen Status, Sicherheit und Selbstbewusstsein geben, da Männerbünde allgemein auf gesellschaftliche Anerkennung, auf einen gewissen Status, zurückgreifen können (vgl. bspw. Studentenverbindungen, Männerfußball, katholische Kirche).

Prozesse des doing gender und doing heteronormativity repräsentiert der *innerhalb des fastnächtlichen Rahmens* stattfindende Handlungsablauf des sogenannten ‚Genderspiels‘ zwischen Hexen und Mädchen/ jungen Frauen. Inwiefern gesellschaftliche Zuweisungsmuster der Zweigeschlechtlichkeit und der Heteronormativität auf lokaler und subjektiver Ebene wirken, zeigt sich im Spielablauf selbst, sowie in den Erzählungen Antons und Doras darüber. Der fastnächtliche Rahmen lässt hier keinen Raum für genderbezogene Experimente, die mit kulturellen Bildern über Verhaltensweisen von Männern bzw. Frauen und Heterosexualität jonglieren. Die Wirkmächtigkeit dieser kulturellen Bilder reicht zum einen in Handlungsabläufe hinein, wenn Männer der Hexengruppe bei Verletzung der heteronormativen Spielregeln

---

standards ‚ihrer‘ Genderkategorie zurückgreifen, sondern auf positive bzw. negative Bilder über männer- bzw. frauenhomogene Zusammenhänge.

193 Helmut wurde nicht als Fall analysiert, sondern begegnete mir im Rahmen der teilnehmenden Beobachtung (vgl. Fallanalyse Anton, FN 111). Ihm wurde zur Auflage gemacht, seine Mitgliedschaft in einer örtlichen Musikgruppe aufzugeben, um die Ernsthaftigkeit seiner Bewerbung bei der Hexengruppe zu beweisen.

(gleichgeschlechtliche Bezugnahmen) gemaßregelt und ausgelacht werden. Sie reicht ebenso in Denkmuster der Beteiligten, wenn Anton oder Dora in Erläuterungen der Regeln des ‚Genderspiels' hypothetische Verhaltensweisen abseits heteronormativer und binärer als abwegig schildern.

Insgesamt zeigt sich eine aktive Beteiligung aller Untersuchungsteilnehmer_innen an der Fortschreibung diskursiver Bilder über Zweigeschlechtlichkeit und Heteronormativität. Sowohl in den beobachteten Interaktionen wie in den biografischen Selbstnarrationen wurden die Wirksamkeit kultureller Annahmen über Gender und Heteronormativität sowie Reproduktionen auf Seiten der Fastnachtsteilnehmenden deutlich. Dies verwundert vor dem Hintergrund der in Kapitel 1.1 dargestellten Alltagstheorie der Zweigeschlechtlichkeit sowie der Fassung von Gender/ Heteronormativität als einem institutionalisierten System sozialer Praktiken nicht. Es ist einleuchtend, dass sich weder die lokalen Strukturen Fastnachtshausens noch das fastnächtliche Gefüge *außerhalb* dieser Bilder gestalten und die Individuen somit einen Umgang mit ihnen finden müssen. Als ein wesentliches Ergebnis kann dabei festgehalten werden, dass sich eine Beteiligung an der Aufrechterhaltung gesellschaftlicher Gender- und Heteronormativitätsbilder in unterschiedlichen Modi vollziehen kann. In der vorliegenden Untersuchung fanden sich eine Art naturalistisches Einordnen genderbezogener Mechanismen oder Aspekte und damit ein Verselbstverständlichen derselben, ebenso wurden sie geleugnet, reproduziert oder es wurde nicht darüber geredet. Deutlich wurde, inwiefern genderbezogene Denk- und Handlungsweisen u.a. davon abhängen, ob kulturelle Zuschreibungen als schädlich oder nützlich betrachtet werden.

Doch soll hier nicht der Eindruck entstehen, der fastnächtliche Kontext sei gänzlich undurchlässig für Denk- und Handlungsmuster fernab gesellschaftlicher Zuschreibungen. Tatsächlich bieten sich vielfältige Möglichkeiten des Experimentierens, wie im nächsten Abschnitt deutlich wird.

Experimente mit kulturellen Gender- und Heteronormativitätsannahmen

Ebenso wie als Reproduktionen kultureller Gender- und Heteronormativitätsannahmen einzustufende Aspekte zeigen sich im Material Öffnungen und Überschreitungen. Diese finden sich fast ausschließlich in den ethnographischen Beobachtungen und weniger in den Interviews.

Kostümierung

Die ethnografischen Beobachtungen förderten zunächst ganz unterschiedliche ‚äußerliche' Genderexperimente[194] zutage. Diese betreffen Kostümie-

---

194 Unter Genderexperimenten verstehe ich das Durchkreuzen oder auch Aufbrechen kultureller Bilder über Männer und Frauen, die Aussehen, Kleidungsstil, Verhalten, Bedürfnisse usw. tangieren.

rungen sogenannter „Wilder Masken" (vgl. Tübinger Vereinigung für Volkskunde 1989), in denen sich bspw. Männer in Kleidern, mit Langhaarperücken, lackierten Fingernägeln, hochhackigen Schuhen und künstlichen Brüsten zeigten. Bei Frauen fanden sich Verkleidungen, die gesellschaftlich eher Männern zugeschrieben werden, weitaus weniger. Dies deutet darauf hin, dass Frauen im Allgemeinen im Alltag mehr Spielraum zur Hantierung mit Männern zugeschriebenen Attributen zur Verfügung steht als umgekehrt[195]. Allerdings lassen sich keine Aussagen darüber treffen, wie bewusst oder reflektiert solche ‚Crossdressings' vorgenommen werden. Vor allem diesbezügliche Erzählungen in den Selbstnarrationen sprechen für eine Interpretation recht intuitiv vonstattengehender Erfahrungen. Auf direkte Nachfrage wird die Bedeutung von ‚Crossdressing' verneint, während sie dann implizit sehr wohl angeführt wird. So geht bspw. aus den Fällen von Friederike und Gunda hervor, dass sie innerhalb des außeralltäglichen Rahmens durchaus mit genderbezogenen Zuschreibungen spielen, ohne dies explizit zu reflektieren oder benennen. Wenn Friederike ihre Verkleidung als Bauarbeiter aufgrund der Uneinschätzbarkeit der Reaktionen anderer mit einer Prüfungssituation vergleicht, oder Gunda ihren Spaß an für sie untypischen (grimmigen oder ernsten) Tanzrollen beschreibt, so drücken sich darin kurzzeitige Überschreitungen kultureller Genderzuschreibungen aus.

Auch in den Kostümen der beobachteten Gruppen zeigten sich Genderexperimente. Das Tragen eines Hexenkostüms von Männern ist in Kostüm und Gestalt eine Überschreitung gesellschaftlicher Genderbilder. Die Musiker_innen der Guggenmusikgruppe traten als Straßenarbeiter und Vampire auf, sie trugen gendergemischt Röcke, Hosen, Haarschmuck sowie Kostüme, die im Alltag im Allgemeinen als Arbeitskleidung von Männern gelten.

Anhand dieser Beobachtungen und Erzählungen lässt sich nicht analysieren, welche Bedeutung diese Experimente für die Einzelnen haben und wie nachhaltig sie wirken. Aufgrund der gegenderten Strukturiertheit sozialer Wirklichkeit ist es einleuchtend, dass die Untersuchungsteilnehmenden an sie herangetragene Zuweisungsmuster recht selbstverständlich aufnehmen und nicht explizit als problematisch empfinden. Alltägliche Genderdiskurse gestalten sich in der Regel nicht analytisch-reflektierend, sondern naturalisierend (vgl. Wetterer 2004). Feststellbar ist allerdings, dass Räume wie der Fastnachtszusammenhang, die offener für Genderüberschreitungen bzw.

---

195 So steht Frauen z.B. eine größere Kleiderauswahl zur Verfügung, ganz simpel können sie, anders als Männer, zwischen Hose und Rock wählen. Sie können geschminkt oder ungeschminkt auftreten, mit hochhackigen oder flachen Schuhen. Diese und weitere Aspekte können ihnen womöglich für einen unterschiedlichen Umgang mit gesellschaftlichen Zuschreibungen hilfreich sein, während Männer in Kleider- und Stylingauswahl festgelegter sind und bei diesbezüglichen Experimenten Gefahr laufen, als außerhalb der Norm abgewertet zu werden (vgl. hierzu ausführlich Crane 2000 und Bachmann 2008).

-experimente sind als der Alltag, *genutzt* werden. Dies wiederum verweist auf die *Existenz* diesbezüglicher *Bedürfnisse*.

Verhaltensebene

Die Hästräger_innen können in der Anonymität (d.h. in der Häsrolle vgl. Glossar) verschiedene, kulturell als ‚männlich' oder ‚weiblich' konnotierte Verhaltensweisen ausüben oder auch ausprobieren. Wenn die Weißnärr_innen z.b. mit hoher oder tiefer Stimme sprechen, gleich- oder gegengeschlechtlich flirten, mehr oder weniger grob/ wild agieren, so spielen sie dabei in ihren genderneutral aussehenden Häsern mit kulturell Männern bzw. Frauen zugeschriebenen sowie heteronormativen Verhaltensweisen[196]. Das Verhalten der Hexen erinnert bspw. einmal an das alter Frauen (gebückte Haltung, hohe Stimmlage), in anderen Situationen wirkt es sehr heteronormativ ‚männlich' (Flirten und Anmachen von Mädchen/ Frauen, Paartanz fast ausschließlich mit Frauen) (vgl. Protokolle Fastnachtsball und Närr_innenabend). Vor allem was homosoziale und -erotische Kontakte betrifft, eröffnen Hexenrolle und -kostüm Möglichkeiten des Experimentierens mit alltäglichen Normierungen. In den ethnografischen Beobachtungen zeigten sich homosoziale Körperlichkeiten, die in alltäglichen heteronormativ kodierten Zusammenhängen der deutschen Kultur nicht ohne weiteres zwischen Männern ‚erlaubt' sind[197]. Das Agieren unter der Maske (und unter Alkoholeinfluss) erleichtert und erlaubt Männern offensichtlich gleichgeschlechtliche Kontakte. Auch Offenheit, Freude und Erwiderung ausstrahlende Reaktionen der männlichen Gegenüber verdeutlichen, dass außeralltägliche Rollen und Strukturen genutzt werden, um gesellschaftliche Zuweisungsmuster auszudehnen. Die Körperlichkeiten sind zwar eher grob als zärtlich, allerdings unterscheiden sie sich durch ihre lange Dauer und starke Intensität von im Alltag zwischen Männern beobachtbaren körperlichen Kontakten[198].

Auch auf verbaler Ebene überschreiten Männer der Hexengruppe alltägliche heteronormative Grenzen. Dies zeigte sich bspw. während des Närr_innenabends in Unterhaltungen über gegenseitige sexuelle Kontakte[199]. Meist folgte darauf eine humorvolle Bemerkung oder ein Spruch, der

---

196 Diese Interpretationen leiten sich aus Beobachtungen von Hästräger_innen ab, deren Gender mir bekannt war, aus informellen Gesprächen mit bekannten Fastnachtsteilnehmenden, sowie aus meinen eigenen Erfahrungen als Hästrägerin.

197 Eine Ausnahme stellt bspw. der Männerfußball dar, in dessen Rahmen sich nach Toren oder Siegen eine Art von körperlicher Nähe zwischen den Spielern vollzieht, die im Alltag selten zu beobachten ist.

198 In einer beobachteten Situation tanzen ein Mann der Hexen in der Häsrolle und ein zivil anwesender Mann der Hexengruppe nach langer Begrüßungsumarmung Stehblues (vgl. Protokoll Närr_innnenabend: 335-339).

199 In einer Situation stehen z.B. zwei Männer der Hexengruppe in einer dunklen Nische und sagen, sie hätten sich soeben gegenseitig oral befriedigt. Ein anderer

die heterosexuelle Orientierung der betreffenden Männer unterstrich. Die Öffnung kultureller Zuweisungsmuster wurde somit umgehend geschlossen, was wiederum die öffnende Dimension verdeutlicht. Denn wäre es keine Öffnung, keine Überschreitung alltäglicher heterosexueller Normen gewesen, so müsste sie auch nicht geschlossen, relativiert werden.

Solche Brüche bzw. Schließungen überschreitenden Verhaltens zeigten sich auch während der Busfahrt, und zwar als sich Männer auf den Schoß von Frauen setzten. Im Alltag geschieht dies eher umgekehrt, oder Kinder setzen sich auf den Schoß von Erwachsenen. Im fastnächtlichen Rahmen bieten sich Männern demnach die Möglichkeiten des Verlassens alltäglicher Zuschreibungen, in gewisser Weise können sie ,Kind sein' und/ oder einen kulturell eher Frauen zugeschriebenen Part im Flirtverhalten einnehmen. Diese Überschreitungen vollzogen sich allerdings nur für kurze Augenblicke. Entweder standen die Männer recht schnell wieder auf, oder sie machten anmachende, flirtende Bemerkungen zu den Frauen. Durch letztere werden sie sozusagen wieder erwachsen, und durch das Agieren gemäß kultureller Zuschreibungen auch männlich. So verdeutlicht auch hier die recht unmittelbare Schließung des genderüberschreitenden Verhaltens die zuvor überschrittene Ebene.

Schließlich bietet der Fastnachtsrahmen Frauen die Möglichkeit, im gegengeschlechtlichen Flirtverhalten den anmachenden, offensiveren Part einzunehmen. Damit soll nicht gesagt werden, Frauen seien im Alltag nicht offensiv oder Männer nicht defensiv beim Flirten. Allerdings existieren m.E. noch immer mehr kulturelle Klischees über aktivere Männer und darauf reagierende Frauen als umgekehrt[200]. In den Beobachtungen zeigten sich einige Szenen, in denen Frauen sehr offensiv Männer anflirteten, diese z.B. auch betatschten, und die Männer dies offenbar genossen (vgl. Protokolle Närr_innenabend und Fastnachtsball).

Zusammenfassend lässt sich festhalten, dass die Untersuchung zahlreiche Experimente mit kulturellen Genderannahmen aufzeigen konnte, sowie verschiedene Dimensionen des Überschreitens gesellschaftlicher, heteronormativer Genderzuschreibungen. Wie bereits erwähnt, lassen sich die subjektiven Bedeutungen für die einzelnen Fastnachtsteilnehmenden nur schwer analysieren, da soziale Konstruktionsprozesse selbstverständlich wirken und deren subjektive Verhandlungen daher weder den Individuen selbst, noch mir als Forscherin ohne weiteres analytisch zugänglich sind. Im Material zeigte sich, wie nahe die selbstverständliche Wirkmächtigkeit kultureller Gender- und Heteronormativitätsbilder einerseits, die Brüchigkeit deren

---

Mann der Hexengruppe fragt daraufhin, ob er auch oral befriedigt werden könne und es wird kurz über den Preis verhandelt (vgl. Protokoll Närr_innenabend: 143-163).

200 Dass mir und den außenstehenden Beobachterinnen diese Szenen auffielen, verdeutlicht die Wirksamkeit dieser Klischees.

fragloser und eindeutiger Übernahme andererseits, beieinander liegen. Die Experimente und -überschreitungen der Fastnachtsteilnehmenden stellen subjektive Verhandlungen von gesellschaftlich an Individuen herangetragene Gender- und Heteronormativitätsklassifikationen dar. Es wurde erkennbar, inwiefern sich recht selbstverständliche und fraglose Reproduktionen derselben vollziehen, dass aber ebenso Bedürfnisse existieren, sie auszudehnen, zu testen, über Grenzen zu gehen. Die Untersuchungsergebnisse offenbaren somit die genderbezogene und heteronormative Strukturiertheit der Gesellschaft. Die analysierten individuellen Verhandlungen bestätigen allerdings die *soziale* Konstruiertheit dieser Wirklichkeit und widersprechen Thesen über bipolare angeborene, naturgegebene Verhaltens-, Denk- oder Handlungsweisen von Frauen und Männern. In diesem Zusammenhang ist mir wichtig darauf hinzuweisen, dass soziale Konstruktionen keine ‚Fiktionen' sind, d.h. dass sie nicht weniger Bindungskraft besitzen als biologische Bedingungen (vgl. Alheit/ Dausien 2000). Ebenso kann die These aufgestellt werden, dass „Geschlecht gerade deshalb eine so stabile Klassifikationskategorie ist, weil sie nicht bloß durch ein biologisches Merkmal begründet, sondern vielfältig in die sozialen Strukturen der Gesellschaft eingelassen ist" (ebd.: 268).

Ein weiteres Ergebnis der Untersuchung hängt mit der Rahmung des Untersuchungskontextes zusammen. Ebenso wie sich in Fastnachtshausen eine gesamtgesellschaftlich wirksame Heteronormativität abbildet, ist auch die gesamte Fastnacht – also Interaktionen, Strukturen, Regeln u.v.m. – heteronormativ gerahmt[201]. Eine mit dieser Rahmung einhergehende Klarheit ermöglicht und erlaubt nun zugleich experimentelles Verhalten, da dieses von den Beteiligten innerhalb dieses heteronormativen Rahmens eingeordnet werden kann. Daher besteht für die Einzelnen relativ wenig Gefahr, als außerhalb der Norm eingestuft zu werden. Besonders deutlich wurde dies am Beispiel der homoerotischen Körperlichkeiten und Kommunikationen zwischen Männern der Hexengruppe, die ohne ein Wissen über die heteronormative Strukturiertheit der Fastnacht als Flirtverhalten zwischen homosexuell lebenden Männern interpretiert werden könnte[202].

Neben der Bedeutung der Rahmung eines interaktionellen Kontextes verweisen die Öffnungen und Überschreitungen bipolarer Genderbilder auf ein weiteres Untersuchungsergebnis: Wie bereits ausgeführt, zeigten sich

---

201 Vgl. hierzu die Ausführungen von Goffman (2001) zu übergeordneten soziale Rahmungen, in die Akteur_innen in ihrem interaktiven Handeln eingebunden sind.

202 Die Bedeutung des Wissens um die Rahmung des Geschehens verdeutlichen die Reaktionen während einer Diskussion meiner ethnographischen Beobachtungen an der University of California in Santa Barbara: die ‚fastnachtsfremden' Diskussionsteilnehmer_innen gingen aufgrund der beschriebenen Konversationen und Körperlichkeiten zwischen Mitgliedern der Hexengruppe davon aus, diese seien schwul.

Überschreitungen überwiegend in den ethnographischen Beobachtungen. So wird vor dem Hintergrund der bereits mehrfach dargestellten genderbezogenen Strukturiertheit sozialer Wirklichkeit erklärbar, dass sich das Aus*üben* von Genderexperimenten selbstredender oder unreflektierter vollziehen kann als das Aus*sprechen* derselben. Während der Analysen wurde zudem deutlich, wie implizit und kurzzeitig diese oftmals vonstattengehen, und welch sensibler Analyseblick daher vonnöten ist.

5.1.2 Zusammenhänge zwischen biografischer Arbeit, der Kategorie Gender/ Heteronormativität und weiteren sozialen Kategorien

Die Bedeutung der Kategorie(n) Gender/ Heteronormativität[203] für die Biografie der einzelnen Untersuchungsteilnehmer_innen kann als sehr unterschiedlich bezeichnet werden. Dies hängt in nicht unwesentlichem Maße mit dem zugrunde liegenden Analyseblick zusammen: trotz der primären Fokussierung auf die Wirksamkeit der Kategorie Gender, blieb der Analyseblick stets offen für die Wirkung weiterer sozialer Kategorien auf die biografische Arbeit (vgl. hierzu die Ausführungen zu Intersektionalität in Kapitel 1.1). Auf diese Weise wurde eine eindimensionale Analyserichtung vermieden zugunsten der Entdeckung von Überkreuzungen, Wechselverhältnissen, vorder- und hintergründig wirksamer Kategorien. Desgleichen erscheint die in den Fallvergleichen deutlich werdende unterschiedliche Relevanz der Kategorie Gender in starkem Maße zusammenhängend mit subjektiven Positionierungen im sozialen Kontext, subjektiven Interessen, mit Alter und Lebenssituation der interviewten Person und damit, in welch biografischem Abschnitt sie sich zum Interviewzeitpunkt befindet oder über welchen sie erzählt.

In den Fallanalysen von Emil und Anton konnten Zusammenhänge zwischen aktuellen biografischen Phasen und der Orientierung an regionalen Normalitäten aufgezeigt werden. An diesen beiden Fällen wird deutlich, von welch hohem Gewicht gender- und heteronormativitätsbezogene Zuweisungsmuster in der biografischen Phase des Übergangs vom Jugend- zum Erwachsenenstatus sein können. Beide jungen Männer beeinflusst die lokale Gendernormalität, der zufolge junge Männer in Fastnachtshausen Hexe werden (bzw. der zufolge ein richtiger Mann ist, wer Hexe wird). Im Vergleich mit den anderen Fällen zeigt sich, dass die regionalen Gendermuster gerade in dieser Phase der Biografie eine starke Orientierungsfunktion ausüben. Doch offenbart der Vergleich der Handlungsstrategien der beiden jun-

---

203 In Kapitel 1.1 wurden mit Bezug auf Queertheorien Gender und Heteronormativität als miteinander zusammenhängend aufgezeigt. Daher werden sie hier teilweise zusammen genannt, aber auch separat. Ich wähle diese Schreibweisen, da sich die Wirkungsweise m.E. in der empirischen Realität nicht immer eindeutig verhält.

gen Männer, dass aufgrund der jeweiligen sozialen Verortung unterschiedliche Verhandlungen möglich sind. Antons Fall zeigt eindrücklich, in welchem Maße mit lokalen Gendernormalitäten Orientierung, Status, Sicherheit, Zugehörigkeit und Anerkennung verbunden werden[204]. Die Annahme der genderbezogenen Zuweisungsmuster steht nicht in Frage, sondern wird zum biografischen Projekt an sich. Zudem zeigt sich an diesen Fällen das Zusammenwirken von Gender und anderen Kategorien, da die Verwirklichung dieses biografischen Projekts neben der ‚Mannwerdung‘ zugleich die Erfüllung eines Generationenauftrags bedeutet. Beide Kategorien stehen in einem engen Wechselverhältnis, da der Generationenauftrag vom Vater ausgeht. Dadurch hat er zum einen ebenfalls mit ‚Männlichkeit‘ zu tun, verstärkt durch das Hexesein des Vaters die lokale Gendernormalität Mann = Hexe, und stellt eine ländliche Tradition der Generationenweitergabe über die ‚männliche‘ Linie der Familie dar.

Am Falle Emils hingegen zeigt sich, dass trotz durchdringender Wirkung der lokalen Gendernormalität anderen Kategorien mehr Gewicht verliehen werden kann. In seinem Fall wiegt das subjektive Interesse des Musizierens in der biografischen Arbeit stärker als die Erfüllung des genderbezogenen Zuweisungsmusters. In seinem direkten sozialen Umfeld hat Emil durch seinen musizierenden Cousin ein zum lokalen ‚Männlichkeitsbild‘ alternatives Vorbild, auch ist er früh im Musikverein verortet, wo ihm ebenfalls alternative biografische Entwürfe begegnen. Er bewegt sich somit in sozialen Netzwerken, die ihm Orientierung und Unterstützung geben (vgl. Stauber/ Pohl/ Walther 2007, Keupp u.a. 2006) und für das Verfolgen seiner Leidenschaft des Musizierens hilfreich sind. In seinem Fall wird dem Ausleben eines subjektiven Bedürfnisses Priorität eingeräumt, dennoch stellt sich in seinen Erzählungen die hintergründige Wirksamkeit der Kategorie Gender dar. Denn trotz seines ‚Männlichkeitsentwurfs‘ abseits der dominanten lokalen Normalität wird deutlich, dass ihn diese beschäftigt. Nach Beendigung des Interviews stellt er die Frage in den Raum, warum in Fastnachtshausen „immer alle Hexe werden wollen" und überlegt gewissermaßen laut, welche Bedingungen für seinen alternativen Weg ausschlaggebend waren. Damit zeigen sich an seinem Fall auch die Relevanz der Kategorie Gender als ein wesentliches Strukturmerkmal biografischer Arbeit (vgl. Dausien 1999, Keupp u.a. 2006, Gildemeister/ Robert 2008), sowie die Schwierigkeit, sich genderbezogenen Zuschreibungen zu entziehen.

Aus diesen beiden Fällen gehen somit Biografie- und Kontextbezogenheit von Orientierungen und Werten hervor, sowie die wechselhaften Bedeutungen sozialer Kategorien: je nach subjektiver Verortung tritt die Kategorie Gender in den Vorder- oder Hintergrund, sie wirkt weder für sich auf

---

204 Dass diese Aspekte damit verbunden werden, hängt wiederum mit der männerbündischen Organisiertheit der Hexengruppe zusammen (vgl. Böhnisch/ Winter 1994, Meuser 2006).

biografische Prozesse ein, noch ist sie von der Wirksamkeit anderer Kategorien klar abgrenzbar.

Aus dem Vergleich aller Fälle geht weiter hervor, dass soziale Kategorien und gesellschaftliche Zuschreibungen je nach biografischer Phase und bisherigem biografischem Verlauf unterschiedlich bedeutsam sind.

So kann durch die Verwirklichung einzelner biografischer Projekte die Kategorie Gender momentan in den Hintergrund rücken, während andere von größerer Bedeutung sind. Bei Dora und Gunda liegen bspw. Berufsfindungs- und Familiengründungsphase mehr (Dora, vor ca. 18 Jahren) oder weniger weit (Gunda, vor ca. 2 Jahren) zurück, und damit biografische Phasen, in denen gesellschaftliche Gender- und Heteronormativitätszuschreibungen sowohl einen starken Orientierungs- als auch Zuweisungscharakter ausüben. Mit der Verwirklichung der biografischen Projekte Heirat und Muttersein entsprechen beide sowohl heteronormativen Typisierungsmustern, wie einer grundlegenden kulturellen Zuschreibung an ‚richtiges Frausein'. Es kann davon ausgegangen werden, dass dieses Entsprechen gesellschaftlich vorgesehener Institutionen im Lebenslauf (vgl. Kohli 1985) stabilisierend auf die Biografie einwirkt. Daneben lebten beide im Gegensatz zu den anderen Untersuchungsteilnehmer_innen eine zeitlang nicht in Fastnachtshausen, wodurch sie womöglich unabhängiger von regionalen Gender- und Heteronormativitätsklassifikationen sind. Zum jetzigen Zeitpunkt der Biografie können diesbezügliche Zuweisungsmuster daher in den Hintergrund rücken, im Vordergrund steht für beide die Relevanz von Mobilität. Damit verbinden sich Aspekte wie Spaßhaben, Ausgehen und Ausgelassensein. Es geht um ein Erleben der eigenen Person fernab familiärer Verantwortungen und biografischer Phasen, in denen Partner_innensuche und das Ausloten von Lebensentwürfen im Mittelpunkt standen. Die Relevanz der Kategorie Alter im Fall von Dora ist dabei ein eindrückliches Beispiel, wie soziale Zuschreibungen auch mit spezifischen biografischen Phasen zusammenhängen. Während Dora mit Blick auf Zeiten, in denen ihre Kinder klein waren, eher genderbezogene Zuweisungsmuster verhandelt, stehen momentan, im Alter von Mitte 40 und mit (fast) erwachsenen Kindern, altersbezogene im Vordergrund.

Die Fälle von Friederike und Emil verdeutlichen den Zusammenhang zwischen Biografie und sozialen Kategorien auf andere Art und Weise. Im Gegensatz zu den oben beschriebenen biografischen Phasen von Gunda und Dora befinden sich die beiden zwar in genau dem Lebensabschnitt des Erwachsenwerdens, in dem gesellschaftliche und regionale Gender- und Heteronormativitätsklassifikationen eine wichtige Orientierungsfunktion ausüben (vgl. Gildemeister/ Robert 2008), deren hintergründig wirksame Relevanz im Fall von Emil auch bereits aufzeigt wurde (s.o.). Dennoch zeigen diese Fälle, dass aus situativen, biografischen o.ä. Gründen für Individuen andere soziale Kategorien als Gender mehr Relevanz haben und klar im Vordergrund stehen können. Die hohe Bedeutung der Generationen*homogenität* der Gruppe verdeutlicht z.B. im Vergleich mit dem etwa gleichaltrigen Anton, bei dem sich gerade die Generationen*durchmischung* als bedeutend erwies, inwiefern soziale Kategorien individuell verschieden bedeutsam sind.

Die Untersuchung zeigt somit, dass individuell verschiedene Bezüge auf soziale Kategorisierungen und kulturelle Zuschreibungen stattfinden, je nach biografischem und familiärem Hintergrund, subjektiven Interessen und momentaner sozialer Verortung. Trotz feststellbarer gemeinsamer Tendenzen kann keine Zuordnung typischer Kategorien vorgenommen werden. So ist es bspw. nicht möglich, einer spezifischen biografischen Phase Kategorie A, einem familiären Hintergrund Kategorie B als typisch zuzuordnen. Derartige Schlussfolgerungen wären verkürzt und würden der empirischen Realität nicht gerecht werden. Der innerhalb der Intersektionalitätsdebatten geforderte (vgl. bspw. Walgenbach u.a. 2007, Davis 2008, Degele/ Winker 2008) und in dieser Untersuchung eingenommene Analyseblick auf miteinander verschränkte und sich wechselseitig bedingende Kategorien hat zur Folge, dass trotz feststellbarer Gemeinsamkeiten in den Fällen ein je individueller, nicht typisierbarer ‚Rest' bleibt. Anders ausgedrückt, ist „das biografische ‚Material' […] mehrdeutig, widersprüchlich, komplex, und es verhält sich gegenüber Typisierungsversuchen außerordentlich sperrig […] Besonderes und Allgemeines sind in der Biografieforschung schon auf der Ebene des empirischen Materials auf eine Weise ineinander verschränkt, die keine ‚saubere' Sortierung und Subsumtion der Fälle unter allgemeine Kategorien […] erlaubt" (Dausien 2004: 318).

Veranschaulichen lässt sich dies, versucht man bspw., Fälle entlang ähnlicher biografischer Phasen zusammenzufassen. Drei der Interviewten (Berthold, Gunda, Dora) haben feste Partner_innen, Familie und stehen schon seit einiger Zeit im Berufsleben. Sie haben damit wichtige „Institutionen des Lebenslaufs" (vgl. Kohli 1985) durchlaufen, mit denen u.a. gesellschaftliche Anerkennung und Status einhergehen. Daher scheint es zunächst nahe liegend, soziale Kategorien bzw. Faktoren identifizieren zu können, die für alle drei etwa gleich bedeutend sind. Eine Gemeinsamkeit aller drei Fälle ist nun tatsächlich die Bedeutung von Gelegenheiten der Selbstwirksamkeitserfahrung, konkret der Mobilität und der Möglichkeit, durch das Gruppenengagement in Kontakt mit neuen Leuten zu treten. Allerdings ist dies ein Aspekt, der sich auch bei allen anderen Untersuchten findet, und der daher auch im Kontext der ländlichen Lage des Untersuchungsorts zu betrachten ist, und nicht allein mit bestimmten biografischen Phasen.

Auch Gemeinsamkeiten der subjektiven Bedeutungen der Kategorie Gender können nicht allein auf ähnliche biografische Phasen zurückgeführt werden. Zwar stellt sie sich in allen drei Fällen insofern wirksam dar, als spezifische Verbindlichkeiten und Unterstützungsstrukturen, die für die biografische Arbeit stabilisierend sind, jeweils mit der genderhomogenen Zusammensetzung der Gruppen in Zusammenhang gebracht werden. Doch gilt dies in gleicher Weise für das junge Hexenmitglied Anton, das sich in einer ganz anderen biografischen Phase befindet. Typisierende Muster zeigen sich hier also entlang der sozialen Kategorien ‚männlich-weiblich' anstatt entlang biografischer Phasen. Dies verweist auf gesellschaftliche Klischees, denen zufolge sich Freundschaften zwischen Frauen bzw. Männern tendenziell verschieden gestalten. Ein solcher Blick ermöglicht die Erklärung der unterschiedlichen Erzählungen der Frauen bzw. Männer über Bedeutungsdimensionen der Gruppenbeziehungen. Für alle sind die Beziehungen innerhalb der Gruppe von hoher Bedeutung, da sie ein soziales Netzwerk darstellen, welches im Kontext komplizierter gewordener Übergänge Unterstützung leistet (vgl. Stauber u.a. 2007), oder in Zeiten größerer Belastung emotional stützt (vgl. Keupp u.a. 2006, Sennet 2002, Honneth 1994). Aus den Beschreibungen der Frauen gehen dabei Dimensionen wie Vertraulichkeit, gegenseitige Beratung, Hilfe in Krisensituationen hervor, während die Männer eher von gegenseitigem Rückenstärken, gemeinsamen Unternehmungen und guter Kameradschaft sprechen[205].

Werden nun zusätzlich subjektiv-biografische Hintergründe in den Analyseblick einbezogen, so lassen sich weitere Faktoren als bedeutend für die hohe Relevanz der Gruppenzugehörigkeit identifizieren, die wiederum nicht ohne Bezug zur Kategorie Gender betrachtet werden können. Im Falle Bertholds bspw. ist die Gruppenmitgliedschaft so bedeutend, weil er durch seine Gruppenleitung Erfolge verzeichnet, die ihm Status und Anerkennung auf lokaler und überregionaler Ebene einbringen. Sein Engagement wirkt damit stabilisierend auf sein biografisches Gefühl ein und kann in seinem Fall berufliche Misserfolge kompensieren. Status und Anerkennung sind dabei aufgrund der männerbündischen Struktur der Hexengruppe stark an die Kategorie Gender gekoppelt.

Die Fragen, in welcher Phase der Biografie je spezifische soziale Kategorien in den Vorder- bzw. Hintergrund treten, und ob die Verhandlung bestimmter sozialer Kategorien mit spezifischen biografischen Abschnitten in Verbindung gebracht werden kann, lässt sich somit nicht beantworten. Die Untersuchungsergebnisse zeigen, *dass* und *wie* soziale Kategorien verhandelt werden, ebenso wie kulturelle Zuschreibungen, regionale Normalitäten und subjektive Bedürfnisse. Die Ergebnisse erlauben jedoch keine Typisierungen entlang binärer Muster wie jung/ alt, weiblich/ männlich, allein/ in Partner_innenschaft lebend, mit/ ohne Kinder usw. Ebenso wie sich an manchen Stellen verallgemeinerbare Tendenzen erkennen lassen, werden in anderen Passagen Brüche deutlich, die mit je unterschiedlichen Faktoren zusammenhängen, die sich ganz grob unter biografie-, familien-, kontext-, subjekt- und lebenssituationsspezifischen Aspekten zusammenfassen lassen. Durch dieses Aufzeigen der Wirksamkeit und Verwobenheit unterschiedlichster Bedingungsfaktoren für biografische Arbeit leistet die Untersuchung

---

205 Die Erzählungen der Männer müssen darüber hinaus im Kontext der bereits weiter oben beschriebenen gesellschaftlich-patriarchalen sowie individuellen Funktionen männerbündischer Strukturen analysiert werden (vgl. Böhnisch/ Winter 1994).

damit einen wichtigen empirischen Beitrag zu den überwiegend theoretisch-analytischen Debatten über Intersektionalität. In diesem Kontext ist es mir wichtig, auf die Grenzen der Erfassung empirischer Realitäten hinzuweisen, konkret auf die Verhandlung bestimmter sozialer Kategorien. In der vorliegenden Untersuchung zeigte sich dies z.b. eindrücklich an der Kategorie Sexualität: aufgrund der empirischen Ergebnisse ist es naheliegend, auf eine Bedeutung dieser Kategorie für alle Untersuchungsteilnehmer_innen zu schließen. Allerdings ist diese Kategorie in einem Maße normativ belegt, dass vor allem Aspekte außerhalb heteronormativer Klassifikationen sowie sozial ‚unangebrachten' Verhaltensweisen nicht zur Sprache kommen (z.b. homoerotische Kontakte, außereheliche Körperlichkeiten)[206]. Diese Begrenzungen wurden hier durch die Methodentriangulation zu überwinden versucht, was in gewissem Maße, dies zeigen die teilnehmenden Beobachtungen und die Feldnotizen, auch gelang (vgl. z.b. die Beobachtungen der homoerotischen Kontakte zwischen Mitgliedern der Hexengruppe). Aber eben nur zu einem Teil. Darüber hinaus kann nur spekuliert werden, bleibt offen, was nicht gesehen und was nicht ausgesprochen wurde.

Ein weiteres Ergebnis der Untersuchung hinsichtlich der Verhandlung der Kategorie Gender ist das Bewegen ‚in' und ‚außerhalb' gesellschaftlicher Zuschreibungen. Ebenso wie sich in Selbstnarrationen und Interaktionen die Wirkmächtigkeit sozialer Gender- und Heteronormativitätsklassifikationen zeigte, fanden Verhandlungen und Experimente statt. Die mannigfaltigen Genderthematisierungen verweisen darauf, dass in ländlichen Regionen lebende Individuen kein ‚traditionelles' oder ‚starres' Gender-/Heteronormativitätsbild haben. Eine oft vorgenommene Polarisierung im Gegensatz zu Städter_innen führt eher zu Engführungen in der Argumentation und zu Defizitzuschreibungen, als einen offenen Blick zu fördern. Daher widersprechen die Ergebnisse dieser Untersuchung den von Böhnisch/ Funk (1989) herausgearbeiteten und im zweiten Landesjugendbericht Baden-Württembergs (vgl. Sozialministerium Baden-Württemberg 2004) abermals aufgenommenen Aussagen über „ländliche Orientierungsmuster" (ebd.: 53), die sich von städtischen unterscheiden. Wie sich zeigte, kann nicht per se davon ausgegangen werden, dass sich ‚die' in der Stadt Lebenden an anderen bzw.

---

206 Anzumerken ist hier, dass in den Interviews auch nicht ausdrücklich danach gefragt wurde. Zu vermuten ist allerdings, dass ein direktes Nachfragen nach bspw. homoerotischen oder außerehelichen Bedürfnissen nicht unbedingt offene Antworten zur Folge gehabt hätte, sondern eher- ähnlich wie im Fall der Nachfragen nach subjektiven Bedeutungen der Kategorie Gender – eine Art Glättung der ‚brüchigen Normalität'. Durch mein Kontextwissen ist mir zudem bekannt, dass einige Untersuchungsteilnehmer_innen durch den Fastnachtsrahmen normative Begrenzungen der Kategorie Sexualität überschreiten. Aus forschungsethischen Gründen (d.h. zum Schutz der Einzelnen) fließt dieses Wissen jedoch nicht explizit in die Ergebnisdiskussion ein.

weniger traditionellen Mustern orientieren als ‚die' auf dem Land Lebenden, oder umgekehrt. Durch Individualisierungen von Lebensläufen, Pluralisierungen biografischer Projekte, durch die Vermittlung unterschiedlichster Werte in den Medien u.v.m. wäre es verkürzt zu konstatieren, in ländlichen Regionen ginge es (gender-/ heteronormativitätsbezogen) traditioneller zu als in der Stadt. In der untersuchten Region leben bspw. homosexuelle Paare ebenso mehr oder weniger offen wie in Städten, Mütter sind ebenso berufstätig, Väter ebenso wenig Hausmänner, Frauen machen Karriere oder nicht, in Vereinsvorständen sind Frauen und Männer usw. Hier wären Forschungen weiterführend, die einen anderen analytischen Blick auf Stadt und Land werfen und feststellbare Unterschiede auf mehrere Faktoren beziehen als auf eine Art moderne Stadt – traditionelles Land – Differenz. Insofern offenbart sich hier abermals die Potenz eines intersektionellen Forschungsblicks, wie er in der vorliegenden Untersuchung eingenommen wurde.

Bei allen Unterschieden bzgl. der Verhandlung sozialer Kategorien bestätigen die Untersuchungsergebnisse schließlich die innerhalb der Biografieforschung dargestellte Verwobenheit von handelnden Individuen und gesellschaftlichen Strukturen (vgl. Alheit 1990, Fischer-Rosenthal/ Rosenthal 1997, Dausien 2004, Keupp u.a. 2006). Am eindrücklichsten zeigten sich diese an genderbezogenen, heteronormativen und altersbezogenen Zuschreibungen. Die Fallvergleiche konnten diesbezüglich ebenfalls sehr offensichtlich machen, auf welche Art und Weise Individuen in Interaktionen und Selbstnarrationen an der Fortdauer sozialer Zuschreibungen beteiligt sind. Dabei ist mir wichtig hervorzuheben, dass trotz Schwierigkeiten sowie temporärer Unmöglichkeiten eines Verhaltens jenseits sozialer Zuschreibungen, die Subjekte nicht als Opfer der Strukturen erscheinen. Brüche, Überschreitungen, Experimente und auch Reflexionen sozialer Zuweisungsmuster wurden in allen Fällen entdeckt und verweisen auf die prinzipielle Handlungs- und Gestaltungsfähigkeit der Subjekte.

Ebenfalls bestätigt wird durch die Untersuchungsergebnisse die von Keupp u.a. (2006) sowie in Kapitel 1.2 aufgezeigte Relevanz sozialer Netzwerke für den Erhalt von Anerkennung. Trotz deutlicher Unterschiede in den gelebten Verbindlichkeiten der Gruppen- bzw. Vereinsbeziehungen geht aus allen Fällen eine stabilisierende Einwirkung der Gruppenmitgliedschaft auf die biografische Arbeit hervor. Es kann konstatiert werden, dass für den Erhalt von Anerkennung das passende Netzwerk ausgewählt wird. Damit ist gemeint, dass die Individuen sich im Prozess der Aushandlung ihrer subjektiven Bedürfnisse und sozialen Zuschreibungen in dem sozialen Netz beheimaten, in welchem sie am meisten Übereinstimmung erfahren bzw. das soziale Netz dementsprechend mitgestalten. Auch dies wird bei Keupp u.a. ausgeführt (ebd.). Die von den Autor_innen angeführte Einwirkung sozialer Netzwerke auf die Aufrechterhaltung traditioneller Genderrollenbilder kann durch die Untersuchung allerdings nicht untermauert werden. Männerbündische Strukturen der Hexengruppe stellen zwar gegenderte Zuschreibungen dar und erscheinen zuweilen recht starr, doch zeigte sich innerhalb der Gruppe ebenfalls Bewegliches, Fließendes. Anstelle eines Entweder-Oders stehen ‚Traditionelles' und ‚Offenes' nebeneinander und erzeugen interessante Spannungen. Insgesamt lassen die dargestellten genderbezogenen Brüche, Experimente und Gruppendynamiken Netzwerke als flexible Rahmen für kulturelle genderbezogene Verhandlungen erscheinen, die situative Offenheiten innerhalb eines abgesicherten Rahmens ermöglichen. Die Einbettung des jeweiligen Gruppen- bzw. Vereinslebens in den Fastnachtszusammenhang spielt dabei eine wesentliche Rolle. Hinsichtlich homoerotischer Verhaltens- und Kommunikationsweisen wurde bereits deutlich, inwiefern mit der fastnächtlichen Rahmung ‚sichere' oder auch eindeutige Konditionen einhergehen.

5.2 DIE BEDEUTUNG DER EINBETTUNG DES VEREINSLEBENS IN DEN FASTNACHTSZUSAMMENHANG

Für alle Untersuchungsteilnehmenden erweist sich die Verknüpfung von Vereinsengagement und Fastnacht als sehr bedeutend. Wesentliche Gründe hierfür sind (1) eine intensivere Nutzung der fastnächtlichen Experimentier- und Erfahrungsräume im geschütztem Rahmen des Gruppenzusammenhangs, und (2) ein sich dadurch ergebendes Zusammenwirken von Fastnacht und Alltag. Beide Faktoren werde ich im Folgenden näher ausführen.

5.2.1 Subjektive Bedeutungen der durch den Fastnachtsrahmen entstehenden Experimentier- und Erfahrungsräume

Eine für alle Interviewten wesentliche Bedeutung des Vereinslebens kann unter dem Stichwort Mobilität zusammengefasst werden. Dahinter stehen Aspekte wie vermehrte Ausgehmöglichkeiten, Radiuserweiterung der Freizeitaktivitäten, und die Möglichkeit, auf überlokaler und -regionaler Ebene neue Leute kennen zu lernen. Die Bedeutung dieser Art von Mobilität ist in Zusammenhang mit der Infrastruktur des Freizeit- und Kulturlebens in ländlichen Räumen zu betrachten. Im Untersuchungsort bleiben z.B. bei kulturellen Veranstaltungen die Einwohner_innen unter sich, überörtliche bzw. -regionale Ausgehmöglichkeiten sind mit öffentlichen Verkehrsmitteln nicht zu erreichen und bedingen daher die Verfügbarkeit über einen PKW, ebenso existieren quasi keine Ausgehoptionen in anonymen Rahmen (es sei denn, man hat einen PKW und ist zudem bereit, 50km in die nächste Großstadt zu fahren). Diese Faktoren erklären die in allen Fällen feststellbare Relevanz von Mobilität. Im Fall von Berthold ergaben sich durch das Engagement im Fastnachtsverein sogar verbindliche überregionale Freundschaftsbeziehungen. Wenn im zweiten Landesjugendbericht Baden-Württembergs bzgl. des Freizeitverhaltens Jugendlicher wachsenden Aktivitätsradien konstatiert werden (vgl. Sozialministerium Baden-Württemberg 2004: 55), so zeigt die Untersuchung deren subjektive Bedeutungen auf und verweist darüber hinaus auf Optionen zur Wahrnehmung solcher Aktivitäten. Zudem stellt sich diese Art der Mobilität in der Untersuchung für Jugendliche und Erwachsene gleichermaßen bedeutsam dar.

Durch die Verbindung der Gruppen-/ Vereinsaktivitäten mit der Fastnacht unterscheidet sich diese Mobilität nun von Aktionen anderer Vereine. Im Vergleich zu Sportvereinen etwa fehlt der die Treffen rahmende Wettbewerbs- und Turnieraspekt. Im Mittelpunkt der Unternehmungen der untersuchten Gruppen bzw. Vereine stehen der Festcharakter, mit dem sich das gemeinsame Spaßhaben, ein In-Kontakttreten zu Fremden, und eine spezifische Art des kollektiven Erlebens der Veranstaltungen verbinden[207]. Dies wird von allen Interviewten als ein wesentliches Element des Gruppen-/ Vereinslebens beschrieben, welches auch bei Treffen und Unternehmungen außerhalb der eigentlichen Fastnachtssaison wirksam und relevant ist.

In Zusammenhang mit dieser Art von Mobilität ergeben sich Erprobungs-, Ermöglichungs- und Erfahrungsräume, die von allen Untersuchungsteilnehmenden als Möglichkeiten der Selbstwirksamkeitserfahrung genutzt werden. Solche Räume entstehen dabei durch den fastnächtlichen Rahmen, d.h. durch offenere Rahmenbedingungen wie gelockerte Normen (z.B. hinsichtlich gegen- und gleichgeschlechtlichen Kontakten, Hierarchien o.ä.), geringere Hemmungen in der Begegnung mit Anderen (v.a. aufgrund der gelockerten Normen, aber auch aufgrund des Alkoholkonsums und Schlafmangels) oder auch Anonymität. Alle Interviewten beschreiben ihr Verhalten an Fastnacht als lockerer, ungehemmter und anders als im Alltag und begründen dies mit der Offenheit des fastnächtlichen Rahmens. Die Dimensionen von ‚ungehemmter' oder ‚anders' als im Alltag reichen dabei von vermehrten Optionen des Ausgehens, Feierns und Ausgelassenseins wie z.B. bei Dora und Friederike, über Gefühle, sich nicht zusammenreißen zu müssen, mutiger zu sein in Kontaktaufnahmen und sich ausprobieren zu können wie bei Gunda, Anton und Friederike, bis zu Empfindungen der Selbstbestimmtheit, der Freiheit und des Authentischseins bei Berthold und Emil. Nur für einen Teil der Interviewten verstärkt dabei die temporäre Anonymität als Hästräger_in das durch das Verlassen alltäglicher Normen entstehende ‚Freiheitsgefühl', während für die meisten Untersuchungsteilnehmenden hierfür der Fastnachtsrahmen allgemein genügend Freiraum bietet. Am eindrücklichsten wird die Bedeutung der durch Fastnachtsrahmen und Anonymität entstehenden Erfahrungs- und Erprobungsräume im Falle

---

207 Wenngleich bei zwei der untersuchten Gruppen/ Vereine Tanzen bzw. Musizieren einen wesentlichen Anteil des Gruppen-/ Vereinslebens ausmacht, ist eine spezifische Art und Weise des gemeinsamen Erlebens der Veranstaltungen ein ebenso großer Anteil.

Emils, der sich während Fastnacht selbstbestimmt, im Alltag fremdbestimmt fühlt. Seine und Bertholds Erzählungen machen besonders deutlich, wie sich Individuen innerhalb des Fastnachtsrahmens frei von alltäglichen Normierungen und Zuschreibungen fühlen können, was ihnen ein anderes, für sie im Alltag nicht mögliches Verhalten gestattet, wodurch sie wiederum ein Authentizitätsgefühl entwickeln.

Die gender- und heteronormativitätsbezogene Dimension des fastnächtlichen Experimentier- und Erfahrungsraums spiegelte sich am eindrücklichsten in den teilnehmenden Beobachtungen wider (vgl. Punkt 1 dieses Kapitels). Über deren subjektive Bedeutung für Fastnachtsteilnehmende können, wie bereits erwähnt, keine zuverlässigen Aussagen getroffen werden, da diese in den Interviews überwiegend implizit thematisiert werden. Deutlich wird, inwiefern der fastnächtliche Rahmen ein Thematisieren, Experimentieren und Überschreiten sozialer Gender und Heteronormativitätszuschreibungen erlaubt, wozu in ländlichen Regionen ansonsten wenige Möglichkeiten bestehen (vgl. die obigen Ausführungen über die Infrastruktur an Ausgehmöglichkeiten). Die in Kapitel 1.1 dargestellte Bedeutung von Gender/ Heteronormativität als *Strukturmerkmal* sozialer Wirklichkeit einerseits, die zahlreichen Beobachtungen des *Experimentierens* mit kulturellen Gender-/ Heteronormativitätszuschreibungen andererseits bzw. zugleich, verweisen allerdings auf individuelle Bedürfnisse des Ausdehnens und -testens. Dies lässt auf subjektive Bedeutungen genderbezogener Erfahrungen innerhalb des fastnächtlichen Experimentier- und Erfahrungsraums schließen.

5.2.2 Das Zusammenwirken von Fastnacht und Alltag und die Bedeutung für biografische Prozesse

Hinweise auf ‚alltägliche Nachwirkungen‘ der fastnächtlichen Selbsterfahrungen werden in den Selbstnarrationen nicht explizit angesprochen. Aus den Beschreibungen der Interviewten geht allerdings hervor, dass durch die Fastnachtsbezogenheit des Gruppen-/ Vereinslebens etwas von diesem ‚fastnächtlichen Geist‘ auch im Alltag weht. Ähnlich beschreibt dies Tokofsky in seinen Fastnachtsstudien in Elzach (vgl. 1999b und 2002). Durch die Untersuchung wurde deutlich, dass Alltag und Fastnacht auf eine sehr enge Weise miteinander verbunden sind, die es erschwert, die Bedeutung der Selbsterfahrungen für biografische Prozesse – ähnlich wie die unter Punkt 1 dieses Kapitels dargestellten Verhandlungen gesellschaftlicher Gender- und Heteronormativitätsannahmen – auf kognitiver Ebene zu vollziehen.

So ist ein wesentliches Ergebnis der Untersuchung, dass Fastnacht und Alltag nicht voneinander getrennt werden können. Alle Untersuchungsteilnehmenden verbinden mit Fastnacht mehr als die Erlebnisse während der tatsächlichen Fastnachtssaison. V.a. durch die Verknüpfung von Fastnacht und Vereins-/ Gruppenaktivitäten, reicht Fastnacht für alle über die als solche markierten Tage im Kalender hinaus[208]. Als wesentlicher Faktor dessen, was Fastnacht alltäglich, im Alltag relevant werden lässt, wird von allen die oben beschriebene Mobilität angeführt. Das bedeutet, ein spezifisches Erleben von Spaß und guter Stimmung innerhalb der Gruppe/ des Vereins, die Radiuserweiterung des Freizeitverhaltens einschließlich damit verbundener Möglichkeiten neuer Kontakte, und damit eine spezifische Art und Weise der Selbsterfahrung und -wirksamkeit sind Aspekte, die für alle Interviewten in unterschiedlichem Ausmaß auch außerhalb der Fastnachtssaison relevant sind. In der folgenden Passage aus der Entstehungsgeschichte des untersuchten Guggenmusikvereins drückt sich dies recht deutlich aus:

„So taten sie sich zusammen und probten was das Volk zukünftig in Verzückung zu versetzen mögen sollte. Bald jedoch wurde klar, dass Proben alleine nicht glücklich machen … Es musste also mehr her. Die Gruppe wollte feiern! Feiern mit sich selbst aber auch und vor allem mit anderen Menschen. Also zog man los um Freude unter die Menschen zu bringen und sich selber nach Kräften zu freuen – selbst im Land der Franzosen fanden und finden die Auftritte und Fanartikel der Stars begeisterte Anhänger. Da jedoch die Hauptsaison für Guggenmusiken dem richtigen Guggenmusiker in der Regel zu kurz ist, beschlossen die wackeren Bläser und Trommler, sich auch vor, nach und zwischen der Fasnet zu treffen, zu feiern und ab- und zu auch zu musizieren. Schnell hatte sich diese Spaßtruppe herumgesprochen und so verwundert es nicht, dass die Zahl der Mitglieder seit Beginn stetig steigt." (Homepage des Guggenmusikvereins Fastnachtshausen)

In den Fallanalysen von Anton, Dora und Berthold wurde deutlich, welch hohe Bedeutung das Fastnachtsengagement für die biografische Entwicklung haben kann. Anton beschreibt bspw. sein kommunikatives Experimentieren innerhalb des fastnächtlichen Genderspiels als hilfreich für Kontaktaufnahmen zu jungen Frauen. Weiter spricht er mit Bezug auf Beziehungsgestaltungen und Freizeitaktivitäten mit Angehörigen der Hexengruppe von „gefühlter ganzjähriger Fastnacht". Am Falle Doras zeigt sich die Verbindung zwischen Fastnacht und Biografie recht plastisch. Sie lebt an Fastnacht zwar vermehrt subjektive Bedürfnisse des Ausgelassenseins und Ausgehens aus, hat durch die Aktivität in der Tanzgruppe aber das ganze Jahr über hierfür Gelegenheiten, da die Tanzgruppe bei den Unternehmungen während des Jahres eine Art von Mobilität pflegt, die der fastnächtlichen sehr ähnlich ist. Diese Optionen gehören zu den wichtigsten Gründen für ihre lange Zugehörigkeit. Hierdurch schafft Dora sich einen Raum für diesen ihr wichtigen Teil der Biografie. Für Berthold ist sein Engagement im Fastnachtsver-

---

208 Hier gilt zudem zu beachten, dass gerade durch die Einbettung des Vereinslebens in den Fastnachtszusammenhang Aktivitäten wie Proben und Planungen nötig werden, die ca. im September beginnen. Dies allein (d.h. ohne den Einbezug weiterer Gruppen-/ Vereinsaktivitäten wie Ausflüge, Grillfeste o.ä.) ‚dehnt' die Fastnachtssaison auf 6-7 Monate aus.

ein in Zusammenhang mit Möglichkeiten des Sich-Ausleben-Könnens und Authentischseins vielseitiger als jedes andere Hobby und er bezeichnet es daher als das Wichtigste, das er jemals in seinem Leben mitgemacht habe.

Das Verhalten innerhalb des fastnächtlichen Rahmens kann auch eher abgekoppelt von alltäglichen Bedingtheiten empfunden werden. Gunda und Friederike bspw. bezeichnen ihr Verhalten während der Fastnacht als anders und daher schwierig, in den Alltag zu integrieren. Zugleich geht jedoch aus ihren Beschreibungen der Gruppenaktivitäten während des Jahres hervor, wie wichtig ihnen dabei die Art der Mobilität ist, die sie an Fastnacht genießen (s.o.). Durch die Gelegenheiten derartiger Selbsterfahrungen erscheint der Zusammenhang zu biografischen Prozessen daher implizit sehr wohl existent, wenngleich er auf subjektiver Ebene nicht bewusst hergestellt wird. Dass es schließlich auch Individuen gibt, für die Fastnacht eine Möglichkeit darstellt, spezifischen biografischen Anteilen Raum zu geben, wurde am Fall von Emil deutlich. Er sieht sein Verhalten im Alltag starken Normierungen und Zuschreibungen ausgesetzt und nutzt den Fastnachtsrahmen als eine Art Ventil, sich darüber hinwegzusetzen, einen Teil seiner Biografie zu leben, für den er im Alltag keinen Raum sieht. Dass er diese Anteile während des Jahres nicht lebt, lässt nun nicht darauf schließen, dass diese Erfahrungen für seine Biografie nicht relevant sind. Im Gegenteil – seine beschriebenen Selbsterfahrungen, die deutlich werdende subjektive Relevanz, und die (Er-)Lebbarkeit eines elementaren biografischen Parts lassen die Schlussfolgerung zu, dass sie in die biografische Arbeit integriert werden.

Die Untersuchung macht somit Zusammenhänge zwischen fastnachtsbezogenem Gruppen-/ Vereinsengagement und biografischen Entwicklungen offensichtlich. In ländlichen Regionen mit einer schwachen Infrastruktur an Ausgehmöglichkeiten und einer spezifischen Mischung von Tradition und Moderne (vgl. Sozialministerium Baden-Württemberg 2004: 53) sind diese Optionen der Selbsterfahrung für die biografische Arbeit von hoher Relevanz.

Schließlich sei mit Blick auf fastnachtsbezogene Experimentier- und Erfahrungsräume auf Punkt 1 dieses Kapitels verwiesen. Dort werden Thematisierungen und Experimente gesellschaftlicher Gender- und Heteronormativitätszuschreibungen beschrieben. Die Untersuchung zeigt (v.a. anhand der teilnehmenden Beobachtungen), wie der Fastnachtsrahmen für gegen- und gleichgeschlechtliche Interaktionen genutzt wird, die im Alltag z.T. starken Normierungen unterliegen und nicht ohne weiteres möglich sind. Wie bereits mehrfach erwähnt, wird dies von den Interviewpartner_innen nicht reflektiert und/ oder ausgesprochen. Ebensowenig wurden teilnehmende Beobachtungen bei außerfastnächtlichen Gruppen-/ Vereinstreffen durchgeführt, die Gender- und Heteronormativitätsthematisierungen hätten entdecken können. Erzählungen wie die über ‚gefühlte ganzjährige Fastnacht‘ sowie die Tatsache, dass die Gruppen-/ Vereinstätigkeit die Fastnachtssaison auf sechs bis sieben Monate ausdehnt, lassen jedoch den Schluss zu, dass auch genderbezogene Selbsterfahrungen für die Subjekte und deren biografische Prozesse von Bedeutung sind. Aus den beobachteten und in den Interviews implizit thematisierten Gender- und Heteronormativitätsexperimenten lässt sich ablesen, dass das Erleben eines Teils der Biografie ermöglicht wird, der im Alltag nicht unbedingt (und nicht auf diese Weise) Raum erhält.

5.3 DIE BEDEUTUNG VON VEREINEN ALS ORTE INFORMELLEN LERNENS IN LÄNDLICHEN REGIONEN FÜR DIE BIOGRAFIE

5.3.1 Kompetenzentwicklungen im Rahmen des Vereins- bzw. Gruppenengagements

Insgesamt lassen sich bei allen Untersuchungsteilnehmenden in Zusammenhang mit dem Gruppen-/ Vereinsengagement stehende Kompetenzentwicklungen erkennen. Diese sind freilich so vielfältig und von unterschiedlichem Ausmaß wie das jeweilige Engagement selbst. Sie lassen sich unter soziale, personale, fachliche und organisatorische Kompetenzen zusammenfassen. So geht aus den Beschreibungen bspw. hervor, dass ein gelingendes Miteinander im Gruppen-/ Vereinsalltag, ein von allen Beteiligten Kommunikations- und Teamfähigkeiten verlangt, die nicht zuletzt durch das weitgehende Fehlen formaler Hierarchien gefordert und gefördert werden[209]. In diesem Zusammenhang verdeutlichen die Darstellungen der Relationen innerhalb der Gruppen/ Vereine auch, inwiefern soziale Kompetenzen wie Konflikt- und Krisenmanagement, Toleranz, Achtung und Respekt (weiter-)entwickelt werden[210]. Vor allem die Fallanalysen der Mitglieder der Tanz- und Hexengruppe zeigen, dass zum Teil schwere Spannungen und Auseinandersetzungen solche Kompetenzen erforderten, mit deren Hilfe Krisen bewältigt werden konnten und ein besseres, verbindlicheres Miteinander daraus resultierte. Im Falle der Tanzgruppe wurden bspw. in verschiedensten Aushand-

---

209 Zur Sicherung einer gewissen Gruppenharmonie wird in allen Gruppen zwar mehr oder weniger explizit soziale Schließung praktiziert, allerdings verhindert diese (natürlich) nicht Disharmonie, Konflikte, o.ä. Welche Funktionen und Auswirkungen soziale Schließungen und diesbezüglich ablaufende Gruppenprozesse haben ist ein interessanter Aspekt, der jedoch nicht im Fokus dieser Forschungsfragen stand.

210 An dieser Stelle sei auf die Schwierigkeit der Nachvollziehbarkeit hingewiesen, welche Kompetenzen durch das Engagement erworben und welche weiterentwickelt werden (vgl. Düx/ Sass 2005: 406). Allerdings ist eine solche Differenzierung auch nicht das Anliegen dieser Untersuchung, sondern tatsächlich die Analyse von prinzipiell existierenden Möglichkeiten der (Weiter-)Entwicklung von Kompetenzen.

lungsprozessen immer wieder die Gruppenmodalitäten an veränderte Lebensumstände einzelner Frauen angepasst.

Manche Untersuchungsteilnehmenden übten im Laufe ihrer Vereinskarriere Leitungspositionen aus, was nicht ohne die Übernahme von Verantwortung möglich ist. Hieraus entwickelte sich die Bereitschaft für weitere Verantwortungsübernahmen, wodurch wiederum Lernprozesse angeregt wurden (vgl. Düx/ Sass 2005). Sehr deutlich wird dies am Fall Doras, die zunächst das Kinderturnen mit leitet, dann hauptverantwortliche Leiterin wird, darüber für die Einstudierung von öffentlichen Tanzdarbietungen verantwortlich wird, was schließlich zur Gründung und Leitung einer neuen Sportgruppe innerhalb des Vereins führt. Dieser Fall zeigt zudem, wie ein solches Engagement zur Teilnahme an Workshops und Fortbildungen führen kann, bei denen auf formellem Weg fachliche Kompetenzen erworben und im Gruppenalltag weiterentwickelt werden. Im Fall von Berthold spiegeln sich besonders klar Zusammenhänge zwischen Vereinsengagement, sozialen, personalen und organisatorischen Kompetenzentwicklungen, und biografischen Prozessen wider. Unter seiner Leitung wurden innerhalb der Gruppe Konflikte ausgetragen und gemeinsam nach Lösungen gesucht, das Miteinander wurde harmonischer und verbindlicher, und es wurde ein überregionales Kontaktnetz zu anderen Gruppen aufgebaut. Durch sein Engagement kann Berthold vielfältige Kompetenzen erproben und (weiter-)entwickeln, die Früchte seines Engagements geben ihm zudem Anerkennung und positive Bestätigung, da signifikant Andere ihn ernst nehmen, ihm verantwortungsvolle Aufgaben zutrauen und zumuten, sowie seine Leistungen anerkennen. Dies wirkt sich positiv auf sein biografisches Gefühl aus und er traut sich weitere verantwortungsvolle Positionen und Aufgaben zu.

Der Erhalt von Anerkennung stellt einen Aspekt dar, der sich bei allen Interviewten als relevant erweist. Anerkennung ist für die Entwicklung personaler Kompetenzen wie Selbstwertgefühl und -vertrauen oder Selbstwirksamkeit von Gewicht und steht somit wiederum in Relation zu biografischen Entwicklungen (vgl. Kapitel 1.2). Wenn der 13. Landesjugendbericht Baden-Württembergs Vereinen eine wichtige Integrationsfunktion zuschreibt (vgl. Sozialministerium Baden-Württemberg 2004: 56), so zeigen die Untersuchungsergebnisse Zusammenhänge zu Aspekten der Anerkennung und Kompetenzentwicklung: einerseits können Vereine für Individuen nur integrative Funktionen ausüben, wenn die Mitglieder dazu beitragen, wofür diese soziale, personale, und womöglich auch fachliche Kompetenzen benötigen. Andererseits bedeutet Integration wiederum Anerkennung und hängt folglich mit biografischen Entwicklungen zusammen.

Die Fallanalysen bestätigen somit Forschungsergebnisse über umfangreiche Möglichkeiten der Kompetenzentwicklungen durch freiwilliges Engagement (vgl. Oshege 2002, Rauschenbach/ Düx/ Sass 2006, Gille u.a. 2006, Düx u.a. 2008). In Anlehnung an Oshege kann konstatiert werden, dass die untersuchten Gruppen und Vereine als eine Form freiwilliger Vereinigungen „umfassenden Raum für Lernmöglichkeiten und -arrangements [bilden]" und damit „als Möglichkeitsraum angesehen werden [können], um zu lernen und um Lernerfolge zu erzielen" (2002: 135). Im Unterschied zu den genannten Untersuchungen ging es in der vorliegenden jedoch nicht um Kompetenzerwerb durch das Ausüben verantwortungsvoller Tätigkeiten, sondern durch das Gruppen-/ Vereinsengagement *als solches*.

Die Untersuchung konnte schließlich zeigen, dass sich durch die Fastnachtsbezogenheit der untersuchten Gruppen/ Vereine spezifische Optionen des Kompetenzerwerbs ergaben. Unter dem Stichwort ‚Mobilität' wurden in Punkt 2 dieses Kapitels die durch den Fastnachtsrahmen sowie die Fastnachtsbezogenheit des Vereins-/ Gruppenengagements entstehenden Experimentier- und Erfahrungsräume dargestellt. Die sich daraus ergebenden Optionen für Selbsterfahrungen und -erprobungen wurden bereits in den Kontext zu biografischen Entwicklungen gestellt, weshalb hier lediglich darauf verwiesen wird. Festzuhalten bleibt, dass sich durch die Fastnachtsbezogenheit der Gruppen-/ Vereinsaktivitäten spezifische Dimensionen des Experimentierens mit der eigenen Person eröffnen, die von allen Untersuchungsteilnehmenden genutzt und geschätzt werden. Auch in den teilnehmenden Beobachtungen zeigten sich zahlreiche Verhaltensweisen und Interaktionen, die ohne den gelockerten fastnächtlichen Rahmen schwer vorstellbar wären (vgl. Punkt 1 dieses Kapitels). Hier erwiesen sich v.a. Experimente mit kulturellen Gender- und Heteronormativitätszuschreibungen als bedeutend. Solche Selbsterfahrungen fordern und fördern Kompetenzen wie Kommunikation, das Überwinden eigener Hemmungen, Selbstbeobachtung, Kreativität, Selbstwertgefühl und Selbstbewusstsein. Verknüpfungen zu biografischer Arbeit ergeben sich in mehrerer Hinsicht. Ein stabiles Selbstwertgefühl kann z.B. in anderen Bereichen das eigene Handeln positiv beeinflussen, in normfreieren Interaktionen praktizierte Selbstwirksamkeitserfahrungen können allgemein in Kommunikationen ‚nachwirken', und schließlich können Selbsterprobungen insgesamt die Entwicklung eines Gefühls der Anerkennung beeinflussen.

Die in den Interviews betonten Dimensionen von Gemeinschaft, des Ausgelassenseins und Spaßhabens sind Aspekte, die neben der Fastnachtsbezogenheit der Gruppe/ des Vereins auch in enger Relation zur Infrastruktur der Freizeit- und Ausgehmöglichkeiten in ländlichen Regionen zu betrachten sind (vgl. Punkt 2 dieses Kapitels). Daraus resultierende Möglichkeiten der Selbsterfahrung und -experimentierung erweisen sich z.B. für das Knüpfen neuer Kontakte auf lokaler und überregionaler Ebene von Gewicht, sowie für das Experimentieren mit genderbezogenen Zuweisungsmustern. In dieser Hinsicht eröffnet das Engagement in Fastnachtsvereinen (bzw. in Vereinen/ Gruppen mit Fastnachtsbezug) Optionen, die sich in anderen Vereinen nicht in diesem Ausmaß ergeben. Das Zelebrieren von Spaß, einer spezifischen Dimension von Gemeinschaft und Interaktion, und die charakteristische Art und Weise eines Aus-Sich-Rausgehens als *Mittelpunkt* der Vereins-/ Gruppenaktivität, ermöglicht ein Erleben der eigenen Person, das soziale und personale Kompetenzentwicklungen nach sich zieht, die wiederum in Relation zu biografischen Prozessen stehen. Für eine solche Art der Selbsterprobung stehen in (Groß-)Städten Räume wie Diskotheken oder Events zur Verfügung. Diese können unter Umständen täglich wahrgenommen und gewechselt werden, was jeweils einen anonymeren Rahmen und Interaktionen mit unbekannten Individuen zur Folge hat. In ländlichen Gebieten verkörpern die Fastnacht sowie fastnachtsbezogene Gruppen-/ Vereinsaktivitäten solche Freizeitoptionen mit Selbstexperimentier-Charakter. In verschiedenen Untersuchungen wird für ländliche Regionen eine Gleichzeitigkeit von Tradition und Moderne beschrieben (vgl. Sozialministerium Baden-Württemberg 2004: 53), Vereine erscheinen als eng und gendertraditionell (vgl. Böhnisch/ Funk 1989: 210). Die vorliegende Untersuchung differenziert diese Ergebnisse, indem sie zeigt, wie durch den Fastnachtsbezug der Gruppen/ Vereine Offenheiten entstehen, die gerade in ländlichen Regionen ansonsten nicht in dieser Weise gegeben sind. In diesen Kontexten sind Brüche möglich, es kann mit Werten und Normen jongliert, Zuschreibungen können ausgedehnt und überschritten werden u.v.m. Die Untersuchungsergebnisse offenbaren, dass den Subjekten dadurch eine spezifische Art und Weise der Entwicklung sozialer und personaler Kompetenzen ermöglicht wird. Die o.g. Aussagen von Böhnisch/ Funk[211] über gendertraditionelle und enge Wirkungen von Vereinen können daher nicht bestätigt werden. Zumindest für Fastnachtsvereine zeigt sich ein reges Nebeneinander von ‚(Gender-)Traditionellem' und ‚(Gender-)Öffnendem', mit dem die Subjekte selbsttätig umgehen, indem sie mit gesellschaftlichen Gender- und Heteronormativitätsannahmen, Normalitäten und Bewertungen experimentieren[212]. Diese aus der Fastnachtsbezogenheit der Gruppe/ des Vereins resultierenden Offenheiten sind in anderen Vereinen nicht in diesem Ausmaß gegeben.

Die Auftritte der einzelnen Gruppen schließlich stellen eine weitere Dimension der Selbsterfahrung und -wirksamkeit dar. Jede Gruppen-/ Vereinsaktivität beinhaltet musikalische, tänzerische oder schauspielerische Auftritte vor Publikum. Neben den Aspekten der Selbsterprobung fordern und fördern Planungen und Durchführungen der Darbietungen Kompeten-

---

211 Sowie weitere Untersuchungen des ländlichen Raums (z.B. Winter 1994, Böhnisch/ Winter 1994, und auch der 13. Landesjugendbericht von 2004, der diese Untersuchungsergebnisse als noch immer aktuell darstellt).

212 Dieses Ergebnis basiert auf einem Forschungsdesign, das versucht, Polarisierungen und binäre Denkmuster (der Forscherin selbst) zu durchkreuzen. Die über 20 Jahre alten Forschungen über Genderverhältnisse im ländlichen Raum entstanden in einer Zeit, in der die Theorien des angelsächsischen Raums über doing gender, doing difference, Intersektionalität und Queer die deutsche Genderforschung noch nicht erreicht hatten. Hier wurde noch ein recht starker dualisierender Forschungsblick angewandt, der Genderverhältnisse starr erscheinen ließ, demzufolge das Handeln von Männern und Frauen darin ebenfalls

zen wie Kommunikation, Teamfähigkeit, Kritikfähigkeit, Verantwortung und Organisationsmanagement. Darüber hinaus handelt es sich bei diesen Aufführungen auch um Beiträge zur Gestaltung des kulturellen Lebens des Untersuchungsorts.

Resümierend lässt sich festhalten, dass die untersuchten Vereine und Gruppen als Orte erscheinen, die vielfältige Chancen der Persönlichkeitsentwicklung, der biografischen Orientierung, der Sinnstiftung sowie der Teilhabe an der kulturellen Gestaltung Fastnachtshausens bieten. Als soziale Netzwerke, in denen auf vielfältige Weise Begegnungen mit signifikant Anderen stattfinden (z.B. durch das Kennenlernen anderer Lebensentwürfe oder Prioritätensetzungen als bisher bekannte, durch das Miteinander verschiedener Generationen, usw.), sind sie für die biografische Arbeit in vielerlei Hinsicht bedeutend. Das Engagement in der Gruppe/ im Verein impliziert zudem Aufbau und Pflege von Beziehungsnetzen, die in unterschiedlichem Ausmaß als individuelle Ressource genutzt werden. Dieses Pflegen wiederum erfordert ein Bewältigen immer wieder neuer, ungewohnter, problematischer Situationen, die einen Zugewinn personaler und sozialer Kompetenzen fördern und fordern. Schließlich lässt sich konstatieren, dass die Kompetenzentwicklungen durch unterschiedliche Lernwege erfolgen wie Erfahrungsaustausch, Fortbildungen, Eventorganisation, der Teilhabe an Entscheidungs- und Gestaltungsprozessen oder Selbsterfahrung.

Die Subjekte bewegen sich dabei zwischen ‚Tradition' und ‚Moderne', zwischen enger und weiter gefassten Normierungen und Wertevorstellungen. Dieses Bewegen „in einem häufig unübersichtlichen Nebeneinander von eigentlich nicht miteinander zu vereinbarenden Weltanschauungen, verschiedenen Werten, Normen und Verhaltensmustern" wird im 13. Landesjugendbericht Baden-Württembergs als charakteristisch für ländliche Regionen beschrieben (vgl. Sozialministerium Baden-Württemberg 2004: 53). M.E. ist dies nicht als ‚landspezifisch', sondern insgesamt im Kontext von Modernisierungsprozessen zu betrachten, in deren Folge sich Individuen in fortgeschrittenen Industrieländern heute spezifischen Anforderungen gegenüber sehen, die individuell unterschiedlich bewältigt werden (vgl. Kapitel 1.2). Die Notwendigkeit der Auseinandersetzung mit differenten Werten, Normen, Weltanschauungen und gesellschaftlichen Anforderungen gilt für Stadt und Land gleichermaßen, wenngleich in ländlichen Regionen sicherlich traditionellere Werte tiefer greifen dürften[213]. Es konnte gezeigt werden,

---

213 Hier stellt sich die Frage, wie der Begriff der ‚Tradition' gefasst wird. In den genannten Untersuchungen über ländliche Regionen impliziert er ‚Enge', womit Begrenztheit und Beschränkung einhergehen. ‚Das' Land in einem solchen Sinne als tendenziell traditionell, ‚die' Stadt als fortschrittlich zu etikettieren, entspricht m.E. jedoch nicht der Komplexität sozialer Wirklichkeit, denn auch in städtischen Regionen finden sich Zusammenhänge, Orte und Strukturen, die mehr oder weniger offen sind, d.h. in denen gesellschaftliche Zuschreibungen

wie das Engagement in Fastnachtsvereinen spezifische Formen und Optionen der Verhandlung unterschiedlichster gesellschaftlicher und lokalspezifischer Werte und Normen ermöglicht.

5.3.2 Verortungen zwischen sozialer Aufgehobenheit und normativen Erwartungen

Insgesamt geht aus allen Interviews deutlich hervor, dass die Vereins-/ Gruppenmitgliedschaften soziale Aufgehobenheit vermitteln. So betonen alle Interviewten hinsichtlich ihres Engagements die Bedeutung von Gemeinschaft, des Zusammenhalts, sowie des Zugehörigkeitsgefühls. In unterschiedlichem Ausmaß ist für alle der Erhalt von Anerkennung für sich als Person und für die Verwirklichung ihrer subjektiven Bedürfnisse relevant. Die Fälle von Dora, Gunda und Berthold verdeutlichen eindrücklich, inwieweit die Gruppe als soziales Netzwerk über Jahrzehnte hinweg ein stabiles Unterstützungssystem bildet und in unterschiedlichsten (Lebens-)Situationen als individuelle Ressource genutzt wird.

Am Falle Antons konnte gezeigt werden, wie sich das Engagement im Fastnachtsverein stabilisierend auf das biografische Gefühl auswirkt. Die Gruppenmitgliedschaft kann somit jungen Männern, die sich stark an lokalen (Gender-)Normalitäten orientieren, in spezifischer Weise Status und Anerkennung vermitteln. Durch ihre männerbündischen Strukturen kann sich die Hexengruppe, ähnlich wie männerbündische Zusammenhänge auf gesamtgesellschaftlicher Ebene, auf lokaler und fastnächtlicher Ebene eines gewissen Status sicher sein, zudem repräsentiert sie erwachsenes ‚Mannsein‘. Dies trägt wesentlich dazu bei, dass für junge Männer ein Mitgliedwerden in dieser Gruppe an sich ein biografisches Projekt verkörpern kann, dessen Verwirklichung einen wichtigen Schritt innerhalb der Biografie bedeutet und sich stabilisierend auf die Entwicklung des biografischen Gefühls auswirkt. Auch macht die im Falle Antons dargestellte Handhabung des Generationenauftrags des Vaters deutlich, dass es Individuen gibt, die lokale Zuschreibungen und Normierungen recht widerspruchsfrei in biografische Arbeit integrieren können. Gerade vor dem Hintergrund der im vorherigen Abschnitt beschriebenen gesellschaftlichen Optionalisierungs- und Individualisierungsprozesse (vgl. zudem Faulde/ Hoyer/ Schäfer 2006) können diese relativ klaren Mechanismen ‚richtigen‘ Erwachsenwerdens Orientierung und Sicherheit vermitteln.

Aus der Fallanalyse von Emil ging hervor, dass sich Individuen auch außerhalb der dominanten Gendernorm positionieren können. Da sich die subjektiven Interessen nicht mit dieser vereinbaren lassen, verorten sie sich

---

mehr oder weniger starr verhandelt werden. Anders ausgedrückt erfordert eine Analyse der Verhandlung gesellschaftlicher Werte und Normen weitere Differenzierungen. z.B. biografische Hintergründe, individuelle Ressourcen, subjektive Bedürfnisse etc.

in sozialen Zusammenhängen, in denen sie die für ihr biografisches Gefühl notwendige Anerkennung erfahren können. Emils biografisches Projekt des Musizierens verdeutlicht somit, dass in Fastnachtshausen Räume für Gegenentwürfe bestehen.

Auch an Doras Fall konnte in mehrerer Hinsicht gezeigt werden, dass die Orientierung an lokalen Normalitäten und die Verwirklichung eigener Bedürfnisse und Interessen vereinbart werden können. Die Initiierung eigener Projekte in der Tradition ihrer Mutter, ihre Weiterbildungen, und schließlich Gründung und Ausbau einer neuen Sportart innerhalb des Vereins ließen ihr Raum für die Entfaltung eigener Potentiale. Auch gibt ihr das Engagement in der Tanzgruppe die Möglichkeit, ihre z.T. quer zu altersbezogenen und heteronormativen Zuschreibungen liegenden subjektiven Bedürfnisse des Ausgelassenseins, Feierns und des ,crossing age' zu leben. Aus Doras Fall geht somit hervor, inwiefern die soziale Verortung in der Gruppe hilft, außerhalb normativer Erwartungen liegende subjektive Bedürfnisse, zur Norm Widerständiges, zu verfolgen.

In der Zusammenschau zeigt sich die Wirkmächtigkeit gesamtgesellschaftlicher wie lokaler Normierungen. Explizit und vielmehr implizit gehen aus den Erzählungen Verhandlungen unterschiedlichster normativer Anforderungen hervor, die ganz grob unter altersspezifischen, genderbezogenen und heteronormativen zusammengefasst werden können.

Nun konstatieren verschiede Untersuchungen über ländliche Regionen aufgrund des besonderen Spannungsverhältnisses von bspw. Tradition und Moderne oder sozialer Kontrolle und sozialer Aufgehobenheit, daraus resultierende zusätzliche Orientierungsprobleme und Widersprüche für die Individuen (vgl. exemplarisch Faulde/ Hoyer/ Schäfer 2006, Sozialministerium Baden-Württemberg 2004). Diesbezüglich ist auch die Rede von einem unübersichtlichen Nebeneinander von Weltanschauungen, verschiedenen Werten, Normen und Verhaltensmustern, die einerseits v.a. aus der Auseinandersetzung mit den Traditionen der Elterngeneration und historischen Überbleibseln der dörflichen Umgebung resultieren, und andererseits mit den globalen Veränderungsprozessen zusammenhängen (vgl. ebd.). Die Untersuchungsergebnisse bestätigen diese zahlreichen, verschiedenartigen Auseinandersetzungen. Die Fallvergleiche machen allerdings darüber hinaus deutlich, dass diese nicht ausschließlich Orientierungs*probleme* darstellen, sondern Orientierungs*optionen*. Auch außerhalb ländlicher Regionen lebende Individuen sehen sich in der heutigen pluralisierten und individualisierten Gesellschaft einer Vielzahl von Normen, Anforderungen und Verhaltensmustern gegenüber, die sie verhandeln und zu denen sie sich positionieren müssen. In ländlichen Regionen stärker wirksame traditionelle Strukturen und Werte können eng und begrenzend wirken, ebenso können sie jedoch für die Entwicklung individueller Ressourcen hilfreich sein, sie können Orientierung und Sicherheit vermitteln. So ist ein wesentliches Ergebnis der Untersuchung, dass die für ländliche Regionen als spezifisch dargestellten

Spannungsverhältnisse nicht als problematisch, sondern als produktiv bezeichnet werden können. Die Subjekte kommen nicht umhin, auch traditionelle und individuell begrenzend wirkende Normierungen zu verhandeln. Durch die soziale Verortung in ihren jeweiligen Fastnachtsgruppen bzw. -vereinen schaffen sie sich Räume und entwickeln Ressourcen, um Begrenzungen zu überschreiten und auch biografische Entwürfe außerhalb traditioneller Zuschreibungen zu verwirklichen. So erscheinen die Subjekte im dargestellten Spannungsverhältnis beweglich, flexibel und handlungsfähig.

6. Einsichten und Ausblicke

Die Ausgangsfragen dieser Arbeit waren, inwiefern sich aus fastnachtsbezogenem Vereinsengagement in ländlichen Regionen spezifische Möglichkeiten biografischer Gestaltung ergeben und welches Gewicht dabei Verhandlungen sozialer Differenzlinien wie Gender und Heteronormativität zukommt. Die aus dem empirischen Material herausgearbeiteten Verhandlungen von Gender und Heteronormativität veranschaulichen als Untersuchungsergebnisse mehreres: *Erstens* belegen sie, *dass* Gender und Heteronormativität im alltäglichen Tun (und Reden) permanent thematisiert und verhandelt werden. *Zweitens* erweisen sich diese Thematisierungen und Verhandlungen als sehr unterschiedlich, mehrdimensional und komplex. Sie vollziehen sich teilweise recht offenkundig, überwiegend aber sehr implizit, selbstverständlich und hintergründig. Das Spektrum der Thematisierungen umfasst dabei Orientierungen an kulturellen Bildern und Zuweisungsmustern über Gender und Heteronormativität, Reproduktionen, Hinterfragungen, Experimente und Überschreitungen. *Drittens* wird die Omnipräsenz der Kategorien Gender und Heteronormativität in sozialen Beziehungskontexten deutlich. Obgleich sich wechselhafte vorder- und hintergründige Wirksamkeiten verschiedener sozialer Kategorien zeigen, erweisen sich Gender und Heteronormativität bspw. als diejenigen Kategorien, die in allen Selbstnarrationen verhandelt werden, ganz gleich, ob danach gefragt wurde oder nicht. Dies bedeutet nicht, darauf möchte ich explizit hinweisen, dass Gender und Heteronormativität die ‚wichtigsten‘ oder ‚wirksamsten‘ Kategorien sind. Im Gegenteil – in der Untersuchung erwiesen sich andere Kategorien, je nach Kontext, oftmals als handlungsleitender. Gemeint ist damit vielmehr die allgegenwärtige Wirksamkeit von Gender und Heteronormativität im Hintergrund (vgl. Kapitel 1.1), ihre zentrale Bedeutung als „fundamentale Differenzordnungen" (Mecheril 2008).

Hinsichtlich der Fastnachtsbezogenheit des Vereinsengagements zeigt die Untersuchung eindrücklich, dass diese wesentliche Gestaltungsoptionen für biografische Prozesse eröffnet, die sich gerade in ländlichen Regionen als sehr bedeutsam erweisen.

Das Herausarbeiten der in der Fastnachtsbezogenheit des Vereinsengagements begründeten biografischen Gestaltungsmöglichkeiten sowie der komplexen Thematisierungen von Gender und Heteronormativität wurde im Wesentlichen durch die angewandte Methodenkombination und das Forschungsdesign möglich. Um dies zu verdeutlichen, möchte ich am Ende dieser Arbeit einen ,reflexiven Gang' durch beides unternehmen.

Methodologische Ein- und Aussichten

Das *interdisziplinär* angelegte Forschungsdesign dieser Arbeit hat wesentlichen Anteil daran, dass die Analysen sehr tief, fundiert und umfassend werden konnten. Eine Fokussierung auf eine Wissenschaftsdisziplin allein hätte nicht die Ergebnisse zutage gefördert, die sich am Ende zeigen. So lieferten die überwiegend erziehungswissenschaftlichen und soziologischen Theoriebezüge die notwendige Basis für die empirischen Erkundungen sowie deren Analysen. Ohne diese Grundlagen wäre die Schärfung und Sensibilisierung des Analyseblicks nicht in diesem Ausmaß vollzogen worden (s.u.). Weiter trugen die spezifischen kulturwissenschaftlichen und ethnografischen Perspektiven auf Handlungsabläufe, Kulturen und Sozialstrukturen wesentlich dazu bei, ganz bestimmte Zusammenhänge, Hintergründe und Verbindungen entdecken und herstellen zu können.

Diese beispielhafte Aufzählung ließe sich weiterführen, würde jedoch den einzelnen Disziplinen nicht gerecht, da sich die theoretischen Grundlagen und methodischen Herangehensweisen letztlich nicht präzise diesen oder jenen Disziplinen zuordnen lassen. Mir liegt vielmehr daran, das Potential einer interdisziplinären Herangehensweise zur Erkundung sozialer Phänomene zu verdeutlichen und zu betonen, wie sich disziplinspezifische Theorien und Methodologien gegenseitig befruchten und zu einer Weiterentwicklung führen können.

Bei der Darstellung des Untersuchungsdesigns in Kapitel 3 wurden meine *Involviertheit ins Feld*, damit verbundene Bedenken und Möglichkeiten sowie diesbezügliche Reflexionsmethoden und -orte erläutert. Nach Abschluss der Forschung kann das Fazit gezogen werden, dass die aus meinem Insiderinnenwissen resultierenden Potenziale gegenüber den befürchteten Grenzen bei weitem überwogen. Meine größten Bedenken richteten sich auf mögliche Vorbehalte der Interviewten mir gegenüber (in dem Sinne, dass ihnen eine Bekannte nun in der Rolle der Forscherin gegenübertritt), sowie auf ,blinde Flecken' und Vorurteile meinerseits. Die Bedenken hinsichtlich der Vorbehalte wurden durch das Verhalten der Interviewpartner_innen zunehmend relativiert, da mir diese mit großer Offenheit und auch Freude über mein Interesse begegneten. Meine Verbindung mit dem Feld sollte sich als mehr förderlich denn hinderlich erweisen, da ich die örtlichen und fastnächtlichen Gegebenheiten kannte, darauf Bezug nehmen und bereits bei der Kontaktaufnahme eine gemeinsame Sprache mit den Interviewten finden konnte. Dies trug dazu bei, die prinzipiell bestehende Hierarchie zwischen

Forschenden und Erforschten zu relativieren. Ich vermute allerdings, dass ich v.a. in den ersten Interviews aufgrund der relativen Nähe zu den Interviewten etwas befangen war und manche Fragen daher eher zurückgehalten oder vorsichtiger formuliert habe als ich es weniger Vertrauten gegenüber getan hätte. Ein Beispiel ist das Thema der Männerhomogenität der Hexengruppe. Aufgrund meiner Involviertheit wusste ich um die Brisanz dieser Thematik, unbefangenes Nachfragen fiel mir daher schwer. Da ich jedoch viele dieser Aspekte im Forschungstagebuch festhielt, konnten diese in den Analyseprozess einfließen.

Den Bedenken der ‚blinden Flecken‘ und Vorurteile begegnete ich zunächst durch die Schaffung diverser Methoden und Orte der Selbstreflexion. Die Ergänzung meiner Wahrnehmungen und die Beobachtung meines Verhaltens durch zwei außenstehende Forscher_innen trugen ebenfalls dazu bei, meine Innensicht zu reflektieren. Die Wahrnehmungen der beiden sensibilisierten und erweiterten meine Perspektiven, zugleich verdeutlichten sie überraschenderweise auch die Potentiale meiner Innensicht und die Grenzen von Außenstehenden. So wurde bspw. das fastnächtliche ‚Genderspiel‘ (vgl. Fallanalysen Anton und Dora) von den beiden Beobachter_innen als übergriffiges Verhalten von Männern gegenüber Frauen eingestuft. Aufgrund meiner Fastnachtserfahrungen wusste ich, dass es sich dabei überwiegend um Kommunikation unter Bekannten handelt, bei der Frauen wie Männer bestimmte Parts einnehmen. Mein Wissen über lokale Zusammenhänge trug daher dazu bei, die Verhaltensweisen von Männern wie Frauen als Übernahme verschiedener Rollen innerhalb eines fastnächtlichen Spiels zu interpretieren.

Insgesamt wurde im Laufe des Forschungsprozesses immer deutlicher, welche Möglichkeiten sich aus meinem Kontextwissen und meiner Innensicht ergaben. Nicht zuletzt ermöglichte meine Aktivität als Hästrägerin den Einbezug von Aspekten, die außenstehenden Forscher_innen nicht zugänglich gewesen wären, bzw. die eine hohe Gefahr der Beeinflussung des Feldes mit sich bringen würden (Teilnehmende Beobachtung an vereinsinternen Veranstaltungen, Nebengespräche oder Szenen an Fastnachtsevents direkt usw.).

Abschließend sei erwähnt, dass sich meine in Kapitel 3 dargestellten ethischen Bedenken zwar relativierten, jedoch bis zur Fertigstellung der Forschungsarbeit nicht auflösten. Über Menschen zu schreiben, die mir zum Teil gut bekannt sind, deren Verhalten zu analysieren, Inhalte aus Gesprächen einfließen zu lassen, bei denen die Gesprächspartner_innen nicht wussten, vor welchem Hintergrund ich diese wahrnehme oder dass sie in der Arbeit verwendet werden – all dies löste bis zuletzt immer wieder Verlegenheitsgefühle bei mir aus. Nicht zuletzt hängen diese auch mit Fragen nach Machtverhältnissen zwischen Forschenden und Erforschten zusammen (vgl. Riegel 2004). Allerdings sind dies Aspekte, die es auch bei einer Forschungsarbeit über weniger bekannte Individuen zu reflektieren gilt.

Die *Methodenkombination* der vorliegenden Untersuchung bestand aus themenzentrierten narrativen Interviews, teilnehmenden Beobachtungen, und dem systematischen Einbezug von Kontextwissen und Feldnotizen. Die Bedeutung dieser Methodenkombination erwies sich während des Analyseprozesses als weitaus höher als im Vorhinein angenommen. Als wesentliches Resultat kann daher konstatiert werden, dass für die Erforschung höchst impliziter Handlungsabläufe, wie *doing gender, doing heteronormativity* und *doing difference*, Interviews allein nicht ausreichen. Die Gründe hierfür möchte ich im Folgenden erläutern.

Obgleich sich in allen Interviews Thematisierungen von Gender, Heteronormativität sowie weiterer Ungleichheitskategorien finden, verbleiben die daraus gezogenen Schlüsse auf der Ebene dessen, was die Interviewten implizit wie explizit äußern, bzw. worüber im Interview nicht geredet wird. In vielen Äußerungen der Interviewten spiegeln sich zwar kulturelle Gender-/ Heteronormativitätsannahmen, Experimente damit oder Kritik daran scheinen auf der sprachlichen Ebene jedoch nur schwer möglich. Die Interviews können somit verdeutlichen, *dass* und *wie* kulturelle Annahmen über Gender und Heteronormativität auf der subjektiven Ebene wirken und reproduziert werden, aber nicht, ob und in welcher Weise die Subjekte *jenseits* gesellschaftlicher Zuschreibungen agieren. Dies ist im Wesentlichen in der hochgradig selbstverständlichen Wirksamkeit sozialer Differenzlinien und in der Begrenztheit sprachlicher Mittel begründet[214]. Meine Erfahrungen mit der hier angewandten Methodenkombination zeigen, dass ohne die Ergänzung ethnografischer Methoden *erstens* die vielfältigen ,Doing-Prozesse' nicht in diesem Ausmaß, und *zweitens* Experimente mit und Überschreitungen von kulturellen Zuschreibungen – wenn überhaupt – nur ansatzweise aufspürbar gewesen wären. *Drittens* wären zum Teil ganz andere Aspekte interpretiert worden. So wurde z.B. in den Interviews gemäß kultureller Annahmen über Gender und Heteronormativität argumentiert, diese wurden nicht infrage gestellt. Die teilnehmenden Beobachtungen und das Kontextwissen aber machten offensichtlich, inwiefern auf der Handlungsebene mit diesbezüglichen Zuschreibungen und Normierungen experimentiert wird. Die folgenden Passagen aus einem Interview und zwei teilnehmenden Beobachtungen veranschaulichen dies.

Im Interview mit Anton, einem jungen Mitglied der männerhomogenen Hexengruppe, schildert dieser die Interaktion als Hexe mit Mädchen/ Frauen und Jungen/ Männern gemäß kulturellen Annahmen über Heteronormativität:

---

214 Zudem kann nicht davon ausgegangen werden, dass kulturelle Annahmen über Gender/ Heteronormativität ohne Weiteres analytisch zugänglich sind. Aufgrund ihrer subtilen Wirksamkeit ist vielmehr anzunehmen, dass selbst in Interviews mit Personen, die sich kulturelle Zuweisungen immer wieder bewusst machen, viele implizit vollzogene Denk- und Handlungsmuster nicht zur Sprache kommen (vgl. Kapitel 5).

„A: Man macht schon auch etwas mit den Kerlen (schwäbisch für Jungs, K.B.), aber die, die schmeißt man in den Schneehaufen oder mit denen rudelt man sich mal auf der Straße rum […] mit denen macht man irgend einen Scheiß und die lässt man dann stehen. (..) Das ist dann so eher die Seite und die Seite der Mädchen, die nimmt man dann mal mit, die, denen bindet man zum Beispiel […] die Füße mit Kabelbinder zusammen, rechts einer, links einer, Mithüpfen lassen bis zum Hexenwagen und dann halt eingeladen. […]

I: Und nimmst du jetzt, wenn du unter der Hexe bist, nimmst du auch mal Männer mit?

A: (..), (…) dass man nur Kerle im Hexenwagen hat, das war natürlich […] eigentlich schwul, gell, wenn du halt nur Kerle mitgebracht hast, also das macht man normal nicht." (Interview Anton: 2022-2049)[215]

Kulturelle Annahmen über Heteronormativität zeigen sich in dieser Passage zunächst, indem unterschiedliches Verhalten gegenüber Zuschauenden an deren biologischem Geschlecht festgemacht wird. Weiter wird Körperkontakt zwischen Männern gemäß kultureller Zuschreibungen beschrieben, die diesen auf der Ebene des Raufens oder spaßigen Herumalberns ‚erlauben'. Die Bezeichnung alternativer Verhaltensweisen als nicht „normal" und „schwul" unterstreicht die Argumentation (und die tatsächlichen Bewertungen konkreter Handlungen) gemäß heteronormativer Klischees. Diese Interviewpassage ließe nun ohne die ethnografischen Beobachtungen den Schluss zu, den Männern der Hexengruppe wäre ein Experimentieren mit heteronormativen Zuschreibungen nicht oder nur schwer möglich. Tatsächlich zeigt sich in den Beobachtungen jedoch, dass es Gruppenmitglieder gibt, die den heteronormativen Rahmen ausdehnen und/ oder verlassen:

„Eine Hexe und Boris (=Hexe in zivil) umarmen sich herzlich und lange, tanzen dann in einer Art Stehblues zur Musik der Narrenkapelle. Dann will die Hexe in Tanzhaltung wie im Paartanz übergehen, deutet Boris an, er solle die ‚Frauenhaltung' einnehmen. Boris scheint dies peinlich, er schüttelt den Kopf, sie tanzen nochmals ganz kurz Stehblues, dann setzt Boris sich hin." (Protokoll Närr_innenabend: 335-339)

„Ich beobachte eine Gruppe von Hexen (ca. fünf), die während dem Narrenmarsch rechts auf der Treppe zur Bühne hoch sitzen. Bei diesen ist der Umgang untereinander während des Auftritts anders als am Rest des Abends (im Übrigen auch anders als es meiner Meinung nach im Umgang von Männern untereinander üblich ist), da sie sich gegenseitig viel anfassen (an Schultern, aber auch Bauch, Beine), viel Körperkontakt haben und aneinander angelehnt auf dem Boden sitzen." (Protokoll Fastnachtsball Angela: 63-69)

---

215 In der unverständlichen Passage erzählt Anton von einem Hexenmitglied, das während eines Fastnachtsumzugs junge Männer in den Hexenwagen mitnahm und deswegen von den übrigen Gruppemitgliedern ausgelacht und zurechtgewiesen wurde.

Ohne die Beobachtungen wären die experimentellen Verhaltensweisen nicht entdeckt worden. Dies hängt auch damit zusammen, dass sich aufgrund des lokalen und auch gesamtgesellschaftlich bestehenden heteronormativen Rahmens im Interview wohl kein Mitglied der Hexengruppe über solche Verhaltensweisen äußern würde (z.B. auf direkte Nachfrage), geschweige denn als queer lebend bekennen.

Für eine Methodenkombination von Interviews und ethnografischen Methoden kann zugespitzt somit mindestens zweierlei festgehalten werden: erstens machen die Diskrepanzen zwischen ethnografischen Entdeckungen und Interviewaussagen deutlich, wie schwer soziale Ungleichheitsprozesse zu erforschen sind, da sie sich höchst implizit vollziehen und auf sprachlicher und analytischer Ebene nicht ohne weiteres abrufbar sind. Zweitens verdeutlichen die Analysen der ethnografischen Beobachtungen dieser Untersuchung folglich die Grenzen der Methode des Interviews. Für künftige Forschungen über Prozesse sozialer Ungleichheit empfiehlt sich daher eine Methodenkombination aus Interviews und Ethnografie.

Das Spezifische der aus dieser Verknüpfung von interdisziplinärem Forschungsdesign, Verwobenheit mit dem Feld sowie methodischer Kombination von Interviews und ethnografischen Beobachtungen erzeugten Forschungsergebnisse soll im Folgenden aufgezeigt werden.

Grenzenlose Fastnacht?

Während des Forschungsprozesses wurde immer deutlicher, dass sich Thematisierungen von Gender und Heteronormativität abseits kultureller Zuschreibungen nicht so offensichtlich vollzogen wie zunächst angenommen. Etwas vereinfacht ausgedrückt ging ich mit der Vorstellung ins Feld, die Fastnachtsteilnehmenden würden durch Slogans wie ‚Verkehrte Welt‘, ‚Außeralltäglichkeit‘ oder ‚Narrenfreiheit‘ entstehende Experimentierräume für diverse Überschreitungen von gender- und heteronormativitätsbezogenen Zuschreibungen nutzen. Tatsächlich hatte ich nach einem ersten Auswertungsdurchgang durch die Beobachtungsprotokolle, sowie nach der Durchführung der Interviews eher einen gegenteiligen Eindruck. Kulturelle Annahmen über Gender und Heteronormativität schienen während Fastnacht in starkem Maße reproduziert zu werden, Überschreitungen fanden sich allenfalls in Verkleidungen, in den Interviews schien eine Thematisierung von Gender eher schwierig bzw. wurde schnell abgehandelt.

Die Diskussion meines Materials in verschiedenen Zusammenhängen (vgl. Kapitel 3) führte allmählich zu einer Sensibilisierung meines Forschungsblicks und mir wurde klar, dass mein dualistischer Blick auf ‚Überschreitendes‘ und ‚Verharrendes‘ nicht weiterführte. Es ging vielmehr darum, die Wahrnehmung zu öffnen, d.h. möglichst ohne Kategorien wie ‚überschreitend‘ oder ‚verharrend‘ durch das Material zu gehen und stattdessen sensibel zu werden für Übergänge und Fließendes. Auch wurde deutlich, dass nicht nur einzelne Sequenzen, sondern ebenso Reaktionen darauf bzw. der unmittelbare Fortgang einer fokussierten Handlung in die Analyse einzubeziehen sind. Ein Beispiel hierfür sind die Szenen der teilnehmenden Beobachtung ‚Busfahrt‘, in denen sich Männer auf den Schoß von Frauen setzen, nach relativ kurzer Zeit wieder aufstehen oder anmachende, flirtende Bemerkungen zu den Frauen machen. Die Reaktion der Männer auf ihr eigenes Verhalten machte hier die überschreitende Dimension der vorausgegangenen Handlung deutlich. Das Anmachen und Flirten konnte als ‚Schließung‘ oder auch ‚Zurechtrücken‘ eines zuvor experimentellen Verhaltens interpretiert werden, offenbarte also, inwiefern das Sitzen auf dem Schoß von Frauen ein kindliches und/ oder kulturell eher Frauen zugeschriebenes Verhalten bedeutete.

Auch während der Interviewanalysen veränderte sich mein Blick auf Thematisierungen von Gender und Heteronormativität. Das schnelle Abwickeln diesbezüglicher Fragen auf Seiten der Interviewten machte mir deutlich, wie schwierig (und auch verunsichernd) es ist, über die zumeist hochgradig selbstverständlichen Wirkungsmechanismen zu sprechen. Teilweise hatte ich das Gefühl, meine Fragen würden gar nicht verstanden. Dies wiederum verdeutlichte, *dass* und *wie* selbstverständlich kulturelle Annahmen über Gender und Heteronormativität wirken, und wie schwierig sich deren analytische Erfassung oftmals gestaltet. Interessant war auch, dass Gender und Heteronormativität in allen Interviews thematisiert wurden, und zwar in stärkerem Maße wenn ich *nicht* danach fragte. In diesem Zusammenhang ist zu konstatieren, dass sich das Nichterwähnen der Kategorie(n) bei der Erläuterung meines Forschungsvorhabens und in der Erzählaufforderung bewährte. Indem sie dennoch in allen Interviews in irgendeiner Form Thema wurden, konnte dadurch deren hintergründige Wirksamkeit in sozialen Beziehungskontexten aufgezeigt werden. Auch kann anhand der überwiegend irritierten, kurzen oder abwehrenden Antworten auf genderbezogene Fragen im Nachhinein vermutet werden, dass eine Fokussierung der Erzählaufforderung auf Gender und Heteronormativität weniger diesbezügliche Thematisierungen zutage gefördert hätte als es nun der Fall war. Insgesamt richtete sich also auch während der Interviewanalysen mein Blick mehr und mehr auf implizite Gender- und Heteronormativitätsthematisierungen, wie sie sich z.B. in Erzählungen über Strukturen, Interaktionen, Gegebenheiten o.ä. zeigten. Ebenso wurde deutlich, dass die Antworten auf direkte Fragen weniger über die subjektive Bedeutung von Gender und Heteronormativität für die Interviewten aussagten, als darüber, dass und wie diese Kategorie(n) wirken.

Durch diesen sensibilisierten Analyseblick machten vor allem die Beobachtungsprotokolle offensichtlich, inwiefern kulturelle Annahmen über Gender und Heteronormativität während Fastnacht auf vielfältige Weise ebenso überschritten wie reproduziert werden. Wichtig war zu erkennen, dass Fastnacht nicht losgelöst von allgemeingültigen, kulturellen Annahmen über Gender und Heteronormativität stattfindet, die Teilnehmenden sich daher nicht ohne weiteres jenseits gesellschaftlicher Normen verhalten (können). Wenn Fastnachtsteilnehmende mit sozial erwarteten Verhaltensweisen experimentieren und/ oder jenseits kultureller Zuschreibungsmuster handeln – dies wurde während des Analyseprozesse immer deutlicher – so werden diese ‚Öffnungen' meist unmittelbar wieder ‚geschlossen', und zwar entweder von der/m ‚Öffnenden' selbst oder von eine_r Interaktionsteilnehmer_in. Diese Wechselspiele von ‚Öffnung' und ‚Schließung' fanden sich im Material zum Teil recht offensichtlich, meist aber sehr subtil.

Schließlich möchte ich an dieser Stelle die mit der Fastnachtsbezogenheit zusammenhängenden biografischen Gestaltungsoptionen aufzuzeigen.

Da Feiern und Unterwegssein *die* zentralen Vereinsinhalte darstellen, ergeben sich aus einem Engagement in Fastnachtsvereinen bzw. -gruppen ganz spezifische Dimensionen der Selbsterfahrung und Selbsterprobung. Diese erhalten vor dem Hintergrund der freizeit- und kulturbezogenen Infrastruktur ländlicher Regionen eine sehr hohe Relevanz. Durch die enge Verknüpfung von Fastnacht und Alltag bieten sich den Vereins-/ Gruppenmitgliedern nicht nur während der Fastnachtssaison Gelegenheiten und Räume, sich durch eine spezifische Art und Weise des Feierns und Unterwegsseins selbst zu erfahren und zu erproben, sondern während des ganzen Jahres. Dies hat Ausdehnungen der subjektiven Ermöglichungsräume zur Folge, die sich durch ein Engagement in anderen Vereinen nicht in diesem Ausmaß ergeben. Wenngleich innerhalb von Fastnachtsvereinen/ -gruppen eine Vielzahl an Aktionen ablaufen wie das Einstudieren von Theaterstücken, Tänzen, Programmbeiträgen o.ä., so gilt im Grunde Feiern als *der* Mittelpunkt des Vereinslebens, als eine Art Vereinsziel. In vielen anderen Vereinen hat das gemeinsame Feiern zwar auch einen hohen Stellenwert, jedoch stehen Aspekte wie das gemeinsame Erproben von Musik- oder Gesangsstücken im Zentrum, der Erwerb bestimmter Kompetenzen wie z.B. Feuerbekämpfung, das Erreichen sportlicher Ziele, usw.. Die Besonderheit von Fastnachtsvereinen/ -gruppen liegt in einer spezifischen Art und Weise des Erlebens von Spaß, Gemeinschaft, Mobilität[216] sowie darin, wie zu anderen in Kontakt getreten werden kann. Diese Aspekte reichen in alle Aktionen, ob während oder außerhalb der Fastnachtssaison, hinein. Für biografische Entwicklungen eröffnen sich den Beteiligten dadurch sehr signifikante, vielseitige Erprobungs- und Erfahrungsräume der eigenen Person. Bestimmten Anteilen der Biografie kann hier Raum gegeben werden, sie können entdeckt, erweitert und gepflegt werden. Gerade (aber nicht nur) solche Anteile, mit denen sich die Individuen ansonsten mehr oder weniger starken Normierungen ausgesetzt sehen, werden hier ausprobiert und ausgelebt. Auch gibt es biografische Anteile, wie z.B. eine spezifische Art und Weise von Authentizi-

---

216 Wie in Kapitel 5 ausgeführt, stehen hinter dem Stichwort Mobilität Aspekte wie vermehrte Ausgehmöglichkeiten, Radiuserweiterung der Freizeitaktivitäten, und die Möglichkeit, auf überlokaler und -regionaler Ebene neue Leute kennen zu lernen.

tät, die ohne den fastnächtlichen Rahmen nicht gelebt werden könnten. Das Hineinreichen von Fastnacht in die Lebenswelt macht somit Dimensionen der Selbstwirksamkeitserfahrung möglich, die sich in anderen Vereinen nicht auf diese spezifische Art und Weise eröffnen dürfte, und für die aufgrund der Infrastruktur des Freizeit- und Kulturlebens in ländlichen Regionen ansonsten wenige Optionen zur Verfügung stehen.

Die biografischen Gestaltungsmöglichkeiten im Kontext von fastnachtsbezogenem Vereinsengagement konnten herausgearbeitet werden, da diese Arbeit erstmals einen konsequenten Zusammenhang zwischen Fastnacht, Alltag und biografischer Arbeit in ländlichen Regionen herstellt und damit in ihrer Perspektive und ihren Ergebnissen wesentlich zur Erweiterung bisheriger Fastnachtsforschungen beiträgt. Überwiegend erforscht wurden bisher die Entstehungsgeschichte, aktuelle Erscheinungsformen, sowie am Rande auch Bedürfnisse aktiver Närr_innen, einzig Tokofsky verbindet in seinen Forschungen konsequent Fastnachts- und Alltagsstrukturen (vgl. Kapitel 2). Durch die Verknüpfung von Fastnacht, Alltag(sleben) und Biografiearbeit wurde eine Entdeckung der hinter der Festkultur liegenden Bedürfnisse und Opportunitäten möglich, die z.b. auch den seit Jahrzehnten anhaltenden Boom innerhalb der Fastnachtslandschaft (vgl. Bausinger 1987b) erklären könnte. Weitere Forschungen unter einer solchen Perspektive wären wünschenswert. Sie könnten dazu beitragen, die Individuen mit ihren Bedürfnissen und Leistungen sichtbar und verstehbar zu machen, die diese Festkultur füllen und prägen. Ebenso die mit dem Fest verbundenen Vereine und Gruppen, v.a. die in ihnen liegenden Möglichkeitsräume. Hier wären bspw. Forschungen über Gruppen- und Vereinsaktivitäten während des Jahres weiterführend. Dieser Aspekt konnte in der vorliegenden Untersuchung lediglich durch Interviewaussagen erforscht werden. Teilnehmende Beobachtungen an diversen Unternehmungen außerhalb der Fastnachtssaison, sowie auf die außerfastnächtlichen Vereins- und Gruppenaktivitäten fokussierte Interviews könnten die hier herausgearbeiteten biografischen Möglichkeiten weiter differenzieren und vertiefen.

Von der Lust und der Last mit der Komplexität – oder: Wie viel Komplexität verkraftet ein Forschungsblick?

Zu Beginn meiner Forschungsarbeit war ich relativ skeptisch gegenüber dem Konzept der Intersektionalität. Die Debatten schienen mir nicht neu, sondern erinnerten mich an Diskussionen der 1990er Jahre über Haupt- und Nebenkategorien innerhalb der Genderwissenschaften. Zugespitzt formuliert war ich der Ansicht, die damaligen Kontroversen um *gender*, *race* und *class* würden unter anderem Etikett wieder aufgerollt. Meine Skepsis hing zudem mit Unsicherheiten bzgl. der Durchführbarkeit einer intersektionell angelegten Untersuchung zusammen, eine Fokussierung auf die Kategorie Gender schien mir übersichtlicher und praktikabler. Das folgende Zitat von Davis bringt den Hintergrund meiner Zweifel recht deutlich auf den Punkt:

„These worries resonate with the uncertainties experienced by many feminist scholars who would like to use intersectionality in their own research, but are not quite
sure where to begin, or with those who, having adopted the concept, find themselves
faced with the problem of what to do after ‚asking the other question‘. These con-
cerns share a conviction that, while intersectionality is clearly important, the ambi-
guity and open-endedness of the concept stand in the way of its usefulness for feminist theory. In order to achieve its full potential, intersectionality is in need of a definition, a set of clearly demarcated parameters, and a methodology which would elim-
inate any confusion among researchers concerning how, where, and when it should
be applied." (Davis 2008: 78)

Trotz der mittlerweile diskutierten inter-kategorialen, intra-kategorialen und
anti-kategorialen analytischen Zugangsweisen (vgl. bspw. Czollek u.a.
2009: 56ff), bleiben hinsichtlich der empirischen Durchführung einer intersektionell angelegten Forschungsarbeit noch immer viele Fragen offen, sind
die von Davis geforderten forschungsbezogenen Parameter noch nicht definiert. Meine Auseinandersetzung mit dem Intersektionalitätsansatz führte im
Laufe des Forschungsprozesses dazu, dass sich mein Blick für weitere Kategorien sozialer Ungleichheit öffnete. Nach wie vor war (und bin) ich der
Meinung, dass Gender und Heteronormativität in den meisten Gesellschaften „als Basis der Unterscheidung sowie der Macht- und Herrschaftsverhältnisse zwischen Menschen fungiert" (ebd.: 57) und aus diesem Grund eine
Fokussierung auf diese Kategorie(n) gerechtfertigt ist. Doch die Beschäftigung mit Debatten um vorder- und hintergründig wirksame, sich überkreuzende Kategorien, damit verbundenen Ungleichbewertungen und ungleichen
Zugängen zu sozialen Ressourcen und Macht, erweiterte meinen Forschungshorizont. Ich wurde sensibler für die Relevanz anderer Kategorien,
sowie für Hierarchien zwischen den einzelnen Kategorien. Es wurde möglich, während des Analyseprozesses weitere Differenzlinien aufzuspüren,
Gender in den Hintergrund rücken zu lassen, und nach Zusammenhängen
oder auch Ursachen der Wirksamkeit spezifischer Kategorien zu fragen.
Durch diese Forschungshaltung konnte die in den Fallvergleichen deutlich
werdende unterschiedliche Relevanz der Kategorie Gender z.B. mit Aspekten in Zusammenhang gebracht werden wie subjektive Positionierungen im
sozialen Kontext, individuelle Interessen, mit Alter und Lebenssituationen
der interviewten Personen und damit, in welch biografischem Abschnitt sie
sich zum Interviewzeitpunkt befanden oder über welchen sie erzählten (vgl.
Kapitel 5).

Schließlich ist zu konstatieren, dass ebenso wie die Intersektionalitätsdebatten meinen Forschungshorizont erweiterten, die empirischen Ergebnisse meiner Arbeit wiederum einen Nutzen für Diskussionen über Intersektionalität darstellen können. Diese werden nach wie vor oftmals auf theoretisch-analytischer Ebene geführt und bedürfen empirischer Fundierungen.
Die vorliegende Arbeit liefert hierfür empirische Befunde und macht deut-

lich, worin das Potential eines intersektionellen Forschungsblicks liegt. Für forschungsmethodologische Weiterentwicklungen sind dies wichtige Grundlagen.

Welche Herausforderungen ergeben sich vor diesem Hintergrund für Praxis und Forschung?

Meiner Meinung nach stellt es bereits ein anspruchsvolles Unterfangen dar, auf ‚praktischer Ebene' für die Existenz sozialer Differenzlinien und die Komplexität ihrer Wirkungsweisen sensibel zu sein, sie in gewisser Weise zu ‚sehen'. Für eine vereinsarbeiterische Praxis sowie für die Bildungsarbeit allgemein kann ein solch ‚differenzsensibler' Blick weiterführend und ebenso herausfordernd sein. Denn in ihrer Praxis sehen sich bspw. (ehrenamtlich) Gruppenleitende einer Fülle an Lebensentwürfen, Bildungshintergründen, sozialen Lagen, ethnischen Hintergründen u.v.m. gegenüber, auf die einzugehen eine große Herausforderung bedeuten kann. Weiterführend bzw. hilfreich könnten hier Sensibilisierungsprozesse hinsichtlich der Existenz und der komplexen Wirkungsweisen von Ungleichheitsprozessen in Aus- und Weiterbildungsprogrammen für Vereinsengagierte sein. Erfahrungsberichte aus der Arbeit vor Ort würden bspw. zu einer Ent-Individualisierung von Problemen, Fragen oder Unsicherheiten beitragen und könnten eigenes doing difference zum Thema machen.

Auch in Aus- und Weiterbildungsprogrammen der Bildungsarbeit wären Sensibilisierungs- und Praxistrainings zur Entdeckung und Dekonstruktion von Prozessen sozialer Ungleichheit von Nutzen, ganz gleich ob es sich um die Arbeit mit Ehrenamtlichen, die Ausbildung an Hochschulen, berufsbezogene Weiterbildungen usw. handelt. Wie diese Forschungsarbeit zeigen konnte, vollziehen sich soziale Differenzierungen meist hochgradig selbstverständlich und komplex in alltäglichem Denken und Handeln. Die Sensibilisierung subjektiver Denk- und Handlungsweisen sowie das Einüben alternativer Praxen in vielen Bereichen der Aus-, Fort- und Weiterbildung Ehrenamtlicher wie Professioneller können dazu beitragen, soziale Ungleichheiten zu erkennen und abzubauen.

Für die Forschung ist es zunächst wichtig, die Schwierigkeit der *Erfassung* hochgradig selbstverständlich wirksamer Ungleichheitskategorien anzuerkennen. Daraus ergeben sich unmittelbare Folgen hinsichtlich der Entwicklung des Forschungsdesigns. Orte und Methoden der Selbstreflexion und -vergewisserung gehören bspw. ebenso zur methodischen Herangehensweise wie die Analyse eigener ‚doing difference Denkstrukturen'. Weiter erweist sich für ein Aufspüren bzw. Aufbrechen selbstverständlicher Wirkungsmechanismen eine Methodenkombination aus Interviews und Ethnografie als äußerst fruchtbar, sowie eine interdisziplinäre Herangehensweise als sehr produktiv. Während des gesamten Forschungsprozesses gehört schließlich die Offenheit gegenüber Überkreuzungen, Zusammenhängen, vorder- und hintergründig wirksamen sozialen Ungleichheitskategorien sowie diesbezüglicher Machtverhältnisse im Sinne einer intersektionellen Herangehensweise zu einer prinzipiellen Haltung der Forschenden. Damit ist nicht der Anspruch gemeint, ‚alle‘ oder möglichst viele Differenzlinien gleichermaßen zu erforschen, denn dieser Anspruch lässt sich m.E. nicht erfüllen. So schwer die Komplexität miteinander verschränkter sozialer Differenzlinien überhaupt *denkbar* ist, so schwer ist sie *erforschbar*. Aus der Erfahrung des zurückliegenden Forschungsprozesses plädiere ich sogar, je nach Fragestellung, für den Mut zur Fokussierung spezifischer Kategorien, z.B. um deren Wirkungsweisen vertiefend herausarbeiten zu können (s.o.). Eine der größten Herausforderungen ist wohl, Komplexität auszuhalten, Fokussierungen vorzunehmen und zugleich offen zu sein für bisher nicht gedachte oder als wichtig erachtete Differenzlinien, sowie im Denken in Interdependenzen von Kategorien nicht erneut Priorisierungen vorzunehmen. Dieser Herausforderung ‚im Geiste‘ folgt die Herausforderung ‚auf dem Papier‘ unmittelbar: sobald diese komplexen, kaum (be)greifbaren Prozesse niedergeschrieben werden, erscheinen sie fix. Forschende stehen damit vor dem Dilemma, analytisch stets als ‚flüssig‘ gedachte Zusammenhänge, Wechselwirkungen und hierarchische Ordnungen durch das Verschriftlichen als statisch erscheinen zu lassen.

Dennoch: Letztlich trägt ein intersektioneller Analyseblick dazu bei, miteinander zusammenhängende, sich gegenseitig beeinflussende Dominanz- und Unterordnungsverhältnisse in ihrer Komplexität zu (be)greifen, was wiederum zu einem besseren Verstehen der komplexen Wirklichkeiten des empirischen Feldes beiträgt.

Am Ende dieser Forschungsarbeit steht daher meine Ermutigung, in Wissenschaft und Praxis stets sensibel zu sein gegenüber Strukturen und Prozessen sozialer Ungleichheit. Das Hinterfragen eigener Denk- und Handlungsmuster stellt dabei ebenso eine Herausforderung dar wie aktives Handeln. Doch das Entdecken, Benennen und Durchkreuzen sozialer Ungleichheitsprozesse im subjektiven Denken und Handeln sind wichtige Ansatzpunkte für Veränderungen gesellschaftlicher Ungleichheitsverhältnisse und damit wichtige Schritte auf dem Weg zu einer sozial gerechteren Gesellschaft.

Literatur

Akademie der Jugendarbeit Baden-Württemberg e.V. 2004: Jugendarbeit ist Bildung! Die Offensive Jugendbildung in Baden-Württemberg 2003-2004. Stuttgart

Alheit, Peter 1990: Alltag und Biographie. Studien zur gesellschaftlichen Konstitution biographischer Perspektiven. Bremen

Alheit, Peter/ Dausien, Bettina 2000: Die biographische Konstruktion der Wirklichkeit. Überlegungen zur Biographizität des Sozialen. -In: Hoerning, Erika M. (Hg.): Biographische Sozialisation. Stuttgart: 257-283

Apitzsch, Ursula/ Jansen, Mechthild (Hg.) 2003: Migration, Biographie und Geschlechterverhältnisse. Münster

Bachmann, Cordula 2008: Kleidung und Geschlecht: Ethnographische Erkundungen einer Alltagspraxis. Bielefeld

Bachter, Stephan 2005: „Hexenverbrennung" als „Winteraustreiben". Eine bayerisch-schwäbische Fastnachtsveranstaltung im Banne nationalsozialistischer Brauchdeutung. -In: Bayerisches Jahrbuch für Volkskunde: 179-189

Bartsch, Gabriele 1989: „Bei uns kann jeder Rabbatz machen". -In: Tübinger Vereinigung für Volkskunde e.V.: 77-84

Baumann, Zygmunt 1995: Moderne und Ambivalenz. Das Ende der Eindeutigkeit. Frankfurt/M.

Baur, Jürgen/ Braun, Sebastian (Hg.) 2003: Integrationsleistungen von Sportvereinen als Freiwilligenorganisationen. Aachen

Bausinger, Hermann 1999: Etappen der Fastnachtsforschung. -In: Vereinigung Schwäbisch-Alemannischer Narrenzünfte (Hg.): Zur Geschichte der organisierten Fastnacht. Vöhrenbach: 145-149

ders. 1987a: „Ein Abwerfen der großen Last...". Gedanken zur städtischen Festkultur. -In: Hugger, P. (Hg.): Stadt und Fest. Stuttgart: 251-267

ders. 1987b: Nichts als Narren. Einige Fastnachtsbeobachtungen. -In: Groß, D.: Narrenstücke. Herausgegeben vor der Stadt Reutlingen. Stuttgart: 15-17

ders. 1983: Für eine komplexere Fastnachtstheorie. -In: Jahrbuch für Volkskunde 6: 101-106

Bausinger, Hermann/ Schwedt, Herbert/ Scharfe, Martin (Hg.) 1966: Dörfliche Fastnacht zwischen Neckar und Bodensee. Beiträge des Tübinger Arbeitskreises für Fastnachtsforschung. Volksleben Bd. 12. Tübingen

Beck, Ulrich 1999: Die Zukunft von Arbeit und Demokratie. Frankfurt/M.

ders. 1986: Risikogesellschaft. Auf dem Weg in eine andere Moderne. Frankfurt/M.

ders./ Giddens, Anthony/ Lash, Scott 1996: Reflexive Modernisierung. Eine Kontroverse. Frankfurt/M.

Beck-Gernsheim, Elisabeth 1980: Das halbierte Leben: Männerwelt Beruf, Frauenwelt Familie. Frankfurt/M.

Becker, Ruth/ Kortendieck, Beate (Hg.) 2004: Handbuch Frauen- und Geschlechterforschung. Theorie, Methoden, Empirie. Wiesbaden

Beetz, Stephan/ Brauer, Kai/ Neu, Claudia (Hg.) 2005: Handwörterbuch der ländlichen Gesellschaft in Deutschland. Wiesbaden

Behnke, Cornelia/ Meuser, Michael 1999: Geschlechterforschung und qualitative Methoden. Opladen

Behrer, Karin/ Liebig, Reinhard/ Rauschenbach, Thomas 2000: Strukturwandel des Ehrenamts. Gemeinwohlorientierung im Modernisierungsprozess. Weinheim/ München

Bilden, Helga 1997: Das Individuum – ein dynamisches System vielfältiger Teil-Selbste. -In: Keupp, H./ Höfer, R. (Hg.): Identitätsarbeit heute. Frankfurt/M.

dies. 1980: Geschlechtsspezifische Sozialisation. -In: Hurrelmann, K./ Ulrich, D. (Hg.): Handbuch der Sozialisationsforschung. Weinheim/ Basel

Böhnisch, Lothar/ Rudolph, Martin/ Funk, Heide/ Marx, Birgit 1997: Jugendliche in ländlichen Regionen. Ein ost-westdeutscher Vergleich. Bonn

Böhnisch, Lothar/ Winter, Reinhard 1994[2]: Männliche Sozialisation. Bewältigungsprobleme männlicher Geschlechtsidentität im Lebenslauf. Weinheim/ München

Böhnisch, Lothar/ Funk, Heide/ Huber, Josef/ Stein, Gebhard (Hg.) 1991: Ländliche Lebenswelten. Fallstudien zur Landjugend. München

Böhnisch, Lothar/ Funk, Heide 1989: Jugend im Abseits? Zur Lebenslage Jugendlicher im ländlichen Raum. Weinheim/ München

Bohler, Karl Friedrich 2005: Sozialstruktur. -In: Beetz u.a.: 225-233

Bohnsack, Ralf 2001a: Die dokumentarische Methode und ihre Forschungspraxis: Grundlagen qualitativer Sozialforschung. Opladen

ders. 2001b: Dokumentarische Methode: Theorie und Praxis wissenssoziologischer Interpretation. -In: Hug, Thomas (Hg.): Wie kommt Wissenschaft zu Wissen? Bd. 3, Baltmannsweiler: 326-345

ders. 1989: Generation, Milieu, Geschlecht. Opladen

Bourdieu, Pierre 1997: Die männliche Herrschaft. -In: Dölling, I./ Krais, B. (Hg.): Ein alltägliches Spiel. Geschlechterkonstruktionen in der alltäglichen Praxis. Frankfurt/M.

ders. 1989[3]: Die feinen Unterschiede. Kritik der gesellschaftlichen Urteils-
kraft. Frankfurt/M.

ders. 1983: Ökonomisches Kapital, kulturelles Kapital, soziales Kapital. -In:
Kreckel, R. (Hg.): Soziale Ungleichheiten. Sonderband 2 der Sozialen
Welt. Göttingen

Braun, Christina von (Hg.) 2005: Gender@Wissen. Köln/ Weimar/ Wien

Budde, Jürgen 2005: Männlichkeit und gymnasialer Alltag: Doing Gender
im heutigen Bildungssystem. Bielefeld

ders./ Faulstich-Wieland, Hannelore/ Scholand, Barbara 2008: Geschlech-
tergerechtigkeit in der Schule: Eine Studie zu Chancen, Blockaden und
Perspektiven einer gender-sensiblen Schulkultur. Weinheim/ München

ders./ Willems, Katharina (Hg.) 2009: Bildung als sozialer Prozess: Hetero-
genitäten, Interaktionen, Ungleichheiten. Weinheim/ München

Bundesministerium für Familie, Senioren, Frauen und Jugend (Hg.) 2005:
12. Kinder- und Jugendbericht: Bericht über die Lebenssituation junger
Menschen und die Leistungen der Kinder- und Jugendhilfe in Deutschland. Bonn

Burckhardt-Seebass, Christine 1999: Butzen und Butzinnen? Eine weibliche
Lektüre älterer Brauchliteratur. -In: Hezinger-Köhle, C./ Scharfe, M./
Brednich, R. W. (Hg.): Zur Bedeutung der Kategorie Geschlecht in der
Kultur. Münster u.a.: 18-27

Butler, Judith 2009: Die Macht der Geschlechternormen und die Grenzen
des Menschlichen. Frankfurt/M.

dies. 1995: Körper von Gewicht. Die diskursiven Grenzen des Geschlechts.
Berlin

dies. 1991: Das Unbehagen der Geschlechter. Frankfurt/M.

Colley, Helen/ Hodkinson, Phil/ Malcolm, Janice 2002: Nonformal learning:
mapping the conceptual terrain. A Consultation Report. Leeds
(http://www.infed.org/archives/e-texts/colley_informal_learning.html)

Connell, Robert. W. 1999: Der gemachte Mann. Konstruktion und Krise von
Männlichkeit. Opladen

Corbin, Juliet 2003: Grounded Theory. -In: Bohnsack, R./ Marotzki, W./
Meuser, M. (Hg.): Hauptbegriffe Qualitativer Sozialforschung. Opladen:
70-75

dies./ Strauss, Anselm L. 1996: Grounded Theory: Grundlagen Qualitativer
Sozialforschung. Weinheim

Crane, Diana 2000: Fashion and its social agendas: class, gender, and identity in clothing. Chicago

Czollek, Leah C./ Perko, Gudrun/ Weinbach, Heike 2009: Lehrbuch Gender
und Queer. Grundlagen, Methoden und Praxisfelder. Weinheim/ München

Dausien, Bettina 2004: Biographieforschung: Theoretische Perspektiven
und methodologische Konzepte für eine rekonstruktive Geschlechterforschung. -In: Becker/ Kortendieck: 314-325

dies. 2001: Erzähltes Leben – erzähltes Geschlecht? Aspekte der narrativen Konstruktion von Geschlecht im Kontext der Biographieforschung. -In: Feministische Studien 2/01: 57-73

dies. 1999: „Geschlechtsspezifische Sozialisation" – Konstruktiv(istisch)e Ideen zur Karriere und Kritik eines Konzepts. -In: Dausien, B./ Hermann, M. (Hg.): Erkenntnisprojekt Geschlecht: Feministische Perspektiven verwandeln Wissenschaft. Opladen: 216-246

dies. 1994: Biographieforschung als „Königinnenweg"? Überlegungen zur Relevanz biographischer Ansätze in der Frauenforschung. -In: Dietzinger, A./ Kitzer, H./ Anker, I./ Bingel, I./ Haas, E./ Odierna, S. (Hg.): Erfahrung mit Methode. Wege sozialwissenschaftlicher Frauenforschung. Freiburg i.B.: 129-153

Davis, Kathy 2008: Intersectionality as buzzword. A sociology of science perspective on what makes a feminist theory successful. In: Feminist Theory. Vol. 9 (1): 67-85

Degele, Nina 2008: Gender/ Queer Studies. Eine Einführung. Paderborn

dies./ Winker Gabriele 2008: Praxeologisch differenzieren. Ein Beitrag zur intersektionellen Gesellschaftsanalyse. -In: Klinger/ Knapp: 194-209

Denzin, Norman K. (Hg.) 1994[2]: Handbook of Qualitative Research. London/ Thousand Oaks/ New Delhi: 1-17

Dewald, Markus 2008: Trend zum Event. Die neue Festkultur einer atemlos gelangweilten Gesellschaft. Ostfildern

ders. 2001: Die Zahl der Narren ist unendlich. Fastnacht in Neuhausen – Von der Dorffastnacht zur organisierten Narrenschau. Tübingen

Dohmen, Günther 2001: Das informelle Lernen. Die internationale Erschließung einer bisher vernachlässigten Grundform menschlichen Lernens für das lebenslange Lernen aller. Herausgegeben vom Bundesministerium für Bildung und Forschung, Bonn.

Dürkop, Gabriele 1977: Die Karnevalsvereine der Stadt Kassel: eine ethnosoziologische und sozialpsychologische Studie zur Phänomenologie und Analyse des Vereinskarnevals. Marburg

Düx, Wiebken/ Prein, Gerald/ Sass, Erich/ Tully, Claus J. 2008: Kompetenzerwerb im freiwilligen Engagement. Eine empirische Studie zum informellen Lernen im Jugendalter. Wiesbaden

Düx, Wiebken/ Sass, Erich 2005: Lernen in informellen Kontexten. Lernpotenziale in Settings des freiwilligen Engagements. -In: Zeitschrift für Erziehungswissenschaft, Jg. 8, H. 3: 394-411

Erikson, Erik H. 1965[2]: Kindheit und Gesellschaft. Stuttgart

ders. 1988: Der vollständige Lebenszyklus. Frankfurt/M.

Erk, Doris A. 2008: „Nüchtern betrachtet": Konsumrechtfertigung und -verdichtungsfunktion der Fastnacht am Beispiel Alkohol. Unveröff. Magisterarbeit. Tübingen

Falk, Susanne 1986: Frauen in der Fastnacht – Opfer und Täterinnen? Tageszeitungen als Quelle für das Frauenbild im Fastnachtsbrauchtum einer schwäbischen Kleinstadt von 1900 bis heute. -In: Arbeitsgruppe volkskundliche Frauenforschung Freiburg (Hg.): Frauenalltag – Frauen-forschung. Frankfurt/M./ Bern/ New York/ Paris: 106-113

Faulde, Joachim/ Hoyer, Birgit/ Schäfer, Elmar (Hg.) 2006: Jugendarbeit in ländlichen Regionen. Entwicklungen, Konzepte und Perspektiven. Weinheim/ München

Faulstich-Wieland, Hannelore 2008: Genus – geschlechtergerechter natur-wissenschaftlicher Unterricht in der Sekundarstufe I. Bad Heilbrunn

dies./ Weber, Martina/ Willems, Katharina 2004: Doing Gender im heutigen Schulalltag: empirische Studien zur sozialen Konstruktion von Ge-schlecht in schulischen Interaktionen. Weinheim/ München

Fenstermaker, Sarah/ West, Candace 2002: Doing Gender, Doing Differ-ence. Inequality, Power and Institutional Change. New York/ London

Fischer-Rosenthal, Wolfram 2000: Melancholie der Identität. -In: Hoerning, Erika M. (Hg.): Biographische Sozialisation. Stuttgart: 227-256

ders./ Rosenthal, Gabriele 1997: Warum Biographieanalyse und wie man sie macht. –In: Zeitschrift für Sozialisationsforschung und Erziehungssozio-logie (ZSE), Jg. 17, H. 4: 405-427

Flick, Uwe/ Kardorff, Ernst v./ Steinke, Ines (Hg.) 2005[4]: Qualitative For-schung. Ein Handbuch. Weinheim,

Fliege, Thomas 1998: Bauernfamilien zwischen Tradition und Moderne. Frankfurt/ New York: 372-381

Friebertshäuser, Barbara 1997: Feldforschung und teilnehmende Beobach-tung. -In: Friebertshäuser/ Prengel: 503-534

dies./ Prengel, Annedore (Hg.). 1997: Handbuch qualitative Forschungsme-thoden in der Erziehungswissenschaft. Weinheim/ München

Frieß-Reimann, Hildegard 1988: Der Siegeszug des Prinzen Karneval. Die Ausbreitung einer bürgerlichen Festform unter besonderer Berücksichti-gung von Rheinhessen. Mainz.

Funk, Heide 1993: Mädchen in ländlichen Regionen. Theoretische und em-pirische Ergebnisse zur Modernisierung weiblicher Lebenslagen. Mün-chen

Gahleitner, Silke B. 2004: Zwischen Differenz und Dekonstruktion – Me-thodische Überlegungen zur Überschreitung des bipolaren Ge-schlechterdualismus in der Genderforschung nach einem Verfahren von Hagemann-White. -In: Buchen, S./ Helfferich, C./ Maier, M. S. (Hg.): Gender methodologisch. Empirische Forschung in der Informationsge-sellschaft vor neuen Herausforderungen. Wiesbaden: 283-291

Gaugele, Elke/ Gorgus, Nina 1989: Frauen in der Fastnacht – Gespräche mit aktiven Närrinnen. -In: Tübinger Vereinigung für Volkskunde e.V.: 96-106

Gebhardt, Winfried/ Hitzler, Ronald/ Pfadenhauer, Michaela (Hg.) 2000: Events. Soziologie des Außergewöhnlichen. Opladen

Geertz, Clifford 2007: Dichte Beschreibung: Beiträge zum Verstehen kultu-reller Systeme. Frankfurt/M.

Gildemeister, Regine 2005: Geschlechterforschung. -In: Flick u.a.: 213-223 dies. 2004: Doing Gender: Soziale Praktiken der Geschlechterunterscheidung. -In: Becker/ Kortendieck: 132-140

dies./ Robert, Günther 2008: Geschlechterdifferenzierungen in lebenszeitlicher Perspektive. Interaktion-Institution-Biografie. Wiesbaden

dies./ Wetterer, Angelika 1992: Wie Geschlechter gemacht werden. Die soziale Konstruktion der Zweigeschlechtlichkeit und ihre Reifizierung in der Frauenforschung. -In: Knapp, G-A./ Wetterer, A. (Hg.): TraditionenBrüche. Entwicklungen feministischer Theorie. Freiburg: 201-254

Gille, Martina/ Sardei-Biermann, Sabine/ Gaiser, Wolfgang/ Rijke de, Johann 2006: Jugendliche und junge Erwachsene in Deutschland. Lebensverhältnisse, Werte und gesellschaftliche Beteiligung 12- bis 29-Jähriger. Wiesbaden

Girtler, Roland 1988[2]: Methoden der qualitativen Sozialforschung. Anleitung zur Feldarbeit. Wien/ Köln/ Graz

Glinka, Hans-Jürgen 2001: Biographie. -In: Otto/ Thiersch: 207-220

Goffman, Erving 2001[2]: Interaktion und Geschlecht. Herausgegeben und eingeleitet von Hubert A. Knoblauch. Frankfurt/ New York

ders. 1969[2]: Wir alle spielen Theater. Die Selbstdarstellung im Alltag. München

Greverus, Ina-Maria/ Kiesow, Gottfried/ Reuter, Reinhard (Hg.) 1982: Das hessische Dorf. Frankfurt/M.

Hagemann-White, Carol 1994: Der Umgang mit Zweigeschlechtlichkeit als Forschungsaufgabe. -In: Diezinger, A./ Kitzer, H./ Anger, I./ Bingel, I./ Haas, E./ Odierna, S. (Hg.): Erfahrung mit Methode. Wege sozialwissenschaftlicher Frauenforschung. Freiburg: 301-318

dies. 1993: Die Konstrukteure des Geschlechts auf frischer Tat ertappen? Methodische Konsequenzen einer theoretischen Einsicht. -In: Feministische Studien 2/1993: 68-78

dies. 1984: Sozialisation: Weiblich-männlich? Opladen

Hahn, Achim 2005: Stadt – Land, Zwischenstadt. -In: Beetz u.a.: 233-240

Hainz, Michael 1999: Dörfliches Sozialleben im Spannungsfeld der Individualisierung. Bonn

Hannemann, Christine 2005: Klein- und Landstädte. -In: Beetz u.a.: 105-113

Hansen, Stefan 2008: Lernen durch freiwilliges Engagement. Eine empirische Studie zu Lernprozessen in Vereinen. Wiesbaden

Hark, Sabine 2005: Queer Studies. -In: Braun: 285-303

dies. 2004: Lesbenforschung und Queer Theorie: Theoretische Konzepte, Entwicklungen und Korrespondenzen. -In: Becker/ Kortendieck: 104-111

dies. 1999[2]: Deviante Subjekte. Die paradoxe Politik der Identität. Opladen

Harst, Sylvia 2006 : Karneval – von Babylon bis Beuel. 5000 Jahre verkehrte Welt. Münster

Herrmann, Steffen K. 2005: Queer(e) Gestalten. Praktiken der Derealisierung von Geschlecht. -In: Haschemi, Y./ Michaelis, E. und B. (Hg.):

Quer durch die Geisteswissenschaften. Perspektiven der Queer Theory. Berlin: 53-72

ders. 2003: Performing the Gap. Queere Gestalten und geschlechtliche Aneignung. -In: arranca! Für eine linke Strömung, Ausgabe 28. URL: http://arranca.nadir.org/arranca/article.do?id=245 (02.06.2008)

Hirschauer, Stefan 2001: Das Vergessen des Geschlechts. Zur Praxeologie einer Kategorie sozialer Ordnung. -In: Heintz, Bettina (Hg.): Geschlechtersoziologie. Wiesbaden: 208-236

Holzkamp, Klaus 1983: Grundlegung der Psychologie. Frankfurt/M./ New York

Honneth, Axel 1994: Kampf um Anerkennung. Zur moralischen Grammatik sozialer Konflikte. Frankfurt/M.

Huber, Günter. L./ Gürtler, Leo 2004: AQUAD Sechs. Manual des Programms zur Analyse qualitativer Daten. Tübingen

Illien, Albert/ Jeggle, Utz 1978: Leben auf dem Dorf. Zur Sozialgeschichte des Dorfes und zur Sozialpsychologie seiner Bewohner. Opladen

Jacobeit, Wolfgang/ Scholze-Irrlitz, Leonore 2005: Volkskunde und ländliche Gesellschaft. -In: Beetz u.a.: 240-247

Jagose, Annamarie 2001: Queer Theory. Eine Einführung. Berlin

Jakob, Gisela 1997: Das narrative Interview in der Biographieforschung. -In: Friebertshäuser / Prengel: 445-458

Jeggle, Utz 1984: Spiel und Gesetz. Zum Regelwerk dörflicher Fasnacht. -In: Sund, H. (Hg.): Fas(t)nacht in Geschichte, Kunst und Literatur. Konstanz: 188-198

ders. 1977: Kiebingen. Eine Heimatgeschichte. Zum Prozeß der Zivilisation in einem schwäbischen Dorf. Tübingen

ders. 1966: Soziale Grundlagen. -In: Bausinger u.a.: 14-81

Jungwirth, Ingrid 2007: Zum Identitätsdiskurs in den Sozialwissenschaften. Eine postkolonial und queer informierte Kritik an George H. Mead, Erik H. Erikson und Erving Goffman. Bielefeld

Kaschuba, Gerrit/ Reich, Wulfhild 1994: „Fähigkeiten täten in mir schon stecken..." Lebensentwürfe und Bildungsinteressen von Frauen in ländlichen Regionen. Frankfurt/M.

Keupp, Heiner/ Ahbe, Thomas/ Gmür, Wolfgang/ Höfer, Renate/ Mitzscherlich, Beate/ Kraus, Wolfgang/ Straus, Florian u.a. 2006[3]: Identitätskonstruktionen. Das Patchwork der Identitäten in der Spätmoderne. Reinbek b. Hamburg

Klinger, Cornelia 2008: Überkreuzende Identitäten – Ineinandergreifende Strukturen. Plädoyer für einen Kurswechsel in der Intersektionalitätsdebatte. -In: Klinger/Knapp: 38-67

dies. 2003: Ungleichheit in den Verhältnissen von Klasse, Rasse und Geschlecht. In: Knapp, G./ Wetterer, A. (Hg.), Achsen der Differenz Gesellschaftstheorie und feministische Kritik II. Münster: 14-48.

dies./ Knapp, Gudrun-Axeli 2008 (Hg.): ÜberKreuzungen. Fremdheit, Ungleichheit, Differenz. Münster

Knapp, Gudrun-Axeli 2005: „Intersectionality" – ein neues Paradigma feministischer Theorie? Zur transatlantischen Reise von „Race, Class, Gender". -In: Feministische Studien I: 68-81

Köhle-Hezinger, Christel/ Scharfe, Martin/ Brednich, Rolf W. (Hg.) 1999: Männlich. Weiblich. Zur Bedeutung der Kategorie Geschlecht in der Kultur. 31. Kongreß der Deutschen Gesellschaft für Volkskunde, Marburg 1997. Münster/ New York/ Berlin.

Kohli, Martin 1985: Die Institutionalisierung des Lebenslaufs. Historische Befunde und theoretische Argumente. -In: Kölner Zeitschrift für Soziologie und Sozialpsychologie, H. 37: 1-29

Korff, Gottfried 1997: Von Pappnasen und Holzmasken. Neun Bemerkungen zu einer vergleichenden Fastnachtsphysiognomik. Unveröffentlichtes Vortragsmanuskript. Tübingen

ders. 1989: Wilde Masken. -In: Tübinger Vereinigung für Volkskunde e.V.: 11-26

Kraus, Jörg 1989: Der Weg der Hexe in die Fasnacht. -In: Tübinger Vereinigung für Volkskunde e.V.: 57-76

Krüger, Heinz-Hermann/ Marotzki, Winfried 1999: Handbuch erziehungswissenschaftliche Biografieforschung. Opladen

Kubisch, Sonja 2008: Habituelle Konstruktion sozialer Differenz: Eine rekonstruktive Studie am Beispiel von Organisationen der freien Wohlfahrtspflege. Wiesbaden

Lamnek, Siegfried 2005[4]: Qualitative Sozialforschung. Weinheim/ Basel

Legewie, Heiner 1995: Feldforschung und teilnehmende Beobachtung. -In: Flick, U./ Kardoff, E. v./ Keupp, H. (Hg.)[2]: Handbuch qualitative Sozialforschung. Weinheim

Lehmann, Albrecht 1976: Leben in einem Arbeiterdorf. eine empirische Untersuchung über die Lebensverhältnisse von Arbeitern. Stuttgart

Lorber, Judith 1999: Gender-Paradoxien. Opladen

Lüders, Christian 2005: Beobachten im Feld und Ethnographie. -In: Flick/ Kardoff/ Steinke: 384-402

Lutz, Helma 2007: Vom Weltmarkt in den Privathaushalt : die neuen Dienstmädchen im Zeitalter der Globalisierung. Opladen

dies./ Davis, Kathy 2005: Geschlechterforschung und Biografieforschung: Intersektionalität als biographische Ressource am Beispiel einer außergewöhnlichen Frau. -In: Völter/ Dausien/ Lutz/ Rosenthal: 228-247

Mancuso, James C. 1986: The acquisition and use of narrative grammar structure. -In. Sarbin, T.R. (Hg.): Narrative psychology. The storied nature of human conduct. New York: 91-110

Matheus, Michael 1999: Fastnacht – Karneval im europäischen Vergleich. Stuttgart

Mayring, Philipp 2005: Qualitative Inhaltsanalyse. -In: Flick u.a.: 468-475

ders. 1996[3]: Einführung in die qualitative Sozialforschung. Weinheim

Mecheril, Paul 2008: ,Diversity'. Differenzordnungen und Modi ihrer Verknüpfung. http://www.migration-boell.de/web/diversity/48_1761.asp

Meuser, Michael 2006[2] :Geschlecht und Männlichkeit. Soziologische Theorie und kulturelle Deutungsmuster. Wiesbaden

ders. 2003: Wettbewerb und Solidarität. Zur Konstruktion von Männlichkeit in Männergemeinschaften. -In: von Arx, S./ Gisin, S./ Grosz-Ganzoni, I./ Leuzinger, M./ Siedler, A. (Hg.): Koordinaten der Männlichkeit. Orientierungsversuche. Tübingen: 83-98

ders./ Behnke, Cornelia 1998: Tausendundeine Männlichkeit? Männlichkeitsmuster und sozialstrukturelle Einbindungen. -In: Widersprüche H. 67, 18. Jg., Nr. 1: 7-25

Mezger, Werner 1999: Vom organischen zum organisierten Brauch. -In: Vereinigung Schwäbisch-Alemannischer Narrenzünfte: 7-48

ders. 1991: Narrenidee und Fastnachtsbrauch. Studien zum Fortleben des Mittelalters in der europäischen Festkultur. Konstanz

ders. 1984: Narretei und Tradition: Die Rottweiler Fasnet. Stuttgart

Miethe, Ingrid 2003: Das Problem der Rückmeldung. Forschungsethische und -praktische Erfahrungen und Konsequenzen in der Arbeit mit hermeneutischen Fallrekonstruktionen. -In: Zeitschrift für qualitative Bildungs-, Beratungs- und Sozialforschung, 4. Jg., H.2: 223-240

Moser, Dietz-Rüdiger 1982: Von Teufeln und Hexen, Prinzen, Narren und Sündern. Der Karneval und sein christlicher Ursprung. -In: Forschung. Mitteilungen der DFG 1/1982: 6-10

Moser, Hans 1982: Kritisches zu neuen Hypothesen der Fastnachtsforschung. In: Jahrbuch für Volkskunde 5: 9-50

ders. 1972/73: Fasnacht, Faßnacht, Faschang. -In: Schweizerisches Archiv für Volkskunde 68/69: 433-453

ders. 1967: Städtische Fasnacht des Mittelalters. -In: Bausinger, H./ Schwedt, H./ Scharfe, M. (Hg..): Masken zwischen Spiel und Ernst. Beiträge des Tübinger Arbeitskreises für Fastnachtsforschung (Volksleben, Bd. 18), Tübingen: 135-202

Müller, Siegfried/ Rauschenbach, Thomas 1992[2]: Das soziale Ehrenamt. Nützliche Arbeit zum Nulltarif. Weinheim/ München

Münst, Agnes S. 2004: Teilnehmende Beobachtung: Erforschung der sozialen Praxis. -In: Becker/ Kortendieck: 330-335

Nagel, Michael 2003: Die soziale Ordnung freiwilliger Vereinigungen. Ein Vergleich von Sportvereinen und ausgewählten Freiwilligenorganisationen auf sozialstruktureller Grundlage. -In: Baur/ Braun: 464-486

Narrenzunft Fastnachtshausen e.V. 1987: 50 Jahre Narrenzunft Fastnachtshausen. Fastnachtshausen

Nohl, Arnd-Michael 2005: Dokumentarische Interpretation narrativer Interviews. -In: Bildungsforschung, Jg. 2, Ausgabe 2, URL: http://www.bildungsforschung.org/Archiv/2005-02/interview (30.05.2009)

Oevermann, Ulrich u.a. (1979): Die Methodologie einer „objektiven Hermeneutik" und ihre allgemeine forschungslogische Bedeutung in den Sozialwissenschaften. -In: Soeffner, H.G.: Interpretative Verfahren in den Sozial- und Textwissenschaften. Stuttgart: 352-434

Oshege, Volker 2002: Freiwillige als Produzenten und Träger sozialen Kapitals. Münster/ New York/ München/ Berlin

Otto, Hans-Uwe/ Rauschenbach, Thomas (Hg.) 2004: Die andere Seite der Bildung. Zum Verhältnis von formellen und informellen Bildungsprozessen. Wiesbaden

Otto, Hans-Uwe/ Thiersch, Hans (Hg.) 2001[2]: Handbuch Sozialarbeit/ Sozialpädagogik. Neuwied/ Kriftel

Overwien, Bernd 2006: Informelles Lernen – zum Stand der internationalen Diskussion. -In: Rauschenbach/ Düx/ Sass: 35-62

ders. 2005: Stichwort: Informelles Lernen. -In: Zeitschrift für Erziehungswissenschaft, Jg. 8, H.3: 339-355

Pfadenhauer, Michaela 2008: Organisieren : Eine Fallstudie zum Erhandeln von Events.

Pusch, Luise F. 1996: Das Deutsche als Männersprache. Frankfurt/M.

Rauschenbach, Thomas/ Düx, Wiebken/ Sass, Erich (Hg.) 2006: Informelles Lernen im Jugendalter. Vernachlässigte Dimensionen der Bildungsdebatte. Weinheim/ München

Ridgeway, Cecilia L./ Correll, Shelley J. 2004: Unpacking the Gender System: A Theoretical Perspective on Gender Beliefs and Social Relations. -In: Gender & Society, http://www.gas.sagepub.com/cgi/content/abstract/18/4/510: 510-531

Riegel, Christine 2009: Intersectionality. Eine kritisch-reflektierende Perspektive für die erziehungswissenschaftliche Forschung und pädagogische Praxis. Unveröff. Manuskript

dies. 2004: Im Kampf um Zugehörigkeit und Anerkennung. Orientierungen und Handlungsformen von jungen Migrantinnen. Eine soziobiografische Untersuchung. Frankfurt/M./ London

Rückert-John, Jana 2005: Bürgerschaftliches Engagement. -In: Beetz u.a.: 25-32

Rupp. Leila/ Taylor, Verta 2003: Drag Queens at the 801 Cabaret. Chicago/ London

Scheu 1977: Wir werden nicht als Mädchen geboren – wir werden dazu gemacht. Frankfurt

Schicht, Jochen 2002a: Fasnetsfieber – Fastnachtsboom im schwäbisch-alemannischen Raum. Tübingen

ders. 2002b: Konstruktion und Darstellungspraxis eines „heimatlichen" Symbols: Zum Einfluß städtischer Festkultur auf lokale Identität; dargestellt am Beispiel der Fastnacht in Rottweil. Balingen

Schilling, Heinz/ Ploch, Beatrice (Hg.) 1995: Region. Heimaten der individualisierten Gesellschaft. Frankfurt/M.

Schimpf, Elke 1997: Das Selbst kommt zum Bildnis. Kulturelle Aktivitäten als Aspekt der Lebensbewältigung von Mädchen und Frauen. Frankfurt/M.

Schittenhelm, Karin 2005: Soziale Lagen im Übergang. Junge Migrantinnen und Einheimische zwischen Schule und Berufsausbildung. Wiesbaden

Schmitt, Mathilde 2005: Rurale Frauen- und Geschlechterforschung. -In: Beetz u.a.: 210-217

Schulze, Gerhard 1999: Kulissen des Glücks. Streifzüge durch die Eventkultur. Frankfurt/M./ New York

ders. 1992: Die Erlebnisgesellschaft – Kultursoziologie der Gegenwart. Frankfurt/M.

Schütze, Fritz 1983: Biographieforschung und narratives Interview. -In: Neue Praxis, Jg. 13, H.3: 283–293

Schwedt, Herbert 1999: Der Prinz, der Rhein, der Karneval: Wege der bürgerlichen Fastnacht. -In: Matheus, M. (Hg.): 63-83

ders. (Hg.) 1977: Analyse eines Stadtfestes. Die Mainzer Fastnacht. Wiesbaden

Schwedt, Herbert/Schwedt, Elke 1975: Malerei auf Narrenkleidern. Die Häs- und Hanselmaler in Südwestdeutschland. Stuttgart

Schwedt, Herbert/ Schwedt Elke/ Blümcke, Martin 1984: Masken und Maskenschnitzer der schwäbisch-alemannischen Fasnacht. Stuttgart

Schweppe, Cornelia 2000: Biographie und Alter(n) auf dem Land. Lebenssituation und Lebensentwürfe. Opladen

Semmler, Hartmut 1993: Ländlicher Raum – Entfaltungsraum für Bildungsinitiativen: Modellprojekt „Neue Formen der Bildungsarbeit im ländlichen Raum". Villingen-Schwennigen

Sennet, Richard 2002: Respekt im Zeitalter der Ungleichheit. Berlin

Siewert, Hans-Jörg 1978: Der Verein. Zur lokalpolitischen und sozialen Funktion des Vereins in der Gemeinde. -In: Wehling, H.-G. (Hg.): Dorfpolitik. Fachwissenschaftliche Analysen und didaktische Hilfen. Opladen: 65-83

Soeffner, Georg 1992: Auslegung des Alltags – der Alltag der Auslegung. Frankfurt/M.

Sozialministerium Baden-Württemberg (Hg.) 2004: Landesjugendbericht Baden-Württemberg für die 13. Legislaturperiode. Stuttgart

Stauber, Barbara 2007: Lebenslauf, Biographie, Übergänge – woran soll sich Hilfe orientieren? Vortrag im Rahmen des 31. Tübinger Sozialpädagogiktags am 24.11.2007, Tübingen. http://www.erziehungswissenschaft.uni-tuebingen.de/ Abteilungen/ Sozialpaedagogik/ Sozialpaedagogiktag/2007/ files/ Stauber_Vortrag.pdf

dies. 2004: Junge Frauen und Männer in Jugendkulturen. Selbstinszenierungen und Handlungspotentiale. Opladen

dies. 1996: Lebensgestaltung alleinerziehender Frauen. Balancen zwischen Anpassung und Eigenständigkeit in ländlichen Regionen. Weinheim/ München

dies./ Pohl, Axel/ Walther, Andreas (Hg.) 2007: Subjektorientierte Übergangsforschung. Rekonstruktion und Unterstützung biografischer Übergange junger Erwachsener. Weinheim/ München

Stein, Gebhard 1992: Vereine und soziale Dienste. Das Ehrenamt auf dem Lande. -In: Müller/ Rauschenbach: 145-152

Strauss, Anselm L. 1991: Grundlagen qualitativer Sozialforschung. München

Sturm, Gabriele 2004: Forschungsmethodologie: Vorüberlegungen für eine Evaluation feministischer (Sozial-) Forschung. -In: Becker/ Kortendieck: 342-350

Thürmer-Rohr, Christina 1990: Mittäterschaft und Entdeckungslust. Zur Dynamik feministischer Erkenntnis. -In: Studienschwerpunkt „Frauenforschung" am Institut für Sozialpädagogik der TU Berlin (Hg.): 87-115

Tokofsky, Peter 2002: Fasnet: Was deutsche Forscher in Elzach nicht sehen. In: Hauschild, T./ Warneken, B. J. (Hg.): Inspecting Germany. Internationale Deutschland-Ethnographie der Gegenwart. Münster/ Hamburg/ London: 106-120

ders. 1999a: Das Elzacher Maschkele: Zur Deutung und Bedeutung des Spielens. -In: Hezinger-Köhle, C./ Scharfe, M./ Brednisch, R. W. (Hg.): Zur Bedeutung der Kategorie Geschlecht in der Kultur. Münster/ New York/ München/ Berlin: 295-300

ders. 1999b: Masking Gender: A German Carnival Custom in its Social Context. -In: Tokofsky, P. (Hg.): Western Folklore, Vol. 58, No. 3/4

Tübinger Institut für frauenpolitische Sozialforschung e.V. (Hg.) 1998: Den Wechsel im Blick. Methodologische Ansichten feministischer Sozialforschung. Pfaffenweiler

Tübinger Verein für Volkskunde e.V. (Hg.) 1980: Narrenfreiheit. Beiträge zur Fastnachtsforschung.Tübingen

Tübinger Vereinigung für Volkskunde e.V. (Hg.) 1989: Wilde Masken: ein anderer Blick auf die Fasnacht. Tübingen

Turner, Victor 1989: Das Ritual. Frankfurt/M./ New York

Vereinigung Schwäbisch-Alemannischer Narrenzünfte (Hg.) 1999: Zur Geschichte der organisierten Fastnacht. Vöhrenbach

Villa, Paula-Irene 2004: (De)Konstruktion und Diskurs-Genealogie: Zur Position und Rezeption von Judith Butler. -In: Becker/ Kortendieck: 141-152

Völter, Bettina/ Dausien, Bettina/ Lutz, Helma/ Rosenthal, Gabriele (Hg.) 2005: Biographieforschung im Diskurs. Wiesbaden

Walgenbach, Katharina/ Dietze, Gabriele/ Hornscheidt, Antje/ Palm, Kerstin 2007: Gender als interdependente Kategorie. Neue Perspektiven auf Intersektionalität, Diversität und Heterogenität. Opladen/ Farmington Hills

Weber, Martina 2003: Heterogenität im Schulalltag: Konstruktion ethnischer und geschlechtlicher Unterschiede. Opladen

Wenk, Regina 2005: Jugend. -In: Beetz u.a.: 97-105

West, Candace/ Fenstermaker, Sarah 1995: Doing Difference. -In: Gender & Society, Vol. 9: 8-37

West, Candace/ Zimmerman, Don 1987: Doing Gender. -In: Gender & Society, Vol. 1: 125-151

Wetterer, Angelika 2004: Konstruktion von Geschlecht: Reproduktionsweisen der Zweigeschlechtlichkeit. -In: Becker/ Kortendieck: 122-131 dies. 2003: Rhetorische Modernisierung: Das Verschwinden der Ungleichheit aus dem zeitgenössischen Differenzwissen. -In: Knapp, A-G./ Wetterer, A. (Hg.): Achsen der Differenz. Gesellschaftstheorie und Feministische Kritik II. Münster: 286-319

Whyte, William Foot 1993: Street Corner Society: The social structure of an Italian slum. Chicago

Winter, Reinhard 1994: Nie wieder Cowboy! Männliche Jugendkultur und Lebensbewältigung im ländlichen Raum. Schwäbisch Gmünd/ Tübingen

Wittel-Fischer, Barbara 2001: „Das Unbewusste ist unbestechlich". Supervision in der Tübinger Empirischen Kulturwissenschaft. -In: Eisch, K./ Hamm, M. (Hg.): Die Poesie des Feldes: Beiträge zur ethnographischen Kulturanalyse. Tübingen

Wittwer, Wolfgang/ Kirchhof, Steffen (Hg.) 2003: Informelles Lernen und Weiterbildung. München/ Unterschleißheim

Wolff, Stephan 2005: Clifford Geertz. -In: Flick u.a.: 84-96

Glossar

Erläuterung der orts- und fastnachtsspezifischen Hintergründe und Begriffe

AH: Abkürzung für ‚Alte Herren‘, zu denen man innerhalb der Hexengruppe ab 35 Jahren gehört.

aktive_r Närr_in[217]: Prinzipiell können wohl alle Fastnachtsteilnehmenden als Närr_innen bezeichnet werden. ‚Aktiv‘ bezieht sich im Falle Fastnachtshausens darauf, in einem Häs (s.u.) der Fastnachtszunft unterwegs zu sein.

Bewerbungszeremonie/ Bewerbungszeit/ Bewerber: Der Aufnahme in die Hexengruppe (vgl. Beschreibung der Untersuchungsgruppen in Kapitel 3) geht eine einjährige Bewerbungszeit voraus, während der man bei Arbeitsdiensten helfen muss, an Ausflügen und Aktionen teilnehmen soll etc.. Über die Aufnahme entscheidet dann ein 7-köpfiger Ausschuss. Danach durchläuft man eine zweijährige Probezeit, während der man eine sogenannte ‚Jungehexe‘ ist.

Brauchtumsabend: Eine Veranstaltung, zu der verschiedene Narrenzünfte (s.u.) anreisen, die sich nacheinander auf der Bühne präsentieren, indem die einzelnen Figuren erläutert werden (Entstehung, Hintergründe, lokale Bezüge etc.). Danach entledigt man sich der Masken und macht ‚Party‘ (tanzen, in die Bar gehen, etc.).

Glocken: s. ‚Narro‘

Häs(er) (s. auch ‚Kleidchen‘): Begriff für Kostüm und Maske der Hexen, Narros usw., das man kaufen muss, um als aktive_r Närr_in an Umzügen und Brauchtumsabenden teilnehmen zu können (also nicht als Zuschauer_in).

Häsgruppen: Die verschiedenen kostümierten Untergruppen der Narrenzunft wie Narros, Hexen, Löffler usw. Ein ‚Häs‘ (s.o.) wird irgendwann

---

217 Zur Erläuterung der verwendeten Schreibweise vgl. Kapitel 1.1.

entworfen (Schnitt, Farben, Motive, Maske). Meist mit lokalspezifischem Bezug und als neues Kostüm der Narrenzunft offiziell als neue Häsgruppe anerkannt. Um ein solches Häs zu erwerben, muss man Mitglied der Narrenzunft werden. Ein Häs kostet je nach Aufwand der Anfertigung (Handbemalung oder Druck, Glocken, Maske) zwischen 500 und 1000 Euro.

Häsrolle: Den verschiedenen Häsgruppen werden unterschiedliche, die Verhaltensebene betreffende Rollen zugeschrieben. Ein_e Hästräger_in hat diese in der Anonymität auszuüben, d.h. wenn die Maske vor dem Gesicht getragen wird (s. ,Maske oben/ unten'). Ist das Gesicht nicht verdeckt, so üben die Hästräger_innen in der Regel nicht ihrem Häs zugeordnete Rollen/ Verhaltensweisen aus, verhalten sich aber auch nicht unbedingt ,alltäglich'. Mit der jeweiligen Häsgruppe ist vielmehr ein je spezifischer Habitus verbunden, der ,zwischen' der anonymen Häsrolle und alltäglichem Verhalten liegt.

Hästräger_in: s. ,aktive_r Närr_in'

Hexentanz: Eine Vorführung der Hexen, bei der sie um einen großen Kessel mit Wasser tanzen, unter dem ein Feuer brennt, aus dem in bunten Farben Rauch aufsteigt.

Hexenwagen: Die Häsgruppe der Hexen führt während der Fastnachtsumzüge einen von einem Traktor gezogenen Anhänger mit, auf dem ein Holzhaus steht, das an ein Hexenhäuschen erinnert. ,Weibliche' Zuschauende werden von einzelnen Hexen dort hineingeführt und erhalten ein Getränk.

Junghexen: s. ,Bewerbungszeremonie' sowie die Beschreibung der Untersuchungsgruppe Hexen in Kapitel 3.

Kleid(chen): s. ,Häs'

Löffler: Gendergemischt zusammengesetzte Häsgruppe der Weißnärr_innen, die mit großen Schaufeln Bonbons verteilen.

Maske oben/ ohne Maske: Man trägt das Kostüm/ Häs/ Kleidchen, aber ohne die Maske vor dem Gesicht zu haben. Das Gesicht ist also erkennbar/ frei, aber aufgrund des Kostüms kann die Person einer speziellen Häsgruppe zugeordnet werden.

Maske unten/ auf bzw. mit Maske: Maske vor dem Gesicht, so dass dieses und die Haare verdeckt sind.

Mitgenommen werden von Hexen: Während des Umzuges werden immer wieder Zuschauerinnen in den ‚Hexenwagen' (s.o.) geführt und erhalten dort ein Getränk, in der Regel einen Schnaps.

Mitgesprungen: Sich aktiv in einem Umzug als Narro, Hexe, o.Ä. beteiligen. Da die Fastnachtsfiguren oft mehr oder weniger wild umherhüpfen, wird von ‚springen' geredet.

Narrenbuch: Mitglieder einer bestimmte Häsgruppe führen ein Buch mit Zeichnungen mit sich, anhand dessen sie etwas über Leute aus dem Ort erzählen (ein Ungeschick, etwas Originelles etc.).

Narrenkapelle: Eine Gruppe der Weißnärr_innen (ca. 15 Personen), deren Angehörige mit Akkordeon und Rhythmusinstrumenten Musik machen und von Kneipe zu Kneipe ziehen.

Narrenmarsch/ -sprung: Ein ganz bestimmtes Musikstück, zu dem die Weißnärr_innen alle in derselben, sich wiederholenden Schrittfolge hüpfen.

Narrenrat/ Elferrat: Geschäftsführendes Gremium der Fastnachtszunft, bestehend aus einem zwei Personen im Vorstand plus ungefähr weiterer neun Personen, die in einem spezifischen und einheitlichen Kostüm (ohne Maske) an Fastnachtsumzügen und Brauchtumsabenden teilnehmen.

Narrenzunft/ Fastnachtszunft: Ein eingetragener Verein, der alle Figurengruppen vereint: Hexen, Narros usw. und alles organisiert und strukturiert.

Narro: Gendergemischt zusammengesetzte Häsgruppe der Weißnärr_innen. Die Figur (=Häs) trägt eine weiße Hose und Kittel, beides ist bunt bemalt. Über den Schultern werden diagonal vier Riemen getragen, an denen Glocken/ Schellen angebracht sind. Beim Hüpfen entsteht so ‚Glockengeläut'. Außerdem tragen alle eine (gleich aussehende) Maske und führen auf einer Holzstange (die sie in der Hand haben) Brezeln mit, die an die Zuschauenden verteilt werden.

Nummern: (s. auch ‚registrieren') Am Kopftuch der Hexen-Maske ist eine große Nummer angebracht, wodurch die Person identifizieret werden kann, die die Maske trägt.

Probezeit: s. ‚Hexen' und ‚Bewerbungszeremonie'

registrieren (s. auch ‚Nummern'): Wenn man ein Kleid bzw. Häs der Hexengruppe erwirbt, wird dem Namen eine Nummer zugeteilt, die gut sichtbar am Kopftuch der Maske angebracht ist.

Ringtreffen: Bezeichnung für einen besonders großen Brauchtumsabend (s.o.).

Schellen: s. ‚Narro‘

Umzüge: Fastnachtsumzüge der örtlichen Narrenzunft und eingeladenen anderen Narrenzünften, an denen in Fastnachtshausen oftmals 2000 Närr_innen und Musikgruppen durch die Straßen ziehen und Brezeln, Bonbons u.a. an die Zuschauenden verteilen sowie Schabernack mit ihnen treiben. Für die Zuschauenden dauert ein Umzug je nach Größe bis zu zwei Stunden.

Weißnärr_innen: Alle Häsgruppen der Fastnachtszunft außer den Hexen und dem Narrenrat. Sie werden so genannt, weil die Grundfarbe des Kostüms meist weiß ist. Die Angehörigen sind unterschiedlichen Alters (von Kleinkindern im Kinderwagen bis zu Rentner_innen). Insgesamt gibt es davon ca. 500 in Fastnachtshausen.

Zunfthäs: s. ‚Häs‘

Verwendete Transkriptionsregeln

Bei allen Transkriptionen wurde der schwäbische Dialekt geglättet.

(,)   = ganz kurzes Absetzen einer Äußerung

..   = kurze Pause

…   = mittlere Pause

(Pause) = lange Pause

mhm   = Pausenfüller, Rezeptionssignal

(.)   = Senken der Stimme

(-)   = Stimme in der Schwebe, markiert das Ende eines abgebrochenen
Satzes

(,)   = Heben der Stimme

(?)   = Frageintonation

(h)   = Formulierungshemmung, Drucksen

(k)   = markierte Korrektur (Hervorheben der endgültigen Version,
insbesondere bei Mehrfachkorrektur)

sicher   = auffällige Betonung

_ _ _ _   = gedehnt

(Lachen),

(geht raus),

(schnell) = Hinweise zur Situation. Charakterisierung von nicht-sprach-
lichen Vorgängen bzw. Sprechweise, Tonfall. Steht vor den entsprechenden
Stellen und gilt bis zum Äußerungsende, bis zu einer neuen Charakterisierung oder bis „+".

&   = auffällig schneller Anschluss

(..), (…) = unverständlich

(Kommt es?)   = nicht mehr genau verständlich, vermuteter Wortlaut

Gender Studies

Rainer Fretschner,
Katharina Knüttel,
Martin Seeliger (Hg.)
Intersektionalität und Kulturindustrie
Zum Verhältnis sozialer Kategorien und
kultureller Repräsentationen

März 2011, ca. 220 Seiten, kart., ca. 24,80 €,
ISBN 978-3-8376-1494-7

Dorett Funcke, Petra Thorn (Hg.)
**Die gleichgeschlechtliche Familie
mit Kindern**
Interdisziplinäre Beiträge zu einer
neuen Lebensform

November 2010, 498 Seiten, kart., 32,80 €,
ISBN 978-3-8376-1073-4

Martina Läubli, Sabrina Sahli (Hg.)
Männlichkeiten denken
Aktuelle Perspektiven
der kulturwissenschaftlichen
Masculinity Studies

April 2011, ca. 280 Seiten, kart., ca. 29,80 €,
ISBN 978-3-8376-1720-7

**Leseproben, weitere Informationen und Bestellmöglichkeiten
finden Sie unter www.transcript-verlag.de**

Gender Studies

JULIA REUTER
Geschlecht und Körper
Studien zur Materialität und
Inszenierung gesellschaftlicher
Wirklichkeit

April 2011, ca. 250 Seiten, kart., ca. 25,80 €,
ISBN 978-3-8376-1526-5

ELLI SCAMBOR, FRÄNK ZIMMER (HG.)
Die intersektionelle Stadt
Geschlechterforschung
und Medienkunst an den Achsen
der Ungleichheit

März 2011, ca. 170 Seiten, kart.,
zahlr. z.T. farb. Abb., 24,80 €,
ISBN 978-3-8376-1415-2

NADINE TEUBER
Das Geschlecht der Depression
»Weiblichkeit« und »Männlichkeit«
in der Konzeptualisierung
depressiver Störungen

März 2011, ca. 306 Seiten, kart.,
zahlr. z.T. farb. Abb., ca. 32,80 €,
ISBN 978-3-8376-1753-5

Leseproben, weitere Informationen und Bestellmöglichkeiten
finden Sie unter www.transcript-verlag.de

Gender Studies

Mart Busche,
Laura Maikowski,
Ines Pohlkamp,
Ellen Wesemüller (Hg.)
Feministische Mädchenarbeit weiterdenken
Zur Aktualität einer
bildungspolitischen Praxis
Oktober 2010, 330 Seiten, kart., 29,80 €,
ISBN 978-3-8376-1383-4

Cordula Dittmer
Gender Trouble in der Bundeswehr
Eine Studie zu Identitäts-
konstruktionen und Geschlechter-
ordnungen unter besonderer
Berücksichtigung von
Auslandseinsätzen
2009, 286 Seiten, kart., 28,80 €,
ISBN 978-3-8376-1298-1

Ute Luise Fischer
Anerkennung, Integration und Geschlecht
Zur Sinnstiftung
des modernen Subjekts
2009, 340 Seiten, kart., 29,80 €,
ISBN 978-3-8376-1207-3

Sabine Flick,
Annabelle Hornung (Hg.)
Emotionen in Geschlechter-verhältnissen
Affektregulierung
und Gefühlsinszenierung
im historischen Wandel
2009, 184 Seiten, kart., 20,80 €,
ISBN 978-3-8376-1210-3

Andreas Heilmann
Normalität auf Bewährung
Outings in der Politik und
die Konstruktion homosexueller
Männlichkeit
Januar 2011, 354 Seiten, kart., 29,80 €,
ISBN 978-3-8376-1606-4

Doris Leibetseder
Queere Tracks
Subversive Strategien
in der Rock- und Popmusik
Januar 2010, 340 Seiten, kart.,
zahlr. z.T. farb. Abb., 29,80 €,
ISBN 978-3-8376-1193-9

Gerlinde Mauerer (Hg.)
Frauengesundheit in Theorie und Praxis
Feministische Perspektiven in
den Gesundheitswissenschaften
Oktober 2010, 240 Seiten, kart., 24,80 €,
ISBN 978-3-8376-1461-9

Hanna Meissner
Jenseits des autonomen Subjekts
Zur gesellschaftlichen
Konstitution von
Handlungsfähigkeit im
Anschluss an Butler,
Foucault und Marx
August 2010, 306 Seiten, kart., 29,80 €,
ISBN 978-3-8376-1381-0

Uta Schirmer
Geschlecht anders gestalten
Drag Kinging, geschlechtliche
Selbstverhältnisse und
Wirklichkeiten
Juli 2010, 438 Seiten, kart., 29,80 €,
ISBN 978-3-8376-1345-2

Barbara Schütze
Neo-Essentialismus in der Gender-Debatte
Transsexualismus als
Schattendiskurs pädagogischer
Geschlechterforschung
April 2010, 272 Seiten, kart., 27,80 €,
ISBN 978-3-8376-1276-9

**Leseproben, weitere Informationen und Bestellmöglichkeiten
finden Sie unter www.transcript-verlag.de**